공무원 인식과
조직행태

대표저자 **박순애**

PUBLIC OFFICIALS'
PERCEPTIONS
AND BEHAVIOR

박영사

머리말

지난 2년여에 걸친 코로나19 팬데믹은 전 세계 누구도 예상하지 못한 이례적인 사태로 평가된다. 코로나19는 그 자체로 사회 전반에 크나큰 충격을 주었을 뿐만 아니라 공직사회에도 혁신적인 변화의 바람을 불러일으켰다. 특히 재택근무가 보편화되고 디지털 기술을 활용한 비대면 업무가 일상화되었다. 동시에 국경을 초월한 감염병 전파로 인해 공공부문의 역할은 더욱 중요시되었으며, 정부의 정책을 구상하고 실행하는 핵심 주체로서 공무원의 인식과 행동양식에 대한 연구의 중요성이 부각되었다.

본서는 공공부분의 성과관리에 초점을 두고 지난 10여 년간 공직자의 행태연구를 위해 서울대학교 행정대학원에서 축적해온 공무원 인식조사 자료를 활용한 연구물의 총서이다. 특히 이 책에서는 코로나19 전후의 공무원 인식을 비교함으로써 공직사회의 변화를 추론하고, 그간 영문으로 발간되어 독자가 쉽게 접근하기 어려웠던 논문의 재해석까지 포괄하여 조직행태론의 다양한 주제를 다루고 있다.

책의 시작은 공공부문에서 가장 주목받고 있는 성과평가제도에 대한 문제를 다루고 있다. 성과평가에서 성별, 근속년수, 담당 업무, 시험 출신 여부에 따라 평가 편향이 실제로 나타나는지를 검증하였다. 이어서 코로나19와 인공지능기술로 인한 행정환경 변화에서도 인식에 차이가 있는지 살펴봄으로써 코로나19의 경험을 반면교사 삼아 4차 산업혁명 시대를 준비하기 위한 방안을 모색하였다. 또한 규제혁신에 영향을 미치는 요인에 관한 연구와 공공부문에서의 성과관리제도가 과연 성과향상에 기여하는지, 조직의 바람직한 결과를 초래하는지에 관한 연구를 소개한다.

두 번째 파트의 각 논문은 공공부문 성과관리와 관련된 다양한 측면을 다루며, 조직의 효율성과 효과성을 높이기 위한 중요한 통찰력을 제공한다. 공공부문에서의 성과급의 효과성에 관한 연구, 공공봉사동기와 성과중심 보상제도에 대한 인식이 성과에 미치는 영향에 관한 연구, 지방과 중앙정부 공무원의 성과관리 효과성 차이에 관한 연구, 공직채용유형이 성과에 미치는 영향에 관한 연구가 포함되었다.

세 번째 파트에서는 공공부문에서의 조직 내 리더십과 인식, 그리고 조직 내 변화 및 혁신에 대한 중요한 측면을 다루고 있다. 성별에 따라 장관 리더십 스타일에 대한 인식이 어떻게 달라지는지에 대한 연구, 공공관리자의 조직성과 수준에 대한 인식이 조직의 혁신행동 선택에 미치는 영향에 관한 연구, 장관의 경력 배경과 해당 부처의 정책 부문에 따라 공무원이 장관의 능력을 지지하는 정도가 어떻게 달라지는지에 실험 연구, 지방 공무원이 지방자치단체장의 개혁을 실행하게 하는 동인에 대한 연구를 담고 있다.

이 책이 나오기까지 필자와 뜻을 같이 하여 저서작업에 흔쾌히 동참해 준 공저자들과 서문부터 마지막 장까지 꼼꼼하게 검토하고 감수를 맡아준 이혜연연구원에게 감사를 표한다. 책의 상업성을 고려하지 않고 기획의도만으로 책의 출간을 수락해주신 박영사 대표님을 비롯한 편집진들에게 감사를 올린다. 마지막으로 서울대학교 행정대학교 공공성과관리연구센터 신나윤, 홍지섭 박사, 신가영, 이다경, 김가현, 이찬규, 김미화, 한혜경 연구원에게도 고마움을 전한다.

대표저자 박순애

목 차

01

공무원 성과평가의 오해와 진실

Ⅰ. 지위특성에 따른 성과 차이, 실제로 나타나는가? ·········· 4
   1. 성과(Performance) 개념의 다양성 ·········· 4
   2. 지위특성 이론(Status Characteristics Theory) ·········· 5
   3. 지위특성에 따른 성과 차이 ·········· 7
Ⅱ. 연구설계 ·········· 13
   1. 자료의 수집 및 분석방법 ·········· 13
   2. 변수의 측정 및 조작화 ·········· 14
Ⅲ. 분석 결과 ·········· 15
   1. 표본특성 ·········· 15
   2. 집단분석 결과 ·········· 18
Ⅳ. 연구의 의의 및 시사점 ·········· 27

02

포스트 코로나와 인공지능 시대의 공무원 인식

Ⅰ. 코로나 19로 인한 행정환경 변화와 그에 대한 부정적 효과 인식 ·········· 42
   1. 직무요구로서의 행정환경 변화 ·········· 42
   2. 중앙정부 대 지방정부 ·········· 43
   3. 중앙정부 부처별 차이 ·········· 45
   4. 지방정부 지역별 차이 ·········· 47

Ⅱ. 비대면 근무 환경 변화와 그에 따른 인식 ·············· 49

    1. 직무자원으로서의 비대면 근무 ·············· 49

    2. 중앙정부 대 지방정부 ·············· 49

    3. 중앙정부 부처별 차이 ·············· 52

    4. 지방정부 지역별 차이 ·············· 53

Ⅲ. 인공지능 기술, 그에 따른 변화와 공무원의 인식 ·············· 54

    1. 직무요구, 직무자원으로서의 인공지능 기술 ·············· 54

    2. AI로 인한 업무량 변화와 AI에 대한 인식 간의 상관관계 ·············· 56

    3. AI로 인한 업무량 변화와 조직 내 긍정적 영향 ·············· 58

Ⅳ. 연구의 의의 및 시사점 ·············· 60

03

4차 산업혁명 시대의 규제개혁

Ⅰ. 규제개혁의 영향요인 ·············· 68

    1. 업무 특성과 규제개혁 ·············· 69

    2. 관료적 자율성과 규제개혁 ·············· 71

    3. 공공 리더십과 규제개혁 ·············· 72

    4. 조직문화와 규제개혁 ·············· 73

Ⅱ. 분석자료 및 측정변수 ·············· 75

    1. 종속변수: 규제개혁 여부 ·············· 75

    2. 설명변수: 업무특성, 관료적 자율성, 리더십, 조직문화 ·············· 75

    3. 통제변수 ·············· 77

Ⅲ. 분석결과 ·············· 77

Ⅳ. 연구의 의의 및 한계 ·············· 80

04

성과관리의 역설: 성과측정과 왜곡행태

Ⅰ. 이론적 논의 ·· 94
　1. 성과관리 왜곡의 개념 ·· 94
　2. 성과관리 왜곡의 유형 ·· 95
　3. 성과관리 왜곡의 실체 및 영향을 미치는 요인 ················· 98
Ⅱ. 연구 방법 ·· 99
　1. 연구모형 ··· 99
　2. 변수의 측정 ··· 100
Ⅲ. 분석 결과 ·· 103
　1. 성과관리 왜곡의 실태에 관한 인식 ································ 103
　2. 집단별 차이 분석 ·· 104
　3. 성과관리 왜곡의 영향요인에 대한 순위로짓 분석 ········· 109
Ⅳ. 결론 및 정책적 함의 ·· 112

05

피드백과 성과등급: 목표 명확성과 자율성의 효과

Ⅰ. 성과피드백의 효과 ·· 122
　1. 성과피드백 및 성과 ··· 123
　2. 성과목표의 명확성의 매개효과 ····································· 124
　3. 자율성의 조절효과 ·· 125
　4. 통제 변수의 효과 ·· 127
Ⅱ. 자료수집 및 분석방법 ··· 128
　1. 종속 변수: 개인수준의 성과 ·· 128
　2. 독립변수: 성과피드백, 성과목표 명확성, 자율성 ········· 129
　3. 통제변수: 업무태도, 개인 특성 ··································· 129

Ⅲ. 모형 및 실험 방법 ··· 131

Ⅳ. 분석결과 ·· 132

Ⅴ. 연구의 의의 및 시사점 ·· 135

06

성과중심 보상제도와 공공봉사동기의 구축효과

Ⅰ. 공공봉사동기와 성과 ·· 150

  1. 공공봉사동기의 개념 ··· 150

  2. 공공봉사동기와 성과의 관계 ····································· 152

  3. 성과중심 보상의 조절효과 ·· 153

Ⅱ. 연구 설계 ·· 155

  1. 데이터 및 분석방법 ··· 155

  2. 변수 측정 방법 ·· 156

Ⅲ. 분석 결과 ·· 158

  1. 기초통계 ·· 158

  2. 상관관계 ·· 159

  3. 회귀분석: 공공봉사동기, 성과중심 보상, 성과 사이의 인과관계 도출 ······ 160

Ⅳ. 연구의 의의 및 시사점 ·· 162

07

업무특성에 따른 성과보상제도의 효과성

Ⅰ. 성과보상의 효과 ··· 174

  1. 성과와 금전적·비금전적 보상 ··································· 174

  2. 성과보상 효과로서의 직무몰입 ·································· 178

  3. 금전적 및 비금전적 성과보상과 직무몰입 ··················· 179

  4. 성과보상의 효과에 있어 업무특성의 조절효과 ·············· 180

Ⅱ. 연구설계 ··· 182
  1. 자료의 수집 및 분석방법 ·· 182
  2. 변수의 조작화와 측정지표 ·· 183
Ⅲ. 분석 결과 ··· 185
  1. 표본특성 ··· 185
  2. 기초통계 및 상관계수 ·· 186
  3. 성과보상과 직무몰입 회귀분석 ··· 188
Ⅳ. 연구의 의의 및 시사점 ·· 192

08

중앙정부와 지방정부의 인식차이와 성과관리

Ⅰ. 성과관리의 효과성: 조직성과 영향요인 ·· 206
  1. 목표설정과 조직성과 ·· 206
  2. 성과평가와 조직성과 ·· 208
  3. 조직성과에 대한 직무열의의 매개효과 ·· 209
Ⅱ. 연구설계 ··· 211
  1. 데이터의 수집 및 분석방법 ·· 211
  2. 변수설정과 측정지표 ·· 211
Ⅲ. 분석결과 ··· 213
  1. 기초통계 ··· 213
  2. 전체공무원 구조방정식 분석 결과 ·· 214
  3. 중앙·지방 다중집단분석 결과 ··· 216
Ⅳ. 연구의 의의 및 한계 ·· 219

09

공직 채용제도와 조직 효과성

Ⅰ. 경력경쟁채용과 성과 ·· 232
  1. 경력경쟁채용의 효과성 ·· 233
  2. 경력경쟁채용이 성과에 미치는 영향 ······························· 236
Ⅱ. 연구설계 ·· 238
  1. 연구모형 ··· 238
  2. 자료수집 및 분석방법 ·· 239
  3. 변수의 측정 ·· 239
Ⅲ. 분석 결과 ·· 241
  1. 표본 특성 및 기초통계 분석 ·· 241
  2. 회귀분석 결과 ·· 244
Ⅳ. 연구의 의의 및 시사점 ··· 247

10

젠더와 리더십 유형 선호도

Ⅰ. 공공 부문 조직에서의 거래적 및 변혁적 리더십 ······················· 260
  1. 공무원 성별과 리더십 유형에 대한 인식 ···························· 261
  2. 성별 대표성과 리더십 유형에 대한 인식 ···························· 262
Ⅱ. 연구 설계: 열거식 실험 ··· 264
  1. 실험 조건 ·· 266
  2. 표본추출 및 균형표본 ··· 267
Ⅲ. 분석결과 ·· 268
  1. 리더십 유형에 대한 전반적인 인식 ··································· 268
  2. 성별에 따른 리더십 인식 차이 ··· 270
  3. 조직 환경의 조절효과: 공공 부문에서의 성별 대표성 ·········· 272
Ⅳ. 연구의 의의 및 시사점 ··· 274

11

공공관리자의 의사결정: 위험선택과 조직성과

Ⅰ. 조직성과와 의사결정 간의 관계 ·································· 290
   1. 기업행동이론 ································· 291
   2. 베이지안 의사결정 이론 ························· 293
   3. 상대적 위험선택 및 회피 이론 ····················· 293
Ⅱ. 공공관리자의 위험선택 의사결정 ······················· 295
Ⅲ. 연구방법 ································· 297
   1. 분석자료와 분석모형 ························· 297
   2. 변수 측정 ······························· 298
Ⅳ. 분석결과 ································ 300
   1. 분석모형 Ⅰ ···························· 300
   2. 분석모형 Ⅱ ···························· 302
Ⅴ. 결론 및 함의 ······························ 303

12

대통령제 정부의 장관 리더십과 관료의 평가

Ⅰ. 대통령제 정부에서 장관 리더십 ···················· 315
Ⅱ. 장관 리더십과 정책 분야 ······················ 318
Ⅲ. 연구설계 ································· 320
   1. 지지 실험(endorsement experiment) ··········· 320
   2. 표본추출 및 균형표본 ······················· 324
Ⅳ. 분석결과 ································ 325
   1. 장관 경력의 효과 ························· 328
   2. 장관 경력과 정책 분야의 영향 ·················· 329
Ⅴ. 연구의 의의 및 한계 ························· 333

13

일선 관료의 행태와 개혁의 동인

Ⅰ. 일선 관료와 정책 변경 이행 ··· 348
  1. 이념적 일치 그리고 정책변경의 이행 ································· 350
  2. 관료의 재량에 대한 인식과 정책 변경의 이행 ····················· 351
Ⅱ. 연구 설계: 설문 실험 ··· 352
  1. 실험 조건 ··· 354
  2. 표본추출 및 균형표본 ·· 354
Ⅲ. 분석결과 ·· 356
  1. 기초통계분석 ·· 356
  2. 다변량 분석: 이념적 일치, 재량에 대한 인식, 그리고 정책 변화의 이행· 357
Ⅳ. 연구의 의의 및 한계 ·· 360

부록

공공부문 성과에 대한 공무원 인식조사 소개

Ⅰ. 개요 ··· 373
Ⅱ. 조사방법 및 표본설계 ··· 373
Ⅲ. 연도별 조사내용 ··· 374
Ⅳ. 연도별 설문조사 응답자 특성 ··· 376
  1. 2015년도, 2016년도 설문조사 ·· 376
  2. 2017년도 설문조사 ··· 377
  3. 2018년도, 2019년도 설문조사 ·· 379
  4. 2020년도 설문조사 ··· 380

01

공무원 성과평가의
오해와 진실

공무원 성과평가의 오해와 진실

01

1980년대 이후 신공공관리론에 입각한 정부개혁이 전 세계적으로 확산되었고, 우리나라에서도 IMF 외환위기를 겪으면서 정부운영의 효율성과 생산성을 높이고자 성과관리를 강화해왔다. 개별 공무원 대상으로는 성과평가 결과에 따라 성과급을 차등 지급하고, 승진 및 보직이동 등 인사 전반에 성과평가 결과를 활용하는 성과주의 인사관리가 도입되었다.

성과급과 근무성적평가는 그 출발은 다르지만 성과에 대한 보상이 개인의 동기부여 수단으로 활용되어 더 나은 성과를 창출할 수 있는 메커니즘으로 작용하며, 나아가 개인의 목표와 조직의 목표를 일치시킴으로써 조직의 성과달성에 기여하게끔 하는 성과관리제도의 한 요소를 이루고 있다.[1]

그러나 아직 성과평가 결과에 대한 실질적인 수용성은 그리 높지 않으며, 그 과정이 공정한지에 대해서도 의문이 제기되어 왔다. 공무원들은 우선 성과급제도가 왜곡되는 현상(예: 연공서열우대, 승진대상자 우대, 특정부서 및 업무 우대 등)에 대해 불만을 표시하기보다는 암묵적으로만 받아들이고 있을 뿐이고, 이에 대해 무력감, 위화감, 박탈감을 느끼고 있는 것으로 나타났다.[2] 근무성적평정에서도 성과보다는 경력이나 연공서열을 바탕으로 평가가 이루어진다는 비판이 제기되었다.[3] 130명의 젊은 중앙 공무원을 대상으로 설문조사를 한 결과[4] '우리 조직은 일을 잘하는 사람이 그에 합당한 보상을 받는 구조다'라는 문항에서는 82%가 '그렇지 않다'고 답했으며, 일 잘하는 사람이 합당한 보상을 받지 못하는 대표적 이유로는 연공서열 중심의 성과평가 (67%), 주무과 우대 평가구조(23%)를 꼽았다.

평가 왜곡과 관련된 실증연구는 대부분 설문조사 결과를 바탕으로 성과평가제도의 공정성 인식 내지 수용성에 대한 연구에서 다뤄졌다.[5] 그동안 성과관리제도 수용성의 영향요인을 밝혀내려는 연구가 꾸준히 진행되었으며,[6] 성별, 직급, 연령에 따라 차이가 발생할 수 있음을 밝혀내기도 하였다.[7] 하지만 이러한 인구사회학적 특성에 따라 실제로 성과평가 결과에 차이가 나타나는지에 대한 심층적인 연구는 찾아보기 힘들다. 특히 근무성적평정 내지 성과급 등급 등 실제 평가결과를 활용한 연구는 흔치 않다. 본 연구에서는 최근 3년의 조사자료를 바탕으로 성별, 연공, 업무, 채용유형에 따라 성과에 유의한 차이가 있는지 살펴보고자 한다.

I. 지위특성에 따른 성과 차이, 실제로 나타나는가?

1. 성과(Performance) 개념의 다양성

성과는 고도로 복잡한 다차원적 개념으로 누가 평가하는지, 어떻게 평가되는지, 어떤 요소가 평가되는지 등에 따라 의미가 달라진다.[8] 실무차원에서는 성과를 크게 상사에 의한 성과평가 결과, 객관적인 개인의 산출물, 스스로가 인지한 성과 수준 세 가지로 나눠볼 수 있다. 공공부문에서의 성과는 정책목표의 모호성, 다양한 행정 가치 간의 충돌, 수익과 비용의 분리 등으로 민간부문에 비해 객관적 측정이 어렵다는 문제가 지적되어 왔다.[9] 공무원 개인의 성과를 측정함에 있어서도 단일화된 객관적인 성과측정이 어렵기 때문에 주로 개인이 인식한 성과 수준[10] 내지 상사에 의한 평가 결과[11]를 개인의 성과로 활용하여 왔다.

상사의 주관적인 평가와 객관적인 성과 수준을 기반으로 하는 전반적인 성과에 대한 등급 결정은 조직의 성공적인 운영에 있어 개인이 기여하는 정도를 측정한다.[12] 전반적 성과 측정이 진정한 성과 수준을 측정한 것이라고는 할 수 없으며,[13] 신뢰도가 떨어지고 편견에 좌우되기 쉽다는 비판이 있지만[14] 상사의 성과등급 결정이 인적자원관리에서의 보상, 승진 및 해고 등 중요한 역할을 한다는 것은 부인할 수 없다. 객관적인 성과측정은 직무를 수행하는 과정에서 나타난 행위들의 결과물에 집중하며, 그 행위 자체에는 관심을 두지 않는다.[15] Rotundo와 Sackett(2002)는 성과를 업무성과(task performance), 조직시민 성과(citizenship performance), 반생산적 성과(counterproductive performance)[16]로 구분하였는데, 객관적인 성과에는 업무성과만이 해당하며, 주관적인 성과는 이 모든 것을 아우른다고 할 수 있다.

본 연구의 대상인 5급 이하 한국 공무원 개인의 성과 수준을 결정하는 제도는 성과급(성과상여금) 등급과 근무성적평가를 들 수 있으며, 두 가지 모두 상사에 의해 결정되는 성과수준이다. 성과급 등급 결정 기준은 근무성적평가의 일부분이라고 할 수 있다. 근무성적평가는 근무실적과 직무수행능력을 기본으로 하면서 직무수행태도 등을 포함시킬 수 있으며,[17] 성과급 등급 결정은 근무성적평가 결과 중 근무실적만을 기준으로 결정한다.[18] 따라서 근무성적평가의 성과 범위가 더 넓다고 볼 수 있다. 근무실적에 대한 평가 요소는 성과산출실적 또는 과제해결 정도 등으로 연초에 작성한 업무별 성과목표를 얼마나 달성하였는지에 대한 평가이다. 직무수행능력은 기획력, 의사전달력, 협상력, 추진력, 신속성, 협업 · 소통능력, 성실성, 고객 · 수혜자지향 등 각 평가요소를 5단계로 평가하여 그 점수를 종합한다.[19] 평가요소 중 성실성의 "무단조퇴 · 무단결근 등 조직 운영에 장애가 되는 행위를 하지 않는다."는 반생산적 성과와 관련되며, 고객 · 수혜자 지향의 "업무와 관련하여 국민이나 내부수혜자(타공무원)가 원하는 바를 이해하며, 그들의 요구를 충족하도록 배려하는 능력"은 조직시민 성과와 관련된다고 볼 수 있다. 즉, 직무수행능력은 업무성과뿐 아니라 다양한 성과 개념을 포함하는 종합적인 성과라 할 수 있다.

성과급 등급 결정과 근무성적평정 모두 상사에 의한 평가라는 점에서 주관적 판단이 개입할 수 있지만 성과급 등급은 다양한 요소를 종합적으로 평가하는 근무성적평정보다 주관적 판단 개입의 여지가 적기 때문에 상대적으로 객관적인 성과 수준에 가깝다고 할 수 있다. 따라서 본 연구에서는 근무성적평정을 상사에 의한 주관적인 성과, 성과급 등급을 상대적으로 객관적인 성과로 보고자 한다. 나아가 개인의 성과를 측정함에 있어 근무성적평정 결과와 성과급 등급 결정뿐만 아니라 개인이 인식한 성과 수준도 고려하였다. 기존 문헌에 의하면 상사에 의한 평가, 자기평가, 동료에 의한 평가에서 그 결과가 일치하지 않는 것으로 나타났다.[20] 일반적으로 알려진 평정오류 이외의 이유로는 특정 직무에 있어 성과에 대한 개념 정의가 다르고,[21] 평가자에 따라 관찰할 수 있는 피평가자의 행동범위가 다르기 때문[22]이라고 설명한다. 특히 자기평가와 상사평가의 결과가 달라질 수 있는 이유로는 개인과 그의 상사가 비교할 수 있는 정보의 범위가 다르다는 점[23]을 꼽는다.

2. 지위특성 이론(Status Characteristics Theory)

지위특성 이론(status characteristics theory)[24]은 성별, 인종, 직위 등과 같은 지위

특성이 구성원의 행동에 미치는 영향에 대한 사회심리학 이론이다. 지위특성은 사회적 존경 또는 바람직성 관점에서 차별적으로 평가되는 지위 관련 특성으로 도덕적 기대 및 성과 기대와 관련되며, 각각의 지위는 행위자가 어떻게 행동할 것인지에 대한 믿음을 제공한다. 지위특성은 집단 내에서 상대적인 가치를 부여하며, 개인의 특성이 직무성과평가 결과에 어떻게 영향을 미치는지에 대한 이해를 돕는다.

지위특성이론에서 개인의 특성은 크게 특정적(specific) 지위특성과 확산적(diffusive) 지위특성으로 나뉜다. 특정적 특성은 업무 수행과 직접적인 관련이 있고 개인을 평가하는 방법에 직접적인 영향을 미치는 개인 속성을 의미한다. 예를 들어, 개인의 교육 수준, 수년간의 경험 또는 전문 지식은 특정적 특성으로 간주될 수 있다. 반면에 확산적 특성은 보다 일반적이고 작업 수행과 직접적인 관련이 없는 속성을 의미한다. 확산적 특성의 예로는 외모, 인종 또는 성별이 있다. 이러한 특성은 개인이 집단 내에서 어떻게 인식되고 평가 받는지에 영향을 미칠 수 있지만 특정 업무를 수행하는 능력에 대한 정보를 제공하지는 않는다.

특정적 특성은 확산적 특성보다 성과 기대와 더 직접적으로 연관되어 있다. 특정적 특성은 일반적으로 기대와 관련된 상당히 짧은 연결고리(우수한 수리 능력은 회계업무에서 직무 성과와 직접적으로 연결됨)를 가지고 있는 반면 확산적 특성은 그보다 긴 논리적 연결고리(남성은 수리 능력이 뛰어날 것이 예상되며, 이는 회계업무에서의 직무성과와 관련될 수 있음)를 가지고 있다. 특정적 및 확산적 지위 특성이 모두 존재할 때, 연구자들은 과제 관련 특정적 특성이 일반적으로 확산적 특성보다 상당히 크다는 것을 주목한다.

한국의 공무원 조직에서 개인의 성과평가와 관련하여 공정하지 못하고 차별이 있다는 비판이 있는데, 이러한 차별의 근거를 지위특성이론에서 찾아볼 수 있다. 앞서 살펴보았듯이 공공부문에서는 성과가 모호하여 객관적으로 평가하기 어렵기 때문에 조직 내에서 암묵적으로 합의된 기준을 근거로 평가해왔다고 볼 수 있다. 남녀 공무원 간 인사차별의 풍토와 연공에 의한 인사 관행이 남아 있으며,[25] 평가에 있어 기획업무를 수행하는 주무부서를 우대하는 경향이 있고,[26] 평가 및 보상에 있어 공채출신 공무원 중심으로 운영되고 있다는 지적이 있다.[27] 공무원 성과평가에 있어 성별, 연공, 담당업무, 채용경로가 지위특성으로 작용하여 평가의 기준이 되어왔다고 볼 수 있는데, 이러한 지위특성이 실제 평가결과에 어느 정도 작용하는지를 실증적으로 검증해보고자 한다.

3. 지위특성에 따른 성과 차이

1) 성별과 성과

성별의 확산적 특성에 따르면 일반적으로 여성이 더 예술적이고 문학적이며 친절하고 인내심과 이해심이 높은 반면, 남성은 더 과학적, 기계적으로 사고하며 도전적이라고 여겨진다. 이는 많은 직무 상황에서 여성의 초기 지위를 격하시킬 수 있다.[28]

성별로 나타나는 지위특성은 어떤 직무가 남성적인지 여성적인지에 대한 전반적인 인상을 의미하는 성 고정관념(gender stereotype)과도 관련되며, 직장에서의 성차별을 설명하는 데 있어 중요한 요소이다.[29] Davison과 Burke(2000)는 성별이 성과에 미치는 전반적인 영향에 대해서는 언급하지 않았지만 여성적인 직무에서 여성이 높은 평가를 받았고, 남성적인 직무에서는 남성이 높은 평가를 받았다고 보고했다. 한국의 공무원 조직은 비록 최근 조직 내 여성 비율이 높아지고는 있지만 수적으로 남성이 우세하고, 남성적 문화와 관행이 존재한다.[30] 전통적으로 위계질서와 지배·복종의 관계를 중요시하는 권위주의적 문화[31] 역시 한국의 공무원 조직에서 남성의 성과를 긍정적으로 평가하는 관행의 근거가 될 수 있다. 따라서 남성의 성과가 여성의 성과보다 평균적으로 높을 것이라고 예상할 수 있다(가설 1-1).

반면 이러한 특성적 지위로 인해 발생하는 편견 및 고정관념은 성과 정보, 전문성 등 객관적인 정보로 약화될 수 있다. 주어진 직무에서의 관찰 가능한 성과(직무 관련된 지식, 기술, 능력 등)는 직무 성과를 평가하는 데 있어 중요한 정보이다.[32] 현장연구(field study)를 바탕으로 메타분석을 실시한 Roth 외(2012)에 따르면 여성과 남성의 평균 직무성과 수준은 거의 유사하였으며, 오히려 여성의 성과가 약간 높은 것으로 나타났다. 반면 동 연구에서 승진 평가에 있어서는 남성이 여성보다 높은 점수를 받는다는 것을 발견하였다. 승진 직위의 업무 수행 능력에 대한 정보는 없기 때문에 확산적 지위에 더욱 의존하게 된다는 것이다. 한국 공무원 조직에서 과거 업무실적에 대한 평가인 성과급 등급 결정은 상대적으로 객관적 성과 정보를 바탕으로 평가하기 때문에 평가에 있어 성별이 판단 기준이 되기는 어렵지만, 여러 요소를 종합하여 승진 결정에 영향을 미치는 근무성적평가의 경우, 업무실적을 제외한 다른 부분에 대한 평가를 함에 있어 성별의 영향력이 더 클 수 있다는 것이다. 즉, 성별에 따른 성과 차이는 성과급 등급 결정보다 근무성적평가에서 크게 나타날 것이다(가설 1-2). 마지막으로 공무원 사회에서 성별이 하나의 지위 특성으로 뿌리 깊게 자리 잡고 있다면, 성별의 영향은 실제 평가를 통한 성과보다 인지된 성과에서 크게 나타날 가능성이 크다. 따라서 성별에 의한 성과 차이는 실제 성과보다 인지된 성과에서 크게 나타날 것이라 예상해볼 수 있다(가설 1-3).

2) 연공과 성과

연공서열은 지위특성 중 특정적 특성에 속한다고 볼 수 있다. 연공(Seniority)은 한 조직 내에서의 근무한 재직기간(tenure)을 의미하며,[33] 계급제적 특성을 지닌 공무원 조직에서는 연공을 승진의 기준으로 삼기 때문에 직급과 동일시하기도 한다.

연공이 성과에 긍정적인 영향을 미치는 특성이 될 수 있다는 근거는 다양한 이론에서 찾아볼 수 있다. 인적자본이론(human capital theory)[34]에 따르면 재직기간이 긴 근로자가 오랜 시간에 걸쳐 효과적으로 직무를 수행하는 방법에 대한 지식과 경험을 쌓았기 때문에 성과가 높다는 것이다. 또 하나의 이론적 근거는 조직 사회화(organizational socialization)이다. 조직사회화는 개인이 조직 내 역할을 수행하기 위해 필요한 사회적 지식, 가치, 기대되는 행동을 이해하는 과정이다.[35] 조직사회화는 직무성과보다는 조직몰입과 관련된다는 주장도 있지만,[36] 조직 내 경험을 축적함으로써 성과 향상을 위한 지식을 쌓을 수 있다는 주장도 있다.[37] 유인-선발-이탈 이론(ASA: Attraction-Selection-Attrition Theory)에 따르면 성과가 낮은 근로자는 직장에서 퇴출되기 때문에 오랜 기간 남아 있는 근로자의 성과가 높다는 것이다.[38] 신분보장이 되는 경력경쟁채용 공무원에게 퇴출은 해당되지 않지만, 계약 연장이 필수인 기간제 공무원에게는 적용 가능한 논리이다.

Quiñones 외(1995)의 메타연구에 따르면 재직기간과 성과 간에는 0.27의 통계적으로 유의미한 결과가 나왔다. 반면 재직기간이 길수록 오히려 성과가 감소한다는 연구결과도 존재한다. Medoff와 Abraham(1980, 1981)은 장기근속의 결과로 인한 지루함 내지 권태감(boredom) 때문에 업무성과가 오히려 떨어진다고 주장하였다. 권태감은 낮은 조직시민행동과 반생산적 업무행태로 이어지며,[39] 장기근속자는 주어진 업무에 지루함을 느끼기 때문에 직무를 회피하려는 행태를 보인다.[40]

일련의 연구들은 재직기간과 성과 간의 관계가 단편적으로 정의 상관관계, 부의 상관관계에 있는 것이 아니라, 비선형(곡선) 관계에 있다고 주장하였다.[41] 신입 직원의 경우 사회화 초기 단계에서는 조직 특화된 인적자본이 없거나 매우 적기 때문에 조직 내에서 새롭게 얻게 되는 경험의 양이 많지만, 시간이 지날수록 새로이 축적되는 지식 및 경험의 절대적인 양은 줄어들게 된다.[42] 따라서 재직 초기에는 성과와 강한 정의 상관관계를 나타내지만, 재직연수가 증가할수록 그 관계가 약해지거나 어느 지점에 달한 이후에는 재직기간과 성과 사이의 음(−)의 관계가 관찰되는 역 U자 가설을 상정할 수도 있다.[43] Ng와 Feldman(2013)은 저성과자가 해당 직장에 남아 있을 수 없기 때문에 재직기간과 성과가 통계적으로 관련이 없다는 가설은 가능하지만 부정적인 관계를 상정하는 것은 타당하지 않다고 하였다. 하지만 신분보장이 되는 공무원의 경우는 저성과자라는 이유로 퇴출되지는 않기 때문에 재직기간이 길어질 경우 재직기간과 성과 간에 부의 관계가 발생할 가능성이 있다. 실제로 한국의 지방 공무원을 대상으로 분석한 Kim(2018)에 의하면 재직기간이 조직시민행동에 부정적인 영향을 미치는 것으로 나타났다.

신분보장이 되는 공무원 조직에서 재직기간과 성과 사이의 관계는 역 U자 곡선 형태를 띨 가능성이 높지만, 평가자 입장에서 연공을 성과평가의 지위특성으로 사용할 때는 연공이 높아진다고 해서 성과가 감소하지는 않을 것이다. 따라서 재직기간이 긴 집단일수록 성과가 높게 나타나지만 성과의 증가폭은 연공이 높아질수록 줄어들 것으로 예상할 수 있다(가설 2-1).

한편, 성과를 무엇으로 정의하느냐에 따라 연공이 성과에 미치는 영향이 달라질 수 있다. Struman(2003)은 경험, 재직기간, 연령이 성과에 미치는 비선형적관계를 밝히고자 메타분석을 실시하였다. 그 결과 재직기간과 객관적 성과의 관계가 주관적 성과의 관계보다 더 크게 나타난다고 보고하였다. 즉 재직기간이 포괄적인 주관적 성과보다 성과의 범위가 좁은 객관적 성과에 미치는 영향이 더 크다는 것을 밝혀냈다. 업무성과 같은 경우에는 직무를 효과적으로 수행하는 데까지는 일정 기간의 훈련이 필요한 반면, 조직시민 행동과 같은 성향은 입직 초기부터 어느 정도 형성되어 있을 가능성이 있다.[44] 따라서 근무성적평가 요소 중 직무수행능력은 입직 이전의 교육, 경험, 개인적 성향에 의해 이미 형성될 가능성이 높다고 볼 때 성과평가 시 연공의 영향력이 더 크게 미칠 수 있는 부분은 근무실적이라고 볼 수 있다. 즉, 연공이 성과급 등급결정에 미치는 영향력이 근무성적평가에 미치는 영향력보다 크다고 가정할 수 있다(가설 2-2).

또한 성별에서와 마찬가지로 연공이 하나의 지위 특성으로 개인의 성과를 평가하는 데 있어 암묵적으로 합의된 기준으로 작용하고 있다면, 연공의 영향은 실제 평가를 통한 성과보다 인지된 성과에서 강하게 나타날 가능성이 크다(가설 2-3).

3) 업무와 성과

담당 업무나 특정부서 소속 여부가 성과평가 시 지위특성으로 작용하기도 한다. 승진에 유리한 특정부서 및 업무에 종사하는 공무원이 성과평가에서 좋은 성적을 받게 된다는 인식이 자리 잡고 있다. 우리나라는 전체적으로 직급에 따라 위계(지위)가 정해지지만, 동일 직급 내에서는 사람이 아닌 보직(직위: 특정 부서 및 업무)을 중심으로 지위가 정해지기도 한다.[45]

직무특성모형(job characteristics model)에 의하면 어떤 업무가 과업 중요성, 기술 다양성, 과업정체성, 자율성, 피드백의 특징을 지니고 있을 경우 동기부여의 원천이 되며, 직무만족과 성과 등을 향상시킬 수 있다고 한다.[46] 이 중에서 과업 중요성은 업무가 조직 내·외 타인의 일상 혹은 업무에 중대한 영향력을 발휘하는 정도를 의미한다. 직무 영향력은 종사자들로 하여금 그들이 하는 일이 의미 있는(meaningful) 일이라는 것을 경험하게 함으로써 직무 결과에 긍정적인 영향을 미칠 수 있음을 의미한다.[47] 같은 업무를 하더라도 개인이 느끼는 중요성의 정도는 다르겠지만 공무원이 지역주민 더 나아가 국민의 삶에 영향을 미치는 정책을 구상하는 기획업무를 할 경우 타 업무에 비해 동기부여가 잘 되며, 궁극적으로 좋은 성과를 거둘 수 있다는 추론이 가능하다. 따라서 기획업무를 수행하는 집단의 성과가 집행, 지원업무를 수행하는 집단의 성과보다 높을 것이다(가설 3-1).

한국의 인사행정에서는 담당업무와 성과평가 사이의 관계를 볼 때 승진이라는 요소를 함께 고려해야 한다. 공식·비공식적으로 동일계급 내 직위들에 서열이 존재하고 승진을 위해서는 특정 보직으로 이동해야 한다.[48] 소위 승진 보직이라는 곳에서 성과평가 역시 잘 받는 경향이 있다. 승진 보직 부서는 통상 주무과가 되는데, 주무과는 국(局)의 사업을 기획하고 총괄하는 핵심 부서이다. 공무원의 업무유형을 크게 세 가지 기획, 정책집행, 지원으로 볼 때 주무과의 업무는 기획업무에 해당할 가능성이 높으며, 성과평가 시 상대적으로 우대받을 것이라 예측할 수 있다. 조직평가 결과에서 부처 내에서 핵심적인 기획업무를 수행하는 주무부서 등이 최상위 평가를 받으며 업무지원 성격이 강한 부서들이 하위 평가를 받는 경향이 나타났다. 마찬가지로 개인 평가에서도 주무과에서 S등급이 상당 수준 배출되고 있다는 점이 확인되었다.[49] 승진의 근거가 되는 근무성적평정에서는 업무실적에 대한 평가뿐만 아니라 개인의 능력·태도 등에 대한 평가도 이루어지는데, 주무과 소속이라는 이유로 다른 부분에서도 높은 평가를 받게 된다면 업무에 따른 성과 차이는 성과급 등급결정보다 근무성적평정에서 크게 나타날 가능성이 있다. 즉, 기타 업무에 비해 기획업무에서 높게 나타나는 성과 차이는 성과급 등급보다 근무성적평가에서 크게 나타날 것이다(가설 3-2).

마지막으로 성과평가 시 업무가 하나의 지위 특성으로 작용하여 특정 업무가 우대된다는 것이 통념이 될 경우, 담당 업무에 따른 성과 차이는 실제 평가를 통한 성과보다 인지된 성과에서 크게 나타날 가능성이 높다(가설 3-3).

4) 채용경로와 성과

공무원 채용경로는 크게 두 가지로 나누어 볼 수 있다. 고시를 통한 공개경쟁채용과 경력경쟁채용이다. 공개경쟁채용시험은 별도의 경력 등 응시요건 없이 공개적으로 경쟁하는 시험으로서 우리가 보통 알고 있는 고시제도인 5급, 7급, 9급 공채시험이 여기에 해당한다. 경력경쟁채용시험은 "경력 등 응시요건을 정하여 같은 기준에 부합하는 다수인을 경쟁의 방법으로 채용하는 시험"을 말한다.[50] 예를 들어 변호사, 공인회계사, 특정 분야 학위 소유자나 연구경력 소유자 등 채용기관이 요구하는 일정한 경력, 자격 등을 갖춘 사람만 응시할 수 있다.

공개경쟁채용의 경우 고시에 합격했다는 사실이, 경력경쟁채용에서는 학위, 자격증 등의 기준이 특정적 지위 특성이 될 수 있다. 이 두 가지 유형의 특성 중 어떤 특성이 우선적으로 적용되는지에 따라 성과평가 결과가 달라질 수 있다.

경력경쟁채용은 공개경쟁채용에 비해 채용과정이 투명하지 않고 과거 특별채용에서의 일부 특혜의혹이 불거진 사례들로 인해 공직 내에서 고시 출신보다 비고시 출신의 능력이 부족하다는 선입견이 있을 수 있다. 이러한 채용과정에서의 특혜의혹을 차치하더라도 계급제의 근간을 지니고 있는 우리나라의 공직제도 하에서는 여러 부서의 직무를 경험하는 일반행정가가 한 분야의 전문가보다 능력이 뛰어나다는 인식이 퍼져있다. 또한 공채출신의 승진이 경채출신의 승진보다 승진이 더 공정하다고 인식한 실증연구 결과를 고려할 때, 공직에서 핵심적인 보상이라고 여겨지는 승진이 공

채 출신에게 유리하게 운영된다고 볼 수 있다.[51]

반대로 경력경쟁채용 출신 집단의 성과가 높게 나타날 수도 있다. 해당 직위에 필요한 자질과 기술을 요건으로 채용하는 경력경쟁채용은 공직에서 개인-직무 적합성(person-job fit)을 개선시키는 역할을 한다. 개인-직무 적합성이란 개인의 특성과 직장에서 수행하는 직무·업무와의 관계로 정의되며,[52] 직무를 수행하기 위해 필요한 요건들과 개인의 지식, 기술 능력의 일치 여부에 관한 것이다. 한국의 중앙공무원을 대상으로 실시한 연구[53]에서도 경력경쟁채용 출신의 성과가 공개경쟁채용 출신의 성과보다 높은 것으로 나타났다.

고시합격이라는 특성과 특정 기술 보유 내지 자격증이라는 특성 모두 성과와 관련되는 지위 특성이지만 직업공무원제 근간의 한국 공직 사회에서 성과평가에 있어서는 고시합격이라는 특성이 더 크게 작용할 것이라 예상할 수 있다. 따라서 공개경쟁채용 출신 집단의 성과평가 결과가 경력경쟁채용을 포함한 기타의 입직경로 출신 집단보다 높을 것으로 예상된다(가설 4-1).

고시합격이라는 특성은 당해 연도 실적인 성과급보다는 전반적인 직무수행능력과 더 관련이 높다. 반면 해당 업무와 관련된 경력, 학위, 자격증을 보유한 것은 일반적인 직무수행능력보다는 근무실적과 관련이 높다고 할 수 있다. 근무성적평가에는 고시합격이라는 특성과 자격보유라는 특성이 복합적으로 작용하기 때문에 경력경쟁채용과 공개경쟁채용 출신 집단의 차이를 판별하기는 쉽지 않다. 이러한 점을 종합적으로 고려할 때, 두 집단 간의 성과 차이는 성과급 등급 결정보다 근무성적평가에서 더 크게 나타날 것이라 예상할 수 있다(가설 4-2).

앞서 살펴본 다른 지위특성과 달리, 채용경로에 있어서는 두 가지 지위특성이 대립하고 있다. 성과평가에 있어서는 고시합격이라는 지위특성이 학위 및 자격증 등 자격 보유라는 지위특성에 비해 우선적으로 고려될 수 있지만, 본인이 인지한 성과에 있어서는 자격 보유라는 지위특성이 강하게 작용할 가능성이 있다. 박천오·한승주(2017) 연구에 따르면 개방형 직위 임용자가 공채출신 공무원에 비해 우수하다는 데 있어 개방형 직위 임용자들은 긍정적인 인식을 나타낸 반면 나머지 응답자들은 부정적인 인식을 보였다. 공무원 인식조사 결과를 바탕으로 한 박순애 외(2018)의 연구에서 경력경쟁채용 출신이 공개경쟁채용출신에 비해 조직몰입, 직무열의, 나아가 인지된 성과 모두 높게 나타났다. 즉 타인에 의한 평가결과가 아닌 스스로 인지된 행태,

성과 등에 있어서는 공개경쟁채용 집단보다 경력경쟁채용 집단이 높게 인식하는 경향이 있다는 것을 알 수 있다. 이에 근거하여 경력경쟁채용 출신 집단의 인지된 성과가 공개경쟁채용 출신 집단보다 높게 나타날 것으로 예상할 수 있다(가설 4-3).

II. 연구설계

1. 자료의 수집 및 분석방법

본 연구는 서울대학교 공공성과관리연구센터에서 실시한 「공공부문 성과에 대한 공무원 인식조사」를 활용한다.[54] 본 조사는 2016년도부터 매년 실시되고 있으나, 평가결과를 묻는 문항을 포함시킨 2018년도부터 2020년도 3개 년도의 조사 결과를 사용하였다. 3개년도는 동일 정권 하에서 동일한 성과관리제도를 활용하였기 때문에 합산데이터로 분석하여도 크게 문제가 없을 것이라 여겨진다. 설문에는 3~9급 공무원이 포함되어 있으나, 4급 이상 공무원은 성과계약중심평가로, 5급 이하 공무원은 근무성적평가로 평가방식이 달라서 본 연구 대상은 5급 이하 공무원들로 한정한다. 계약중심평가에서는 실적을, 근무성적평가에서는 실적·능력·태도를 평정요소로 하고 있으므로 동일한 평가를 적용 받는 5급 이하 공무원들만을 살펴보는 것이 비교의 타당성을 확보할 수 있다고 판단했기 때문이다. 따라서 본 연구는 3년 동안 실시된 설문조사에 응답한 5급 이하 공무원 8,588명을 대상으로 한다.

각각의 지위특성이 성과평가 시 판단의 기준으로 작용하였는지, 즉 지위특성에 따라 성과 수준에 유의미한 차이가 발생하는지를 알아보기 위해 집단분석을 실시하였다. 성별과 같이 지위특성이 두 집단으로 구분되는 경우에는 t-검정(t-test)으로, 업무유형과 같이 세 가지 이상 집단으로 구분되는 경우에는 일원분산분석(one-way ANOVA)으로 분석하였다. 개인의 특성 지위에 따른 성과수준을 비교함에 있어서는 중앙정부와 지방정부를 구분하였다. 중앙정부와 지방정부에 있어 업무가 다른 만큼 인사관리 및 운영에 있어 차이가 존재하며, 그에 따라 성과관리 운영방식 및 관행에 있어서도 차이가 있기 때문이다.

2. 변수의 측정 및 조작화

1) 성과 수준

성과수준은 앞서 살펴본 3가지 성과 개념인 주관적 성과, 객관적 성과, 본인이 인식한 성과를 각각 측정하였다. 5급 이하 공무원 대상으로 실시되는 성과평가는 크게 근무성적평가 결과와 성과급 등급 결정을 들 수 있다. 근무성적평가 시 업무실적에 대한 평가가 성과급 등급 결정에 반영되지만, 근무성적평가에서 업무실적 부분과 자질·태도에 대한 평가결과를 따로 분리하여 활용할 수 없다. 따라서 업무실적만을 근거로 평가한 성과급 등급 결정은 상대적으로 객관적인 성과, 직무수행능력 및 태도 등 기타 요소를 고려한 종합적인 근무성적평가 결과는 주관적인 성과의 대리변수로 사용하였다.

근무성적평가 결과는 매우우수-우수-보통-미흡-매우미흡의 5등급 중 본인이 받은 등급에 표시하도록 하였고 성과급 등급 결정은 S이상-A-B-C 등급 중 본인이 받은 등급에 표시하도록 하였다. 본인이 인식한 성과는 "본인의 성과 수준을 어떻게 생각하십니까?"라는 질문에 대해 1-10점 척도를 사용하여 응답하도록 하였다. 근무성적평가 결과는 미흡과 매우미흡을 묶어 1, 보통을 2, 우수를 3, 매우우수를 4로 코딩하였으며, 성과급 등급은 C=1, B=2, A=3, S 이상=4로 코딩하였다. 본인이 인식한 성과수준에 대해서도 각 점수에 대한 사례 수를 고려하여 다시 4등급으로 구분하였다. 5점 이하=1, 6-7점=2, 8-9점=3, 10점=4로 재코딩하였다.[55]

2) 지위특성

본 연구에서 살펴보고자 한 지위특성은 성별, 연공, 담당업무, 채용경로 4가지이다. 이 중 연공은 재직기간과 직급을 모두 고려하였다. 재직기간은 "귀하가 공무원으로 재직한 전체 근무 기간은 얼마나 되십니까?"라는 문항을 통해 측정하였고 10년 미만, 10년 이상 20년 미만, 20년 이상의 3개 그룹으로 구분하였다. 담당 업무 유형을 파악하기 위해 "귀하의 주요 업무는 아래의 유형 중 어디에 가장 가깝습니까?"라는 문항에서 정책기획업무, 정책집행업무, 지원업무 중 하나에 선택하게끔 하였다. 채용경로에 있어서는 공개경쟁채용, 경력경쟁채용, 개방직 채용, 기타 중 본인에 해당하

는 항목을 선택하도록 하였고, 공개경쟁채용과 경력경쟁채용을 포함한 그 외의 채용
으로 구분하였다.

표 1-1_ 변수별 설문문항 및 측정

변수		설문문항	측정
성과수준	근무성적평정 결과	귀하가 실제 받았던 근무성적평정 결과를 적어주십시오. ① 매우우수 ② 우수 ③ 보통 ④ 미흡 ⑤ 매우미흡	1-4
	성과급 등급 결정	성과급 평가결과로서 귀하가 실제 받았던 등급을 적어주십시오. ① S 이상 ② A ③ B ④ C ⑤ 기타	1-4
	인지된 성과	귀하께서는 본인의 성과수준을 어떻게 평가하십니까?(1-10점)	1-4
지위특성	성별	남성 / 여성	-
	재직기간	귀하가 공무원으로 재직한 전체 기간은 얼마나 되십니까? ( )년 ( )개월	-
	업무	귀하의 주요 업무는 아래의 유형 중 어디에 가장 가깝습니까? ① 정책기획업무 ② 정책집행업무 ③ 지원업무	-
	채용경로	귀하의 공직 입직 경로는 어떻게 되십니까? ① 공개경쟁채용 ② 경력경쟁채용 ③ 개방직채용 ④ 기타	-

III. 분석 결과

1. 표본특성

설문에 참여한 응답자 특성은 다음과 같다. 중앙정부 소속은 전체 표본의 약 29%
를 차지하고 있으며, 지방정부 소속이 나머지 약 71%에 해당한다. 기초자치단체 소
속 공무원이 지방정부 공무원의 약 4/5를 차지하고 있다.

표 1-2_ 표본특성

	사례수(명)	비율(%)		사례수(명)	비율(%)
연도			소속		
2018	1,150	13.39	중앙부처	2,451	28.54
2019	3,303	38.46	광역자치단체	1,229	14.31
2020	4,135	48.15	기초자치단체	4,908	57.15
직급			재직기간		
5급	1,395	16.24	10년 미만	3,903	45.45
6-7급	5,199	60.54	10-20년 미만	2,462	28.67
8-9급	1,994	23.22	20년 이상	2,223	25.88
혼인여부			업무		
기혼	5,891	68.60	정책기획업무	1,613	18.78
미혼	2,697	31.40	정책집행업무	3,713	43.23
입직경로			지원업무	3,262	37.98
공개경쟁채용	7,049	82.08	연령		
공채 외	1,539	17,92	20대 이하	1,164	13.55
직군			30대	3,011	35.06
행정직	5,923	68.97	40대	2,568	29.90
행정직외	2,665	31.03	50대 이상	1,845	21.48

직급은 6~7급이 전체 표본의 절반 이상을 차지하고 있으며, 재직기간은 10년 미만이 약 45%로 가장 많은 비중을 차지하고 있고, 10~20년 미만과 20년 이상은 비슷한 비율을 차지하고 있다. 담당 업무에 있어서는 정책집행업무와 지원업무를 수행하는 경우가 비슷한 비율로 나타났으며, 정책기획업무는 약 19%로 상대적으로 적은 비율을 차지하고 있다. 입직경로는 공개경쟁채용이 약 80%로 대부분의 채용이 여전히 고시에 의해 이루어진다는 것을 알 수 있다. 직군에 있어서는 행정직이 약 70%를 차지하고 있으며, 연령은 30, 40대가 유사한 비중을 차지하고 있으며, 대부분이 대졸 이상의 학력을 지니고 있는 만큼 20대의 비중이 약 14%로 가장 작게 나타났다.

1) 성과수준별 표본특성

성과 수준은 <표 1-3>과 같이 1-4의, 4단계로 구분하였다. 근무성적평정 결과로 보았을 때 매우우수(4)가 전체의 약 14%, 우수(3)가 약 45%, 보통(2)이 약 35%, 미흡·매우미흡(1)이 약 6%를 차지하고 있다. 중앙정부가 지방정부에 비해 최하위

수준이 1.7%p 높게 나타났으나 전체적으로 성과수준별 구성 비율이 비슷하게 나타났다. 성과급 등급은 S등급(4)이 약 21%, A등급(3)이 약 50%, B등급(2)이 약 22%, C, D등급이 약 6%로 나타났다. 성과급 등급의 경우도 등급별 비율이 중앙과 지방에 있어 크게 차이가 나지 않는다. 근무성적평정, 성과급 등급 모두 중상 수준(3)의 비율이 각각 45%, 50% 정도로 절반에 가까운 비중을 차지하며 가장 높게 나타났다. 최상위 성과수준은 근무성적평정보다 성과급 등급 결정에서 더 많은 비율을 차지하고 있으나(21%>14%) 최하위 성과 수준은 두 평가 결과 모두 약 6%로 유사한 비율을 차지한 것으로 나타났다.

표 1-3_ 성과수준별 응답자 수 및 비율

단위: 명(%)

성과 수준	근무성적평정				성과급 등급				인지된 성과			
	등급	중앙	지방	전체	등급	중앙	지방	전체	구분	중앙	지방	전체
상(4)	매우우수	325 (14.1)	849 (14.2)	1,174 (14.1)	S	470 (21.8)	1,231 (21.1)	1,701 (21.3)	10	359 (14.7)	760 (12.4)	1,119 (13.0)
중상 (3)	우수	1,046 (45.3)	2,715 (45.2)	3,761 (45.2)	A	1,040 (48.1)	2,984 (51.2)	4,024 (50.4)	8-9	1,265 (51.6)	3,329 (54.2)	4,594 (53.5)
중(2)	보통	772 (33.4)	2,101 (35.0)	2,873 (34.6)	B	515 (23.8)	1,266 (21.7)	1,816 (22.3)	6-7	597 (24.4)	1,542 (25.1)	2,139 (24.9)
하(1)	미흡 매우미흡	168 (7.3)	337 (5.6)	505 (6.1)	C, D	136 (6.3)	348 (6.0)	484 (6.1)	5 이하	230 (9.4)	506 (8.3)	736 (8.6)

　　인지된 성과의 경우 응답자에 따라 기준이 다르기 때문에[56] 응답 결과 나타난 점수를 기준으로 성과 수준을 판단하는 것에 오류가 발생할 수 있지만, 편의상 본인이 부여한 점수에 따라 성과수준을 구분해본 결과, 상(4) 수준 약 13%, 중상 수준 약 54%, 중 수준 약 25%, 하 수준 약 9%로 근무성적평정의 구성 비율과 유사하게 나타났다. 각각의 성과수준 구분 비율을 보았을 때, 기존의 연구들에서 고성과자를 조직구성원의 10-20%, 중간성과자를 70-80%, 저성과자를 10% 정도로 본 것[57]과 유사한 결과라고 할 수 있다.

　　각 성과변수의 통계량은 <표 1-4>와 같다. 성과급 등급의 평균이 약 2.9로 가장 높으며, 근무성적평정의 평균과 인지된 성과가 약 2.7로 유사하게 나타났다.

표 1-4_ 성과수준별 통계량

	변수	n	평균	표준편차	최솟값	최댓값
전체	근무성적평정	8,313	2.674	0.790	1	4
	성과급 등급	7,990	2.869	0.813	1	4
	인지된 성과	8,588	2.710	0.799	1	4
중앙정부	근무성적평정	2,311	2.661	0.807	1	4
	성과급 등급	2,161	2.853	0.828	1	4
	인지된 성과	2,451	2.715	0.827	1	4
지방정부	근무성적평정	6,002	2.679	0.783	1	4
	성과급 등급	5,829	2.875	0.807	1	4
	인지된 성과	6,137	2.708	0.787	1	4

2. 집단분석 결과

1) 성별과 성과

성과수준에 따른 남녀의 평균 차이를 살펴보면 다음과 같다. 전체적으로 남성이 여성보다 평균적으로 높은 성과를 받지만, 중앙, 지방을 나누어 살펴보았을 경우 중앙에서는 통계적으로 유의미한 차이가 없는 것으로 나타났다.[58] 공무원 전체로 보았을 때 가설 1-1은 지지된다고 볼 수 있다. 근무성적평정과 성과급 등급 성과 차이가 각각 0.06, 0.05로 거의 유사한 것으로 나타나 성과 평가 유형에 따른 남녀 간의 차이를 가정한 가설 1-2는 기각되었다.

근무성적평정 결과 및 성과급 등급 결정으로 측정된 평가결과와 인지된 성과 수준의 남녀 차이를 살펴보면 인지된 성과의 남녀 차이가 더 크게 나타난 것으로 나타났다. 즉 성별에 따른 차별은 공무원들이 인지하고 있는 것보다 실제로는 작게 발생한다는 것을 알 수 있다. 지위 특성으로서 성별 차이가 성과에 미치는 영향은 실제 평가 결과보다 인지된 성과에서 클 것이라고 가정한 가설 1-3이 지지되었다.

표 1-5_ 성별에 따른 성과(점수)

성과 구분		전체		중앙		지방	
		남	여	남	여	남	여
근평	n	4,816	3,497	1,419	892	3,397	2,605
	m	2.70	2.64	2.68	2.63	2.70	2.65
	sd	0.79	0.79	0.81	0.81	0.78	0.78
	t(p)	3.08 (0.002)		1,52 (0.128)		2.73 (0.006)	
성과급	n	4,658	3,332	1,332	829	3,326	2,503
	m	2.89	2.84	2.87	2.82	2.90	2.85
	sd	0.80	0.83	0.82	0.84	0.79	0.83
	t(p)	2.68 (0.007)		1.35 (0.175)		2.36 (0.018)	
인식	n	4,934	3,654	1,479	972	3,455	2,682
	m	2.79	2.61	2.78	2.61	2.79	2.61
	sd	0.78	0.82	0.83	0.82	0.76	0.82
	t(p)	10.22 (0.000)		4.97 (0.000)		8.95 (0.000)	

성과 평가 결과에서 남녀 차별이 유의하게 나타나지 않는데, 그렇게 인식하는 원인이 무엇일지 추가적인 분석을 통해 알아보았다. 남녀 간 성과 차이를 혼인 전과 후로 나눠 생각해볼 수 있다. 예전에 비해 사회가 변하기는 하였지만 맞벌이의 경우 남성에 비해 여성의 육아부담이 크다. 공공부문의 경우 육아휴직 및 다양한 가족친화적 제도 활용이 민간에 비해 상대적으로 수월한 것은 사실이지만 조직 내에서 육아휴직 사용에 대한 시선이 곱지만은 않다. 각각의 성과평가 결과가 혼인여부로 인해 달라지는지 살펴본 결과는 <표 1-6>과 같다.

미혼의 경우 근무성적평정 결과 남녀 간 성과 수준은 거의 비슷하게 나타났으며, 성과급 등급 평가의 경우 오히려 여성의 성과 수준이 높게 나타났다. 미혼의 경우 성과급 등급 평가에서 여성이 남성보다 높은 성과를 얻었다는 것은 최근의 입직 당시 공개채용에서 여성의 성적이 높게 나타나는 것과 같은 맥락이다. 성과급 등급 평가의 경우 당해 연도의 업무실적을 근거로 평가가 이루어지는 반면, 개인의 자질, 능력까지 포함되는 근무성적평정의 경우 평가자의 주관적인 요소가 반영될 가능성이 높다. 업무실적만으로 봤을 때 미혼의 경우 여성의 성과가 남성보다는 높다는 것을 알 수 있다. 그러나 인지된 성과에 있어서는 여성들이 본인의 성과에 대해 남성보다 낮게 인식하는 경향이 나타났다(2.42<2.56).

표 1-6_ 혼인여부에 따른 남녀 간 성과 차이

성과 구분		미혼		기혼	
		남	여	남	여
근평	n	1,118	1,418	3,698	2,079
	m	2.58	2.59	2.73	2.68
	sd	0.75	0.76	0.80	0.80
	t(p)	−0.36 (0.720)		2.43 (0.015)	
성과급	n	1,047	1,337	3,611	1,995
	m	2.69	2.79	2.95	2.88
	sd	0.84	0.83	0.78	0.84
	t(p)	−2.77 (0.006)		3.20 (0.001)	
인식	n	1,183	1,714	3,751	2,140
	m	2.56	2.42	2.86	2.74
	sd	0.87	0.84	0.73	0.77
	t(p)	4.33 (0.000)		5.57 (0.000)	

혼인여부에 따른 남녀 간 성과 차이를 볼 때 기혼 여성에 대한 차별과 관련된 사회적 통념이 어느 정도는 사실인 것으로 나타났다. 기혼 여성의 업무실적 및 능력이 기혼 남성에 비해 객관적으로 낮은 건지, 기혼 여성에 대한 사회적 편견으로 인한 것인지는 밝힐 수는 없지만 혼인으로 인해 남녀 간의 성과 차이가 커지거나, 역전되는 결과가 발생한 것은 사실이다.

미혼의 경우 남녀 그룹 간 직급, 나이, 재직연수 등 다른 조건에 있어 차이가 나지 않을 가능성이 높지만 기혼의 경우는 남녀 그룹 사이의 다른 조건에 있어 차이가 클 수 있기 때문에 성과 차이가 꼭 성별에서 기인한다고 단정할 수는 없다. 기혼 남성과 기혼 여성의 평균 연령 등의 차이로 인한 연공서열이 반영된 결과라면 혼인여부로 인한 남녀 차이인지, 연공서열로 인한 차이인지가 분명하지 않을 수 있다. 따라서 기혼 응답자만을 대상으로 분석해 본 결과 기혼 중 20~30대에서 성과평가 결과에 대해 남녀 차이가 나타나는 것을 확인할 수 있었다. 40대 이상의 여성이라면 이미 육아를 어느 정도 마치고 안정기에 든 경우라 20~30대 기혼 여성이 출산 및 육아로 인한 업무공백이 성과평가에 반영된 것이 아닌가 추론할 수 있다. 따라서 이것을 차별로 볼 것인지는 논란의 여지가 있다.

표 1-7_ 기혼 응답자의 연령대별 남녀 간 성과 차이

성과 구분		20-30대		40대		50대 이상	
		남	여	남	여	남	여
근평	n	949	825	1,473	766	1,276	488
	m	2.72	2.63	2.67	2.66	2.81	2.78
	sd	0.78	0.77	0.78	0.81	0.82	0.85
	t(p)	2.32 (0.020)		0.36 (0.715)		0.58 (0.563)	
성과급	n	914	777	1,435	736	1,262	482
	m	2.92	2.80	2.91	2.87	3.01	3.00
	sd	0.78	0.83	0.76	0.83	0.79	0.84
	t(p)	2.93 (0.004)		1.08 (0.279)		0.22 (0.828)	
인식	n	970	855	1,492	785	1,289	500
	m	2.73	2.61	2.86	2.81	2.94	2.87
	sd	0.81	0.80	0.73	0.73	0.65	0.74
	t(p)	3.32 (0.001)		1.60 (0.111)		1.97 (0.049)	

2) 연공과 성과

연공서열이 성과평가에 영향을 미치는지 분석하기 전에 먼저 재직기간에 따라 3개의 집단으로 구분한 후 각각의 집단에서의 근무성적평정 결과, 성과급 등급 결과, 본인이 인식한 성과 수준의 평균을 비교해보았다. 중앙정부와 지방정부를 합친 전체 응답자의 결과를 살펴볼 경우, 재직기간이 늘어날수록 성과 수준이 높은 것을 확인할 수 있다. 성과의 증가 정도는 성과급 등급과 인지된 성과에 있어서 재직기간이 길어짐에 따라 성과가 감소하는 양상이 관찰되었는데, 근무성적평가에서는 10년 미만과 10~20년 미만의 성과 차이가 0.06, 10~20년 미만과 20년 이상의 성과 차이가 0.08로 재직기간이 길수록 성과의 증가폭이 늘어났다. 근무성적평가보다 성과급 등급 결정에서 재직 초기에 성과의 증가 정도가 크게 나타나고, 이후에는 증가폭이 줄어드는 것이 확인되었다. 재직기간별 성과 수준의 점수 차이는 근평과 성과급보다 인지된 성과에서 더 크게 나타난 것을 확인할 수 있다. 즉 실제 평가 과정에서 연공이 고려되는 정도보다 성과에 연공이 반영될 것이라 인식하는 정도가 더 크다고 볼 수 있다.

중앙정부와 지방정부를 분리해서 살펴보면, 지방정부에서는 연공서열적 성과평가 양상이 나타난다고 볼 수 있지만 중앙정부에서는 그렇지만도 않다. 중앙정부에서는 근무성적평정, 성과급 등급 평가 결과 모두 10~20년 미만 재직자 집단에서 평균

점수가 가장 높게 나타났다. 근무성적평정 결과에 있어서 10년 미만과 20년 이상 재직자 집단 간 차이가 거의 없는 것으로 나타났으며, 인지된 성과에 있어서도 10~20년 미만 재직자보다 20년 이상 재직자 집단의 성과 점수가 약간 낮은 것으로 나타났다.

반면 지방정부에서는 중앙정부보다 연공서열적 평가 관행이 남아 있는 것으로 확인되었다. 재직연수가 높을수록 성과평가 점수가 높아지는 양상이 확인되었다. 근무성적평가에 있어서는 10년 미만과 10~20년 미만 사이의 성과 수준의 차이가 통계적으로 유의미하지 않았으며, 10~20년 미만과 20년 이상 사이의 성과 차이가 0.14로 상당히 크게 나타났다. 성과급 등급 결정과 인지된 성과에서는 20년 이상에서 증가 폭이 줄어들어 가설 2-1이 분명하게 지지되었다. 연공이 근평보다는 성과급에 좀더 영향을 미치는 것으로 볼 수 있으며, 인지된 성과의 연공별 격차가 더 큰 것으로 나타나 가설 2-2와 가설 2-3도 성립하였다.

즉, 전체 공무원으로 보면 가설 2-1은 부분적으로 지지되었으며, 가설 2-2와 가설2-3이 지지되었다. 중앙정부만을 보았을 때는 가설 2-1, 2-2, 2-3 모두 기각되었으며, 지방정부만을 보았을 때는 전체 표본과 동일한 결과가 나타났다.

표 1-8_ 재직기간에 따른 성과(3집단)

성과 구분		전체			중앙			지방		
		10년 미만	10-20년	20년 이상	10년 미만	10-20년	20년 이상	10년 미만	10-20년	20년 이상
근평	n	3,693	2,426	2,194	1,097	829	385	2,596	1,597	1,809
	평균	2.62	2.68	2.76	2.63	2.74	2.62	2.62	2.65	2.79
	sd	0.75	0.80	0.83	0.78	0.80	0.89	0.74	0.80	0.82
	F(p)	19.45 (0.000)			4.09 (0.017)			25.23 (0.000)		
성과급	n	3,474	2,347	2,169	1,002	784	375	2,472	1,563	1,794
	평균	2.78	2.91	2.97	2.78	2.93	2.88	2.77	2.90	2.99
	sd	0.83	0.79	0.79	0.86	0.80	0.77	0.82	0.78	0.80
	F(p)	44.67 (0.000)			7.96 (0.000)			39.86 (0.000)		
인식	n	3,903	2,462	2,223	1,214	846	391	2,689	1,616	1,832
	평균	2.54	2.80	2.91	2.60	2.83	2.80	2.51	2.79	2.93
	sd	0.85	0.75	0.68	0.88	0.76	0.73	0.79	0.78	0.80
	F(p)	181.06 (0.000)			21.45 (0.000)			176.97 (0.000)		

3) 담당업무와 성과

주무부서 혹은 특정 업무가 우대된다는 사회적 통념이 실제로 나타나는지 분석을 통해 확인해보고자 한다. 중앙정부와 지방정부 모두 기획업무를 수행하는 집단이 집행업무 및 지원업무를 수행하는 집단에 비해 근무성적평가, 성과급 등급 결정, 인지된 성과에서 평균적으로 높은 성과가 나타나 가설 3-1은 지지되었다. 기획업무가 기타업무에 비해 높게 평가되는 정도가 성과급보다 근무성적평가에서 더 크게 나타날 것이라는 가설 3-2는 지방정부에서는 지지되었지만 중앙정부에서는 지지되지 않았다. 기획업무가 기타업무에 비해 높게 평가되는 정도가 실제 성과평가 결과보다 인지된 성과에서 높게 나타날 것이라는 가설 3-3은 중앙정부의 기획업무와 지원업무 정도에서 일부 유의한 것으로 나타났다. 지방정부에서는 기획업무가 여타 업무에 비해 높게 평가되는 수준이 인지된 성과나 근평 등에서 유사하게 나타났다.

표 1-9_ 업무에 따른 성과

성과 구분		전체			중앙			지방		
		기획	집행	지원	기획	집행	지원	기획	집행	지원
근평	n	1,570	3,589	3,154	695	754	862	875	2,835	2,292
	평균	2.77	2.67	2.64	2.72	2.64	2.63	2.80	2.67	2.64
	sd	0.80	0.78	0.79	0.81	0.80	0.81	0.79	0.78	0.78
	F(p)	14.37 (0.000)			2.91 (0.055)			13.58 (0.000)		
성과급	n	1,509	3,430	3,051	654	699	808	855	2,731	2,243
	평균	2.96	2.85	2.84	2.95	2.80	2.82	2.97	2.86	2.85
	sd	0.81	0.82	0.81	0.81	0.85	0.82	0.81	0.81	0.80
	F(p)	12.89 (0.000)			6.79 (0.001)			7,82 (0.000)		
인식	n	1,613	3,713	3,262	727	806	918	886	2,907	2,344
	평균	2.81	2.71	2.65	2.80	2.73	2.63	2.81	2.71	2.66
	sd	0.79	0.79	0.81	0.79	0.84	0.84	2.82	2.71	2.66
	F(p)	21.27 (0.000)			9.39 (0.000)			12.47 (0.000)		

승진을 위해서는 주무과에 배치되어야 하며, 주무과에서 성과가 높다는 통념을 검증하기 위해, 즉 기획업무 우대가 승진 시기에 나타나는 두드러진 현상인지를 살펴보고자 직급별로 업무에 따른 성과수준을 확인해보았다. 지방정부에서는 5급이 관리

직으로 이동하는 직급인 만큼 6급에서 5급으로의 승진이 중요하다. 중앙정부에서는 5급 이상의 승진도 중요하지만 해당 연구의 연구대상이 5급까지인 점을 고려할 때, 중앙정부에서도 6급에서 5급 승진에 주목하는 것이 타당하다고 생각된다. 따라서 6급을 기준으로 7급과 5급에서의 결과를 비교해보고자 한다.

그 결과 중앙정부와 지방정부 모두에서 6급의 경우만 업무에 따른 성과차이가 유의미하게 나타났고, 나머지 직급에서는 유의미하게 나타나지 않았다. 예외적으로 중앙정부 7급의 경우 인지된 성과에서 업무별 성과수준 차이가 유의미하게 나타났는데, 기획업무 수행 집단의 성과가 타 업무 집단에 비해 높게 나타난 것이 아니라 지원업무 수행집단의 성과가 타 업무 집단에 비해 낮게 나왔다. 직급에 따른 표본 수 차이를 고려하더라도 6급에서 기획업무가 기타 업무에 비해 성과가 높게 나타난다는 것은 부인하기 어렵다. 직급별 업무에 따른 성과 수준을 추가 분석해봄으로써 성과평가 시에 기획업무를 우대하는 경향이 승진과 관련하여 더 두드러진 현상이라는 점을 확인할 수 있었다.

표 1-10_ 업무에 따른 성과_직급별 차이(중앙)

성과 구분		7급			6급			5급		
		기획	집행	지원	기획	집행	지원	기획	집행	지원
근평	n	146	197	286	286	365	348	234	153	105
	m	2.67	2.60	2.58	2.80	2.65	2.60	2.69	2.63	2.74
	sd	0.79	0.79	0.78	0.80	0.76	0.84	0.84	0.87	0.86
	F(p)	0.61 (0.544)			4.87 (0.008)			0.59 (0.557)		
성과급	n	138	182	272	271	340	321	218	141	103
	m	2.87	2.73	2.79	3.04	2.81	2.88	2.88	2.79	2.83
	sd	0.84	0.95	0.83	0.75	0.79	0.78	0.83	0.87	0.83
	F(p)	1.00 (0.368)			7,14 (0.001)			0.49 (0.613)		
인식	n	155	219	313	293	384	360	247	161	110
	m	2.70	2.72	2.54	2.96	2.79	2.74	2.73	2.68	2.70
	sd	0.91	0.88	0.87	0.71	0.82	0.77	0.76	0.83	0.78
	F(p)	3.28 (0.038)			6.98 (0.001)			0.25 (0.776)		

표 1-11_ 업무에 따른 성과_직급별 차이(지방)

성과 구분		7급			6급			5급		
		기획	집행	지원	기획	집행	지원	기획	집행	지원
근평	n	275	864	806	248	667	563	170	457	236
	m	2.63	2.60	2.58	2.85	2.69	2.65	3.05	2.88	2.88
	sd	0.79	0.74	0.80	0.80	0.85	0.79	0.74	0.78	0.80
	F(p)	0.41 (0.665)			5.24 (0.005)			3.06 (0.047)		
성과급	n	267	837	788	246	652	562	169	452	236
	m	2.87	2.84	2.88	3.10	2.96	2.92	3.12	2.92	2.94
	sd	0.74	0.78	0.78	0.82	0.79	0.76	0.84	0.84	0.85
	F(p)	0.45 (0.636)			4.36 (0.013)			3.46 (0.031)		
인식	n	279	876	821	251	676	572	170	467	240
	m	2.74	2,68	2.65	3.01	2.90	2.84	3.00	2.97	2.94
	sd	0.82	0.78	0.81	0.72	0.68	0.68	0.59	0.60	0.66
	F(p)	1.37 (0.253)			5.31 (0.005)			0.52 (0.593)		

4) 채용유형과 성과

성과평가 과정에서 채용유형에 따라 차별이 있을 것이라는 의심이 합리적 추론일지 통계적으로 확인해보았다. 공무원 전체적으로 보면 성과급 등급에서는 공개경쟁채용과 기타 채용 간의 성과 차이가 통계적으로 유의하지 않게 나타났다. 성과평가에 있어 공채출신이 기타유형의 채용보다 성과가 높을 것이라는 가설 4-1은 기각되었으며, 가설 4-1 성립을 전제로 한 가설 4-2 역시 기각되었다. 근무성적평정에 있어서는 오히려 공개경쟁채용으로 입직한 경우보다 기타 채용으로 입직한 집단의 성과가 평균적으로 높았으며, 중앙과 지방 모두 평균에 있어 약 0.07 차이로 거의 동일한 경향이 나타났다. 인지된 성과에 있어 공채 출신 집단에 비해 기타 채용 출신 집단의 성과가 높을 것이라는 가설 4-3은 지지되었다.

통념과는 달리 비공채 출신의 성과가 높은 것은 신분보장과 연관하여 생각해볼 수도 있다. 비공채 출신의 경우 민간경력자 경력경쟁채용 이외에는 임기제 공무원이 다수 포함되는데 임기제 공무원이 계약을 연장하기 위해서는 성과평가에서 고득점을 받아야 할 것이다. 공채출신 공무원들과 달리 이들에게는 유인-선발-이탈 이론이 적용되기 때문에 공직에 남아 있는 임기제 공무원의 경우 평균적으로 성과가 높을 수 있다. 따라서 성과평가 결과와 상관없이 신분이 보장되는 공개경쟁채용 출신 공무원들에 비해 오히려 성과평가 결과를 잘 받기 위해 노력한 것이라 유추할 수 있다.

표 1-12_ 채용유형에 따른 성과

성과 구분		전체		중앙		지방	
		기타	공채	기타	공채	기타	공채
근평	n	1,468	6,845	727	1,584	741	5,261
	m	2.72	2.66	2.71	2.64	2.74	2.67
	sd	0.81	0.78	0.82	0.80	0.81	0.78
	t(p)	2.60 (0.009)		1.80 (0.073)		2.24 (0.025)	
성과급	n	1,402	6,588	679	1,482	723	5,106
	m	2.88	2.87	2.87	2.84	2.88	2.87
	sd	0.81	0.81	0.83	0.83	0.79	0.81
	t(p)	0.36 (0.721)		0.76 (0.447)		0.13 (0.896)	
인식	n	1,539	7,049	779	1,672	760	5,377
	m	2.81	2.69	2.79	2.68	2.83	2.69
	sd	0.78	0.80	0.80	0.84	0.76	0.79
	t(p)	5.42 (0.000)		2.99 (0.003)		4.64 (0.000)	

나아가 동일 직급에서 공개경쟁채용과 기타 채용 출신의 성과 수준에 차이가 있는지를 살펴보았다. 근무성적평정과 성과급 모두 6급에서만 유의수준 0.1 수준에서 통계적으로 유의미한 차이가 나타났다. 6급에 한정해서 볼 때 근무성적평정은 기타 채용 출신의 성과수준이 높게 나타났지만, 성과급은 공채출신이 높게 나타났다.[59] 업무실적만을 평가하는 성과급 등급에서는 상대적으로 조직내 실무경험이 많은 공채 출신의 성과가 평균적으로 높게 나타난 것이라 해석할 수 있다.

표 1-13_ 입직경로에 따른 따른 성과_직급별 비교

성과 구분		9급		8급		7급		6급		5급	
		기타	공채	기타	공채	기타	공채	기타	공채	기타	공채
근평	n	78	485	138	1,206	477	2,097	543	1,934	232	1,123
	평균	2.53	2.54	2.78	2.67	2.63	2.59	2.74	2.68	2.90	2.82
	sd	0.68	0.73	0.74	0.75	0.83	0.76	0.82	0.81	0.82	0.82
	t(p)	−0.12 (0.906)		1.62 (0.104)		0.88 (0.377)		1.70 (0.089)		1.37 (0.169)	
성과급	n	70	441	131	1,153	463	2,021	517	1,875	221	1,098
	평균	2.68	2.53	2.89	2.84	2.85	2.84	2.89	2.96	2.94	2.92
	sd	0.89	0.88	0.83	0.80	0.79	0.80	0.80	0.78	0.85	0.84
	t(p)	1.39 (0.165)		0.65 (0.514)		0.31 (0.758)		−1.74 (0.082)		0.28 (0.776)	
인식	n	85	532	142	1,235	501	2,162	565	1,971	246	1,149
	평균	2.45	2.38	2.63	2.48	2.76	2.64	2.90	2.86	2.93	2.86
	sd	0.93	0.90	0.83	0.83	0.81	0.82	0.74	0.72	0.68	0.70
	t(p)	0.65 (0.513)		2.01 (0.044)		2.95 (0.003)		1.36 (0.173)		1.41 (0.158)	

IV. 연구의 의의 및 시사점

본 연구는 공무원 성과평가에 있어 성별, 연공, 담당업무, 채용유형이 지위특성으로서 성과 수준을 판단하는 기준으로 작동하는지 실증분석을 통해 살펴보았다. 성과의 포괄적인 측면을 고려하는 근무성적평정, 동기부여로서의 성과급, 인지된 성과수준까지 성과의 다양한 측면을 이론적 근거와 연계하여 검토하였다. 성과평가가 공정하지 못하다는 시각이 조직의 구조적인 문제인지 살펴보기 위해 인지된 성과와의 비교를 통해 지위특성이 성과에 미치는 영향력을 분석하였다.

전반적으로 여성에 비해 남성의 평균 성과가 높은 것으로 나타났으며, 이는 승진에 직접적인 영향을 미치는 근무성적평가에서 약간 더 높게 나타났다. 성과의 남녀차이는 실제 평가결과보다 인지된 성과에서 격차가 더 크게 벌어져 공무원들 인식에 성별은 지위특성으로 크게 자리 잡고 있음을 알 수 있다. 이러한 차이는 20~30대 기

혼 여성이 상대적으로 성과평가에서 낮은 점수를 받는 데서 기인한 것으로 나타났다. 그 외의 집단에서는 남성과 여성 간의 성과 차이는 통계적으로 유의미하지 않거나 오히려 미혼 집단의 경우 실제 평가에서는 여성의 성과가 높게 나타났다. 20~30대 기혼 여성에 대한 성과가 낮은 것은 출산 및 육아로 인한 업무 단절이라고 여겨지며, 이를 최소화할 수 있는 제도적 지원이 필요할 것이다.

연공서열에 따른 평가 관행은 중앙정부보다 지방정부에서 뚜렷하였다. 또한 실제 평가 결과보다 인지된 성과에서 연공에 따른 성과 수준 차이가 크다는 점에서 지방공무원 사이에서는 연공서열을 지위특성으로 인식하고 있는 경향이 강하다고 볼 수 있다. 중앙정부에서는 20년 이상 재직자에게 연공을 우대하는 경향이 거의 없는 것으로 나타났는데, 이는 중앙과 지방의 업무 성격이 다르다는 점에서 찾아볼 수 있을 것이다. 연공이 성과에 미치는 영향에 있어 업무성격의 조절효과를 살펴본 Sturman(2003)의 연구에 따르면 복잡한 업무에 비해 단순한 업무가 연공에 따른 한계성과가 증가하는 것으로 나타났다. 중앙정부의 업무를 복잡한 업무, 지방정부의 업무를 단순한 업무라고 단정 지을 수는 없지만, 중앙정부는 상대적으로 정책대상자의 범위가 더 넓고 새로운 정책 및 제도를 수립해야 하는 경우가 많지만, 지방정부는 정책대상자의 범위가 지역으로 한정되어 있어 연공이 쌓일수록 숙련의 정도가 가속화될 수 있다. 따라서 지방에서 연공서열에 따른 성과평가가 이루어지는 관행은 어느 정도 당연할 수도 있으며, 부분적으로 허용될 수 있으나, 무조건적인 연공 우대는 지양되어야 할 것이다.

담당업무에 따른 성과 차이를 살펴본 결과 기획업무가 기타 업무에 비해 평균적으로 성과가 높게 나타났다. 추가로 분석한 직급별 업무에 따른 성과차이를 볼 때 6급에서 유의한 차이가 있는 것으로 보아, 주요 승진을 앞두고 이러한 경향이 발생한 것으로 유추할 수 있다. 공무원들의 경우 일반적으로 승진이 가장 큰 동기부여 수단 중 하나이기 때문에 주요 보직을 받는 것 역시 인사관리에서 고성과에 대한 하나의 보상이 될 수 있다. 하지만 승진할 시기가 되어 주요보직에 배치되고, 실제 직무수행 결과와 상관없이 보직만을 보고 높은 성과를 부여하는 것은 문제가 될 수 있다. 본 연구에서 이러한 인과관계까지는 확인하지 못하였으나, 기획업무 담당자가 기타업무에 비해 평균적으로 높은 성과평가를 받았고, 사무관 승진을 앞둔 6급에서 특히 두드러진 현상으로 나타났다.

마지막으로 공개경쟁채용 출신을 성과평가 시 우대한다는 것은 확인하지 못하였다. 오히려 문재인 정부 3년간의 자료는 비고시 출신의 평가 결과가 높은 것으로 나타났다. 공무원 전체를 놓고 보았을 때 가장 일을 잘하는 집단이 실제로도 경채출신일 수는 있다. 또한 해당 직위의 전문가로 채용된 비고시 출신보다 공채출신이 순환보직에 따라 주요 보직을 거치는 경우가 많기 때문에 공채출신이 성과평가에서 유리하다는 편견이 생겼을 수 있다. 이러한 역설의 원인을 공채 공무원의 신분보장에서 찾아볼 수 있을 것이다. 직업공무원제의 취지대로 신분보장을 통해 자신의 일에 전념하여 성과를 높일 수도 있지만 반대로 소위 철밥통을 믿고 무사안일 행태를 보일 가능성도 있기 때문이다. 본 연구의 결과는 채용의 다양화를 통해 공직의 전문성·경쟁력을 높이려는 시도를 지지하는 결과라 할 수 있다.

참고문헌

권향원. (2017). 근무성적평정 공정성인식 영향요인에 대한 탐색적 이론화 연구. 한국조직
학회보, 14(2): 47-74.

김미현·이종수. (2012). 조직내 저성과자 관리에 관한 실증연구: 공공조직과 민간조직의
비교를 중심으로. 한국인사행정학회보, 11(3): 55-77.

김민영·박성민. (2013). 성과평가제도 수용성의 선행 및 결과요인에 관한 연구: 한국 NGO
를 중심으로. 정책분석평가학회보, 23(4): 87-125.

김영우. (2005). 한국 공직분류체계에 대한 평가와 개선방안. 한국행정연구, 14(3): 273-294.

박순애·최진섭·이혜연. (2018). 공직 채용유형이 성과에 미치는 영향: 경력경쟁채용을 중
심으로. 한국인사행정학회보, 17(4): 81-107.

박시진. (2016). 공무원 저성과 원인에 관한 실증연구: 미국 연방정부 공무원 사례를 중심으
로. 한국인사행정학회보, 15(4): 97-119.

박시진·최선미. (2019). 근무성적평가 공정성 인식 영향 요인에 대한 탐색적 연구: 중앙공
무원을 중심으로. 한국조직학회보, 16(1): 35-67.

박윤·심형인. (2020). 공무원 채용유형에 따른 공직봉사동기, 조직공정성, 조직몰입에 대
한 탐색적 연구-공개채용과 경력채용 집단 간 비교를 중심으로. GRI 연구논총,
22(2): 339-365.

오세영·이하영·이수영. (2016). 공무원의 이직의사에 영향을 주는 요인에 관한 연구: 중앙
정부공무원 성과그룹별 비교. 한국사회와 행정연구, 27(1): 271-293.

원숙연. (2012). 공직 내 여성관리자의 현실: 여성을 둘러싼 제약-기회-선택의 역학을 찾
아서. 한국여성학, 28(2): 75-107.

유민봉·박성민. (2014). 「한국인사행정론」 (제5판): 서울: 박영사.

이석환·조주연. (2010). 성과평가제도의 수용성에 영향을 미치는 요인에 대한 연구: 평가
체계요인과 내부동기요인을 중심으로. 한국사회와 행정연구, 20(4): 269-291.

이수영. (2017). 우리나라 공무원 채용제도에 대한 진단과 개편방안 제언. 한국인사행정학
회보, 16(1): 25-49.

이종원. (2005). 행정조직에서의 권위주의적 행정조직문화 실태비교를 통한 그 완화방안의
모색. 지방정부연구, 9(2): 180-203.

조경호. (2011). 한국 공무원 성과평가의 공정성 제고 방안에 관한 연구. 한국인사행정학회
보, 10(3): 171-192.

조윤직 · 안지선 · 송현진 · 노혜정. (2014). 서울시 신인사시스템에 대한 공무원 인식조사: 성과
　　포인트제도와 현장시정추진단을 중심으로. 한국인사행정학회보, 13(3): 277-303.

최관섭 · 박천오. (2014). 중앙부처 공무원의 성과평가제도 수용성: 성별, 직급별, 연령별 인
　　식을 중심으로. 한국인사행정학회보, 13(3): 89-116.

한승주. (2010). 성과급제도에 대한 공무원의 대응: 근거이론의 적용. 한국행정학보, 44(4):
　　29-58.

Ayers, R. (2015). Aligning Individual and Organizational Performance. *Public
　　Personnel Management*, 44(2): 169-191.

Barbieri, M., Micacchi, L., Vidè, F., & Valotti, G. (2021). The Performance of
　　Performance Appraisal Systems: A Theoretical Framework for Public
　　Organizations. *Review of Public Personnel Administration*, 734371.

Becker, G. S. (1993). *Human capital: A theoretical and empirical analysis, with spe-
　　cial reference to education*. University of Chicago press.

Berger, J., Rosenholtz, S. J., & Zelditch Jr, M. (1980). Status organizing processes.
　　Annual review of sociology, 6(1): 479-508.

Bright, L. (2007) 'Does Person-Organization Fit Mediate the Relationship Between
　　Public Service Motivation and the Job Performance of Public Employees?',
　　Review of Public Personnel Administration, 27(4): 361-79.

Bommer, W., Johnson, J., Rich, G., Podsakoff, P., & Mackenzie, S. (1995). On the
　　interchangeability of objective and subjective measures of employee per-
　　formance: A meta-analysis. *Personnel Psychology*, 48(3): 587-605.

Bowen, C., Swim, J., & Jacobs, R. (2000). Evaluating Gender Biases on Actual Job
　　Performance of Real People: A Meta-Analysis1. *Journal of Applied Social
　　Psychology*, 30(10): 2194-2215.

Chatman, J. (1991). Matching People and Organizations: Selection and Socialization
　　in Public Accounting Firms. *Administrative Science Quarterly*, 36(3):
　　459-484.

Davison, H., & Burke, M. (2000). Sex Discrimination in Simulated Employment
　　Contexts: A Meta-analytic Investigation. *Journal of Vocational Behavior*,
　　56(2): 225-248.

DeNisi, A., & Murphy, K. (2017). Performance Appraisal and Performance Management: 100 Years of Progress? *Journal of Applied Psychology*, 102(3): 421–433.

Eagly, A., & Karau, S. (2002). Role congruity theory of prejudice toward female leaders. *Psychological Review*, 109(3): 573–598.

Facteau, J. D., & Craig, S. B. (2001). Are performance appraisal ratings from different rating sources comparable? *Journal of Applied Psychology*, 86(2): 215–227.

Farh, J., & Dobbins, G. (1989). Effects of Comparative Performance Information on the Accuracy of Self–Ratings and Agreement Between Self– and Supervisor Ratings. *Journal of Applied Psychology*, 74(4): 606–610.

Feldman, J. (1981). Beyond attribution theory: Cognitive processes in performance appraisal. *Journal of Applied Psychology*, 66(2): 127–148.

Game, A. (2007). Workplace boredom coping: Health, safety, and HR implications. *Personnel Review*, 36(5): 701–721.

Hackman, J. R., & Oldham, G. R. (1976). Motivation through the design of work: Test of a theory. *Organizational behavior and human performance*, 16(2): 250–279.

Hassan, S., & Hatmaker, D. (2015). Leadership and Performance of Public Employees: Effects of the Quality and Characteristics of Manager–Employee Relationships. *Journal of Public Administration Research and Theory*, 25(4): 1127–1155.

Kim, J. (2016). Impact of Performance Appraisal Justice on the Effectiveness of Pay–for–Performance Systems After Civil Service Reform. *Public Personnel Management*, 45(2): 148–170.

_____. (2018). The Effects of Relative Organizational Tenure on Job Behaviors in the Public Sector. *Public Personnel Management*, 47(3): 335–355.

Kim, T., & Holzer, M. (2016). Public Employees and Performance Appraisal. *Review of Public Personnel Administration*, 36(1): 31–56.

Kristof–Brown, A. L., Zimmerman, R. D., & Johnson, E. C. (2005). Consequences of Individuals' Fit at Work: A Meta–analysis of Person–job, Person–organization, Person–group, and Person–supervisor FIT, *Personnel Psychology*, 58(2): 281–342.

Lance, C., Teachout, M., & Donnelly, T. (1992). Specification of the Criterion Construct Space. *Journal of Applied Psychology*, 77(4): 437−452.

Lin, Y., & Kellough, J. (2019). Performance Appraisal Problems in the Public Sector: Examining Supervisors' Perceptions. *Public Personnel Management*, 48(2): 179−202.

McEnrue, M. P. (1988). Length of experience and the performance of managers in the establishment phase of their careers. Academy of Management Journal, 31(1): 175−185.

Mcfarlin, D., & Sweeney, P. (1992). Distributive and Procedural Justice as Predictors of Satisfaction with Personal and Organizational Outcomes. *Academy of Management Journal*, 35(3): 626−637.

Morgeson, F. P., & Humphrey, S. E. (2006). The Work Design Questionnaire (WDQ): Developing and Validating a Comprehensive Measure for Assessing Job Design and the Nature of Work. *Journal of Applied Psychology*, 91(6): 1321−1339.

Ng, T. W., & Feldman, D. C. (2010). Organizational tenure and job performance. *Journal of management*, 36(5): 1220−1250.

Nonaka, I. (1994). A dynamic theory of organizational knowledge creation. *Organization science*, 5(1): 14−37.

Propper, C., & Wilson, D. (2003). The Use and Usefulness of Performance Measures in the Public Sector. *Oxford Review of Economic Policy*, 19(2): 250−267.

Quiñones, M. A., Ford, J. K., & Teachout, M. S. (1995). The relationship between work experience and job performance: A conceptual and meta-analytic review. *Personnel psychology*, 48(4): 887−910.

Reskin, B. F. (2000). The proximate causes of employment discrimination. *Contemporary sociology*, 29(2): 319−328.

Roth, P. L., Purvis, K. L., & Bobko, P. (2012). A meta−analysis of gender group differences for measures of job performance in field studies. *Journal of Management*, 38(2): 719−739.

Rotundo, M., & Sackett, P. (2002). The Relative Importance of Task, Citizenship, and Counterproductive Performance to Global Ratings of Job Performance. *Journal of Applied Psychology*, 87(1): 66−80.

Rubin, E. (2015). Holding employees accountable for the accomplishment of or-ganizational goals: The case of the u.s. federal government. *International Journal of Organization Theory and Behavior*, 18(1): 75-104.

Schmidt, F., Hunter, J., & Outerbridge, A. (1986). Impact of Job Experience and Ability on Job Knowledge, Work Sample Performance, and Supervisory Ratings of Job Performance. *Journal of Applied Psychology*, 71(3): 432-439.

Schneider, B. (1987), The people make the place. *Personnel Psychology*, 40(3): 437-453.

Scullen, S., Mount, M., & Goff, M. (2000). Understanding the Latent Structure of Job Performance Ratings. *Journal of Applied Psychology*, 85(6): 956-970.

Steffens, N., Shemla, M., Wegge, J., & Diestel, S. (2014). Organizational Tenure and Employee Performance. *Group & Organization Management*, 39(6): 664-690.

Sturman, M. (2003). Searching for the Inverted U-Shaped Relationship Between Time and Performance: Meta-Analyses of the Experience/Performance, Tenure/Performance, and Age/Performance Relationships. *Journal of Management*, 29(5): 609-640.

Taylor, P., & Pierce, J. (1999). Effects of Introducing a Performance Management System on Employees' Subsequent Attitudes and Effort. *Public Personnel Management*, 28(3): 423-452.

Tesluk, P., & Jacobs, R. (1998). Toward and integrated model of work experience. *Personnel Psychology*, 51(2): 321-355.

Thiel, S., & Leeuw, F. (2002). The Performance Paradox in the Public Sector. *Public Performance & Management Review*, 25(3): 267.

Vandenabeele, W. (2009). The mediating effect of job satisfaction and organizational commitment on self-reported performance: More robust evidence of the PSM-performance relationship. International Review of Administrative Sciences, 75(1): 11-34.

Wright, B. E. (2001). Public-Sector Work Motivation: A Review of the Current Literature and a Revised Conceptual Model. *Journal of Public Administration Research and Theory*, 11(4): 559-586.

Wright, B., Hassan, S., & Christensen, R. (2017). Job Choice and Performance: Revisiting Core Assumptions about Public Service Motivation. *International Public Management Journal*, 20(1): 108–131.

미 주

1 Lin & Kellough, 2019; Ayers, 2015; Rubin, 2015; Taylor & Pierce, 1999

2 한승주, 2010: 37-38

3 유민봉 · 박성민, 2014; 김미현 · 이종수, 2012

4 https://www.yna.co.kr/view/AKR20190716118700004

5 Kim, 2016; McFarlin & Sweeney, 1992; 박시진 · 최선미, 2019; 권향원, 2017

6 Kim & Holzer, 2016; 최관섭 · 박천오, 2014; 김민영 · 박성민, 2013; 이석환 · 조주연; 2010

7 최관섭 · 박천오, 2014

8 Sturman, 2003: 610

9 Barbieri et al., 2021; Propper & Wilson, 2003; Thiel & Leeuw, 2002

10 Vandenabeele, 2009; Bright, 2007

11 Wright et al., 2017; Hassan, S., & Hatmaker, 2015

12 Sturman, 2003

13 Scullen et al., 2000

14 Bommer et al., 1995; Feldman, 1981

15 Sturman, 2003

16 업무성과는 특정 직무에 요구되는 가장 근본적인 의무를 의미하며, 조직시민 성과는 주어진 업무 상
   요구 외에 추가적인 행위로서 조직의 효과성을 도모하는 데 기여한다. 반생산적 성과는 조직의 안녕
   (well-being)을 의도적으로 해하는 행동을 의미한다(Rotundo & Sackett, 2002).

17 공무원 성과평가 등에 관한 규정 제14조

18 2018년 공무원 보수 등의 업무지침

19 공무원 성과평가 등에 관한 지침

20 Barbieri et al., 2021; DeNisi & Murphy, 2017; Facteau & Craig, 2001

21 Cambell & Lee, 1988

22 Facteau & Craig, 2001, 1995; Lance et al., 1992

23 Farh & Dobbins, 1989

24 Berger et al., 1980: 482

25 최관섭 · 박천오, 2014

26 조경호, 2011

27 이수영, 2017; 박윤 · 심형인, 2020

28 Eagly & Karau, 2002

29 Bowen et al., 2000

30 원숙연, 2012

31 이종원, 2005

32 Reskin, 2000

33 Ng & Feldman, 2010 재인용; McEnrue, 1988

34 Becker, 1993; Schimidt et al., 1986

35 Chatman, 1991

36 Tesluk & Jacobs, 1998

37 Nonaka, 1994

38 Schneider, 1987

39 Bennett & Robinson, 2000

40 Game, 2007

41 Steffens et al., 2014; Ng & Feldman, 2010; Sturman, 2003

42 Steffens et al., 2014

43 Sturman, 2003

44 Ng & Feldman, 2010

45 김영우, 2005

46 Heckman & Oldham, 1976; Wright, 2001

47 Morgeson & Humphrey 2006; Hackman & Oldham, 1976

48 김영우, 2005

49 조경호, 2011

50 국가공무원법 제28조 제2항

51 박윤·심형인, 2020; 이수영, 2017

52 Kristof-Brown et al., 2005

53 박순애 외, 2018

54 해당 조사의 개요 및 응답자 특성은 부록을 참고한다.

55 1-10점 척도로 성과수준을 물었을 때 자신의 성과가 보통이라고 생각하면 5-7점 사이에 응답할 것이라 예상하였으나, 실제 응답결과를 보니, 4점 이하에 응답한 사례수가 전체 중 1.35%에 불과하였다. 보통 조직 내 저성과자는 성과 및 역량과 자질 등이 기대수준에 미치지 못하는 평가등급 하위 5-10%의 구성원을 의미한다고 할 때(박시진, 2016; 오세영 외, 2016), 5점 이하를 보통보다 아래인 저성과자로 구분하는 것이 타당하다고 판단하였다.

56 어떤 사람은 5를 중간 수준의 성과라고 인식할 수 있는 반면 다른 사람은 7을 중간 성과라고 생각하고 응답할 수 있다.

57 박시진, 2016; 이수영·오세영, 2016; 조윤직 외, 2014

58 근평과 성과급 등급의 남녀 평균 차이를 보면 중앙과 지방 동일하게 0.05점의 차이가 나지만 표본의 크기 차이 때문에 지방에서는 통계적으로 유의미한 결과가 나온 반면 중앙에서는 통계적으로 유의미하지 않은 결과가 도출된 것으로 보인다.

59 데이터를 분석해본 결과 6급의 공채 출신의 평균 재직기간이 기타 채용 출신보다 1년 3개월 정도 많은 것으로 나타났다.

02

포스트 코로나와
인공지능 시대의 공무원 인식

포스트 코로나와 인공지능 시대의 공무원 인식

02

코로나19 사태로 인해 일상이 변화하였다. 사회적 거리두기로 인해 너무나도 당연하게 여겨 왔던 모임이나 외출이 제한되고, 가족·친지들과의 만남조차 어려운 시기가 있었다. 기업의 근무환경도 예외가 아니다. 재택근무, 유연근무, 근무시간 단축 등이 보편화되고 있으며, 업종에 따라 차이가 있지만 재택근무가 더 이상 특별한 형태가 아니다. 이는 공무원 사회에서도 마찬가지이다. 행정안전부의 설문조사 결과에 따르면 코로나19 전후 중앙부처 공무원의 일하는 방식이 디지털 기술을 활용한 비대면 방식으로 바뀜에 따라 모바일 결재 횟수는 26.9%, 온라인 문서유통 건수는 138.6% 증가한 것으로 나타났다.[1]

이러한 공무원 근무형태의 변화는 코로나 이전에도 논의되어 왔던 미래 사회의 정부상과 크게 다르지 않다. 인사혁신처(2016)는 "인사비전 2045"에서 스마트 기계와 공무원의 협업, 위치 기반 스마트워크의 일상화로 대변되는 미래정부의 행정환경을 예견하며 '인공지능 관료제' 개념을 제시하였다.

코로나19와 인공지능 기반의 4차 기술혁명은 서로 관계없어 보이는 동시대적 사건이지만, 근무환경에 있어 첨단기술과 기계를 활용하고 스마트워크가 일상화되는 등의 유사한 현상을 가속화하였다. 세계경제포럼(WEF)에서 발간한 "미래 일자리 보고서(2020)"에 따르면 코로나19의 영향은 업무방식을 급격하게 원격근무로 전환 시켰으며, 직종별로 활용 격차가 다양한 것으로 나타났다. 금융, 정보, 전문서비스 등의 직종에서는 원격근무 활용 정도가 높은 반면 숙박 및 식품 서비스, 농업, 건설, 소매 등의 직종에서는 여전히 대면근무가 일반적이었다. 공무원의 경우도 업무특성에 따라 업무방식 변화에 차이가 있었다. 대민서비스 비중이 높은 지자체에서는 업무공백 등의 현실적인 문제로 원격근무를 포함한 유연근무의 활용도가 중앙정부에 비해 낮은 편이었다.[2]

이번 코로나 사태로 인해 어쩌면 다가오는 인공지능 시대로의 변화를 좀 더 일찍 겪게 된 것이라 볼 수 있다. 코로나로 인한 원격근무의 증대, 전자상거래 등 디지털화의 촉발, 업무자동화 확대라는 일련의 사회 변화가 인공지능 시대로의 전환을 무사히 안착시키는 교두보 역할을 할 수 있을 것으로 보인다.

이러한 시대적 변화를 파악하기 위해 "2020년도 공공부문 성과에 대한 공무원 인식조사"에는 코로나19 및 인공지능 기술과 관련된 설문문항을 추가하였다. 이하에서는 설문 결과를 바탕으로 중앙과 지방정부, 정부 부처별 그리고 각 지역별로 코로나19로 인한 행정환경 변화에 대한 인식차이를 분석해보고자 한다. 이어서 코로나 이후 가속화된 인공지능 기술 활용으로 업무량에는 어떠한 변화가 있었는지 함께 고찰하고 미래 사회에 대비한 정책적 시사점을 제시하고자 한다.

I. 코로나 19로 인한 행정환경 변화와 그에 대한 부정적 효과 인식

1. 직무요구로서의 행정환경 변화

지금껏 경험해보지 못한 초유의 코로나 팬데믹 상황에서 공공부문에 새로운 업무가 등장하였으며, 조직 내외로부터의 요구사항에도 변화가 생겼다. 또한 사회적 거리두기에 따라 비대면 근무를 실시하면서 업무 장소 및 형태에도 변화를 가져왔다.[3]

직무요구-자원(job demands-resources) 이론에 따르면 이러한 근무환경의 변화는 새로운 직무요구에 해당한다고 볼 수 있을 것이다. 직무요구-자원 모형은 직무수행 과정에서의 업무 부담과 그로 인한 심리적 상태 사이의 관계를 규명하는 이론이다. 직무요구(job demands)는 직무수행에 필요한 신체적 또는 심리적 노력과 기술로서 업무수행을 위한 신체적, 심리적, 사회적 또는 조직적 측면을 포괄한다. 그 예로는 높은 업무 강도, 불쾌한 물리적 환경, 고객과의 감정적인 상호작용 등이 포함된다. 직무요구가 반드시 부정적이지는 않지만, 종사자의 피로가 충분히 회복하지 못한 채 과다한 노력을 기울여야 할 때 직업 스트레스 요인으로 바뀔 수 있다. 직무자원(job resource)은 직무목표의 효율적 달성을 도와주며, 직무요구와 관련된 심리적 비용을 경감시키고, 개인의 성장·발전을 도모하는 직무의 환경 및 여건을 의미한다. 조직의 전반적인 수준(급여, 경력 기회, 직업 안정성), 대인관계 및 사회적 관계(상사 및 동료 지원, 팀 분위기), 조직에서의 업무(역할 명확성, 의사 결정 참여), 개별 과업 수준(기술 다양성, 과업 중요성, 자율성, 성과피드백) 등을 들 수 있다.[4]

과도한 직무요구가 종사자의 정신적, 육체적 자원을 고갈시켜 에너지 소진 및 건강문제를 유발할 수 있다면 직무자원은 동기부여의 잠재적 기제로서 높은 직무몰입으로 성과달성에 기여할 수 있다. 이와 더불어 직무자원은 탈진을 포함한 과도한 직무요구가 유발할 수 있는 부정적 영향을 경감시킬 수 있다고 한다.[5] 코로나로 인한 행정환경 변화가 공무원들의 직무요구를 증대시켰다면, 이로 인한 부정적 효과에 대한 인식 역시 높아진다고 예상할 수 있다(가설1).

2. 중앙정부 대 지방정부

맥킨지 보고서(2021)에 따르면 코로나 팬데믹 상황으로 인한 노동시장 변화의 핵심변수는 다양한 직종과 일터에서의 '물리적 대면성'과 '사람 간 상호작용'의 수준이었다. 이러한 기준에 따를 때, 정책 기획이 주요 업무인 중앙행정기관과 일선에서 이를 집행하는 지방행정기관에서 코로나19로 인한 행정환경 변화를 인식하는 것이 다를 수 있다.

「국가공무원 복무·징계 관련 예규」[6]는 재택근무가 불가능한 직무특성으로 "민원접수 및 처리 등을 위하여 반드시 특정 장소에서 업무를 수행하여야 하는 경우"를 들고 있는데 이는 기초자치단체의 업무 중 큰 비중을 차지하는 민원업무인 것이다. 이러한 업무특성을 고려할 때 중앙정부보다 지방정부에서 코로나로 인한 행정환경 변화 및 그로 인한 부정적 효과에 대한 인식 수준이 높을 것이고(가설 2-1), 둘 간의 상호관계 역시 중앙정부보다 지방정부에서 더욱 분명하게 나타날 것이라 예상할 수 있다(가설 2-2).

4,267명의 대한민국 공무원을 대상으로 한 설문 결과는 이러한 예측을 지지하는 것으로 나타났다(<표 2-1>, <표 2-2> 참조). 코로나로 인한 행정환경 변화에 있어서 중앙정부보다 지방정부가 높은 수준으로 인식하고 있으며(3.99>3.77), 환경 변화로 인한 부정적인 영향에 대해서도 유사한 경향을 보였다(3.48>3.13). 재택근무로 수행이 어려운 업무를 불가피하게 집에서 하다 보니 특히 인구밀도가 높은 수도권 내 기초자치단체에서 업무효율성 및 집중력 저하, 협업에서의 어려움을 느끼는 정도가 더 큰 것으로 해석할 수 있다. 비대면 활동 증가로 인한 의사소통의 어려움도 지방 공

무원이 더 크게 느끼는 것으로 나타났다.

표 2-1_ 코로나19로 인한 행정환경 변화와 관련된 설문문항

	내용
문항1	코로나19 관련 신규업무가 상당히 증가하였다.
문항2	코로나19가 조직관리방식에 크게 영향을 미쳤다
문항3	코로나19로 인해 전반적으로 업무의 효율성이 낮아졌다.
문항4	우리 동료들은 재택근무를 선호한다.
문항5	업무환경의 유연성으로 인해 일-가정 양립에 도움이 된다.
문항6	코로나19로 인해 업무의 관심도와 집중력이 저하되었다.
문항7	코로나19로 인한 비대면 활동 증가는 의사소통에 어려움을 주고 있다.
문항8	코로나19 이후 구성원 간 협업과 업무 조정에 불편을 겪는 사례가 자주 있었다.

표 2-2_ 코로나로 인한 행정환경 변화 및 그에 따른 부정적 효과 인식

구분	N(명)	코로나로 인한 행정환경 변화			코로나로 인한 부정적 효과				
		문항1	문항2	1,2평균	문항3	문항6	문항7	문항8	3,6,7,8 평균
중앙	1,404	3.61	3.93	3.77	3.18	2.90	3.37	3.04	3.13
지방	2,863	4.11	3.88	3.99	3.69	3.38	3.55	3.30	3.48
전체	4,267	3.95	3.89	3.92	3.53	3.22	3.49	3.22	3.37

코로나로 인한 행정환경 변화에 대한 인식과 코로나로 인한 부정적 효과에 대한 인식 간에 상관관계가 있는지를 분석한 결과 다음 <그림 2-1>과 같이 양(+)의 관계를 보여주고 있으며, 지방정부의 기울기가 조금 더 가파르게 나타났다. 즉 코로나로 인한 행정환경 변화에 따른 부정적 인식의 증가가 지방정부에서 더 크게 나타난 것으로 볼 수 있다. 이하에서는 행정환경 변화 및 부정적 효과 인식 수준을 중앙정부 내 각 부처별, 지방정부 내 각 시도별로 비교해보고자 한다.

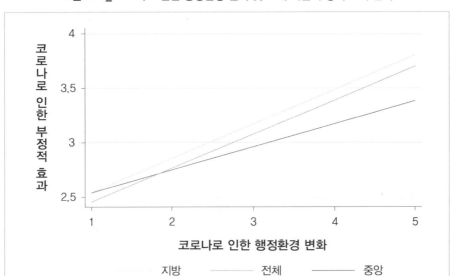

그림 2-1_ 코로나로 인한 행정환경 변화 및 그에 따른 부정적 효과 인식

3. 중앙정부 부처별 차이

중앙정부와 지방정부를 비교하였을 때 평균적으로는 지방에 비해 중앙은 코로나로 인한 업무환경 및 그에 따른 영향 인식에 있어 변화를 덜 느꼈다고 볼 수 있지만, 중앙정부 내에서도 부처에 따라 업무가 다르기 때문에 코로나로 인한 행정환경 변화와 그에 따른 부정적인 영향을 인식하는데 있어서도 차이가 나타날 수 있다. 예를 들어 코로나로 연일 언론에 보도되는 질병관리청과 날씨와 기후를 예측하는 기상청은 코로나로 인해 영향을 받는 정도가 확연히 다를 것이다. 다음 <그림 2-2>는 행정환경 변화 인식과 부정적인 효과 인식의 평균을 기준으로 각 부처의 위치를 표시한 것으로 코로나에 대한 부처별 인식 수준을 파악할 수 있다.

그림 2-2_ 코로나로 인한 행정환경 변화 및 그에 따른 부정적 효과 인식-부처별 분포

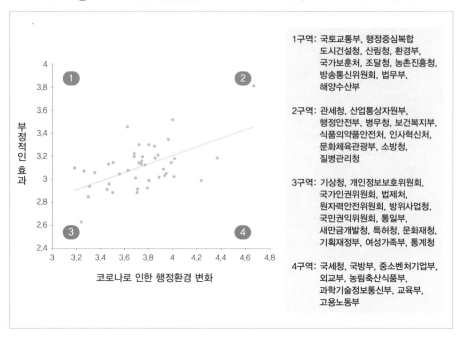

평균을 기준(코로나로 인한 행정환경 변화: 3.13, 그로 인한 부정적 효과: 3.77)으로 그 래프를 4개의 구역으로 구분하면, 2구역은 코로나로 인한 행정환경 변화와 부정적인 효과가 모두 높게 나타난 집단, 3구역은 코로나로 인한 행정환경 변화와 부정적인 효 과 모두 낮게 나타난 집단, 1구역은 행정환경 변화 정도는 적은데, 부정적인 효과는 크게 나타난 집단, 4구역은 행정환경 변화 정도가 큰데도 부정적인 효과는 적게 나타 난 집단을 나타낸다.

코로나로 인한 행정환경 변화 정도를 크게 느끼는 부처는 코로나와 직접적 혹은 간접적으로 관련이 큰 부처들이다. 질병 및 의약품(백신) 관리, 재난지원 등의 업무를 수행하는 질병관리청, 식품의약품안전처, 보건복지부가 대표적인 예이다. 소방청의 경우 코로나 확진자 이송과 관련된 지원을 하면서 업무가 늘어난 경우이다.

직접적으로 코로나와 관계가 없어 보이지만 교육부의 경우, 코로나 19 상황에서 화상수업으로의 전환 및 학교 방역 지침 수립과 관련된 업무가 증가하였고, 고용노동 부의 경우도 일자리 정책과 관련된 업무가 증가한 것으로 보인다. 문화체육관광부는 체육행사, 공연이 전면 취소되면서 그에 따른 대책을 마련하고, 관광수요 감소로 인한 지원 대책을 강구하는 등의 업무가 발생하였다.

코로나로 인한 행정환경 변화 정도를 상대적으로 적게 느끼는 부처는 대표적으로 기상청, 법제처, 통일부, 통계청, 법무부, 환경부 등이다. 공공부문의 비대면 근무 전면 확대 시행으로 업무수행 방식의 변화는 겪었을지언정 업무 내용 자체는 크게 영향을 받지 않은 부처들이 이에 속한다.

행정환경 변화를 크게 느끼는 부처에서 코로나로 인한 업무 효율성 감소, 집중력 저하, 의사소통 어려움, 협업에 있어 불편함 등의 부정적 효과를 크게 느끼고, 그렇지 않은 부처에서 부정적인 효과를 덜 느끼는 것이 상식에 부합하는 결과로, 2구역과 3구역이 각각 이에 해당한다. 따라서 1구역과 4구역에 해당하는 부처들이 예외라 할 수 있다.

예외가 나타나는 원인 중 하나로 근무환경의 변화에 대한 각 부처 공무원들의 인식 차이를 들 수 있다. 예컨대 재택근무가 오히려 직무요구를 경감시킬 수 있는 자원으로 작용한다면 행정환경 변화에 대한 부정적 효과를 상쇄할 수 있을 것이다. 반면 행정환경 변화는 거의 없지만, 원격회의 등 급진적인 직무환경 변화로 인해 코로나로 인한 부정적 효과를 더 크게 인식할 수 있다. 이에 대해서는 다음 장에서 자세히 살펴보고자 한다.

4. 지방정부 지역별 차이

대체로 지방정부가 중앙정부에 비해 코로나로 인한 행정환경 변화 및 그에 따른 부정적인 효과를 크게 인식하고 있으나, 지역에 따라서도 차이가 있는 것으로 나타났다. 인구 밀집도가 높아 코로나 확진자가 많이 발생하거나 감염위험이 큰 수도권 및 대도시 지역과 기타 시도 사이에는 코로나를 인식하는 온도 차가 분명할 것으로 예상할 수 있다. 앞서 제시한 중앙정부 부처의 분석과 마찬가지로 <그림 2-3>에서는 행정환경 변화와 부정적인 효과 인식의 평균(3.99, 3.48)을 기준으로 지역분포를 살펴보았다.

그림 2-3_ 코로나로 인한 행정환경 변화 및 그에 따른 부정적 효과 인식-지역별 분포

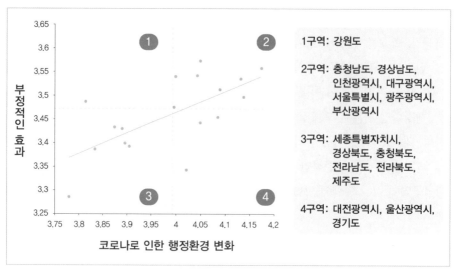

코로나로 인해 행정환경 변화가 큰 지역으로 인구밀집도가 높은 수도권과 광역시가 포함된 것은 예상할 수 있는 결과이다. 그러나 대전과 울산은 예외적으로 확진자수 및 감염률이 낮은 편이라 광역시 중 부정적인 효과에 대한 인식이 낮게 나온 이유일 수 있다. 경기도는 워낙 방대하기 때문에 정확하게 파악하려면 수도권에 인접한 지역과 외곽 지역을 구분해야 하는데, 그렇지 않아 효과가 상쇄된 것으로 보인다. 세종시가 코로나로 인한 행정환경 변화 및 부정적 효과가 가장 낮게 나타났는데, 세종시는 공무원 중심의 사회로 확진자수와 감염발생률이 가장 낮은 지역이라는 점을 고려하면 가능한 결과이다.[7]

지방정부에서 1구역과 4구역의 예외적인 상황은 당해 지역의 확진자 수 및 감염률이 낮았기 때문일 수도 있지만, 중앙정부와 마찬가지로 코로나 위험으로부터의 대처에 대한 인식, 즉 근무환경 급변에 대한 수용성 차이에서도 찾아볼 수 있다. 이하에서는 비대면 근무환경에 대한 인식에 따라 부정적인 효과 인식이 어떻게 달라지는지 살펴보고자 한다.

II. 비대면 근무 환경 변화와 그에 따른 인식

1. 직무자원으로서의 비대면 근무

코로나 이전에도 스마트워크(smart work), 원격근무(telework) 등 비대면 근무에 대한 논의가 있어 왔다. 정보통신기술의 발달로 근무시간과 장소의 제약 없이 업무수행이 가능해지고 일-가정 양립에 대한 요구가 높아지면서 원격근무는 전통적 사무실 근무에 대한 대안으로 각광 받고 있다.[8] 그 동안의 연구는 원격근무를 근무 형태 중 하나의 선택사항으로 보고 원격근무의 긍정적, 혹은 부정적인 효과를 알아보는 것이 주를 이루었다. 그러나 코로나로 인해 원격근무가 선택이 아닌 필수가 된 상황[9]에서 원격근무가 코로나 상황에서 조직관리에 어떤 영향을 미쳤는지 파악하고 향후 운영 및 개선 방향을 모색할 필요가 있다.

원격근무는 직원들이 고용주와 물리적으로 떨어져 업무 및 커뮤니케이션에 IT기술을 활용하여 근무시간 전부 혹은 상당 부분의 업무를 수행하는 유연한 근무 방식을 의미한다.[10] 원격근무와 관련된 46개의 연구를 메타분석한 Gajendran와 Harrison(2007)의 연구에서는 재택근무가 대체적으로 조직관리에 긍정적인 영향을 미친다는 것을 밝혀냈다. 인지된 자율성과 일-가정 양립에 긍정적인 영향을 미쳤으며, 더 나아가 직무만족, 성과, 이직의도 등에도 유익한 영향을 미쳤다. 다만 주 2.5일 이상의 고강도 원격근무의 경우 동료와의 관계에서 부정적인 영향을 미친 것으로 나타났다. Bakker 등(2005)은 고등 교육기관 종사자 1,000명을 대상으로 한 연구에서 높은 직무요구와 낮은 직무자원의 조합이 탈진을 예측한다고 밝혔다. 원격근무의 긍정적 효과는 이러한 직무자원으로서의 기능에서 기인한 것으로 볼 수 있다. 또한 종사자들의 자율성이 높거나, 사회적 지원 혹은 상사와의 긍정적인 관계를 맺고 있다면 탈진이 다소 완화될 수 있음을 발견했다. 재택은 코로나 팬데믹 상황에서 외부와 차단된 안전한 장소이며, 일-가정 양립에도 기여할 수 있기에 이에 대한 긍정적 인식이 높다면 코로나로 인한 부정적 효과는 낮아질 수 있을 것이다(가설3).

2. 중앙정부 대 지방정부

비대면 근무로의 전환 가능성 내지 용이성, 나아가 만족도는 업무 형태에 따라 달라질 수 있다. 원격근무의 대표적 형태인 재택근무는 전산 접속, 업무수행에 필요한 정보 열람 등에 있어서 많은 제약이 존재한다.[11] 특히 기초자치단체의 업무 중 큰 비중을 차지하는 민원업무는 재택근무가 불가능하다. 따라서 비대면 근무에 대한 긍정적 인식 및 만족도는 지방정부보다 중앙정부에서 높을 것으로 예상되며(가설 4-1), 비대면 근무에 대한 긍정적 인식과 코로나로 인한 부정적 효과 인식 간의 음(-)의 상관관계는 지방정부보다 중앙정부에서 강하게 나타날 것이다(가설 4-2).

<표 2-3>의 조사 결과를 살펴보면 비대면 근무로의 전환은 지방보다 중앙에서 활발히 이루어진 것으로 보인다. 중앙정부의 경우 응답자 중 약 53%, 82.5%, 86%가 각각 원격근무, 재택근무, 화상회의 경험이 있다고 응답한 반면, 지방정부의 경우 화상회의 경험은 68.3%로 그나마 많은 편이었지만 원격근무와 재택근무 경험은 각각 25%, 35.8%로 중앙정부의 절반에 못 미치는 수준이다. 비대면 근무의 평균 만족도는 중앙정부는 3.52점, 지방정부는 3.29점으로 지방정부보다 중앙정부에서 높게 나타났다.

표 2-3_ 비대면 근무 경험 비율 및 만족도(중앙, 지방 차이)

	전체(N=4267)			중앙(N=1404)			지방(N=2863)		
	응답수 (명)	비율 (%)	만족도	응답수	비율	만족도	응답수	비율	만족도
원격근무	1,460	34.2	3.35	744	53.0	3.48	716	25.0	3.21
재택근무	2,184	51.2	3.56	1,158	82.5	3.69	1,026	35.8	3.42
화상회의	3,162	74.1	3.32	1,208	86.0	3.38	1,954	68.3	3.28
비대면 근무 만족도	3,664	85.9	3.38	1,361	96.9	3.52	2,303	80.4	3.29

비대면 근무 선호도도 중앙이 높게 나타났으며(3.32>2.97), 비대면 근무로 인한 일-가정 양립에의 기여(3.43>2.76) 항목에도 중앙정부 공무원이 더 강하게 동의하는 것으로 나타났다.

표 2-4_ 근무환경 변화에 대한 인식(중앙, 지방 차이)

| 구분 | N(명) | 비대면 근무에 대한 긍정적 인식 | | | 비대면 근무 만족도 | 코로나로 인한 부정적 효과 |
		문항4. 재택근무 선호도	문항5. 업무환경 유연성 일-가정 양립	문항4, 5 평균		
중앙	1,404	3.32	3.43	3.38	3.69	3.13
지방	2,863	2.97	2.76	2.87	3.42	3.48
전체	4,267	3.09	2.98	3.03	3.56	3.37

아래 그래프에서 변수 간 상관관계의 방향성과 강도를 파악할 수 있다. 비대면 근무 만족도와 비대면 근무에 대한 긍정적 인식(문항 4, 5의 평균)은 양(+)의 관계를 보여주고 있으며, 코로나로 인한 부정적 효과와 비대면 근무 및 만족도 양 변수와의 관계는 각각 음(-)의 관계를 보여주고 있다. 각각의 상관관계는 지방정부보다 중앙정부에서 더 분명하게 나타난다.

그림 2-4_ 비대면 근무에 대한 긍정적 인식과 만족도, 코로나로 인한 부정적 효과 간의 상관관계

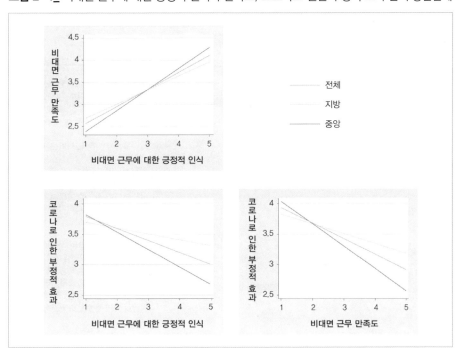

이러한 상관관계는 비대면 근무가 효과적으로 이루어질 때 만족도도 높아지고 코로나로 인한 부정적인 효과에 대한 인식이 낮아질 수 있다는 것을 시사한다. 실제로 비대면 근무로의 전환이 용이했던 중앙정부에서 비대면 근무환경에 대한 긍정적 인식 및 만족도가 높았으며, 코로나로 인한 부정적 효과를 낮게 평가하였다. 환경 변화는 주어진 상황으로 수용해야 하지만 비대면 근무환경은 제도적으로 정비가 가능하다. 따라서 비대면 근무환경을 보다 편안하게 조성해준다면 코로나로 인한 부정적인 효과도 줄어들 수 있을 것이다.

3. 중앙정부 부처별 차이

중앙정부와 지방정부 간의 차이와 마찬가지로 중앙정부 내에서도 부처별 업무 특성에 따라서도 비대면 근무에 대한 인식이 다를 수 있다. 앞서 살펴본 행정환경 변화로 인해 발생한 부정적인 효과들을 비대면 근무에 대한 긍정적 인식으로 상쇄시킬 가능성이 있는지 파악하기 위해 <그림 2-5>와 같이 사분면에 부처들의 분포를 살펴보았다.

그림 2-5_ 비대면 근무에 대한 긍정적 인식 및 코로나로 인한 부정적 효과 인식-부처별 분포

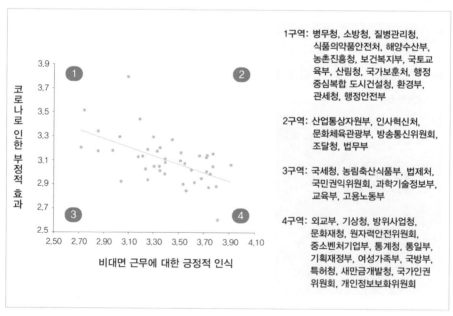

비대면 근무에 대한 긍정적 인식의 평균(3.38)과 코로나로 인한 부정적 효과 인식의 평균(3.13)을 기준으로 비대면 근무에 대한 선호는 낮고 코로나로 인한 부정적 효과는 높게 인식하는 1구역, 반대인 4구역, 둘 다 높은 2구역과 둘 다 낮은 3구역으로 구분할 수 있다. 비대면 근무에 대한 선호와 코로나로 인한 부정적인 효과가 역의 상관관계를 보여준다면 1구역과 4구역에 있는 부처들이 이에 해당한다. 앞서 <그림 2-2>에서 살펴본 행정환경 변화 인식과 코로나로 인한 부정적인 효과 인식에서 역의 관계를 보여준 부처들을 아래 <표 2-5>에 다시 정리하였다.

표 2-5_ 코로나로 인한 행정환경 변화 및 부정적 효과 인식 간의 역 상관관계-부처별

(1) 행정환경 변화↓ 부정적인 효과↑	(4) 행정환경 변화↑ 부정적인 효과↓
국토교통부, 행정중심복합도시건설청, 산림청, 환경부, 국가보훈처, 조달청, 농촌진흥청, 방송통신위원회, 법무부, 해양수산부	국세청, 국방부, 중소벤처기업부, 외교부, 농림축산식품부, 과학기술정보통신부, 교육부, 고용노동부

외교부, 중소기업벤처부, 국방부의 경우 코로나로 인한 신규업무 증가 및 조직관리 방식 등 행정환경이 크게 달라졌지만, 비대면 근무에 대한 긍정적 인식으로 인해 업무 효율성 등의 측면에서 부정적인 효과가 높지 않은 것으로 해석할 수 있다. 한편, 국토교통부, 행정중심복합도시건설청, 산림청, 환경부, 국가보훈처, 해양수산부의 경우는 행정환경 변화가 심하지는 않지만, 비대면 근무에 대한 선호도 높지 않아 코로나로 인한 효과를 부정적으로 평가한 것으로 보인다.

4. 지방정부 지역별 차이

<그림 2-6>은 17개 시도를 비대면 근무에 대한 긍정적 인식의 평균(3.42)과 코로나로 인한 부정적 효과 인식의 평균(3.48)을 기준으로 4개의 구역으로 나눈 뒤 분포를 나타낸 것이다.

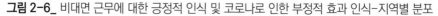

그림 2-6_ 비대면 근무에 대한 긍정적 인식 및 코로나로 인한 부정적 효과 인식-지역별 분포

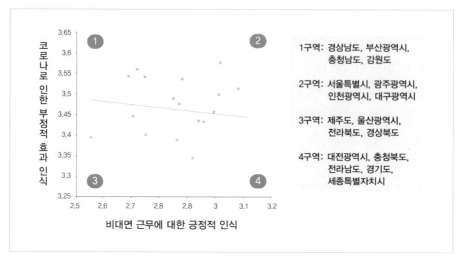

행정환경 변화는 적은데 부정적인 효과에 대한 인식이 높았던 지역인 강원도에서 비대면 근무에 대한 선호가 낮게 나타난 것을 알 수 있다. 행정환경 변화를 큰 폭으로 느끼고, 부정적인 효과는 낮았던 대전, 울산, 경기 중 대전과 경기의 경우 비대면 근무에 대한 선호가 높게 나타나면서 부정적인 효과가 다소 상쇄되었다고 볼 수 있다. 부처별 시도별로 예외가 존재하기 때문에 비대면 근무에 대한 긍정적 인식이 완벽하게 코로나로 인한 부정적인 효과를 낮춰준다고는 볼 수 없으나, 코로나로 인한 부정적 효과를 감소시킬 수 있는 직무자원으로서의 가능성을 보여주었다는 데 의의가 있다.

III. 인공지능 기술, 그에 따른 변화와 공무원의 인식

1. 직무요구, 직무자원으로서의 인공지능 기술

인공지능(AI) 기술은 민간부문뿐만 아니라 공공부문에서도 경제성장 및 정부혁신의 동력으로 주목받고 있으며 AI기반 시스템의 도입이 증가하고 있다.[12] 인공지능 기술은 이미 사회 곳곳에 침투해 있으며 활용방식에 따라 조직의 생산성과 효율성에도 크게 영향을 미칠 수 있다. 정부는 AI를 사용하여 더 나은 정책을 설계하고 보다 합리적인 결정을 내리고 시민과 주민과의 소통과 참여를 개선하며 공공 서비스의 속

도와 질을 향상시킬 수 있을 것이라 기대하고 있다.[13]

인공지능에 대한 일반화된 정의는 아직 정립되지 않았지만,[14] 다양한 정의를 종합하여 볼 때 인공지능은 기계를 기반으로 한 시스템으로 인간과 유사한 지능적 행동을 보여준다.[15] AI는 더 효율적인 해결책을 찾기 위해 인간의 문제해결 방식을 모방하려고 시도한다. 이러한 특성을 바탕으로 인공지능은 지각, 이해, 행동, 학습을 포함한 핵심 역량으로 특정 지어지는 인간의 지능적 행동을 보여주는 컴퓨터 시스템 능력을 의미한다고 할 수 있다.[16]

이러한 인공지능 기술의 발달로 일자리 지형이 변화될 것으로 전망되고 있다. 특히 단순·반복적인 사무행정직이나 저숙련 업무 관련 일자리에 직접적인 영향을 미칠 것으로 예측된다. 공무원의 경우 법적으로 신분이 보장되기 때문에 인공지능 기술의 등장으로 기존 일자리를 잃는 사태는 발생할 확률이 적지만, 변화된 업무환경으로 새로운 기술 및 업무를 익혀야 하는 상황이 발생하거나, 혹은 변화하는 사회의 요구에 대응하기 위해 신규업무가 증가할 수 있다. 이것 또한 직무요구-자원 이론에서 의미하는 직무요구가 될 수 있다.

직무요구는 앞서 살펴본 바와 같이 업무수행에 있어 지속적인 신체적 또는 심리적 노력이나 기술을 필요로 하는 직무특성을 의미한다. 인공지능 기술 자체는 중립적이지만, 만약 인공지능 기술이 본인 업무량의 증가로 이어진다면 직무요구로 인식될 수 있을 것이다.

서울대 공공성과관리연구센터에서 수행한 설문조사 결과 85% 이상의 응답자들이 인공지능으로 인해 새로운 행정서비스 영역이 등장할 것이라는 데 동의하고 있다. 그러나 인공지능이 본인의 업무에 본격적으로 활용되면 업무가 어떻게 변화할 것으로 예상하는지에 대해서는 응답이 다양하였다. 본인의 업무가 감소할 것이라는 응답이 약 40.9%(매우 감소: 4.48, 약간 감소: 36.42), 변화가 없을 것으로 예상하는 경우가 약 32.7%로 나타났고, 나머지 약 26.4%(약간 증가: 19.78, 매우 증가: 6.63)의 응답자는 업무량이 증가할 것으로 보았다. 본인의 업무 감소를 예상하는 비중이 업무 증가를 예상하는 비중보다 크게 나타났다. 즉, AI의 도입으로 행정 전반에 나타날 수 있는 변화 양상과 응답자 자신에게 닥칠 변화를 다르게 인식하는 응답자가 다수임을 알 수 있다.

따라서 AI 도입으로 인한 업무량 증대를 직무요구라고 가정할 때 직무요구가 높은 상황에서는 AI의 긍정적인 효과보다는 부정적 효과에 대한 인식이 높을 것이라 예상할 수 있다. AI 도입으로 본인 업무량이 늘어난다고 인식할수록 AI로 인한 사회문제 발생 가능성 및 AI의 활용으로 인한 부작용에 대한 인식이 높을 것이며(가설 5-1), AI를 통한 사회문제 해결 가능성, AI로 인한 업무관련 긍정적 변화, AI의 조직 내 상용 가능성을 낮게 볼 것이다(가설 5-2).

2. AI로 인한 업무량 변화와 AI에 대한 인식 간의 상관관계

<표 2-6>의 분석 결과를 살펴보면 일부 예상과 동일하게 본인의 업무량이 늘어난다고 인식할수록 AI를 통한 사회문제 해결 가능성, 업무 관련 긍정적 변화, 조직 내 상용 가능성에 대해 낮게 평가하며, AI 활용이 어려운 이유들에 동의하는 정도는 높게 나타났다. 즉 업무량 증가에 대한 피로감으로 인해 AI의 긍정적 효과보다는 오히려 활용의 어려움에 대한 우려가 큰 것으로 해석할 수 있다.

표 2-6_ AI로 인한 업무량 변화와 AI에 대한 인식 간의 상관관계

	(1)	(2)	(3)	(4)	(5)	(6)
(1) AI로 인한 본인 업무량 변화	1.000					
(2) AI로 인한 사회문제 발생	−0.005 (0.753)	1.000				
(3) AI통한 사회문제 해결 가능성	−0.048 (0.002)	0.016 (0.312)	1.000			
(4) AI로 인한 업무관련 긍정적 변화	−0.172 (0.000)	0.017 (0.274)	0.493 (0.000)	1.000		
(5) AI 조직 내 상용 가능성	−0.076 (0.000)	0.062 (0.000)	0.521 (0.000)	0.555 (0.000)	1.000	
(6) AI 활용 어려움	0.033 (0.030)	0.350 (0.000)	−0.003 (0.838)	−0.004 (0.778)	0.095 (0.000)	1.000

반면, AI로 인한 업무량 증대와 사회문제 발생 가능성은 양(+)의 관계를 예상했으나 두 변수 간 통계적 유의미한 상관관계는 발견하지 못하였다. 사회문제에 포함된 실업, 양극화 등과 같은 사안은 공무원 자신과는 거리가 있는 사회 현상으로 사회문제로 인식하더라도 그것을 본인의 업무 부담과 연계지어 생각하지는 않기 때문일 수도 있다.

비록 AI로 인한 업무량 변화와 AI를 통한 사회문제 발생 가능성의 관계에서 유의한 결과를 도출하지는 못하였지만, AI로 인한 긍정적 효과 및 상용가능성, AI의 활용 어려움 인식에 있어서는 예상했던 결과가 나온 것으로 보면 공무원들이 행정 부문에 AI가 도입됨으로써 자신의 업무량 부담이 많아지는 것을 일종의 직무요구로 받아들이는 경향을 알 수 있다.

표 2-7_ AI와 관련된 설문문항 및 평균점수

	문항	중앙 평균	지방 평균	전체 평균
(1) AI로 인한 본인 업무량 변화	AI가 귀하의 업무에 본격적으로 활용되면 귀하의 업무는 어떻게 변화할 것으로 예상하십니까?	2.91	2.86	2.88
(2) AI로 인한 사회문제 발생	무인화, 자동화로 실업자가 양산될 것이다.	3.38	3.61	3.53
	지능화 기술 격차가 사회적 양극화를 가속화시킬 것이다.	3.82	3.88	3.86
	감시사회, 사생활 침해나 개인정보의 남용이 일어난다.	3.66	3.74	3.71
	인간관계나 소통의 단절 또는 부족이 나타난다.	3.39	3.63	3.55
(3) AI통한 사회문제 해결 가능성	재난재해 예방 및 대응	2.65	2.82	2.76
	난치병 예방이나 치료	3.82	3.72	3.75
	교통문제 해소	3.86	3.81	3.83
	사회적 약자 돌봄 시스템	4.01	3.92	3.95
	환경문제 개선(미세먼지 감소)	3.48	3.40	3.43
	맞춤형 교육	3.51	3.56	3.54
	인공지능 기반 범죄 분석·예방	3.65	3.57	3.60
	부정부패 방지	3.89	3.94	3.92
	국가안보 강화	3.15	3.21	3.19
(4) AI로 인한 업무관련 긍정적 변화	AI 기술로 많은 법령과 법률이 간소화, 표준화될 것이다.	3.24	3.39	3.34
	신속·정확한 의사결정으로 업무효율성이 증가할 것이다.	3.84	3.90	3.88
	의사결정이 보다 투명해지고 부정부패가 줄어들 것이다.	4.07	4.21	4.16
	AI 도입으로 업무의 공정성, 형평성이 제고될 것이다.	4.24	4.42	4.36

	데이터 기반 정책결정	3.96	4.01	3.99
	예산 배분 등 조직의 자원관리	3.21	3.31	3.28
	조직의 의사결정 지원	3.09	3.27	3.21
(5) AI 조직 내	네트워크 관리	3.42	3.51	3.48
상용 가능성	위험요소 예측/ 모니터링(리스크 관리)	3.35	3.44	3.41
	인사관리 및 HRD	3.35	3.46	3.42
	사이버보안	3.28	3.32	3.31
	기타 조직의 잡무	3.20	3.13	3.15
	AI 알고리즘에 대한 불신	3.77	3.81	3.80
	AI에 대한 사회적 편견	3.49	3.59	3.56
(6) AI 활용 어려움	개인정보보호 문제	3.29	3.23	3.25
	AI 적용에 따른 의사소통 부재	3.85	3.92	3.90
	AI 적용 규제의 미비	3.91	3.96	3.94

주: 중앙 N(명)=1404, 지방 N(명)=2863, 전체 N(명)=4267

3. AI로 인한 업무량 변화와 조직 내 긍정적 영향

AI로 인한 본인 업무량의 변화와 AI로 인한 업무 관련 긍정적 변화 간의 부(-)의 상관관계에 대해 좀 더 자세히 살펴보고자 한다. 기술 활용으로 전반적인 업무환경이 개선된다고 하더라도 본인의 일이 힘들어지면 이런 변화를 긍정적으로 받아들이지 않는다는 것으로 발견하였다. 만약 이러한 경향이 집단 간 특성에 따라 달라진다면 AI 기술 활용 시기가 본격화되기 전에 관련 정보를 활용한 직무재설계가 가능할 것이다.

분석 결과 업무 부담이 늘어난다고 인식할수록 전반적으로 AI 도입으로 인한 조직 내 변화에 대해 부정적인데, 그 정도가 행정직이 기타 직군에 비해, 40대 이상 집단이 30대 이하 집단에 비해 크게 나타났다. 또한 학력이 높을수록 조직 내 긍정적 변화의 감소 정도가 크게 나타났으며, 공개경쟁채용으로 입직한 경우가 경력경쟁채용인 경우에 비해 크게 나타났다. 다음 <그림 2-7>의 그래프 기울기가 큰 집단이 AI로 인한 변화에 대한 우려가 크다고 볼 수 있다.

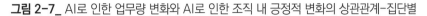
그림 2-7_ AI로 인한 업무량 변화와 AI로 인한 조직 내 긍정적 변화의 상관관계-집단별

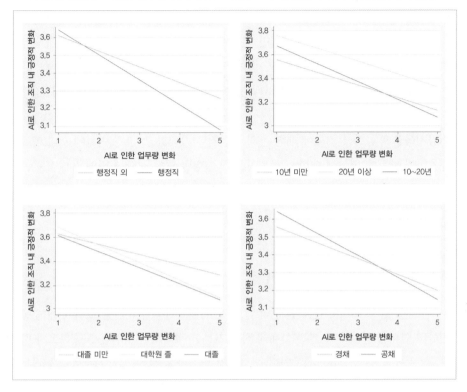

우선, 업무 특성별로 구분하여 인식을 살펴보면 행정직이 여타 직군보다 인공지능 기술로 인해 업무의 변화 가능성을 크게 보고 있다. 아마도 정보 및 데이터처리, 검색, 관리 작업 등 전통적인 사무직 업무에서 인공지능의 활용이 두드러지기 때문일 것이다.

둘째, 기술발달로 인한 직업 전환의 압박은 역설적으로 노동시장에서 제대로 정착하지 못한 젊은 층이 표적이 될 수 있다는 점에서 공직사회도 유사한 경향을 발견할 수 있었다. 분석 결과 20년 이상 근무 집단에서는 다른 집단에 비해 AI 도입으로 인한 변화를 긍정적으로 바라보는 시각이 높은 것을 확인할 수 있었다. 10년 미만과 10~20년 미만 재직 집단에서 기울기 차이가 난 것은 기존 직무에 익숙한 정도라 해석할 수 있을 것이다. 근무 기간이 적은 10년 미만 집단이 직무 전환에 좀 더 유리할 것이기 때문이다.

셋째, 단순 반복 업무가 인공지능으로 대체될 가능성이 크고, 따라서 학력이 낮을

수록 직무 전환 부담을 강하게 느낄 것으로 예상했지만, 분석 결과 오히려 고학력 집단에서 업무량 증대로 인한 긍정적 효과 감소 정도가 더 크게 나타났다. 아직 인공지능 도입 초기라 단언하기는 어렵지만, 대학원 이상 고학력자들이 자신의 미래 업무환경을 부정적으로 예측하기 때문에 이러한 결과가 나온 것으로 해석할 수 있다.

마지막으로 입직 경로에 따라 AI 기술에 대한 인식 차이가 다를 수 있다. 경력경쟁채용은 민간기업에서의 경험이나 전문성을 기준으로 선발한다. 민간분야에서는 인공지능을 포함한 신기술에 대한 논의가 먼저 시작되었고, 환경 변화에 보다 빠르게 대응하기 때문에 변화에 대한 두려움이 공직 경험만 있는 집단에 비해 상대적으로 적을 것이라 예상할 수 있다. 실증분석 결과에서도 경력경쟁채용 집단에 비해 공개경쟁채용 집단의 그래프 기울기가 더 크게 나타났다.

IV. 연구의 의의 및 시사점

본 연구는 코로나로 인한 변화 및 앞으로 다가올 인공지능 기술 도입에 대해 공무원들의 인식을 살펴보고 행정 실제에 적용 가능한 정책적 시사점을 도출하고자 하였다. 설문 분석 결과, 코로나로 인한 행정환경 변화가 공무원들에게는 새로운 직무요구로 여겨지고, 원격근무는 일종의 직무자원으로 인식되고 있음을 파악하였다.

코로나와 같은 전 세계적인 초유의 사태로 직무요구가 증가하는 것은 피할 수 없다. 직무요구를 줄일 수 없다면 직무자원을 늘려 부정적 효과들을 줄여나가는 방법이 대안이 될 수 있다. 인공지능과 원격근무 등이 직무자원으로서 제대로 활용되려면 기술적, 제도적 지원이 뒷받침되어야 할 것이다. 특히 직무자원으로서 도입된 AI 기술 등이 오히려 직무요구로 전환되지 않도록 직무교육과 훈련이 선행되어야 할 것이다. 인사혁신처의 「2021년 공무원 근무혁신 지침」에서는 비대면 근무방식을 장려하면서 관련 기기와 프로그램 사전 설치 및 이용방법 학습을 통해 언제든지 비대면 근무가 가능하도록 준비하고, 각 기관은 비대면 근무에 필요한 장비(노트북, 웹캠, 헤드셋 등)를 지급·대여하여 이에 대해 지원을 하도록 권고하고 있다. 특히 대면업무에 비해 명확한 의사소통 및 업무지시, 하루 동안의 업무성과 및 다음날의 업무추진 계획을 부서장과 공유하는 성과중심의 복무관리, 고립감 해소를 위한 주기적 영상 통화 등을 제시하고 있다.

챗GPT가 연일 언론을 장식하고 있다. 인공지능 로봇이 세종청사를 누빌 날도 얼마 남지 않은 듯하다. 가상현실, 인공지능 등 신기술의 활용이 직무자원을 극대화함으로써 휴양지 같은 청사에서 여유롭게 근무하는 공직자의 모습을 그려본다.

참고문헌

김동국 · 박제국 · 최재용 · 이정민 · 배원초 · 이소영 · 인사혁신처. (2016). 인사비전 2045 = Personnel Management Vision 2045: 정부의 미래지향적 인사 혁신을 위한 제4차 인사행정혁명 / 인사혁신추진위원회, 인사혁신처.

이재용 · 김정숙. (2021). 포스트 코로나 시대 인사제도 개선방안 연구: 지방자치단체 유연 근무제를 중심으로. 지방정부연구, 25(2): 75-101.

임재진. (2021). 포스트 코로나 시대 공무원 재택근무의 효과성을 위한 개선과제. 한국인사 행정학회보, 20(1): 277-291.

한국행정연구원. (2020). 2020년 공직생활실태조사. 서울: 한국행정연구원

Adams, S., Arel, I., Bach, J., Coop, R., Furlan, R., Goertzel, B., Hall, J. S., Samsonovich, A., Scheutz, M., Schlesinger, M., Shapiro, S. C., & Sowa, J. (2012). Mapping the landscape of human-level artificial general intelligence. *AI Magazine*, 33(1): 25-42.

Bakker, A., Demerouti, E., & Euwema, M. (2005). Job Resources Buffer the Impact of Job Demands on Burnout. *Journal of Occupational Health Psychology*, 10(2): 170-180.

Bakker, A., & Demerouti, E. (2007). The Job Demands-Resources model: State of the art. *Journal of Managerial Psychology*, 22(3): 309-328.

Baruch, Y. (2001). The status of research on teleworking and an agenda for future research. *International Journal of Management Reviews: IJMR*, 3(2): 113-129.

Berryhill, J., Heang, K. K., Clogher, R., & McBride, K. (2019). Hello, World: Artificial intelligence and its use in the public sector. *OECD Working Papers on Public Governance*, No. 36, OECD Publishing, Paris.

Caillier, J. (2013). Satisfaction With Work-Life Benefits and Organizational Commitment/Job Involvement. *Review of Public Personnel Administration*, 33(4): 340-364.

De Sousa, W. G., de Melo, E. R. P., Bermejo, P. H. D. S., Farias, R. A. S., & Gomes, A. O. (2019). How and where is artificial intelligence in the public sector going? A literature review and research agenda. *Government Information Quarterly*, 36(4): 101392.

De Vries, H., Tummers, L., & Bekkers, V. (2019). The benefits of teleworking in the public sector: reality or rhetoric?. *Review of Public Personnel Administration*, 39(4): 570-593.

Gajendran, R. S., & Harrison, D. A. (2007). The good, the bad, and the unknown about telecommuting: Meta-analysis of psychological mediators and individual consequences. *Journal of Applied Psychology*, 92(6): 1524-1541.

Rosa, M., Feyereisl, J., & Collective, T. G. (2016). A framework for searching for general artificial intelligence. arXiv preprint arXiv:1611.00685.

Schuster, C., Weitzman, L., Sass Mikkelsen, K., Meyer-Sahling, J., Bersch, K., Fukuyama, F., ···, & Kay, K. (2020). Responding to COVID-19 through surveys of public servants. *Public Administration Review*, 80(5): 792-796.

Thierer, A. D., Castillo O'Sullivan, A., & Russell, R. (2017). Artificial intelligence and public policy. *Mercatus Research Paper*.

Wirtz, B. W., Weyerer, J. C., & Geyer, C. (2019). Artificial intelligence and the public sector-applications and challenges. *International Journal of Public Administration*, 42(7): 596-615.

World Economic Forum. (2020). The Future of Jobs Report 2020. Geneva: World Economic Forum.

미 주

1 https://www.korea.kr/news/policyNewsView.do?newsId=148884103

2 이재용 · 김정숙, 2021

3 Schuster et al., 2020

4 Bakker & Demerouti, 2007; Bakker, et al., 2005

5 Bakker & Demerouti, 2007; Bakker, et al., 2005

6 인사혁신처 예규 제104호, 2020.10.20.

7 <2021.1.1.기준 누적 확진자수 및 발생률>

지역	확진자수	발생률	지역	확진자수	발생률	지역	확진자수	발생률
서울	19,352	198.8	울산	716	62.4	전북	845	46.50
부산	1,924	56.4	세종	150	43.8	전남	566	30.35
대구	7,844	321.9	경기	14,734	111.2	경북	2,448	91.94
인천	2,904	98.2	강원	1,237	80.30	경남	1,360	40.46
광주	1,098	75.4	충북	1,185	74.09	제주	421	62.77
대전	856	58.1	충남	1,668	78.59			

※ 발생률: 10만 명당 발생률(=확진자/지역인구*100,000)
출처: https://coronaboard.kr/ 재구성

8 De Vries et al., 2019; Caillier, 2013

9 한국행정연구원의 공직생활 실태조사(2020)에 따르면 재택근무 이용 경험에 대해 '있다'라는 응답이
   지난 해 1.4%에 비해 급격히 증가한 59.9%로 나타났으며, 영상회의 경험에 있어서도 지난해보다
   20.6%p 증가한 46.7%로 나타났다. 전년에 비해 비대면 근무 경험이 급격히 증가한 것은 코로나의
   영향으로 볼 수 있다.

10 Baruch, 2001; De Veris et al., 2019

11 이재용 · 김정숙, 2021; 임재진, 2021

12 de Sousa et al., 2019

13 Berryhill et al., 2019

14 Grosz et al., 2016

15 Thiere et al., 2017; Rosa et al., 2016; Adams et al., 2012

16 Wirtz et al., 2019

03

4차 산업혁명 시대의
규제개혁

03 4차 산업혁명 시대의 규제개혁*

'과학기술의 발전과 규제개혁'은 해묵은 주제이지만 여전히 어려운 숙제이다. 신기술의 등장과 규제개혁은 오랜 기간 동안 긴장과 조화를 반복해온 현상이다. 예를 들어 1820년대 미국에서는 교통과 물류 수송의 혁명을 가져온 철로 증설이 사회적 이슈였다. 특히 운하 산업계는 '철도기술의 위험성'을 이유로 철로의 확장과 증기기관차 운행에 대해 매우 강력한 규제를 요구하였다. 이 시기(1829년) 미국 주지사였던 마틴 밴 뷰런(Martin Van Buren) 역시 이러한 입장을 지지했다.[1] 그 이유는 첫째, 철도 건설은 운하운송과 관련된 광범위한 업종에서 대규모 실업을 초래할 우려가 있고, 둘째, 운하는 현대전(modern war) 수행에 필수적인 공급물을 운반할 수 있는 유일한 수단이기 때문에 국가 안보를 위협할 수 있다. 셋째, 철도는 1시간에 15마일(약 24㎞/h)이라는 엄청난 속도로 이동하기 때문에 승객의 안전을 위협하는 것은 물론 철도가 통과하는 주변 지역의 농작물과 가축에 해를 끼칠 수 있으므로 철도관련 기술은 그 자체가 위험한 것이라는 주장을 하였다. 이렇듯 새로운 과학기술은 불확실성이 매우 크고 신사업환경을 조성한다. 따라서 의도치 않은 부정적인 효과를 사전에 방지하기 위해 정부는 규제를 더욱 강화할 유인이 커지게 된다. 이러한 특성으로 인해 과학기술의 발전과 규제개혁은 종종 긴장 관계로 간주되어 왔다.

하지만 기술발전과 규제개혁에 대한 이러한 관점은 과학기술이 고도화되면서, 특히 정보통신기술의 발달과 산업 부문간 융합 기술이 비약적으로 발전하면서 크게 변화하고 있다. 과학기술의 발전에 대한 정부의 발빠른 대응이 국가 경제성장에 핵심적인 요인으로 부각되면서 세계 각국은 규제 샌드박스(Regulation Sandbox)와 같은 규제개혁을 위한 제도적인 실험장을 마련하거나 혹은 레그테크(RegTech)와 같이 고도의 기술이 집약된 규제제도를 마련하고 있다. 이처럼 신기술을 경제산업 및 사회 전반에 적용하기 위한 혁신적 제도가 수립되고 있으며, 과학기술분야뿐만 아니라 사회

과학분야에 있어서도 기술혁신과 사회문제 혹은 기술발전에 따른 정보비대칭성과 사회불평등 해소를 위한 규제개혁 연구가 다수 진행되고 있다.[2]

그렇다면 정부의 규제개혁을 촉진하는 요인은 무엇일까. 본 연구는 기술발전과 규제개혁은 불가분의 관계라는 점에 주목하여 어떤 조건이나 상황에서 규제개혁이 가능한지 그 요인을 찾고자 한다. 기술발전과 규제개혁에 대한 기존 연구들은 급변하는 환경 속에서 이루어지는 규제와 집행에 대한 이론적 틀(framework)을 정립하는 데 기여해왔다.[3] 그러나 정부의 조직특성이 이러한 규제의 형성과 집행에 중요한 역할을 하고 있음에도 불구하고 이에 대한 실증적(empirical) 연구는 매우 드물다. 이러한 측면에서 이 연구는 정부조직의 특성을 규정하는 요소로서 (i) 업무 특성(과학기술 관련 업무), (ii) 관료적 자율성(bureaucratic autonomy), (iii) 리더십, (iv) 조직문화의 네 가지 요인을 중심으로 공공부문 조직 특성이 규제개혁에 미치는 영향을 분석하였다. 이를 통해 빠르게 변해가는 경제·사회 환경에서 정부의 유연한 대응과 시의성 있는 정책수립을 위한 시사점을 제시하고자 한다.

I. 규제개혁의 영향요인

규제개혁은 다양한 관점에서 정의되고 있다. 광의의 관점에서 규제개혁은 사회를 구성하는 기본 원리를 시장과 정부로 대별하고, 시장에 대한 정부 개입을 최소화하기 위해 관련된 제재를 완화·폐지함으로써 시장 경쟁을 강화하는 모든 제도적 노력으로 정의된다.[4] 반면 규제개혁을 협의로 정의하는 관점은 규제개혁의 본질을 관료의 권한(규제 권한)을 약화시키는 조직 축소 과정으로 간주한다.[5] 또한 규제개혁을 규제 축소뿐만 아니라 제도적 수정(better regulation)을 포함하는 것으로 간주하여, 가장 경제적이고 효과적인 정책수단을 선택하는 것으로 정의하기도 한다.[6]

규제개혁에 미치는 요인 역시 다양하게 제시되고 있다. 예를 들어, 개인의 규제순응에 초점을 둔 관점에서는 거버넌스 체계, 협업, 참여와 관련된 양상을 규제개혁에 영향을 미치는 핵심 요소로 제시한다. 반면, 규제를 정책 일부로 보는 관점에서는 정책목표의 명확성, 정책 내용의 합리성, 관료제 특성(예: 숙련된 관료주의), 외부로부터의 지지(support), 안정적인 정책환경 등을 개혁 이행의 핵심 요소로 제시하기도 한다.[7]

이러한 논의들을 종합하여 이 연구에서는 정부조직의 특성이 규제개혁에 미치는 영향을 밝히기 위해 정부 업무의 특성과 관료의 자율성, 그리고 관리자의 리더십과 조직문화를 핵심 변수로 고려하였다.

1. 업무 특성과 규제개혁

규제는 기본적으로 정책목표를 달성하기 위해 "대상 집단에 대한 의도적인 개입"이라는 속성을 지닌다. 금융위기나 환경재난과 같은 위험을 예방하고 국민의 안전과 지속가능한 경제성장을 위해 정부는 규제대상기관과의 협력을 통해 감시나 처벌 등의 다양한 방식으로 규제를 설계하고 집행한다.[8] 정부 부처들이 직면한 상황에 대해 대처하는 방식은 조직의 임무 성격에 따라 달라진다. 예를 들어 인공지능(AI)과 같은 새로운 기술이 등장함으로써, 이전에 상관 없어 보이던 다양한 기관들이 새로운 사회 문제를 다루기 위해 융합적으로 협력할 수 있다. 로봇의 법적 지위, 가상화폐를 이용한 부패와 세금 탈루, 블록체인 의료 기록에서 개인 정보 보호 등이 이러한 사례에 해당한다. 과학과 기술의 발전으로부터 발생하는 불확실성은 미리 예측하기 어려운 파급 효과를 가져올 수 있기 때문에, 정부는 이러한 기술들이 전체 사회에 미칠 수 있는 부정적인 영향을 제어하기 위해 규제를 시행할 수 있다.

사회과학에서의 융합 연구는 새로운 기술의 등장으로 인해 발생하는 혁신이 기존의 규제와 충돌하는지에 주목해왔다.[9] 특히 기존에는 존재하지 않았던 새로운 기술이 등장하기 때문에 신기술의 도입과 그 효과에 대한 불확실성이 매우 크다. 정부는 이러한 불확실성 하에서 국민의 안전뿐만 아니라 공급자와 소비자 간 정보 비대칭으로 발생하는 문제들을 완화하기 위해 적극적인 규제를 시행할 유인이 있다.[10] 이렇게 본다면 과학기술분야의 규제 역시 그 지향점을 막론하고 규제로서의 정체성을 가지고 출발한다고 볼 수 있다. 즉, 과학기술분야의 규제는 다른 분야의 규제와 마찬가지로 기준, 감시, 처벌이라는 속성을 지닌다고 볼 수 있으며, 따라서 혁신을 저해한다는 결론에 도달할 수 있다. 특히 정부는 기존의 규제를 개혁함으로써 발생할 수 있는 다양한 위험을 방지하기 위해 정책수단으로써 규제를 선호할 가능성이 크다.[11] 이런 상황에서 정부는 기존 규제를 강화하거나 새로운 규제를 신설하여 현재 시행하고 있는 정책의 정당성을 강화하려고 할 것이다. 이러한 논지는 다수의 선행연구에서도 논의되고 있다. 예컨대 외부신호 모델(external signals model)[12]에 의하면 규제 실패나 부정적인 여론은 규제기관의 자율성을 저해하고 국회나 기타 외부 기관의 간섭을 초래할 수 있으므로 규제기관은 강력한 제재 신호를 보내서 부정적인 여론을 최소화하려고 한다. 또한, 과학기술이 초래할 수 있는 새로운 위험들은 본질적으로 입증이 어렵고 과소평가될 가능성이 있으므로 "사전예방원칙(precautionary principle)"이 필요하다는 것이다.[13] 이러한 견지에서 본다면 결국 과학기술을 다루는 부서라고 하더라도 적극적인 규제개혁이 일어나기는 어렵다.

한편, 과학기술의 비약적인 발전은 기존의 산업구조를 변화시키고 있으며 이에 따라 규제환경도 달라지고 있다. 예를 들어, 다국적 기업이 보편화되고 공통기술표준과 인터넷과 같은 새로운 통신 인프라의 출현으로 지식에 대한 접근이 더욱 편리해짐으로써 세계적인 혁신이 가능하게 되었다.[14] 그러나 이러한 조건에서는 규제환경이 너무 복잡하고 통제가 불확실하므로 규제개혁에 대해 기존과는 다른 접근법이 필요하다. 즉, 불확실성이 높은 환경에서는 기술로 인해 초래될 위험에 대한 예측 가능성이 낮기 때문에 규제기관이나 피규제기관 모두 무엇을 해야 하는지가 명확하지 않다. 이러한 환경에서 관료는 새로운 기술에 대한 사전적 규제를 강화할 것인가? 아니면 불필요한 규제를 개혁할 것인가?[15] 관료 역시 앞으로 발생할 위험을 명확히 예측하고 다양한 산업과 기업에 획일적으로 적용되는 규제를 설계하기 어렵지만, 여전히 이들은 잠재적 위험을 정의하고, 기업이 준수해야 할 의무와 금지행위에 대한 기준을 설정하여야 한다.

역설적이게도 새로운 기술 도입으로 초래되는 사회적 불확실성의 증대는 규제자와 피규제자 간 협업을 증대시켜 규제개혁을 유도해낼 수 있다. 불확실성이 커진 상황에서 규제자는 위험을 미리 파악하기 위해 피규제자와의 협력을 증가시킬 수 있다. 또한 다양한 기술이 융합되는 과학기술의 특성상 여러 분야를 포괄하는 폭넓은 규제개혁이 이루어지도록 레그테크(RegTech), 규제 샌드박스(Regulatory Sandbox)와 같은 제도를 도입하여 기술발전을 위한 선제적 활동과 실험적 시도를 장려해 나갈 유인이 있다.

결과적으로 잘 설계된 규제는 기업의 투자와 혁신 제품의 출시를 촉진하며,[16] 규제수단을 탄력적으로 활용하면 경제적 복지와 성장을 증진할 수 있다.[17] 이러한 논의를 종합해보면, 과학기술정책과 관련된 업무를 담당하는 정부기관 또는 정부부처는 그렇지 않은 기관보다 더 적극적으로 규제개혁을 추진할 것으로 예상할 수 있다 (가설 1).

2. 관료적 자율성과 규제개혁

관료는 자율적일 수 있을까? 자율적인 관료가 바람직한가? 관료적 자율성(bre-aucratic autonomy)에 관한 이러한 질문들은 오랜 기간 논의되어 왔다. 매디슨주의자들은 엄격한 법치주의에서는 관료적 재량을 인정해서는 안 된다는 점을 분명히 밝히고 있지만,[18] 해밀턴주의자들은 정부가 효과적·실질적으로 기능하기 위해서는 관료적 자율성이 필수적이라는 점을 제시하였다.[19] 1980년대 이후에는 신공공관리(NPM)방식의 행정개혁이 전 세계적으로 확산되면서 관료적 자율성을 억제하는 전통적인 관리방식은 관료의 책임성과 조직의 성과 간 상충관계를 초래하는 것으로 인식되었다. 이에 관료에 대해 사전적 자율성을 부여하되, 사후적 통제를 결합하여 관료의 개혁지향성을 유도해야 한다는 주장이 상당한 지지를 받았다. 이렇듯 관료의 자율성에 대해서는 상당히 오랫동안 논의되어 왔고, 관점도 다양하기 때문에 통일된 개념적 합의가 쉽지 않았다.

기존에 논의되어 온 관료적 자율성에 대한 개념을 종합해보면, 관료적 자율성은 크게 두 가지 접근방법으로 구분할 수 있다. 첫째, 주인-대리인 관점이다. 이 관점에서의 관료적 자율성은 정부 부처가 상위 기관의 선호에서 벗어난 정책을 이행할 수 있는 정도를 의미한다. 즉, 이러한 시각에서 관료적 자율성은 정책집행에 관한 기관의 의사결정 능력과 관련이 있다.[20] 둘째, 관리 측면에서의 자율성이다. 즉, 관료적 자율성은 인사나 재무관리와 같은 기관 운영과 관련한 자율성을 의미할 뿐만 아니라 적절한 정책수단을 선택할 수 있는 자율성도 포함한다.[21]

그렇다면 관료적 자율성과 규제개혁은 어떤 관계가 있는가? 지금까지 효율적인 조직이란 (i) 높은 통합성과 위계적 구조 및 명령체계 (ii) 조직을 통제하기 위한 엄격한 규칙과 절차라는 두 가지 조건을 충족하는 것으로 여겨졌다.[22] 그러나 이러한 인식은 조직이 신속하게 대응할 수 있는 단순하고 안정적인 환경에서 유효하다.[23] 정책환경이 복잡하고 빠르게 변화하는 경우에는 외부 변화에 대응하기 위해 관료제 조직 내부에 충분한 재량권과 자율성이 주어져야 할 필요가 있다.[24] 즉, 엄격하게 통제되는 조직은 (i) 환경변화에 탄력적으로 대응하기에는 권한이 약하고 (ii) 조직 의사결정자에게 유입되는 많은 양의 정보는 정보 과부하로 오히려 의사결정을 지연시킬 수 있다.[25] 반대로 재량과 유연성이 높은 조직은 환경변화에 탄력적으로 대처하여 조직의 임무 및 정책목표 달성을 위한 정책 수단이나 방법을 적절하게 선택할 수 있다. 즉, 관료적 자율성이 높으면 환경변화에 부합하지 않는 불필요한 규제들이 개선될 가능성이 높다.

한편, 이러한 주장과는 달리 관료적 자율성이 높으면 규제가 오히려 강화된다는 견해도 있다.[26] 대표적으로 주인-대리인 이론 관점에서 살펴보면, 대리인은 자신의 효용을 극대화하려는 합리적인 주체이므로 높은 자율성이 부여될 경우, 본연의 목적(공익)을 달성하려는 동기보다는 사익이나 집단적 이익을 추구하는 행위를 할 가능성이 높아진다. 구체적으로, 각 정부기관은 공익이라는 정책목적 달성보다는 조직의 이익(예산극대화, 인력확대 등)을 추구할 수도 있고, 혹은 손쉽게 정책을 펼치기 위해 정책대상 집단에 포획되어 의도치 않은 정책효과를 가져올 수 있다. 이러한 주인-대리인 문제를 해결하기 위해서는 절차준수 등 사전적 규제를 강화하고, 의도한 정책목적을 달성했는지를 점검하기 위해 사후적 규제 역시 강화할 필요가 있다. 따라서 대리인 이론 하에서는 높은 수준의 자율성은 높은 수준의 통제를 필요로 한다.

공공조직이 정책을 집행할 때는 공식적인 절차와 비공식적인 절차를 모두 고려한다. 정부가 수행하는 모든 업무와 운영절차가 표준화 되어 있다면 조직 내부 관리뿐만 아니라 정책의 예측성을 높일 수 있기 때문에, 공공조직에서는 표준운영절차(SOP)나 매뉴얼 등을 마련하고 있다. 그러나 정책이 실질적으로 집행될 때에는 관료적 자율성에 따른 다양한 재량행위가 이루어질 수 있고, 특히 빠르게 변화하는 과학기술 부문의 환경변화에 적절히 대응하고 기업들의 순응을 확보하기 위해 관료적 자율성이 긍정적 기능을 할 수 있다. 요컨대 정책집행의 공식화를 지향하면서도 비공식적 작용을 배제하기가 어렵다는 점을 고려하면, 관료적 자율성이 높으면 불합리한 규제개혁이 더 적극적으로 일어날 것이라는 가설을 제시할 수 있다(가설2).

3. 공공 리더십과 규제개혁

리더십은 수많은 연구에서 조직 관리의 핵심 요소이자 정책 목표 달성의 성공 요인으로 제시되고 있다.[27] 규제개혁과 관련한 연구들에서도 리더십은 중요한 요소로 간주되고 있다.[28] 규제개혁은 최고위 정책 입안자들의 신념이나 정책관에 따라 단행되기도 하지만, 과학기술 부문에서는 대체로 기술발전에 따른 새로운 규제환경의 필요성으로 기존의 규제가 개혁되는 경향이 있다.

바로 이러한 점 때문에 사회 구성원 간 혹은 기존 정책과의 다양한 딜레마가 발생하며 이를 조율하는 데 있어 리더십이 핵심적인 역할을 한다. 즉, 모든 혁신이 규제개혁 과제로 이어지는 것이 아니라 정치적·사회적 맥락에서 꼭 필요한 규제개혁이 채택되는 것이다. 그렇기 때문에 리더는 무엇을, 어떻게 개혁해야 하는가에 대한 어려움에 봉착하게 된다.[29] 또한 규제개혁은 다양한 기업, 이익집단이 기존의 제도 하에서 향유하고 있는 현재의 이익을 감소시킬 우려가 있고, 거시적으로는 소득재분배적 효과에 변화를 초래할 수 있기 때문에 강력한 반대에 직면할 수 있다.

이처럼 역동성과 불확실성이 높은 과학기술 분야의 규제개혁은 새로운 기술을 확산하는데 적합한 제도를 수립하고, 나아가 이러한 제도를 실행하는 일련의 과정[30]으로 볼 수 있다. 따라서 기존의 지식이나 기술을 활용하는 능력과 함께, 미래의 상황을 예측하고 다양한 이해관계를 조화시키는 '양면적 리더십(ambidextrous leadership)'이 매우 중요하다. 즉, 공공조직의 리더는 규제개혁을 위해 과거의 지식과 기술을 활용하고 향후의 대안을 탐색하는 역할을 모두 수행할 수 있는 양면적 능력을 갖추는 것이 중요하다. 또한 리더는 개방적 행동(opening leader behavior)과 폐쇄적 행동(closing leader behavior) 간 상호작용을 균형있게 고려해야 한다.[31]

요컨대 복잡한 외부환경에 대응하여 규제를 개혁하는 과정에서 다양한 모순관계와 긴장이 나타날 수 있으므로, 내부 및 외부의 요구에 따른 다양한 리더의 역할을 수행할 수 있어야 하며, 이러한 리더십이 유연하게 발현될수록 성공적인 개혁이 이루어진다는 것이다. 즉, 기관장의 리더십이 강할수록 규제개혁을 더 적극적으로 실행할 것이라 예상할 수 있다(가설 3).

4. 조직문화와 규제개혁

조직관리방식은 절차, 규범, 정치-행정 관계 등 오랫동안 형성되어 온 제도화된 양식의 집합으로 정부혁신의 핵심요인으로 크게 주목받고 있다.[32] 관리방식은 구조적 측면이나 조직문화 관점에서 주로 논의되고 있는데, 조직문화는 특히 조직구성원 행태의 원천이 되며 조직구성원에게 공유되어 있는 가치, 신념, 규범, 의식 등을 형성할 수 있다는 측면에서 매우 중요하다. 즉 조직문화는 관료가 실행 가능한 대안을 탐색하고 정책도구를 선택하는 경우 행위에 대한 일종의 제약요인이자 조직 통제 체제로서의 역할을 한다.[33]

엄밀하게는 관리방식과 조직문화는 다른 의미이나, 관리방식은 정부 간 관계뿐만 아니라 조직 내부의 규범과 절차를 포함하며, 이것이 내부 구성원들에게 제약요인으로 작용한다는 점에서 조직문화와 유사한 맥락에서 파악할 수 있다. 따라서 이 연구에서는 조직의 관리방식을 조직 내부로 한정된 협의의 의미로 파악하여 조직문화와 동일한 의미로 활용하고자 한다.

조직문화와 규제개혁 간 관계에 있어 초점은 조직문화의 어떠한 측면이 규제개혁을 촉발하거나 혹은 억제하는가이다. 조직문화의 유형에 관한 연구를 종합해보면[34] 조직문화가 가하는 외부 제약은 (i) 각 구성원의 행동을 결정하는 개별 제약(개인주의와 집단주의)과 (ii) 개별 구성원이나 조직의 행동을 결정하는 구조적 제약(권위주의와 민주주의)으로 구분할 수 있다. 이 중 특히 권위주의 문화는 조직 통제와 내부 지향성을 강조하는데, 이러한 유형의 문화는 관료주의와 관련된 규범과 가치관의 특성을 잘 드러낸다. 또한 권위주의 문화는 조직 내 권위의 계층 구조와도 밀접한 관련이 있는데, 그 구조가 계층적일수록 개인 간 또는 하위 단위 간의 권한(권력) 격차가 커지고 수직적인 특성을 지니게 된다.[35] 조직구조 특성이 민주적일수록 조직 구성원의 과업은 분업화되고 행동 역시 더욱 자발적으로 일어나는 경향이 있다는 점을 고려해볼 때, 결국 권위주의란 조직구조에 있어서 엄격한 계층성과 위계질서를 강조하고, 경직적 태도, 비참여적 정책결정 등을 초래할 수 있다.[36] 이에 따라 권위주의적 조직문화 환경 속에서 관료는 피동적으로 행동하게 되고, 심리적 무력감을 가지게 되며 자기가 맡은 일에도 이기적이고 기회적인 태도를 보이게 된다.

권위주의 문화에서 소외감을 느끼는 조직구성원은 만족감이 낮으며, 혁신에의 참여 거부, 업무 지연, 저항 증가와 같은 부정적 행태를 보일 수 있다.[37] 조직 구성원이 조직문화에 불만을 품게 되면 변화에 대한 방어 욕구가 자연스럽게 생겨난다.[38] 방어적 행동 패턴은 조직에 부정적인 영향을 미치는 복지부동과 회피성향을 초래하며[39] 따라서 규제개혁을 저해하는 가장 중요한 원인이 된다. 특히 조직행동이나 성취에 따른 변화를 꺼리는 회피 성향이 강한 조직구성원에게는 동기부여가 어렵다. 또한 규제 변화와 관련한 관료들의 영역 수호나 변화에 대한 저항(예: "규제의 톱니효과")도 방어적 심리 제약으로 볼 수 있다.[40] 따라서 조직문화가 권위적일수록 규제개혁은 더 요원할 것이라는 가설을 제시할 수 있다(가설4).

II. 분석자료 및 측정변수

이 연구에 활용된 자료는 2016년도 「공공부문 성과에 대한 공무원 인식조사」 설문조사 결과로 연구에 활용된 측정변수는 아래와 같다.[41]

1. 종속변수: 규제개혁 여부

본 연구에 활용된 종속변수는 '규제개혁' 여부로, '귀하가 근무하는 조직에 최근 3년간 규제개혁(불합리한 제도개혁)이 있었습니까?'라는 문항으로 측정하였다. 응답의 정확성을 높이기 위해 개혁에 대한 설명도 제시하였다. 구체적으로, 여기에서의 개혁은 '이전에 없었던 새로운 것을 만드는 것뿐만 아니라, 품질과 절차, 수단(방법)에 있어서의 혁신적인 향상을 가져온 것도 포함'하는 개념이라는 점을 제시하였다.

불합리한 규제개혁이 있었다고 응답한 기관은 대체로 사용기한 의무표시제도 개선, 폐업절차 간소화, IoT 관련 규제 개선, 리츠 관련 규제 개선, 상수원특별대책지역 입지제한 완화, 농업진흥지역 해제 등 관련 법률이나 조례 개정, 제도개선, 절차 개선과 같이 부서별 업무 특성에 따른 다양한 규제제도 개선 실적이 있는 것으로 나타났다.

2. 설명변수: 업무특성, 관료적 자율성, 리더십, 조직문화

업무특성은 과학기술과 관련한 규제개혁 업무를 담당하고 있는지 여부를 기준으로 선별하였다(<표 3-1>). 구체적으로, 조사자료에 포함된 총 29개 기관 중에서 규제개혁을 실질적으로 담당하고 있는 11개 기관을 과학기술과 관련한 업무를 수행하는 기관으로 선정하였다.

과학기술과 관련한 업무 특성이 있는지 여부는 국무조정실에서 발간한 '정부업무평가 시행계획'을 기준으로 선별하였다.[42] 동 시행계획에는 각 기관이나 부서의 핵심 업무 분야, 4차 산업, 신기술 등 세부 관련성을 기준으로 과학기술분야 정책을 수행하는 기관을 총 19개로 분류하고 있으나, 이 중 본 연구에서는 조사대상에 포함된 11개 기관만을 과학기술 규제개혁 관련 기관으로 선정하였다.[43]

표 3-1_ 과학기술 규제개혁 관련 업무 수행 기관(11개)

기관	관련성	기관	관련성
과학기술정보통신부	주요 정책	해양수산부	생명공학
교육부	과학기술 교육	조달청	자율주행 차량 및 기타 장비
농림축산식품부	4차 산업혁명(생물학 부문)	중소기업청	4차 산업혁명(물리학 부문)
산업통상자원부	4차 산업혁명(물리학 부문)	공정거래위원회	4차 산업혁명
보건복지부	생명공학	금융위원회	4차 산업혁명
환경부	나노기술		

관료적 자율성은 공무원이 소속 조직의 정책집행 과정에서 행사할 수 있는 재량권 수준으로 측정하였다. "업무 담당자의 재량권이 높다"의 문항에서 매우 동의함(5점)부터 매우 동의하지 않음(1점)까지 리커트 5점 척도로 측정하였다.

기관장의 리더십은 정책 전문성, 조직관리 측면에서의 리더십, 유관 기관 간 조정 측면에서의 리더십이라는 3가지 차원으로 구성하여 리커트 5점 척도로 측정한 후 요인점수를 산출하여 인과분석에 활용하였다. 각 문항의 타당성 검증 결과 <표 3-2>와 같이 모두 적정성을 확보하는 것으로 분석되었다.

표 3-2_ 리더십 구성 개념의 조사항목과 요인부하량

측정항목	평균	요인부하량
정책 전문성	3.41	0.880
조직 관리측면의 리더십	3.32	0.729
유관 기관 간 조정측면의 리더십	3.45	0.805

마지막으로 권위주의 조직문화는 공무원 조직 문화에서 권위주의의 정도를 측정하는 구성항목이다. 조직 내 권위주의 문화 정도를 측정하기 위한 문항은 (i) 조직이 관료주의적 규범과 가치가 중요하게 인식될 수 있도록 계층적으로 구성되었는지, (ii) 조직이 구성원을 정기적으로 모니터링하고 통제하는지(Fry, 1982)에 대한 정도이며, 리커트 5점 척도로 측정하였다(척도의 값이 클수록 권위주의가 높음). 각 문항의 타당성을 검증한 결과 <표 3-3>과 같이 모두 적정성을 확보하는 것으로 분석되었다.

표 3-3_ 권위주의 조직문화의 조사항목과 요인부하량

측정항목	평균	요인부하량
관료주의적 계층구조, 규범, 가치	3.78	0.802
구성원에 대한 정기적인 모니터링 및 통제	3.61	0.801

3. 통제변수

통제변수는 응답자 개인 특성과 조직 특성으로 구성하였다. 응답자 특성은 성별, 연령 등과 같은 인구통계학적 변수와 직급, 직군 등 업무 특성과 관련한 요인을 통제할 수 있도록 구성하였다. 또한 다수의 선행연구에 따르면 관료의 자율성은 정책 집행과정에서 관료의 선호도 및 전문성 정도에 따라 좌우될 수 있으므로[44] 관료 전문성을 통제변수에 포함하였다. 관료의 전문성은 업무과정에서 느끼는 권능감 수준을 리커트 5점 척도로 구성하여 측정하였다.

기관 특성은 인력규모, 예산규모, 기관장의 정치이념으로 구성하였다. 예산과 관련한 자료는 국회예산정책처에서, 인력규모 데이터는 인사혁신처에서 수집하였다.[45] 기관장의 리더십은 이념이나 국회의원들과의 관계에 따라 좌우될 수 있으므로,[46] 기관장의 정치 이념은 여당에 속해있는지 여부(장관이 여당 출신일 경우 1, 그렇지 않을 경우 0)로 측정하여 모형에 포함하였다.

III. 분석결과

규제개혁에 미치는 영향요인들을 파악하기 위해 설명변수와 통제변수를 포함한 로지스틱 회귀모형을 활용하여 분석하였다. 분석 모형은 주요 설명변수의 영향력을 살펴볼 수 있도록 설명변수로만 구성된 모형 1과, 통제변수를 포함한 모형 2로 구분하였다. 분석결과, 이론적 검토를 통해 제시한 가설 4개가 모두 지지되는 것으로 나타났다. 통제변수를 포함한 모형 2 역시 모형 1과 유사한 분석결과가 도출되었다.

우선, 과학기술과 관련된 업무를 수행하는 기관이 그렇지 않은 기관보다 규제개혁을 더 적극적으로 추진하는 것으로 분석되었다(가설 1). 이러한 결과는 기술변화와 신기술의 보급은 공공부문 내에서의 지식확산과 혁신을 촉진하기 때문에,[47] 이와 관

련한 업무를 수행하는 공공기관이 그렇지 않은 기관보다 규제개혁에 더 적극적일 것이라는 논의와 일치한다. 박근혜 정부에 이어 문재인 정부에서도 4차 산업혁명에 대한 대비로 ICT 융합 기술, 에너지·신소재 이슈, 바이오헬스 등 경제발전에 필요한 신산업 부문에 대한 규제개혁이 주요 정책추진 과제였다는 점 역시 이러한 결과를 뒷받침할 수 있다.[48]

관료 자율성 역시 모형1과 마찬가지로 규제개혁에 유의한 양(+)의 영향을 미치는 것으로 분석되었다(가설 2). 다수의 선행연구에서 논의된 바와 같이 관료조직의 자율성은 신기술 개발과 같은 외부 환경변화에 더욱 적극적으로 대응하는 동인(動因)이 될 수 있으며, 이러한 효과는 주로 조직의 탄력성과 분산형 의사결정 구조에서 연유하는 것으로 볼 수 있다.[49]

장관(기관장)의 리더십 역시 규제개혁에 유의한 양(+)의 영향을 미치는 것으로 분석되었다(가설 3). 즉, 기관장의 정책 전문성과 조직 내·외부 리더십이 강할수록 규제개혁이 더 적극적으로 시행되는 것으로 나타났다. 이러한 결과는 리더십이 규제개혁 활동을 이끌어내는 요인이라는 선행 연구[50]들과 일치하는 것으로, 특히 리더의 전문성은 내·외부 지지를 확보하여 성공적인 신기술 도입 및 규제개혁의 초석이 될 수 있다는 점에서 조명해볼 필요가 있다.[51]

한편, 권위주의 문화는 규제개혁에 부정적인 영향을 미치는 것으로 나타났다(가설 4). 조직문화는 기술발전에 따른 규제개혁 노력[52]과 정책환경 변화에의 대응 방식을 결정할 수 있다는 점에서 매우 중요하다. 특히 조직문화가 권위적인 조직은 그렇지 않은 조직에 비해 통제가 강하고 이로 인해 탄력적 대응이 다소 어려워 규제개혁이 부진할 가능성이 높다.

통제변수 중 관료의 개인 특성변수로 포함한 성별, 직급, 전문성 요인이 규제개혁에 유의한 영향을 미치는 것으로 분석되었다. 구체적으로, 직급이 높을수록, 그리고 전문성이 높을수록 규제개혁을 더 적극적으로 수행하는 것으로 나타났다. 성별에 따른 규제개혁에도 차이가 있는 것으로 나타났는데 여성관료에 비해 남성관료가 규제개혁에 더 적극적인 것으로 분석되었다. 이러한 결과의 해석에 있어서는 단순 성별에 따른 차이가 아닌, 공직 내 관행적 이루어지는 성별 직무분리와 같이 여성관료에 대한 차별적인[53] 직무환경에 따른 차이가 아닌지 조직문화 및 인력관리에 대한 추가적인 연구가 필요할 것으로 보인다.

조직특성 변수 중 예산규모는 규제개혁에 긍정적 영향을 미치는 것으로 분석되었지만, 인력규모는 부정적인 영향을 미치는 것으로 나타났다. 이러한 결과는 규모가 작은 조직일수록 덜 권위적이기 때문에 외부 환경에 탄력적으로 대응할 수 있다는[54] 선행연구 결과에 비추어 타당한 측면이 있는 것으로 볼 수 있다.[55] 한편, 정치인 출신(여당) 장관의 경우 그렇지 않은 장관에 비해 규제개혁에 소극적인 것으로 분석되었다. 당시 여당은 보수당으로 정치인 출신 장관은 일반 민간인 출신 장관에 비해 보수적인 성향이 좀 더 강할 것으로 추측할 수 있다. 다만 이러한 결과가 리더 개인의 특성에서 비롯되는 것인지 아니면 정치부문과의 관계에서 비롯되는지를 구분하기 위해서는 추가적인 연구가 필요하다.

표 3-4_ 분석결과: 로지스틱 회귀모형

	모형 1		모형 2	
	추정	표준오차	추정	표준오차
독립변수				
과학기술 부문	1.802***	(0.026)	1.516***	(0.072)
관료 자율성	0.209**	(0.095)	0.199**	(0.097)
기관장 리더십	0.147*	(0.077)	0.158*	(0.080)
권위주의 문화	−0.634***	(0.092)	−0.554***	(0.097)
통제변수				
나이			−0.013	(0.012)
여성			−0.356*	(0.192)
교육			0.144	(0.141)
직급			0.367***	(0.114)
직렬			0.293	(0.185)
채용 유형			0.440	(0.321)
민간경력 경험			0.044	(0.031)
전문성			0.216*	(0.111)
인력 규모(로그)			−0.793***	(0.143)
예산 규모(로그)			0.285***	(0.072)
정치적 이념			−1.530***	(0.489)
N	1,010		1,010	

주: ***P < 0.01, **P < 0.05, *P < 0.1. (기관 고정효과 모형)

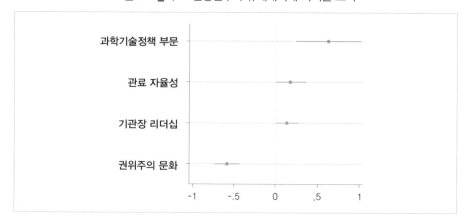

그림 3-1_ 주요 설명변수가 규제개혁에 미치는 효과

주: 추정값은 표 3-4의 모형 2를 근거로 하며 통제변수는 포함하지 않음(신뢰구간 95%)

IV. 연구의 의의 및 한계

본 연구는 급격하게 진화하는 기술환경 변화에서 규제개혁을 촉진하는 요인을 실증적으로 파악하여, 정부의 대응성을 제고하고 시의성 있는 정책수립을 위한 시사점을 제시하고자 하였다. 이 연구의 의의는 정부조직과 관련한 요소들이 규제개혁에 있어 가장 핵심적인 요인일 수 있다는 경험적 증거를 제공하였다는 점에서 찾아볼 수 있다.

규제개혁에 관한 기존의 연구들은 국지적인 사례분석이나 혹은 이론적 분석틀을 수립하는데 기여하고 있지만,[56] 신기술 개발이 활발하게 이루어지는 환경에서 현대 관료제 조직에 기존 이론을 적용하여 일반화하는 것이 적절한가에 대한 실증적 논의는 부족하다. 이와 관련하여 본 연구는 신기술 개발 환경에서 규제개혁을 촉진하는 조직특성을 보여줌으로 중요한 정책적 시사점을 제시하였다

공공부문에 있어 조직특성은 정책을 설계하고 이를 실질적으로 집행하는 가장 근본적인 요인이기 때문에 그 구성요소와 영향요인에 대한 이해는 필수적이다. 구체적으로, 각 기관의 업무 특성, 관료적 자율성, 리더십 그리고 조직문화 등은 정책이 수립되는 과정과 밀접한 관련이 있으며 규제개혁이라는 정책산출에 실질적인 영향을 미치기 때문이다. 분석결과, 과학기술 정책과 관련한 업무를 수행하는 기관이 그렇지

않은 기관에 비해 규제개혁에 더 적극적인 것으로 나타났고, 관료의 자율성이 높을수록, 기관장의 리더십이 강할수록 규제개혁을 더 적극적으로 실행하였다. 또한 조직문화가 권위적일수록 규제개혁은 더 소극적인 것으로 분석되었다. 더불어 관료의 전문성과 기관의 예산규모 역시 개혁수준에 영향을 미치는 것을 알 수 있었다.

이러한 정책적 함의에도 불구하고 다음과 같은 연구의 한계는 향후 연구과제로 남겨두고자 한다. 우선, 통제변수로 포함된 응답자의 성별, 리더의 정치적 이념이 규제개혁에 미치는 영향은 보다 정교한 연구설계를 통해 검증할 필요가 있다. 또한 분석에 사용된 자료는 중앙부처 공무원의 인식을 측정한 것이기 때문에 실질적인 규제개혁 성과를 측정하였다고 보기에는 다소 어려운 측면이 있다. 향후 이러한 점을 보완하기 위해 규제개혁 성과에 대한 객관적 자료를 포함하여 추가적인 연구를 수행할 필요가 있다.

참고문헌

김영미. (2004). 관리직 여성인력의 확대와 전문성 확보를 위한 정책대안에 관한 연구. 한국행정연구, 13(2): 179-209.

김홍규·석기준. (2011). 기업규모별 리더십, 조직문화 및 조직유효성의 인식에 관한 연구: 중기업과 소기업을 중심으로. 경영교육연구, 26(2): 195-222.

우양호·홍미영. (2018). 공직부처의 성별직무분리에 관한 탐색적 분석: 단순한 차이인가? 의도적 차별인가?. 지방정부연구, 22(1): 25-44.

최관섭·박천오. (2014). 중앙부처 공무원의 성과평가제도 수용성: 성별·직급별·연령별 인식을 중심으로. 한국인사행정학회보, 13(3): 89-116.

Allaire, Y., & Firsirotu ME. (1984). Theory of Organizational Culture. *Organization Studies*, 5(3): 193-226.

Ashforth, BE., & Lee, LT. (1990). Defensive Behavior in Organizations: A Preliminary Model. *Human Relations*, 43(7): 621-648.

Asquer, A., & Krachkovskaya, I. (2020). Uncertainty, Institutions and Regulatory Responses to Emerging Technologies: CRISPR Gene Editing in the US and the EU (2012-2019), *Regulation & Governance*, forthcoming. https://onlinelibrary.wiley.com/doi/10.1111/rego.12335.

Baldwin, R. (2005). Is Better Regulation Smarter Regulation? *Public Law*, 3: 485-511.

Bardach, E., & Kagan, RA. (2002.) *Going by the Book*. New Brunswick, New Jersey.

Blind, K. (2012). The Influence of Regulations on Innovation: A Quantitative Assessment for OECD Countries. *Research Policy*, 41: 391-400.

Boisson, de Chazournes L. (2009). New Technologies, the Precautionary Principle, and Public Participation. *Thérèse Murphy. New Technologies and Human Rights*, pp. 161-194. Oxford University Press, Oxford.

Choudhary, AI., Akhtar, SA., & Zaheer, A. (2013). Impact of Transformational and Servant Leadership on Organizational Performance: A Comparative Analysis. *Journal of Business Ethics*, 116(2): 433-440.

Christensen, T., Lie, A., & Lægreid, P. (2008). Beyond New Public Management: Agencification and Regulatory Reform in Norway. *Financial Accountability and Management*, 24(1): 15-30.

Coghlan, D. (1993). A Person-Centered Approach to Dealing with Resistance to Change. *Leadership & Organizational Development Journal*, 14(4): 10-14.

Corsi, C., A. Prencipe, & A. Capriotti. (2019). "Linking organizational innovation, firm growth and firm size", *Management Research: Journal of the Iberoamerican Academy of Management*, 17(1): 24-49.

Deal, TE., & Kennedy, AA. (1983). Culture: A New Look through Old Lenses. *The Journal of Applied Behavioral Science*, 19(4): 498-505.

Denison, DR., & Mishra, AK. (1995). Toward A Theory of Organizational Culture and Effectiveness. *Organization Science*, 6(2): 204-223.

Denison, DR., & Spreitzer, GM. (1991). Organizational Culture and Organizational Development: A Competing Values Approach. *Research in Organizational Change and Development*, 5: 1-21.

Ege, J. (2017). Comparing the Autonomy of International Public Administrations: An Ideal-Type Approach. *Public Administration*, 95(3): 555-570.

Epstein, RA. (1994). The Legal Regulation of Genetic Discrimination: Old Responses to New Technology. *Boston University Law Review*, 74(1): 1-24.

Ford, RN. (1996). The Obstinate Employee. *Public Opinion Quarterly*, 33(3): 301-310.

Fry, LW. (1982). Technology-Structure Research: Three Critical Issues. *Academy of Management Journal*, 25(3): 15-23.

Goodsell CT. (1981). Looking Once Again at Human Service Bureaucracy. *The Journal of Politics*, 43(3): 763-778.

_____. (1985). *The Case for Bureaucracy: A Public Administration Polemic.* Chatham House Publishers, New Jersey.

Hahn, R. (2000). State and Federal Regulatory Reform: A Comparative Analysis. *The Journal of Legal Studies*, 29(2): 873-912.

Hammond, TH., & Knott, JH. (1996). Who Controls the Bureaucracy? Presidential Power, Congressional Dominance, Legal Constraints and Bureaucratic Autonomy in a Model of Multi-Institutional Policy-Making. *The Journal of Law, Economics and Organization*, 12(1): 119-166.

_____. (1999). Political Institutions, Public Management and Policy Choice. *Journal of Public Administration Research and Theory*, 9: 33-86.

Haned, N., C. Mothea, & T. U. Nguyen-Thi. (2014). "Firm persistence in techno-logical innovation: the relevance of organizational innovation", *Economics of Innovation and New Technology*, 23(5-6): 490-516.

Helm, D. (2006). Regulatory Reform, Capture, and the Regulatory Burden. *Oxford Review of Economic Policy*, 22(2): 169-185.

Hofstede, GH. (1984). *Culture's Consequences: International Differences in Work-Related Values*. California: SAGE Publications Inc.

Hogan, SJ., & Coote, LV. (2014). Organizational Culture, Innovation, and Performance: A Test of Schein's Model. *Journal of Business Research*, 67: 1609-1621.

Howlett, M. (2004). Administrative Styles and Regulatory Reform: Institutional Arrangements and their Effects on Administrative Behavior. *International Public Management Review*, 5(2): 13-35.

Howlett, M., Ramesh, M., & Taeihagh, A. (n.d.). Regulatory Life Cycles and Disruptive Technologies: Asynchronicity in Procedural and Substantive Tool Use, *Regulation & Governance*, forthcoming.

Irwin, A., & Vergragt, P. (1989). Re-Thinking the Relationship between Environmental Regulation and Industrial Innovation: The Social Negotiation of Technical Change. *Technology Analysis & Strategic Management*, 1(1): 57-70.

Knill, C. (1999). Explaining Cross-National Variance in Administrative Reform: Autonomous Versus Instrumental Bureaucracies. *Journal of Public Policy*, 19: 113-139.

Koson, S., & T. H. Clausen. (2012). "Organizational innovation and its effects", *Industrial and Corporate Change*, 21(5): 1283-1305.

Lee, DS., & Park, S. (2020a). Ministerial Leadership and Endorsement of Bureaucrats: Experimental Evidence from Presidential Governments. *Public Administration Review*, 80(3): 426-441.

Lee, DS., & Park, S. (2020b). Civil Servants' Perceptions of Agency Heads' Leadership Styles: The Role of Gender in Public Sector Organizations. *Public Management Review*, forthcoming. https://doi.org/10.1080/14719037.2020.1730941.

Leiponen, A., & C. E. Helfat. (2010). "Innovation objectives, Knowledge sources, and the benefits of breadth", *Strategic Management Journal*, 31(2): 224-236.

Lindblom, CE. (1977). *Politics and Markets*. Basic Books, New York.

Lowi, T. (1979). *The End of Liberalism*. W W Norton & Company, New York.

Majumdar, SK., & Marcus, AA. (2001). Rules Versus Discretion: The Productivity Consequences of Flexible Regulation. *The Academy of Management Journal*, 44(1): 170-179.

May, PJ. (2005). Regulatory Implementation: Examining Barriers from Regulatory Processes. *City*, 8(1): 209-232.

Meier, KJ. (1980). Measuring Organizational Power: Resources and Autonomy of Government Agencies. *Administration & Society*, 12(3): 357-375.

_____. (1985). *Regulation: Politics, Bureaucracy and Economics*. St. Martin's Press, New York.

Miller, GJ., & Whitford, AB. (2016). *Above Politics*. New York: Cambridge University Press.

Mitnick, BM. (1980). *The Political Economy of Regulation: Creating, Designing, and Removing Regulatory Forms*. Columbia University Press, New York.

Van Muijen, JJ., & Turnipseed, DL. (1999). Organizational Culture: The Focus Questionnaire. *European Journal of Work and Organizational Psychology*, 8(4): 551-568.

Negoita, M. (2014). Globalization, State, and Innovation: An Appraisal of Networked Industrial Policy. *Regulation & Governance*, 8: 371-393.

OECD. (1998). *OECD Report on Regulatory Reform*. OECD, Paris.

Olson, M. (1996). Substitution in Regulatory Agencies: FDA Enforcement Alternatives. *Journal of Law, Economics, and Organization*, 12(2): 376-407.

Porter ME, & Van der Linder C. (1995). Toward a New Conception of the Environment-Competitiveness Relationship. *Journal of Economic Perspectives*, 9(4): 97-118.

Pressman, LJ., & Wildavsky, A. (1984). *Implementation*, 3rd edn. University of California Press, Berkeley.

Rainey, HG., & Steinbauer P. (1999). Galloping Elephants: Developing Elements of a Theory of Effective Government Organizations. *Journal of Public Administration Research and Theory*, 9(1): 1-32.

Roness, PG., Verhoest, K., Rubecksen, K., & MacCarthaigh, M. (2008). Autonomy and Regulation of State Agencies: Reinforcement, Indifference or Compensation? *Public Organization Review*, 8(2): 155–174.

Sabatier, PA., & Mazmanian, D. (1979). The Conditions of Effective Implementation: A Guide to Accomplishing Policy Objectives. *Policy Analysis*, 5: 481–504.

Sabel, C., Herrigel, G., & Kristensen, P. (2018). Regulation under Uncertainty: The Coevolution of Industry and Regulation. *Regulation & Governance*, 12: 371–394.

Scott, SG., & Bruce, RA. (1994). Determinants of Innovative Behavior: A Path Model of Individual Innovation in the Workplace. *Academy of Management Journal*, 37(3): 580–607.

Subramony, M., Segers, J., Chadwick, C., & Shyamsunder, A. (2018). Leadership Development Practive Bundles and Organizational Performance: The Mediating Role of Human Capital and Social Capital. *Journal of Business Research*, 83: 120–129.

Suchman, MC. (1995). Managing Legitimacy: Strategic and Institutional Approaches. *Academy of Management Review*, 20(3): 571–610.

Teodoro, MP. (2011). *Bureaucratic Ambition: Careers, Motives, and the Innovative-Administrator*. Baltimore, MD: Johns Hopkins University Press.

Van Buuren, A., & Loorback, D. (2009). Policy Innovation in Isolation? *Public Management Review*, 11(3): 375–392.

Verhoest, K., Peters, GB., Bouckaert, G., & Verschuere, B. (2004). The Study of Organizational Autonomy: A Conceptual Review. *Public Administration and Development*, 24(2): 101–118.

Verschuere, B. (2007). The Autonomy–Control Balance in Flemish Arm's Length Public Agencies. *Public Management Review*, 9(1): 107–133.

Weingast, BR., & Moran, MJ. (1983). Bureaucratic Discretion or Congressional Control? Regulatory Policymaking by the Federal Trade Commission. *Journal of Political Economy*, 91(5): 765–800.

Whitford, AB., & Anderson, D. (2019). Governance Landscapes for Emerging Technologies: The Case of Cryptocurrencies, Paper presented at the

International Workshop on the Governance of Emerging Disruptive Technologies, April 25–26, 2019, Rotterdam, The Netherlands.

Wiener, JB. (2006). Better Regulation in Europe. *Current Legal Problems*, 59(1): 447–518.

Zacher, H., & Rosing, K. (2015). Ambidextrous Leadership and Team Innovation. *Leadership & Organization Development Journal*, 36(1): 54–68.

Zacher, H., & Wilden, RG. (2014). A Daily Diary Study on Ambidextrous Leadership and Self-Reported Employee Innovation. *Journal of Occupational and Organizational Psychology*, 87(4): 813–820.

Zuckman, HL., Corn-Revere, R., & Frieden, RM. (1999). *Modern Communications Law V1*. West Academic Publishing, Minnesota.

미 주

* 이 글은 2021년도 Regulation & Governance 15권 3호에 실린 "Regulatory reform in the era of new technological development: The role of organizational factors in the public sector"를 번역 및 수정·보완한 것이다.

1 Zuckman et al,, 1999: 183-197

2 Irwin & Vergragt, 1989; Epsein, 1994; Blind, 2012; Sabel et al., 2018

3 Irwin & Vergratt, 1989; Epsein, 1994; Boisson de Chazournes, 2009; Sabel et al., 2018
   과학기술 혁신에서 비롯되는 외부 환경의 변화와 이러한 변화가 사회에 미치는 영향을 고려하여, 혁신과 규제 간의 공진화, 법 제정과 자율성, 사회적 합의, 참여에 이르기까지 다양한 주제가 논의되었다. 예를 들어, Irwin과 Vergragt(1989)는 사회적·제도적 협상을 유용한 접근법으로 제안하면서 규제와 혁신의 구체적인 특성과 관계에 관해 논의하였고, Boisson de Chazournes(2009)는 예방 원칙과 외부 변화에 따른 참여의 필요성을 강조하였다.

4 Lindblom, 1977: 3-13.
   이러한 광의의 개념에 의하면 규제개혁은 정부개입의 제거를 의미할 뿐만 아니라, 환경오염, 보건, 공공 안전에 관한 기업의 사회적 책임을 부과하는 정부와 시장 간의 적절한 기능적 조화를 강조한다(Mitnick 1980, p. 418).

5 Mitnick, 1980

6 Baldwin, 2005; Wiener, 2006

7 Sabatier & Mazmanian, 1979

8 Koop and Lodge, 2017: 104-105

9 Irwin & Vergragt, 1989; Epstein, 1994; Blind, 2012; Asquer & Krachkovskaya, 2020, forthcoming; Howlett et al., n.d., forthcoming; Whitford & Anderson, 2019

10 Sabel, Herrigel and Kistensen, 2018: 372

11 정당성은 "개체의 행위가 규범, 가치, 신념, 정의(定義)의 사회적 구성체 내에서 바람직하고 적절하거나 합당하다는 일반적인 인식 또는 가정"이다(Suchman, 1995: 571). 규제정책의 정당성은 규제(또는 규제개혁)가 바람직하다는 인식, 즉 규제(개혁)를 통해 국민을 예상치 못한 위험으로부터 보호하는 것이 정부의 본래 목적이라는 신념이다. 조직이나 정책의 정당성은 조직의 안정성과 결속력을 강화하며 예산, 인력, 외부 감시 등 조직 자원을 획득하기 위해 필요불가결하다. 불법은 조직이 태만하거나 비합리적이거나 불필요하다는 주장에 취약하므로(Suchman, 1995: 575), 조직의 적법성 확보가 중요하다(Suchman, 1995: 574-575).

12 Olson, 1996: 377-378

13 Boisson de Chazournes, 2009: 191-194

14 Negoita, 2014: 372

15 이러한 환경 하에서 관료의 역할이나 행태는 "포획이론(capture theory)"에서 깊이 있게 고찰하고 있다. 이 이론의 가정은 기업은 직면한 위험과 그 상황 하에서 이윤을 최대화 할 수 있는 방안을 알고 있으나, 정부(규제관료)는 이를 모른다는 것이다. 즉, 규제자와 피규제자는 정보의 비대칭 상황에 놓여 있으며, 기업들은 이러한 상황을 활용하여 전략적 행위를 할 유인이 있다. 이러한 상황에서 기업의 포

획전략과 관료의 행태는 규제강화 혹은 규제개혁에 중요한 시사점을 줄 수 있다.

16 Porter & Van der Linder, 1995: 99-100

17 Majumdar & Marcus, 2001: 171

18 Lowi, 1979

19 Goodsell, 1981; 1985

20 Meier, 1980, 1985; Hammond & Knott, 1996, 1999; Verhoest et al., 2004; Verschuere, 2007

21 Roness et al., 2008: 161; Ege, 2017

22 이러한 규제의 주된 목적은 국민에 대하여 공정성을 보장하고 지역, 인종, 정치적 영향 등으로 인한 차별적인 정책을 억제하는 것이다.

23 Roness et al., 2008: 158

24 Roness et al., 2008

25 Roness et al., 2008: 158

26 여기에서의 규제는 일반적 제도로서의 규제뿐만 아니라, 조직 내부의 규제(내부통제, 업무지침 등 준칙)를 포함하는 개념이다.

27 Pressman & Wildavsky, 1984; Meier, 1985; Rainey & Steinbauer, 1999; Choudhary et al., 2013; Subramony et al., 2018

28 OECD, 1998; Christensen et al., 2008

29 Van Buuren and Loorback, 2009: 382

30 Scott and Bruce, 1994

31 개방적 행동이란 조직원들이 다양한 방식으로 일하는 것과 새로운 아이디어를 시도하는 것을 지지하는 소위 '탐험활동'을 촉진하는 활동이다. 폐쇄적 행동은 조직원들에게 업무 규칙과 기준을 명확히 제시하고 업무 절차의 확립 및 성과 모니터링 등과 같은 관리 활동을 촉진하는 행동이다.

32 Howlett, 2004: 15

33 Deal and Kennedy, 1982

34 Allaire & Firsirotu, 1984; Denison & Spreitzer, 1991; Denison & Mishra, 1995; Van Muijen & Turnpseed, 1999; Hogan & Coote, 2014 등 연구를 참고할 수 있다.

35 Fry, 1982

36 Hofstede, 1984

37 Ashforth & Lee, 1990; Coghlan, 1993; Ford, 1996

38 Coghlan, 1993; Ford, 1996

39 Ashforth & Lee, 1990

40 Bardach & Kagan, 2002

41 데이터의 수집 방법 및 응답자 특성에 관한 정보는 부록을 참고한다.

42 정부업무평가 시행계획에 따르면 규제개혁 부문을 평가하는 기관으로서, "4차 산업혁명에 대한 선제적 대응"과 관련한 장관급 및 차관급 중앙행정기관 총 29개를 대상으로 규제개혁 추진실적을 평가하도록 제시하고 있다.

43 정부업무평가 시행계획에 기재된 대상 기관 중, 방통위, 보훈처, 식약처, 병무청, 소방청, 문화재청, 농진

청, 산림청은 조사대상기관이 아니므로 제외되었다.

44 Teodoro, 2011; Miller & Whitford, 2016

45 출처: http://www.openfiscaldata.go.kr/portal/service/mainFinanceStat1Page.do(budget); http://www.mpm.go.kr/mpm/lawStat/infoStatistics/hrStatistics/statisticsAnnual/?boardId=bbs_0000000000000037&mode=view&cntId=853&category=&pageIdx= (staff) (2019년 4월 5일 접속).

46 Weingast & Moran, 1983; Meier, 1985; Lee & Park, 2020

47 Negoita, 2014

48 http://biz.chosun.com/site/data/html_dir/2018/01/22/2018012201120.html(2019년 4월 10일 접속)

49 Roness et al., 2008

50 Zacher & Wilden, 2014; Zacher & Rosing, 2015

51 예컨대 민간 출신으로 공직에 발탁되어 오랜 기간 공직에 종사하면서 해당 산업분야에 대한 전문성과 이를 바탕으로 한 조직 통솔 사례는 과학기술부 사례에서 찾아볼 수 있다. http://www.2000news.com/news/articleView.html?idxno=11949 (2019년 4월 14일 접속)

52 Knill, 1999

53 김영미, 2004; 최관섭 · 박천오, 2014; 우양호 · 홍미영, 2018

54 Carson et. al., 1995, 김홍규 · 석기준, 2011: 198 재인용; Corsi, et. al., 2019

55 물론 여기에 대해서는 반대의 결과, 즉 기업규모가 클수록 혁신 도입이 용이하다는 선행연구(Leiponen & Helfat, 2010; Korson & Clause, 2012) 및 기업규모와 혁신 간 관계가 나타나지 않은 선행연구 (Haned, et. al., 2014) 등을 참고할 수 있다.

56 Hahn, 2000; May, 2005; Helm, 2006; Christensen et al., 2008

04

성과관리의 역설:
성과측정과 왜곡행태

04

성과관리의 역설: 성과측정과 왜곡행태*

성과관리(performance management)란 협의의 의미에서 성과 달성을 위해 시도되는 전략적 인적자원관리를,[1] 광의의 의미에서 성과 향상을 위해 체계적이고 복합적으로 시도되는 모든 조직적 차원의 활동을 의미한다.[2] 1980년대 후반 신공공관리론(New Public Management)의 전 세계적 유행과 함께 공공조직의 운영에 있어서 성과관리의 필요성이 본격적으로 강조됨에 따라, 지난 수십여 년간 공공부문 조직관리의 기본적 원칙과 프로세스들이 성과관리에 초점을 맞춰 변화해왔다.[3] 이러한 성과관리 중심의 변화는 정책적 목표와 그 달성 정도에 대한 정보를 체계적으로 수집·관리하여 활용·공개함으로써 국민에 대한 책임성과 신뢰를 제고하는 것으로 여겨지고 있다. 조직 내부적으로는 관리기술적 효율성과 조직학습 효과를 증대시키고 조직 구성원 개개인으로 하여금 동기부여와 역량강화를 꾀하게 하는 것으로 간주되고 있다.[4]

성과관리는 이러한 긍정적 기대를 바탕으로 공공조직관리의 지배적 패러다임 중 하나로 공고히 자리 잡게 되었으나, 성과관리 패러다임이 확산될수록 이의 유용성과 효과성에 의문을 품는 목소리 또한 커지고 있는 것이 현실이다. 이에 대하여 그 동안 우리나라에서는 민간부문 및 선진국의 제도를 맥락적 특수성을 고려하지 않은 채 공공부문에 도입한 데서 문제가 기인했다는 인식이 강하였다.[5] 하지만 최근 관련 학계와 정책현장에서는 제도상의 문제뿐 아니라 성과평가의 대상인 개인 및 기관이 공공부문의 특수성과 제도적 허점을 악용하여 자신들의 편익을 극대화하기 위한 방향으로 성과관리를 왜곡시키는 행태상의 문제에 주목할 필요가 있음을 강조하고 있다.

이에 본 연구는 성과의 측정 및 관리가 공공부문의 성과제고를 도모하는 중요한 전제조건이 될 수 있지만 그 설계와 운영방식에 따라 효과가 크게 달라질 수 있다는 전제 하에, 성과관리 왜곡현상의 실태와 그 영향요인에 대하여 실증적으로 탐구하고자 한다.

I. 이론적 논의

1. 성과관리 왜곡의 개념

공공부문에 있어서 성과관리는 첫째, 성과에 대한 체계적인 정보를 수집하고 공개함으로써 국민에 대한 책임성과 신뢰를 제고하고 둘째, 성과에 따른 보상과 학습의 기회를 제공함으로써 조직 구성원들의 동기부여와 역량강화를 꾀하고자 하는 목적을 지니고 있다. 하지만 성과관리시스템이나 그 운영상의 문제, 개인이나 기관의 전략적 행태 등으로 인하여 현실적으로 이러한 목표가 달성되지 않는 경우가 존재할 수 있다. '성과관리 왜곡'이란 이처럼 성과관리 과정에서 발생할 수 있는 각종 요인들로 인하여 성과관리시스템이 실제 의도한 목적을 달성하지 못하게 되는 일체의 현상을 의미하는 개념이다.[6]

구체적으로 성과관리 왜곡은 행태적 측면과 제도적 측면의 두 가지 차원에서 정의할 수 있다. 행태적 측면에서는 피평가자들이 자신의 편익을 극대화하기 위해 성과목표를 설정하고 성과정보를 평가·해석하는 과정에서 의도적, 전략적으로 성과관리시스템의 정상적인 작동을 방해하는 행동을 의미한다. 이러한 피평가자의 전략적 행위가 발생하는 원인에 대해서는 다양한 이론적 접근이 가능하다. 대표적으로 주인-대리인 이론에서는 주인(principal)이 달성하고자 하는 성과목표와 대리인(agent)이 성과보상 체계를 기반으로 달성하고자 하는 목표가 서로 불일치하기 때문이라고 설명하고 있다.[7] 또한 보상에 대한 기대이론(expectancy theory)의 시각에서는 성과에 따라 보상이 차별적으로 제공되는 지속적인 계약관계에서 피계약자가 자신의 보상을 극대화하기 위해서 성과목표를 낮게 설정하거나 달성하기 쉬운 목표를 설정하는 등 전략적인 행태를 취하게 되기 때문이라고 본다.[8]

제도적 측면에서 성과관리 왜곡은 피평가자의 의도나 전략과는 상관없이 성과측정 및 평가결과 도출 상의 오류, 성과-보상 연계 미흡 등 성과관리시스템의 설계 및 운영 과정에서 효과성이 감소하는 구조적 문제를 의미한다. 이러한 비의도적 왜곡현상이 발생하는 이유는 공공부문이 지니고 있는 본질적 문제에서 야기되는 경향이 크다. 예를 들어, 공공부문의 성과목표는 추상적·다차원적인 경우가 많으므로 그 측정과 평가가 용이하지 않아 오류가 발생할 여지가 크다.[9] 또한 성과에 따른 보상 및 제재의 원칙들이 올바르게 수립되어 있더라도 공직자들의 경우 민간기업 종사자들에 비해 저성과에 기반한 인사관리가 쉽지 않고, 성과에 따른 예산의 차등배분은 사회적 형평성 등 타 원칙이 우선시되어 무산되기 쉬우며, 고성과자들에게의 업무상 재량권 부여는 공직 내 법규 등에 의하여 현실적으로 이루어지기 어려운 점 등 때문에 성과-보상 간 연계가 유기적으로 이루어지지 않을 수 있다.[10]

2. 성과관리 왜곡의 유형

성과관리 왜곡현상을 유발하는 행태적 · 제도적 문제점의 체계적 분류와 유형화는 다수의 학자들에 의해 이루어져 왔다.[11]

예를 들어, Smith(1995: 283-301)는 공공부문 성과관리시스템의 운영에 있어 ① 양적으로 측정 가능한 성과에만 집중하는 터널 비전(Tunnel vision) 효과, ② 조직 전체 목표가 아닌 지엽적 목표를 추구하는 차선 추구(Suboptimization), ③ 단기적 목표를 추구하는 근시안(Myopia) 효과, ④ 성과를 성공적으로 포장하는데 가장 유용한 특정 성과지표에의 고착(Measure fixation), ⑤ 성과를 고의적으로 조작하여 보고 (Misrepresentation), ⑥ 제한된 합리성으로 인하여 성과정보를 왜곡하여 해석 (Misinterpretation), ⑦ 차년도 성과목표가 지나치게 높게 설정되지 않도록 의도적으로 당해 성과를 일정 수준에서만 달성하는 등 게임 유발(Gaming), ⑧ 경직적인 성과평가 시스템에 갇혀 혁신이 어려워지는 조직 경화(Ossification)의 8가지 행태상 왜곡현상이 발생할 수 있다고 하였다. 그 원인으로 조직의 목표와 성과측정 체계 간의 적합성이 떨어지는 경우, 복잡한 공공부문의 성과를 정확하게 측정하기 어려운 상황, 성과관련 자료를 적절히 가공하고 관리하지 못하는 경우, 새로운 환경에의 대응 능력이 부족한 상황에서 이러한 왜곡현상이 발생할 수 있다고 설명하였다.

Van Thiel & Leeuw(2002: 271-274)는 비의도적(unintended) 왜곡과 의도적 (deliberate) 왜곡현상을 구분하고, 비의도적 측면에서는 성과가 점차 향상될수록 저성과를 측정하는데 지표의 민감성이 떨어지는 긍정적 학습(positive learning), 평가되는 성과에만 집중하여 업무를 처리하는 왜곡된 학습(perverse learning), 상향평가를 통해 저성과자를 고성과자로 둔갑시켜 선발(selection)하는 현상, 성과의 다양한 측면을 고려하지 않는 억제(suppression) 현상 등이 존재한다고 하였다. 의도적 측면에서는 성과결과를 왜곡되게 보고하거나 해석함으로써 저성과를 숨기려는 경향, 고성과를 달성하기에 유리한 공공서비스나 공공재만을 선택적으로 제공하려는 체리 피킹

(cherry picking) 경향 등이 있으며, 의도적 병폐는 비의도적 병폐가 충분히 존재할 만할 환경에서 발생한다고 주장하였다.

Hood(2007: 100-101)는 성과를 측정하는 세 가지 방식(목표치 달성 방식, 서열화 방식, 판단적 방식)에 있어 각기 발생할 수 있는 왜곡현상을 유형화하였다. 먼저, 특정 기간 내 목표달성 정도를 평가하는 방식을 활용하는 성과관리시스템의 운영에 있어서는 성과달성 목표를 낮게 설정하거나 달성하기 쉬운 목표에만 집중하는 톱니바퀴 및 문턱 효과(Ratchet and threshold effects)가 발생할 수 있으며, 평가되는 업무에만 집중하거나 성과를 극대화하고자 노력하지 않고 적정 수준에서만 달성하는 등 성과 정보의 정확도를 낮추는 각종 게임이 유발(Gaming)될 수 있다고 하였다. 성과평가 결과에 따라 순위를 매기는 서열화 방식에 있어서는 성과평가 결과에 유리하게 작용하는 결과만을 제공하거나 성과를 의도적으로 조작하여 보고하는 등의 성과정보 왜곡(Output distortion)이 발생할 수 있다고 하였다. 또한 평가결과 도출에 있어서 점수 차이가 미미하여 성과등급 간 변별성이 약한 비변별성(Indeterminacy)과 평가항목 가중치의 미세한 조정에도 결과가 크게 달라지는 변동성(Volatility)이 나타날 수 있다고 하였다. 마지막으로 공식적인 성과지표에 의거하여 평가된 업무실적 뿐 아니라 피평가자의 신용 및 이해관계자들의 평가 등까지 고려하는 판단적 방식에 있어서는 성과평가 시 평가자의 주관이 개입됨에 따라 투명성, 객관성이 결여될 수 있고 업무적 성과와 인센티브 간 연계성이 떨어져 동기부여 효과가 미흡할 수 있음을 지적하였다.

이러한 학자들의 주장을 종합하면 성과관리 프로세스의 단계 중 주로 성과목표의 설정 및 달성 과정, 성과정보의 수집 및 해석 과정에서 의도적·행태적 왜곡이 발생하고 있으며 성과평가 결과의 도출, 결과의 학습 및 활용에 있어서 주로 비의도적·제도적 왜곡 현상이 나타나는 것으로 구분해 볼 수 있다. 즉, 각 성과관리 단계별로 왜곡을 유발하는 행태적·제도적 병폐의 유형은 다음 <표 4-1>과 같이 정리될 수 있다.

표 4-1_ 성과관리의 왜곡을 유발하는 행태적 · 제도적 병폐의 유형

구분			내용
행태적 (의도적) 왜곡현상	성과목표 설정 및 달성	터널 비전 효과	달성하기 쉽고 측정이 용이한 업무(지표)에 집중하는 경향
		차선 추구	조직 전체적 성과목표보다 지엽적 성과목표에 집중하는 경향
		근시안 효과	장기적보다 단기적 성과달성에 유리한 업무(지표)에 집중하는 경향
		톱니바퀴 효과	차년도 성과목표가 당해 성과를 기준으로 설정되는 경우, 차년도 목표가 지나치게 높게 설정되지 않도록 당해 성과를 일정 수준에서만 달성하는데 그치는 경향
		문턱 효과	달성하기 쉬운 업무(지표)에 집중하는 경향
제도적 (비의도적) 왜곡현상	평가결과의 도출	특정 성과지표에의 고착	성과를 성공적으로 표출하기에 가장 유리한 업무(지표)에만 집중하는 경향
		왜곡된 결과 보고	성과평가에 긍정적인 자료만을 제공하거나 업무 실적을 의도적으로 조작·변형하여 평가 결과가 실제 성과와 괴리되는 경향
		왜곡된 결과 해석	성과정보가 완벽하더라도 이를 잘못 해석, 판단하는 경향
		평가의 객관성 결여	평가자의 주관이 개입되거나 평가지표의 민감성이 떨어져 정확하고 공정한 성과결과를 도출하지 못하는 경향
		평가의 비변별성 및 변동성	성과등급 간 변별성이 약하거나 평가방식의 미세한 조정에도 결과가 크게 달라지는 경향
	평가결과의 활용 및 학습	인센티브 미흡	성과 달성과 인센티브 간 연계성이 낮아 동기 부여 효과가 미비한 경향
		피드백 미흡	평가결과에 따른 피드백이 이루어지지 않아 학습 효과가 미비한 경향
	성과관리시스템 의 운영	조직의 경화	경직된 성과평가 시스템에 고착되어 혁신 및 창의적 성과 달성이 어려운 경향

주: Bouckaert & Balk(1991), Smith(1995), Brujin(2001, 2002), Van Thiel & Leeuw(2002), Bevan & Hood(2006), Hood(2007, 2008) 등을 참고로 재구성

3. 성과관리 왜곡의 실체 및 영향을 미치는 요인

공공부문에서 발생하는 성과관리 왜곡현상에 관한 실증연구는 다양한 유형의 왜곡현상 실체를 검증하는 연구, 왜곡현상을 지각하고 대응하는 방법을 모색한 연구, 왜곡현상에 영향을 미치는 개인적·조직적·환경적 요인에 대해 탐색하는 연구 등으로 구분하여 볼 수 있다.

먼저, 다양한 왜곡현상이 현실적으로 공공부문에 존재하는지의 여부를 증명한 국외 연구로는 Fiz-Gibbon(1997), Bevan & Hood(2006), Heinrich(2007), Kelman & Friedman(2009), Ohemeng & McCall-Thomas(2013) 등이 있다. Fiz-Gibbon (1997)는 Smith(1995)가 유형화한 8가지 왜곡현상이 실제로 존재하는지 검증하기 위해 초등학교 교장을 대상으로 설문조사를 실시하였으며, 조직의 경화 현상을 제외한 나머지 7가지 현상은 실제 공공부문에서 존재하는 널리 인지된 문제점이라는 것을 밝혔다. Heinrich(2007)는 미국의 고용 정책(고용촉진투자법에 의거하여 운영되는 취업 프로그램)의 운영 성과에 기반한 인센티브 제도의 실효성을 사례연구로 분석한 결과, 성과에 따른 상여금 제도가 실질적인 성과를 향상시키기 보다는 업무성과를 조작·변형하여 보고하는 등 왜곡된 행태만을 낳았다는 결론을 도출하였다. 국내에서도 이와 유사한 연구가 다수 이루어져, 최성락·박민정(2008), 금재덕·이성도(2009), 유승현·공병천(2013)은 중앙부처 내에서, 정주희 외(2013), 최연식(2017)은 공공기관 내에서 톱니바퀴 효과, 왜곡된 결과 보고 등이 존재하고 있음을 실증분석을 통해 밝혀냈다.

왜곡현상을 지각하고 대응하는 방법을 모색한 국외 연구로는 Van Thiel & Leeuw(2002) 등이, 국내 연구로는 공동성 외(2009), 남승하(2012) 등이 있다. Van Thiel & Leeuw(2002)는 왜곡현상이 존재하는지 판단하기 위하여 옴부즈만, 시민단체, 고객 패널 등 조직 외부의 이해관계자들로부터 성과정보를 수집하여 비교해보는 등의 작업이 필요하다고 주장하며 성과지표 수의 적절성, 성과지표 개발 주체의 적절성 등을 중심으로 성과관리시스템을 전반적으로 재평가하고 개선하여 이러한 현상을 최대한 방지해야 할 필요성이 있음을 강조하였다. 공동성 외(2009)는 행정안전부 공무원들을 대상으로 설문조사를 실시하여 조직 내 톱니바퀴 효과, 문턱 효과, 비변별력, 변동성, 결과 왜곡 등의 현상이 존재하고 있는 것을 확인하였으며 특히 비변별

성과 변동성이 다른 유형에 비하여 심각한 수준인 것으로 인식되고 있음을 밝혔다. 이에 대한 대응방안으로 공무원들은 목표치의 적절성에 대한 평가 비중을 높이고, 목표치를 초과하는 성과에 대해서도 점수화하며, 상대평가보다는 절대평가를 통한 성과등급을 결정하는 등의 방안이 마련될 필요가 있다고 하였다.

왜곡현상에 영향을 미치는 개인적·조직적·환경적 요인을 체계적이고 실증적으로 탐색하는 연구로는 신민철(2010)을 들 수 있다. 이 연구는 중앙부처 공무원을 대상으로 설문조사를 실시하여 개인특성(직급, 근무기간, 성과평가 등급 수준), 과제특성(업무의 대표성 및 반복성, 과제의 계량화 및 객관성), 기관특성(기관유형, 기관 내 성과에 대한 경쟁적 환경)이 터널효과, 근시안 효과, 톱니바퀴 효과, 문턱 효과, 노력 치환, 결과 조작 등 왜곡현상의 심각성을 인식하는 정도에 미치는 영향력에 대하여 분석하였다. 그 결과, 직급이 낮을수록, 매년 주기적으로 업무가 유사하게 반복되는 과제를 담당할수록, 보상에 대한 경쟁문화가 강한 기관에 소속된 경우 왜곡현상에 대한 인식이 높은 것을 확인하였다.

성과관리의 왜곡과 관련된 이러한 기존의 연구들은 공공부문의 성과관리에 있어 발생할 수 있는 여러 가지 왜곡현상의 실체를 경험적으로 밝혀내고 이를 개선하기 위한 다양한 방안을 제시하고 있다는 점에서 의의를 가진다. 하지만 기존의 연구들은 주로 사례연구나 설문조사 결과에 기반한 기술적 분석에 머무르고 있으며, 그 발생 원인에 대해서는 규범적인 추론에만 그치고 있다는 한계를 지닌다.

II. 연구 방법

1. 연구모형

본 연구는 공공부문의 성과관리에 있어 발생할 수 있는 다양한 유형의 왜곡현상이 우리나라 공공부문에서 실제로 존재하고 있는지 확인하고, 그 발생 원인을 파악하고자 한다. 즉, 성과관리의 단계를 성과목표 설정 및 달성 과정, 성과평가 결과 도출, 결과의 활용 및 학습의 세 가지로 구분하고 각 단계에서 발생할 수 있는 행태적·제도적 왜곡현상의 정도를 중앙 및 지방정부 소속 공무원들의 인식을 중심으로 판단하고자 한다. 또한 행태적·제도적 왜곡현상은 각기 다른 원인에 의하여 발생하는 경향이 있으므로,[12] 각 측면의 왜곡현상 발생에 업무의 특성(업무의 객관성 및 명확성 등), 조직의 특성(성과관리시스템, 윤리적 조직문화, 기관유형 등), 개인의 특성(전년도 성과평가 결과, 현재의 성과 수준에 대한 인식, 직군, 직급, 재직년수, 성별 등)이 각각 어떠한 차별적 영향력을 미치는지 집단 간 비교분석 및 순위로짓 분석을 통하여 확인하고자 한다.

이를 도식화한 연구모형은 <그림 4-1>과 같다.

그림 4-1_ 연구모형

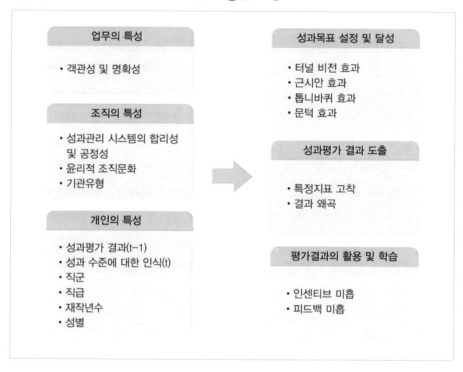

2. 변수의 측정

본 연구는 서울대학교 행정대학원 공공성과관리연구센터(現 정보지식정책연구소 공공성과관리연구부)가 2016년 11월부터 2017년 1월까지 실시한 「2016년도 중앙 및 지방 공무원 인식조사」의 설문자료를 일부 활용하였다. 모든 설문문항은 '전혀 동의 안함(1)'-'전적으로 동의함(5, 7)'의 Likert 5점 또는 7점로 측정되었으며, <표 4-2>에 표기한 것처럼 일부 문항은 역코딩하였다.

먼저 성과목표 설정 및 달성 단계에서 발생할 수 있는 터널 비전 효과, 근시안 효과, 톱니바퀴 효과, 문턱 효과는 '측정하기 용이한 성과목표를 선정하는 경향이 있다', '장기적이기보다 단기적인 성과달성에 유리한 목표를 선정하는 경향이 있다', '성과 목표치를 낮게 설정하는 경향이 있다', '달성하기 쉬운 업무에 집중하는 경향이 있다'의 설문문항을 통해 측정하였다. 성과정보의 수집 및 해석 단계에서 발생할 수 있는 특정 성과지표에의 고착 현상은 '평가되는 업무에 집중하는 경향이 있다', 결과 왜곡 현상은 '성과평가에 불리한 자료를 누락하는 경향이 있다'의 두 가지 문항으로 각각 측정하였다. 마지막으로 성과평가 결과의 활용 및 학습 단계에서 발생할 수 있는 인센티브 지급 미흡은 '고성과자에게 더 많은 성과금이 지급된다', '나의 승진은 업무 실적에 달려 있다', '저성과자에 대한 조치가 취해지고 있다'의 세 문항을 활용하였다, 피드백 미흡은 '상관은 직원들의 업무의 성과에 대해 피드백을 한다'의 한 가지 문항으로 측정하였다.

성과관리 진행과정 상의 왜곡현상들에 대한 인식에 차별적인 영향을 미칠 것으로 예상되는 변수로 업무 및 조직의 특성을 고려하였다. 업무 특성으로는 업무의 객관성 및 명확성을 변수로 선정하여 '성과목표는 객관적으로 측정 가능하다'는 문항으로 측정하였다. 조직의 특성으로는 성과관리 제도의 운영, 조직문화, 기관유형을 고려하였으며 성과관리 제도의 합리성과 공정성은 '성과평가는 합리적이고 공정하다', 윤리적인 조직문화는 '동료들은 높은 수준의 정직성을 유지하고 있다', 기관유형은 '귀하가 소속된 기관은 무엇입니까?'의 설문문항이 포함되었다.

개인적 특성으로는 전년도 성과평가 결과, 현재의 성과 수준에 대한 인식, 직군, 직급, 재직년수, 성별을 고려하였다. 전년도 성과평가 결과는 '정부업무평가기본법에 따라 2015년에 실시한 기관 자체성과평가에서 귀하는 어떠한 평가를 받으셨습니까?'라는 질문에 '부진(1)'-'매우 우수(7)'의 7점 척도로 응답한 결과를 활용하였다. 현재의 성과 수준에 대한 인식은 '본인의 생산성 수준을 어떻게 평가하십니까?'라는 질문에 응답자들이 1(가장 낮음)~100점(가장 높음)으로 점수화한 결과를 바탕으로 측정하였다. 직군은 행정직, 직급은 5급 이상, 성별은 남성을 기준으로 더미변수를 생성하여 측정하였으며, 재직년수는 총 재직기간을 년 수로 질문하였다.

각 변수들의 측정에 활용된 설문문항 및 측정방식은 다음 <표 4-2>와 같다.

표 4-2_ 설문문항의 구성 및 측정

개념	변수	설문문항	측정
성과 관리의 왜곡	터널 비전 효과	측정하기 용이한 성과목표를 선정하는 경향이 있다(Q9-1)	5점 척도
	근시안 효과	장기적이기보다 단기적인 성과달성에 유리한 목표를 선정하는 경향이 있다(Q9-2)	
	톱니바퀴 효과	성과목표치를 낮게 설정하는 경향이 있다(Q9-3)	
	문턱 효과	달성하기 쉬운 업무에 집중하는 경향이 있다(Q9-4)	
	특정지표 고착	평가되는 업무에 집중하는 경향이 있다(Q9-5)	
	결과 왜곡	성과평가에 불리한 자료를 누락하는 경향이 있다(Q9-6)	
	인센티브 미흡	고성과자에게 더 많은 성과금이 지급된다(역코딩)(Q8-4)	
		나의 승진은 업무 실적에 달려 있다(역코딩)(Q8-5)	
		저성과자에 대한 조치가 취해지고 있다(역코딩)(Q8-6)	
	피드백 미흡	상관은 직원들의 업무의 성과에 대해 피드백을 한다(역코딩)(Q8-7)	
업무 및 조직 특성	업무의 객관성 및 명확성	성과목표는 객관적으로 측정 가능하다(Q7-2)	5점 척도
	성과관리 제도의 합리성	성과평가는 합리적이고 공정하다(Q8-3)	5점 척도
	윤리적 조직문화	동료들은 높은 수준의 정직성을 유지하고 있다(Q30-3)	5점 척도
	소속기관 유형	귀하가 소속된 기관은 무엇입니까?	1=지방정부, 0=중앙정부
개인 특성	성과평가 결과(t-1)	정부업무평가기본법에 따라 2015년에 실시한 기관 자체 성과평가에서 귀하는 어떠한 평가를 받으셨습니까?(Q10)	7점 척도
	현재의 성과에 대한 인식(t)	본인의 생산성 수준을 어떻게 평가하십니까?(Q2-1)	1~100점
	직군	귀하가 소속된 직군은 무엇입니까?(DQ1)	1=행정직, 0=기술직
	직급	귀하의 직급은 어떻게 되십니까?(DQ2)	1=5급 이상, 0=6급 이하
	재직연수	귀하가 공무원으로 근무한 재직년수는 총 얼마입니까?(DQ5)	년 수
	성별	귀하의 성별은 어떻게 되십니까?(DQ8)	1=남성, 0=여성

III. 분석 결과

1. 성과관리 왜곡의 실태에 관한 인식

행태적·제도적 병폐에 의한 성과관리 왜곡 실태에 관한 응답자들의 인식을 살펴보면(<표 4-3> 참고), 평가결과의 도출이나 활용 과정에서보다 성과목표의 설정 및 달성 과정에서 왜곡현상이 빈번하게 발생하고 있음을 확인할 수 있다. 세부 유형들 중에서는 단기적 성과달성에 유리한 목표를 선정하는 경향(근시안 효과), 평가되는 업무에 집중하는 경향(특정지표 고착), 측정이 용이한 목표를 선정하는 경향(터널 비전 효과)이 가장 두드러지는 것으로 인식하고 있다.

반면 평가결과에 대한 피드백 미흡(피드백 미흡), 성과평가에 불리한 자료 누락(결과 왜곡), 고성과자에게의 성과금 지급 미흡(인센티브 미흡) 등의 왜곡현상은 다른 유형들에 비하여 상대적으로 적게 발생하는 것으로 인식하고 있다.

표 4-3_ 성과관리 왜곡의 실태에 관한 인식(N=1,669)

구분		지표	전혀 동의 안함	동의 안함	보통	동의함	전적 으로 동의	평균	표준 편차	부문 평균
목표 설정 및 달성	터널 비전 효과	측정이 용이한 목표 선정(Q9-1)	35 (2.1)	205 (12.3)	688 (41.2)	676 (40.5)	65 (3.9)	3.32	0.82	3.17
	근시안 효과	단기적 성과달성에 유리한 목표 선정(Q9-2)	27 (1.6)	183 (11.0)	605 (36.2)	764 (45.8)	90 (5.4)	3.42	0.82	
	톱니바퀴 효과	낮은 성과목표치 설정(Q9-3)	65 (3.9)	401 (24.1)	748 (44.8)	411 (24.6)	44 (2.6)	2.98	0.86	
	문턱 효과	달성이 용이한 업무에 집중(Q9-4)	66 (3.9)	442 (26.5)	674 (40.4)	441 (26.4)	46 (2.8)	2.98	0.89	
평가 결과 도출	특정지표 고착	평가되는 업무에 집중(Q9-5)	36 (2.2)	213 (12.8)	655 (39.2)	682 (40.8)	83 (5.0)	3.34	0.84	3.05
	결과 왜곡	성과평가에 불리한 자료 누락(Q9-6)	103 (6.2)	559 (33.5)	688 (41.2)	285 (17.1)	34 (2.0)	2.75	0.88	
결과의 활용 및 학습	인센티브 미흡	고성과자에게 더 많은 성과금 지급 미흡(revQ8-4)	95 (5.7)	276 (16.6)	598 (35.8)	561 (33.6)	139 (8.3)	2.78	1.01	2.87
		업무 실적에 따른 승진 미흡(revQ8-5)	92 (5.5)	371 (22.2)	663 (39.7)	455 (27.3)	88 (5.3)	2.95	0.96	
		저성과자에 대한 조치 미흡(revQ8-6)	49 (3.0)	333 (19.9)	803 (48.1)	390 (23.4)	94 (5.6)	3.09	0.88	
	피드백 미흡	평가결과에 대한 피드백 미흡(revQ8-7)	41 (2.46)	201 (12.04)	678 (40.62)	659 (39.48)	90 (5.39)	2.67	0.85	

주: 괄호( )안은 비율(%)

2. 집단별 차이 분석

1) 개인 특성

성과관리 왜곡의 실태에 대한 공무원들의 인식을 보다 구체적으로 분석하기 위하여 직군, 직급, 성별, 재직년수 등 응답자 개인의 특성별 독립표본 T검정 및 분산분석(ANOVA)을 실시하였다.

표 4-4_ 직군 및 직급에 따른 인식

구분		지표	직군			직급			
			행정직 (n= 1,293)	기술직 (n= 376)	t	4급 이상 (n= 164)	5급 (n= 493)	6급 이하 (n= 1,012)	F
목표 설정 및 달성	터널 비전 효과	측정이 용이한 목표 선정(Q9-1)	3.33 (0.82)	3.28 (0.81)	0.91	3.36 (0.84)	3.38 (0.81)	3.28 (0.82)	2.47*
	근시안 효과	단기적 성과달성에 유리한 목표 선정 (Q9-2)	3.45 (0.81)	3.31 (0.84)	2.89***	3.45 (0.82)	3.49 (0.79)	3.39 (0.83)	3.05**
	톱니바퀴 효과	낮은 성과목표치 설정(Q9-3)	3.02 (0.87)	2.84 (0.83)	3.66***	2.98 (0.85)	3.00 (0.88)	2.97 (0.86)	0.22
	문턱 효과	달성이 용이한 업무에 집중(Q9-4)	3.01 (0.90)	2.85 (0.87)	3.14***	3.00 (0.86)	3.00 (0.91)	2.95 (0.89)	0.52
평가 결과 도출	특정지표 고착	평가되는 업무에 집중(Q9-5)	3.35 (0.84)	3.30 (0.86)	0.82	3.30 (0.83)	3.42 (0.82)	3.30 (0.85)	3.22**
	결과 왜곡	성과평가에 불리한 자료 누락(Q9-6)	2.79 (0.89)	2.64 (0.83)	2.88***	2.71 (0.91)	2.79 (0.87)	2.74 (0.88)	0.70
결과의 활용 및 학습	인센티브 미흡	고성과자에게 더 많은 성과금 지급 미흡(revQ8-4)	2.79 (1.02)	2.72 (0.97)	1.16	2.41 (0.84)	2.76 (1.03)	2.84 (1.01)	12.89***
		업무 실적에 따른 승진 미흡(revQ8-5)	2.96 (0.96)	2.93 (0.97)	0.54	2.57 (0.88)	2.92 (0.94)	3.03 (0.97)	17.24**
		저성과자에 대한 조치 미흡(revQ8-6)	3.12 (0.90)	2.95 (0.80)	3.29***	3.03 (0.85)	3.06 (0.88)	3.11 (0.88)	0.86
	피드백 미흡	평가결과에 대한 피드백 미흡(revQ8-7)	2.69 (0.86)	2.57 (0.80)	2.40**	2.52 (0.74)	2.68 (0.84)	2.68 (0.86)	2.57*

주: 괄호( )안은 표준편차. *p<0.1, **p<0.05, ***p<0.01

먼저 직군 및 직급에 따른 인식의 차이를 확인한 결과, <표 4-4>에서와 같이 전반적으로 기술직보다 행정직 공무원들이 성과관리의 왜곡현상을 심각한 수준으로 인식하고 있었다. 특히 단기적 성과달성에 유리한 목표 선정(근시안 효과), 낮은 성과목표치 선정(톱니바퀴 효과), 달성이 용이한 업무에 집중(문턱 효과) 등 성과목표의 설정 및 달성에 있어서 인식의 차이가 뚜렷하게 나타났다. 직급에 따른 분석결과, 5급 이상의 상위직 공무원들이 6급 이하의 하위직 공무원들에 비해 성과목표의 설정 및 달성, 평가결과 도출 과정에서 행태적 왜곡현상이 두드러진다고 응답한 반면, 평가결과의 활용 및 학습 과정에서의 제도적 왜곡현상은 하위직 공무원들이 상위직 공무원들에 비하여 심각한 것으로 인식하고 있었다.

<표 4-5>에서와 같이 성별에 따른 인식 차이와 관련하여, 전반적으로 목표설정과 평가결과 도출 단계에서는 남성이 여성보다 왜곡수준에 대한 동의가 높은 것으로 확인되었다. 특히 낮은 성과목표치를 설정하고(톱니바퀴 효과) 성과평가에 불리한 자료를 누락시키는(결과 왜곡) 경향에 대하여 통계적으로 유의미한 인식의 차이가 존재하고 있는 것으로 나타났다. 반면 평가결과의 활용 및 학습 단계에서의 왜곡에 대해서는 여성이 유의하게 높은 수준으로 나타났다.

또한 재직년수에 따른 분석 결과, 20년 이상 근무한 공무원들이 상대적으로 성과목표의 설정 및 달성, 평가결과 도출 과정에서의 왜곡현상을 높게 인식하는 반면, 10년 미만 근무한 공무원들은 평가결과의 활용 및 학습 과정에서의 왜곡현상을 더욱 높게 인식하는 것으로 나타났다. 특히 낮은 성과목표치의 설정(톱니바퀴 효과), 달성이 용이한 업무에의 집중(문턱 효과), 평가결과에 따른 인센티브 지급 미흡에 있어서 재직년수에 따라 통계적으로 유의미한 인식의 차이가 존재하는 것을 확인할 수 있다.

표 4-5_ 성별 및 재직년수에 따른 인식

구분		지표	성별			재직년수			
			남성 (n= 1,120)	여성 (n= 549)	t	10년 미만 (n=573)	10년 이상 20년 미만 (n= 504)	20년 이상 (n= 592)	F
목표 설정 및 달성	터널 비전 효과	측정이 용이한 목표 선정(Q9-1)	3.33 (0.84)	3.28 (0.76)	1.13	3.28 (0.79)	3.33 (0.82)	3.35 (0.84)	0.91
	근시안 효과	단기적 성과달성에 유리한 목표 선정 (Q9-2)	3.43 (0.84)	3.40 (0.78)	0.80	3.40 (0.82)	3.43 (0.81)	3.44 (0.83)	0.41
	톱니바퀴 효과	낮은 성과목표치 설정(Q9-3)	3.01 (0.89)	2.93 (0.79)	1.72*	2.87 (0.86)	3.01 (0.84)	3.07 (0.88)	7.77***
	문턱 효과	달성이 용이한 업무에 집중(Q9-4)	3.00 (0.92)	2.93 (0.84)	1.43	2.92 (0.89)	2.97 (0.86)	3.03 (0.92)	2.33*
평가 결과 도출	특정지표 고착	평가되는 업무에 집중(Q9-5)	3.35 (0.86)	3.32 (0.80)	0.69	3.29 (0.86)	3.34 (0.84)	3.38 (0.83)	1.55
	결과 왜곡	성과평가에 불리한 자료 누락(Q9-6)	2.79 (0.90)	2.68 (0.83)	2.40**	2.74 (0.88)	2.75 (0.86)	2.77 (0.90)	0.18
결과의 활용 및 학습	인센티브 미흡	고성과자에게 더 많은 성과금 지급 미흡(revQ8-4)	2.71 (0.99)	2.91 (1.02)	-3.94***	2.88 (1.03)	2.75 (0.95)	2.71 (1.02)	3.70**
		업무 실적에 따른 승진 미흡(revQ8-5)	2.87 (0.96)	3.14 (0.95)	-5.46***	3.02 (0.97)	2.97 (0.96)	2.88 (0.95)	2.83*
		저성과자에 대한 조치 미흡(revQ8-6)	3.00 (0.86)	3.28 (0.87)	-6.17***	3.15 (0.90)	3.06 (0.89)	3.05 (0.84)	2.32*
	피드백 미흡	평가결과에 대한 피드백 미흡(revQ8-7)	2.60 (0.83)	2.80 (0.88)	-4.51***	2.70 (0.86)	2.65 (0.83)	2.65 (0.85)	0.74

주: 괄호( )안은 표준편차. *$p<0.1$, **$p<0.05$, ***$p<0.01$

2) 조직 및 업무 특성

조직 및 업무 특성에 따른 인식의 차이를 확인하기 위하여 먼저 소속기관 유형에 따른 분석을 실시한 결과(<표 4-6> 참고), 지방정부 소속 공무원들이 중앙정부 소속 공무원들에 비하여 모든 유형의 왜곡현상에 있어 전반적으로 높은 동의수준을 나타내고 있는 것으로 확인되었다. 측정이 용이한 목표의 선정(터널 비전 효과), 평가되는 업무에의 집중(특정 지표에의 고착), 고성과자에게 더 많은 성과금 지급 미흡(인센티브 미흡) 외의 문항들은 모두 통계적으로 유의한 차이가 있는 것으로 나타났다.

표 4-6_ 소속기관 유형에 따른 인식

구분		지표	소속기관		
			중앙정부 (n=1,014)	지방정부 (n=655)	t
목표 설정 및 달성	터널 비전 효과	측정이 용이한 목표 선정(Q9-1)	3.29 (0.80)	3.36 (0.83)	-1.63
	근시안 효과	단기적 성과달성에 유리한 목표 선정 (Q9-2)	3.39 (0.83)	3.48 (0.80)	-2.18**
	톱니바퀴 효과	낮은 성과목표치 설정(Q9-3)	2.90 (0.86)	3.10 (0.86)	-4.64***
	문턱 효과	달성이 용이한 업무에 집중(Q9-4)	2.91 (0.88)	3.08 (0.90)	-3.90***
평가 결과 도출	특정지표 고착	평가되는 업무에 집중(Q9-5)	3.32 (0.83)	3.37 (0.86)	-1.25
	결과 왜곡	성과평가에 불리한 자료 누락(Q9-6)	2.71 (0.87)	2.82 (0.89)	-2.32**
결과의 활용 및 학습	인센티브 미흡	고성과자에게 더 많은 성과금 지급 미흡(revQ8-4)	2.75 (0.98)	2.82 (1.04)	-1.51
		업무 실적에 따른 승진 미흡(revQ8-5)	2.92 (0.95)	3.01 (0.97)	-1.76*
		저성과자에 대한 조치 미흡 (revQ8-6)	3.04 (0.87)	3.09 (0.88)	-2.60***
	피드백 미흡	평가결과에 대한 피드백 미흡(revQ8-7)	2.64 (0.83)	2.71 (0.88)	-1.67***

주: 괄호( )안은 표준편차. *p<0.1, **p<0.05, ***p<0.01

업무 특성에 따른 인식의 차이를 보다 세분화하여 분석하기 위하여, 중앙정부 및 지방정부 소속 공무원을 구분하여 각각 기관의 업무유형(정책기관/집행기관)과 개인의 업무유형(행정관리 및 지원/정책 기획 및 집행)에 따른 인식의 차이를 확인해보았다 (<표 4-7> 참고). 그 결과, 기관의 업무유형에 따라 통계적으로 유의미한 인식의 차

표 4-7_ 업무 특성에 따른 인식

구분		지표	중앙소속 공무원			지방소속 공무원		
			장관급 정책기관 (n=668)	차관급 집행기관 (n=346)	t	행정관리 /지원 (n=356)	정책기획 /집행 (n=299)	t
목표 설정 및 달성	터널 비전 효과	측정이 용이한 목표 선정(Q9-1)	3.27 (0.82)	3.33 (0.78)	-1.15	3.27 (0.81)	3.47 (0.85)	-3.10***
	근시안 효과	단기적 성과달성에 유리한 목표 선정(Q9-2)	3.37 (0.82)	3.42 (0.85)	-0.92	3.43 (0.81)	3.53 (0.78)	-1.69*
	톱니바퀴 효과	낮은 성과목표치 설정(Q9-3)	2.93 (0.85)	2.85 (0.89)	1.32	3.03 (0.84)	3.18 (0.87)	-2.06**
	문턱 효과	달성이 용이한 업무에 집중(Q9-4)	2.92 (0.88)	2.87 (0.90)	0.82	3.04 (0.87)	3.13 (0.93)	-1.21
평가 결과 도출	특정지표 고착	평가되는 업무에 집중(Q9-5)	3.28 (0.83)	3.38 (0.82)	-1.80*	3.33 (0.86)	3.42 (0.86)	-1.41
	결과 왜곡	성과평가에 불리한 자료 누락(Q9-6)	2.74 (0.87)	2.67 (0.88)	1.20	2.76 (0.87)	2.88 (0.92)	-1.61
결과의 활용 및 학습	인센티브 미흡	고성과자에게 더 많은 성과금 지급 미흡(revQ8-4)	2.78 (0.98)	2.69 (0.98)	1.37	2.84 (1.06)	2.80 (1.02)	0.45
		업무 실적에 따른 승진 미흡(revQ8-5)	2.98 (0.94)	2.80 (0.97)	2.91***	3.00 (1.00)	3.01 (0.94)	-0.18
		저성과자에 대한 조치 미흡(revQ8-6)	3.12 (0.87)	2.90 (0.85)	3.82***	3.14 (0.90)	3.18 (0.86)	-0.62
	피드백 미흡	평가결과에 대한 피드백 미흡(revQ8-7)	2.69 (0.84)	2.55 (0.81)	2.57**	2.67 (0.85)	2.76 (0.90)	-1.23

주: 괄호( )안은 표준편차. *$p<0.1$, **$p<0.05$, ***$p<0.01$

이는 크게 나타나지 않았으나 전반적으로 결과의 활용 및 학습단계에서 정책기관인 부·위원회 소속 중앙공무원들이 집행기관인 처·청 소속 중앙공무원들보다 왜곡현상이 빈번하게 발생하고 있는 것으로 인식하고 있었다.

행정관리 및 지원, 정책 기획 및 집행의 두 가지 유형으로 지방정부 소속 공무원들의 업무를 분류하여 분석한 결과, 정책기획 및 집행 부서 공무원이 행정관리 및 지원부서 공무원보다 성과목표치 설정 및 달성 과정에서 행태적 왜곡현상(터널 비전 효과, 근시안 효과, 톱니바퀴 효과)이 두드러지게 나타난다고 인식하였다.

3. 성과관리 왜곡의 영향요인에 대한 순위로짓 분석

업무 및 조직의 특성, 응답자 개인의 특성이 성과관리의 왜곡현상에 대한 인식에 미치는 영향을 확인하기 위해 각 왜곡현상 유형별로 순위로짓 분석을 실시하였다.

먼저 성과관리의 행태적 왜곡현상에 대한 인식에 영향을 미치는 요인을 살펴보면 (<표 4-8> 참고), 업무의 특성과 관련하여 업무의 객관성과 명확성은 측정이 용이한 목표를 선정하거나, 평가되는 업무 위주로 수행하여 좋은 평가결과를 도출하려는 경향을 더욱 가중시키는 것으로 나타났다. 반면 단기적이거나 낮은 성과목표를 설정하고, 달성이 용이한 업무에 집중하며, 평가에 불리한 자료를 누락시키는 경향은 감소시키는 것으로 나타났다.

조직의 특성과 관련된 변수 중에서는 성과관리 제도가 합리적이고 공정하게 운영되고 있다고 인식할수록, 윤리적인 조직문화가 정착되어 있을수록, 지방정부보다 중앙정부에 소속되어 있는 공무원일수록 왜곡현상에 대한 동의수준이 낮은 것으로 나타났다. 개인의 특성 변수와 관련해서는 전년도 성과평가 결과는 통계적으로 유의한 영향력을 미치지 않는 것으로 나타난 반면, 현재의 성과수준을 높게 인식할수록 성과관리 왜곡현상에 대한 동의수준이 낮은 것으로 나타났다. 전반적으로 기술직보다 행정직일수록, 6급 이하 하위직보다 5급 이상 상위직일수록, 공직에 오랜 기간 재직할수록, 여성보다 남성 공무원일수록 왜곡현상이 심각하다고 인식하는 것으로 나타났다.

표 4-8_ 성과관리의 행태적 왜곡에 영향을 미치는 요인[13]

	목표 설정 및 달성					평가 결과 도출		
	터널비전 효과	근시안 효과	톱니바퀴 효과	문턱효과	부문 전체	특정지표 고착	결과 왜곡	부문 전체
	측정용이 목표선정	단기적 성과목표	낮은 성과목표	달성용이 업무집중		평가지표 집중	불리한 자료누락	
업무의 객관성	0.22*** (1.25)	−0.12* (0.89)	−0.18*** (0.84)	−0.16** (0.85)	−0.06 (0.94)	0.12* (1.12)	−0.13* (0.88)	−0.02 (0.98)
성과관리 합리성	−0.13* (0.87)	−0.39*** (0.68)	−0.31*** (0.74)	−0.30*** (0.74)	−0.32*** (0.72)	−0.26*** (0.77)	−0.38*** (0.68)	−0.37*** (0.69)
윤리적 조직문화	0.20*** (1.22)	0.00 (1.00)	−0.15** (0.86)	−0.21*** (0.81)	−0.05 (0.95)	−0.02 (0.98)	−0.27*** (0.76)	−0.19*** (0.83)
소속기관 (1=지방)	0.30*** (1.36)	0.31*** (1.36)	0.42*** (1.53)	0.42*** (1.52)	0.44*** (1.56)	0.20* (1.22)	0.26** (1.29)	0.28*** (1.32)
성과평가 결과(t−1)	−0.01 (0.99)	0.07 (1.07)	0.03 (1.03)	−0.08* (0.92)	0.01 (1.01)	−0.05 (0.95)	−0.03 (0.97)	−0.05 (0.95)
현재의 성과(t)	−0.01*** (0.99)	−0.01** (0.99)	−0.01*** (0.99)	−0.01*** (0.99)	−0.01*** (0.99)	−0.01* (0.99)	−0.01*** (0.99)	−0.01*** (0.99)
직군 (1=행정직)	0.09 (1.10)	0.23** (1.26)	0.28** (1.33)	0.19* (1.21)	0.23** (1.26)	0.06 (1.07)	0.22* (1.24)	0.15 (1.16)
직급 (1=5급 이상)	0.27** (1.31)	0.29*** (1.33)	0.07 (1.07)	0.16 (1.18)	0.23** (1.26)	0.18* (1.20)	0.09 (1.10)	0.15 (1.16)
재직년수	0.00 (1.00)	0.01 (1.01)	0.03*** (1.03)	0.02*** (1.02)	0.02*** (1.02)	0.01* (1.01)	0.01* (1.01)	0.01** (1.01)
성별 (1=남성)	0.11 (1.11)	0.18* (1.20)	0.29*** (1.33)	0.26*** (1.30)	0.25*** (1.28)	0.11 (1.11)	0.41*** (1.50)	0.29*** (1.33)
pseudo R²	0.01	0.03	0.04	0.04	0.02	0.01	0.04	0.02
chi²	42.07***	103.56***	166.82***	169.86***	126.89***	36.85***	176.07***	124.99***
N	1,669	1,669	1,669	1,669	1,669	1,669	1,669	1,669

주: 괄호( )안은 odds ratio. *p<0.1, **p<0.05, ***p<0.01

성과관리의 제도적 왜곡현상에 대한 인식에 영향을 미치는 요인을 살펴보면(<표 4-9> 참고), 업무의 객관성 및 명확성, 성과관리 제도 운영의 합리성 및 공정성에 대한 인식은 모든 왜곡유형과 통계적으로 유의미한 부(−)의 관계를 가지는 것으로 나타나 성과평가 결과에 따른 인센티브 및 피드백 미흡 경향을 감소시키는 것으로 확인되었다. 또한 중앙정부보다 지방정부 소속 공무원일수록 성과에 따른 인센티브 및 피드백이 미흡하다고 인식하는 경향이 컸다. 앞서 행태적 왜곡현상과 관련해서는 전년도 성과평가 결과가 통계적으로 유의미한 효과를 가지지 못했던 반면, 제도적 왜곡현상에 있어서는 전년도 성과평가에서 높은 등급을 받을수록 제도적 왜곡현상의 심각성을 낮게 인식하는 것으로 나타났다. 전반적으로 6급 이하 하위직일수록, 공직에 오랜 기간 재직할수록, 남성보다 여성 공무원일수록 왜곡현상이 심각하다고 인식하는 것으로 나타났다.

표 4-9_ 성과관리의 제도적 왜곡에 영향을 미치는 요인

| | 결과의 활용 및 학습 | | | | |
| | 인센티브 미흡 | | | 피드백 미흡 | |
	고성과자 성과급 지급 미흡	성과에 따른 승진 미흡	저성과자 조치 미흡	평가결과에 대한 피드백 미흡	부문 전체
업무의 객관성	−0.42*** (0.66)	−0.37*** (0.69)	−0.41*** (0.66)	−0.41*** (0.67)	−0.55*** (0.58)
성과관리 합리성	−1.54*** (0.22)	−1.45*** (0.23)	−0.94*** (0.39)	−1.30*** (0.27)	−1.67*** (0.19)
소속기관 (1=지방)	0.15 (1.17)	0.22** (1.25)	0.45*** (1.57)	0.22** (1.24)	0.34*** (1.41)
성과평가 결과(t-1)	−0.17*** (0.85)	−0.12** (0.89)	0.02 (1.02)	−0.13*** (0.88)	−0.11** (0.89)
현재의 성과(t)	0.00 (1.00)	0.00 (1.00)	−0.01 (0.99)	−0.01* (0.99)	0.00 (1.00)
직군 (1=행정직)	−0.13 (0.88)	−0.22* (0.81)	0.07 (1.07)	−0.02 (0.98)	−0.11 (0.90)
직급 (1=5급 이상)	−0.30*** (0.74)	−0.33*** (0.72)	0.17 (1.19)	0.02 (1.02)	−0.16 (0.85)
재직년수	0.01* (1.01)	0.01** (1.01)	0.00 (1.00)	0.02*** (1.02)	0.02*** (1.02)
성별 (1=남성)	−0.12 (0.89)	−0.34*** (0.71)	−0.50*** (0.61)	−0.23** (0.79)	−0.35*** (0.70)
pseudo R^2	0.21	0.19	0.12	0.18	0.15
chi^2	972.36***	66.85***	531.23***	753.46***	1269.90***
N	1,669	1,669	1,669	1,669	1,669

주: 괄호( )안은 odds ratio. *p<0.1, **p<0.05, ***p<0.01

IV. 결론 및 정책적 함의

장밋빛 기대를 품고 전 세계적으로 공공부문에서 널리 활용되어온 성과관리시스템은 초기의 기대와는 달리 공공부문의 본질적 한계 및 운영 과정에서 발생하는 다양한 장애들로 인하여 역기능과 부작용을 낳고 있는 것이 현실이다.[14] 따라서 이러한 부정적 효과들을 체계적, 지속적으로 진단하고 개선시키려는 노력을 경주하지 않을 경우, 성과관리시스템을 통해 공공부문을 개혁하고자 하는 노력은 실패할 가능성이 높다.

이에 본 연구는 우리나라 공공부문에 실재하는 성과관리의 왜곡현상을 성과관리 단계별로 진단하고 이를 발생시키는 요인에 대하여 탐구하였다. 주요 분석결과는 다음과 같다. 첫째, 응답자의 70~80%가 각 유형별 왜곡현상이 보통 혹은 보통 수준 이상으로 발생하고 있다고 응답하여, 우리나라 공공부문에서 성과관리의 왜곡현상이 상당히 높은 수준임을 확인할 수 있다. 소속된 조직과 관련한 자기기입식 응답에 있어 일정 부분 긍정적 응답에 대한 편향치가 나타날 수 있음에도 불구하고, 설문조사에 응한 중앙 및 지방정부 공무원의 다수가 보통 수준 이상의 왜곡현상이 존재하고 있다고 응답한 것은 실제 왜곡현상이 이보다 더 심각한 상태일 수 있다는 추론을 가능케 한다. 특히 왜곡현상의 유형 중에서 성과목표의 설정 및 달성 과정에서 행태적 병폐에 의한 왜곡현상(근시안 효과, 터널비전 효과 등)이 가장 심각한 수준인 것으로 나타나, 평가 결과의 도출이나 활용·학습 단계에서보다 성과목표 설정 및 달성 단계에서 발생하는 왜곡현상을 개선하는 것이 시급한 상황임을 알 수 있다.

특히, 제도적 병폐에 의한 왜곡보다 행태적 병폐에 의한 왜곡이 심각한 수준이며 병폐의 측면에 영향을 미치는 요인들이 상이한 점에 미루어, 의도적·비의도적 왜곡현상을 구분하여 각각의 유형에 적합한 진단 및 대응안의 마련이 필요한 상황이라 하겠다. 각 공공조직 별로 매우 다양한 조건과 맥락을 지니고 있어 일괄적으로 통용되는 개선안을 제시하기에는 어려움이 있지만, 성과를 실질적으로 제고하기 위해서는 수동적으로 성과관리시스템에만 의존할 것이 아니라 조직구성원과 시민, 언론 등 다양한 이해관계자의 인식과 행동을 변화시킬 수 있는 능동적인 성과관리 리더십 전략 (active performance-leadership strategy)이 필요하다는 Behn(2002: 18-20)의 주장은 참고할 가치가 있다.

본 연구는 성과관리의 왜곡현상에 관한 국내 연구로서는 최초로 중앙 및 지방정부간 비교를 시도하였으며 주로 규범적 논의, 기술적 분석에 머무르는 기존 연구의 한계를 극복하고 실증적, 인과적 분석을 시도했다는 점에서 그 의의를 찾을 수 있다. 또한 성과목표 설정과 관련한 행태적 왜곡현상에 주로 초점을 맞추고 있는 기존 연구들과 달리 평가결과의 활용 및 학습과 관련한 제도적 왜곡현상도 고려하여 보다 총체적인 현상을 탐구했다는 데 의의를 지닌다.

참고문헌

Aguinis, H. (2009). Performance Management, 2nd edition. Upper Saddle River, N.J.: Pearson Prentice Hall.

Armstrong, M. (2006). Performance Management: Key Strategies and Practical Guidelines, 3rd edition. London, U.K.: Kogan Page.

Behn, R. D. (2002). The Psychological Barriers to Performance Management: Or Why Isn't Everyone Jumping on the Performance—Management Bandwagon? Public Performance & Management Review, 26(1): 5-25.

Bevan, G., & Hood, C. (2006). What's Measured is What Matters: Targets & Gaming in the English Public Health Care System. Public Administration, 84(3): 517-538.

Bouckaert, G., & Balk. W. (1991). Public Productivity Measurement: Deseases and Cures. Public Productivity & Management Review, 15(2): 229-235.

Brujin, de H. (2001). Managing Performance in the Public Sector. London & New York: Routledge.

Bruijn, de H. (2002). Performance Measurement in the Public Sector: Strategies to Cope With the Risks of Performance Measurement. International Journal of Public Sector Management, 15(7): 578-594.

Choi, S., & Park, M. (2008). The Introduction of Performance Management and the Consistency of Bureaucrats: A Focus on the Ratchet Effect. Korean Journal of Public Administration, 46(2): 135-161.

Choi, Y. (2017). Target-setting in Performance Evaluation and Public Institutions' Incentives. In S. Park ed. Performance Evaluation and Management of Public Institutions: 295-336, KyungKi: Munwoosa.

Chung, J., Yoo, J., & Yoon, D. (2013). The Effect of Performance Measure Characteristic on Earnings Management in Public Enterprises. Korean Journal of Management Accounting Research, 13(1): 1-38.

Flynn, N. & Strehl, F. (1996). Public Sector Management in Europe. London, U.K.: Prentice Hall.

Heinrich, C. J. (2007). Evidence-based Policy and Performance Management: Challenges and Prospects in Two Parallel Movements. American Review of Public Administration, 37(3): 255-277.

Hood, C. (2007). Public Service Management by Numbers: Why Does it Vary? Where Has it Come From? What Are the Gaps & the Puzzles? Public Money & Management, 27(2): 95-102.

Hood, C. (2008). Performance Measurement: Indicating the Way to Better Public Service? 1st International Symposium on Public Management & Governance, 1-15.

Hutchinson, S. (2013). Performance Management: Theory and Practice. Chartered Institute of Personnel & Development.

Kelman, S., & Friedman, J. N. (2009). Performance Improvement & Performance Dysfunction: An Empirical Examination of Distortionary Impacts of the Emergency Room Wait-Time Target in the English National Health Services. Journal of Public Administration Research & Theory, 19(4): 917-946.

Keum, J., & Lee, S. (2009). An Empirical Study on the Negative Effects of Performance Management System: Focused on the Perception of Government Officials. Korean Society and Public Administration, 20(2): 347-377.

Kong, D. (2013). Performance Management: System in South Korea. Seoul: DaeYoung Munwhasa.

Kong, D., Cho, K., & Yoon, K. (2009). The Gaming of Individual Performance Appraisal. The Korean Journal of Public Administration, 18(2): 59-79.

Lee, S. (2008). Empirical Study on Successful Applications of BSC in the Public Sector. Korean Public Administration Review, 42(1): 253-272.

Moynihan, D. P. (2008). The Dynamics of Performance Management: Constructing Information and Reform. Washington, D.C.: Georgetown University Press.

Nam, S. (2012). A Descriptive Study on the Perception of Distortions in Performance Measurement. GRI Review, 4(3): 119-141.

Ohemeng, F., & McCall-Thomas, E. (2013). Performance Management and "Undesirable" Organizational Behaviour: Standardized Testing in Ontario Schools. Canadian Public Administration, 56(3): 456-477.

Park, S. (2017). Performance Evaluation of Public Institutions in Korea: Historical Evolution and Challenges for the Future. In S. Park ed. Performance Evaluation and Management of Public Institutions: 5-46, KyungKi: Munwoosa.

Poister, T. H. (2003). Measuring Performance in Public and Nonprofit Organizations. San Francisco, C.A.: Jossey-Bass.

Radnor, Z. (2010). Hitting the Target and Missing the Point? Developing an Understanding of Organisational Gaming. In Van Dooren, W., & Van de Walle, S.(eds.), Performance Information in the Public Sector: How It Is Used, 94-105. London, U.K.: Taylor & Francis.

Shin, M. (2010). Analysis of Perceptions on Performance Measurement Distortion: Focused on Public Administration Officials. Korean Public Administration Journal, 19(4): 133-155.

Smith, P. (1993). Outcome-related Performance Indicators and Organizational Control in the Public Sector. British Journal of Management, 4(3): 135-151.

Smith, P. (1995). On the Unintended Consequences of Publishing Performance Data in the Public Sector. International Journal of Public Administration, 18(2/3): 227-310.

Van Dooren, W., Halligan, J., & Bouckaert, G. (2010). Performance Management in the Public Sector. New York, N.Y.: Routledge.

Van Thiel S., & Leeuw, F. L. (2002). The Performance Paradox in the Public Sector. Public Productivity & Management Review, 25(3): 267-281.

Weitzman, M. L. (1980). The 'Ratchet Principle' & Performance Incentives. Bell Journal of Economics, 11(1): 302-308.

Yoo, S., & Kong, B. (2013). Bright Side and Dark Side of Utilizing Citizen Satisfaction Survey in the Government Agencies of Korea: A Case Study of Financial Performance Goal Management System. Korean Public Administration Journal, 22(3): 155-183.

미주

★ 이 글은 한국행정학보 52권 4호에 실린 "성과관리의 역설:성과관리 왜곡의 실태 및 영향요인에 관한 실증연구"를 수정 보완한 것이다.

1 Armstrong, 2006; Flynn & Strehl, 1996; Hutchinson, 2013

2 Aguinis, 2009; Kong, 2013

3 박순애, 2017

4 Moynihan, 2008; Poister, 2003

5 공동성 외, 2009; 금재덕 · 이성도, 2009

6 Smith, 1993; Radnor, 2010; Van Dooren et al., 2010

7 Smith, 1995

8 Weitzman, 1980

9 이석환, 2008; Bruijn, 2002; Van Thiel & Leeuw, 2002

10 Bevan & Hood, 2006

11 Bouckaert & Balk, 1991; Smith, 1995; Brujin, 2001, 2002; Van Thiel & Leeuw, 2002; Bevan & Hood, 2006; Hood, 2007, 2008

12 Van Thiel & Leeuw, 2002: 274

13 로짓분석 시 모형의 적합도는 우도비 카이제곱 검정(Likelihood ratio chi2 test), 유사 결정계수 (pseudo-R^2) 등을 통해 판단이 가능하다. 우도비 카이제곱 검정은 상수항만 포함된 모형과 독립변수들이 포함된 모형의 우도(적합도) 변화를 검정하는 것으로, 본 연구의 모든 모형은 검정 결과 유의수준 1%에서 유의한 것으로 나타나 적합도를 갖추고 있다고 할 수 있다. 유사 결정계수는 로그 우도함수 값을 이용해 계산하는 것으로, 본 연구에서는 이를 Cox and Snell 방식을 통해 도출하였다.

14 물론 Kelman & Friedman(2009) 등의 일부 연구에서 성과관리의 왜곡이 모든 상황에 있어 반드시 나타나는 현상이 아님을 실증적으로 밝히고 있다.

05

피드백과 성과등급:
목표 명확성과 자율성의 효과

05

피드백과 성과등급:
목표 명확성과 자율성의 효과*

　조직의 성과를 관리하는 것은 조직의 지속 가능성과 직접적인 관련이 있다. 지속 가능한 조직은 이해관계자의 요구에 책임지는 전략과 활동을 채택하는 동시에 또한 향후 조직이 필요로 하게 될 인적·재정적 자원을 보호하고 증가시키기도 한다.[1] 외부의 요구에 대응하고 내부자원에 대한 관리체계가 개선되면 조직의 지속 가능성을 높이는 데도 기여할 수 있을 것이다. 공공기관도 이러한 점에서 예외가 아니다. 그러나 조직목표의 복잡한 특성으로 인해 공공조직에서 성과를 관리하는 것은 여전히 도전적인 과제다. 공공조직의 목표는 민간조직의 목표보다 모호하고 때로는 다면적인 경향이 있다.[2] 복잡한 정치적 환경하에서 운영되는 공공조직은 형평성, 효율성, 민주성 등 다양한 가치를 추구하며 상충되는 목표에 대처하고 목표 모호성을 줄이기 위해 고군분투해왔다.[3] 이러한 상황에서는 직원들이 경쟁적인 목표 중 우선순위를 정하고 선택할 수 있도록 지원해주는 인적자원관리 차원에서의 전략은 중요하다고 할 수 있다.[4]

　일련의 학자들은 성과피드백이 조직 상부에서 결정된 목표에 대해 직원들의 수용도와 집중도를 높이고, 목표를 명확히 이해함으로써 공공조직의 고유한 특성이 성과에 미치는 부정적인 영향을 완화할 수 있다고 주장한다.[5] 그들은 조직목표와 직원들의 바람직한 행태에 관한 명확한 의사소통, 성과정보 공유 등 상관과 부하직원 간 상호작용이 직원들의 성과 개선에 도움이 되며, 이러한 상호작용을 보다 강화하는 것이 중요하다고 강조했다.[6] 따라서 성과피드백은 다른 어떤 조직 환경보다 공공조직 내 성과 관리에 있어서 더 중요한 역할을 할 수 있다.

　성과피드백이 조직의 효율성에 미치는 긍정적인 영향을 입증한 연구는 널리 알려져 있다. 경영관리 분야에서도 상당수의 연구가 성과피드백이 개인과 조직의 성과를 포함한 조직의 효율성 전반에 긍정적인 영향을 미친다는 결과를 제시하고 있다.[7] 그러나 상대적으로 공공기관을 대상으로 직원의 성과 향상과 성과피드백의 관계를 살퍼본 연구는 흔치 않다. 특히 공공기관의 고도로 정치화되고 복잡한 환경을 고려할 때, 민간기업 연구 결과를 그대로 적용하기에는 한계가 있다.

따라서 본 연구의 목적은 다음과 같다. 첫째, 성과피드백이 공공기관 내 개인의 성과에 기여하는지에 대한 여부를 검토한다. 구체적으로 한국 지방자치단체 공무원들의 자료를 분석함으로써 공공기관에서도 성과피드백과 성과 간 긍정적 연관성이 있는지를 검증한다. 둘째, 성과피드백이 어떠한 과정을 거쳐 개인성과에 영향을 미치는지 검증하고자 한다. 특히, 성과피드백과 개인성과라는 두 변수 사이에 목표 명확화가 어떤 역할을 하는지에 초점을 두고 관계를 살펴보고자 한다. 공공기관의 목표가 명확하지 않아 성과측정에 어려움을 겪고 있다는 경험적 근거가 확실하다면, 성과피드백은 공공기관의 고질적인 문제를 해결하기 위한 하나의 전략으로써 활용될 가능성이 충분하다.[8]

I. 성과피드백의 효과

성과피드백은 "미래 행동을 바람직한 방향으로 이끌기 위한 실제 성과 및 관련 행위에 대한 정보"를 의미한다.[9] 비용 효율성, 프로그램의 단순성 및 유연성, 긍정적인 결과에 대한 강조 등을 장점으로 꼽을 수 있으며, 개인의 성과 향상을 위한 조직의 개입 행위 또는 기법으로 볼 수 있다.[10] 성과피드백은 다양한 방법으로 제공될 수 있다. 학자들은 긍정적·부정적 방식의 성과피드백 효과를 모두 검증하였다.[11] 긍정적인 성과피드백은 성과정보 공유를 통해 이루어지는 부하직원들에 대한 상관의 호의적인 논평이나 감사의 표현일 수 있으나, 부정적인 성과피드백은 성과목표를 달성하지 못하는 것에 대한 상관의 비판으로 간주된다.[12] 긍정적인 성과피드백은 개인의 생산성과 전문성 제고에 기여하는 바람직한 행태를 강화하지만, 부정적인 성과피드백은 좌절감과 자기효능감 저하 등 부하직원에게 심적 부담을 줄 수 있다. 긍정적인 성과피드백이 개인성과를 촉진하는 데 효과가 있음을 보여주는 경험적 증거는 찾기 어렵지 않다.[13] 한편, 부정적인 성과피드백의 효과에 대한 의견은 분분하다. 혹자는 성과피드백을 전달하는 방법이 다소 부정적이라서 긍정적인 결과를 가져오지 못했다고 주장하는 반면, 다른 한편에서는 감독자들이 비난보다는 성과정보 제공에 초점을 두고 지속적으로 피드백을 전달할 경우 긍정적·부정적 성과피드백이 성과 향상에 모

두 효과적으로 기여할 수 있다고 주장한다.[14]

　기존의 연구들은 성과피드백이 긍정적인 성과로 이어지는 다양한 선행요인들을 조사해왔다.[15] 상관의 정확한 피드백은 조직목표, 기대역할 및 성과 수준에 대한 보다 명확한 이해, 그리고 성과를 촉진할 수 있는 업무에 관한 정보 제공 등 다양한 방식으로 부하직원에게 긍정적인 영향을 미칠 수 있다고 한다.[16] 상관으로부터 받은 성과정보는 성과결핍을 개선하거나 더 높은 성과를 산출하는 바람직한 행동과 태도를 강화하고, 직원들의 행태를 변경하는 데 도움을 주는 개발 도구로 사용될 수 있다.[17] 또한 직원들이 인지된 피드백을 수용하고 피드백에 기반하여 자기조절을 촉진하는 도구적 동기를 생성할 수 있다.[18] 이에 본 연구는 성과피드백의 여러 기능 중 조직목표와 성과목표를 명확히 전달하여 개인의 성과와 조직의 효율성을 증진시키는 기능에 초점을 두고자 한다.

1. 성과피드백 및 성과

　목표설정이론(goal-setting theory)과 통제이론(control theory)은 성과피드백으로부터 실질적인 도움을 얻는 개인이 궁극적으로 더 높은 성과를 낼 수 있다고 가정한다. 목표설정이론[19]에 의하면 목표 달성 과정에서 피드백은 개별 근로자들이 행동 기준과 기대치를 따르고 업무수행에 집중하도록 하는 지도적 역할을 한다. 결과적으로, 성과피드백은 개인의 미래 목표 설정과 행태를 생산성 증진의 방향으로 이끌어 조직성과 향상에 기여할 수 있다.[20] 유사한 맥락에서 통제이론은 성과피드백이 개인의 현재 성과 수준과 조직에 의해 설정된 목표 수준 사이의 격차를 줄여준다고 설명한다.[21] 개인의 목표가 조직의 목표와 불일치하는 경우, 개인은 조직에 기여하기 어렵지만, 피드백에 따라 예상되는 행동 간 격차를 줄여줌으로써 조직에 바람직한 방향으로 행동을 유도할 수 있다.

　상당수의 연구가 다양한 상황에서 피드백과 성과 간 긍정적인 관계를 입증하였다.[22] Favero 등(2016)은 성과피드백 제공을 포함한 내부관리 노력이 학교 성과에 어떤 영향을 미치는지 조사했다. 연구 결과 관리 노력이 조직성과 향상에 효과가 있음을 보여주었고, 이는 공공관리에 관한 여타 연구 결과와도 일치하였다. Su 등(2019)은 발전적 피드백과 직원 성과 사이에 긍정적인 연관성이 있으며, 상황 요인이 이들 간의 관계에 미치는 증거를 발견했다. 피드백 추구 행동은 성과피드백과 성과 간 관계를 부분적으로 매개하고 있는 것으로 나타났다. 특히, 정치적 성향을 띤 직원들이 상사에게 성과피드백을 요청하고 업무성과를 개선할 가능성이 높았다. 마찬가지로, Guo 등(2014)도 발전적 피드백이 직무수행과 긍정적인 관계가 있음을 발견하였다. 내재적 동기 또한 피드백과 직무수행 간의 관계에 매개 역할을 하는 것으로 나타났다.

한편, 성과피드백을 전달하는 방법도 성과피드백의 효과에 영향을 미치는 것으로 보인다. Zheng 등(2015)은 긍정적·부정적 성과피드백과 업무성과 간 관계를 탐색했다. 긍정적인 성과피드백만이 직원 업무성과와 긍정적인 관련이 있는 것으로 관찰되었으며, 부정적인 성과피드백은 업무수행과 유의한 관련성은 없었다. 이와는 반대로 Choi 등(2018)은 대학생을 대상으로 다양한 유형의 성과피드백을 비교한 연구에서 긍정적인 성과피드백과 부정적인 성과피드백이 모두 업무성과를 향상시키는 데 효과적임을 발견하였다. 성과피드백을 전달하는 방법이 일관적일 때(긍정적-긍정적 또는 부정적-부정적) 긍정적인 효과가 더 컸다. 이러한 선행연구에 기반하여 성과피드백과 개인성과 간 긍정적인 관계가 있다(가설1)고 가정한다.

2. 성과목표의 명확성의 매개효과

일반적으로 성과피드백은 업무수행에 긍정적 영향을 미치는 것으로 기대된다.[23] 그러나 경험적 증거가 항상 이러한 예측을 뒷받침하지는 않는다.[24] 관련 메타분석에 따르면, 피드백과 성과 간 관계가 모호하여 일관성 없는 연구결과가 도출되기도 하였다.[25] 학자들은 피드백과 성과 사이의 관계가 복잡하고 다양한 상황적 요인에 의해 영향을 받기 때문일 것으로 추측한다.[26] 따라서 성과피드백, 상황별 요인 및 개인성과 간 역동적인 관계를 살펴볼 수 있는 보다 정교한 접근 방식이 필요하다.

Whitaker 등(2007)은 두 가지 잠재적 이유를 제시하였다. 첫째, 피드백과 성과 간 연관성을 중재하는 잠재적 요소들이 존재할 수 있다. 예를 들어, Morrison의 직원 정보 탐색 모델(employee information seeking model)에 따르면, 개인은 업무 과정의 불확실성을 줄이고 더 높은 성과를 도출하기 위한 직무 지식을 늘리기 위해 피드백을 구하는 경향이 있다. 따라서 불확실성의 감소는 바람직한 업무태도와 높은 성과로 이어진다. 마찬가지로, Taylor 등(1984)은 피드백을 통해 직원이 기대되는 행동을 명확히 이해할 때 성과에 긍정적인 변화를 가져올 것이라고 지적했다. 이러한 주장들은 앞서 논의한 목표설정이론에서 제시된 논리와 일치한다. 둘째, 다른 주체로부터의 피드백은 그 결과가 달라질 수 있다. Renn과 Fedor(2001)는 상관과 동료로부터의 피드백이 업무수행에 다르게 영향을 미칠 수 있다고 언급했다. 예를 들어, 직원들은 동료보다 감독자에게서 피드백을 구할 가능성이 크며, 이는 직무의 명확성을 높임으로써 성과에 더 강한 정의 영향을 미칠 수 있다. 즉, 성과목표 명확성이 피드백과 개인성과 간 관계를 잠재적으로 매개할 수 있다. 또한 성과목표 명확성과 개인성과 간 관계에 영향을 미치는 잠재적 요인으로 업무 자율성을 고려할 수 있다.

성과목표 명확성은 성과피드백과 성과 간 관계를 매개하는 요인으로 종종 논의되어 왔다. 목표설정이론은 특정 지침을 통해 성과목표를 명확하게 이해할 수 있도록 해준다면 단순히 직원들에게 "최선을 다하라"고 격려만 해도 목표와 기대 행동에 대한 명확한 방향 제시가 없는 것보다 더 높은 성과를 가져올 것이라 주장한다.[27] 이와 유사하게, 조직목표 명확성은 목표를 향한 팀 동기를 결집하는 역할을 하므로 작업팀은 더 효과적인 방법으로 목표를 달성하기 위해 노력할 것이다.[28] 조직목표 명확성은 또한 작업팀이 바람직한 행동을 추구하도록 하며, 이는 조직이 가치 있게 여기는 목표에 관한 지식을 얻는 데 도움이 된다.[29]

기존의 경험적 연구는 일관되게 개인에게 할당된 성과목표와 역할에 대한 명확한 이해가 피드백과 성과 간 관계를 매개한다고 주장해왔다. 실제로 Whitaker 등(2007)은 피드백을 지원하는 환경과 개인성과 간 관계를 역할 명확성이 매개함을 입증하였다. 또한, Gonzalez-Mule 등(2016)은 피드백과 함께 팀에게 보다 많은 자율성이 부여되면 팀 성과가 향상될 수 있음을 보였다. Anderson과 Stritch(2015)는 실험연구를 통해 업무목표에 대한 명확한 지침을 받은 개인이 그렇지 않은 개인보다 더 높은 성과를 낼 수 있음을 보여주었다. 이러한 주장에 근거하여 피드백은 성과목표의 명확성을 통해 개인 성과를 개선하고, 성과목표 명확성이 성과피드백과 성과 간 관계를 매개할 것으로 예측한다(가설2).

3. 자율성의 조절효과

선행연구는 다양한 상황적 요인이 성과목표 명확성과 성과 간 관계를 조절할 수 있음을 시사한다.[30] Anderson과 Stritch(2015)는 실험에서 개인이 업무의 중요성을 인지할 때 성과 압박과 불안감을 느낄 개연성이 있고 이는 다시 개인의 성과를 감소시키는 방식으로 부정적인 영향을 미친다는 사실을 발견했다. Wallace 등(2011)은 직원들이 업무에 대해 더 많은 책임감을 느낄 때 더 높은 성과를 가져올 수 있다고 주장한다. 직무 만족도와 같이 업무에 대한 애착으로 나타난 결과와 관련해서도, 직무자율성은 상황적 요인(일자리 수요 및 목표 모호성)의 조건에 따라 다른 영향을 미치는 것으로 나타났다. Jong(2016)은 직무 자율성이 직무 수요 및 목표 모호성과 상호작용하면서 개인의 직무 만족도를 증가시킬 개연성이 있다고 보고했다.

특히, 본 연구는 개인의 업무자율성에 주목하여 자율성과 성과목표 명확성의 시너지 효과가 개인성과에 보다 긍정적인 영향을 가져올 것으로 가정한다. 선행연구에서는 업무자율성이 성과와 업무태도(예: 직무 만족도, 조직 참여, 직무 참여)에 미치는 긍정적인 영향에 주목해 왔다.[31] 업무자율성은 개인이 업무에 관한 권한을 공유함으로써 획득되고, 의사결정에 관여하며 내재적 업무동기를 증가시키고, 나아가 자기효능감을 향상시킨다.[32] 자율적인 개인은 불안정한 업무환경에서도 성과정보 공유, 직무관련 지식 공유, 업무 재량권 부여 등을 통해 높은 성과를 낼 것으로 기대된다.[33]

자율성은 조직이 더 높은 성과를 달성하기 위해 추구해야 할 목표를 결정할 수 있는 능력을 부여하고, 조직의 목표와 개인 목표 달성을 위한 노력을 조정할 수 있게 한다.[34] 높은 수준의 자율성을 지닌 개인들은 목표 달성을 위해 자발적인 노력을 하도록 동기를 부여받지만, 이들이 조직의 목표를 잘 알고 있고, 조직의 목표와 일치하는 목표를 선택하고, 조직에 유익한 일련의 행동을 취할 것이라는 보장은 없다. 일부 학자들은 자율적인 작업팀이나 개인이 조직의 목표와 일치하지 않는 목표를 추구할 때 자율성이 조직을 무질서의 위험에 빠뜨릴 수 있다고 경고했다.[35] 따라서 목표설정이론이 제시하는 바와 같이, 목표에 대한 명확한 이해는 직원들이 조직의 기대치를 충족하기 위한 노력에 집중하고, 업무자율성의 편익을 증진하기 위해 필요할 것이다.[36] 실제로 일부 실험결과는 자율성과 성과목표 명확성 간 잠재적 상호작용을 지지하고 있다. 텍사스 인스트루먼트(Texas Instrument)사는 자율적인 작업팀을 설계하기 위한 목적으로 직원들을 대상으로 실험을 진행했다. 경영진은 직원들이 자율적으로 하고 싶은 일을 할 수 있다고 공지하고, 직원들이 스스로 지시하고 독립적으로 행동하도록 권장했다.[37] 자신들에 대한 조직의 기대치가 무엇인지에 대한 지침을 제시받지 못한 직원들은 무엇을 해야 할지 몰랐기 때문에 결과는 바람직하지 않았다. 그러나 일단 조직이 작업팀에 대한 목표와 목표과정에 대한 피드백을 제시했더니, 고도의 자율성을 부여받은 작업팀은 업무 관련 절차와 의사결정에 대해 상당한 수준의 권한을 행사하면서 조직에 바람직한 결과를 산출하기 시작했다.[38] 이러한 일련의 논의와 동일한 맥락에서 자율성이 성과목표 명확성과 성과의 긍정적인 관계를 강화시킬 것이라고 가정한다. 보다 높은 자율성을 부여받을 경우 성과 목표를 명확히 이해하는 직원들은 자율성이 적은 직원들보다 더 높은 성과를 산출할 것이다. 즉, 자율성은 성과목표 명확성과 성과 간 관계를 조절한다(가설3).

4. 통제 변수의 효과

성과에 영향을 미칠 수 있는 개인들의 특성, 즉 공공봉사동기와 직무만족도 등 직무태도, 행정/기술 등 직군유형, 감독 지위, 재직기간, 교육, 연령 및 성별과 같은 인구사회학적 요인을 통제하였다. 학자들은 공공봉사동기가 강한 공무원이 다른 공무원보다 더 좋은 성과를 거둘 가능성이 높다고 주장한다.[39] 직무만족과 성과 간 관계 또한 명확하게 정의되지 않지만, 일반적으로 직무만족은 성과와 긍정적인 관련이 있을 것으로 예측된다.[40]

그림 5-1_ 성과목표의 명확성과 개인성과 간의 매개-조절 관계

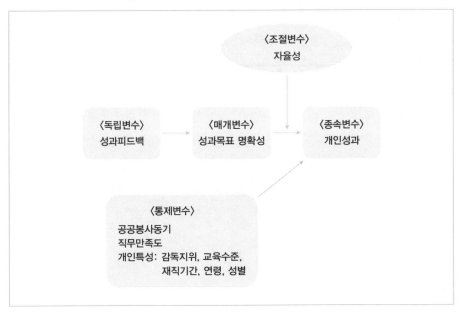

연공서열에 따라 장기근속한 개인은 더 높은 성과 등급을 받을 가능성이 있고, 공직의 다수를 차지하는 일반 행정직과 기술직은 성과평가에서 차이가 나타날 수 있다. 교육수준 및 관리자 지위 등 인적 자본은 성과와 관련성이 있을 것이다. 조직 내 소수자인 여직원의 성과는 과소평가될 수 있고, 남자 직원에 비해 불리한 실적등급을 받을 수 있다. <그림 5-1>은 이러한 귀무가설을 포함한 잠재 모형이다.

II. 자료수집 및 분석방법

본 연구는 2017년도 공공부문 성과에 대한 공무원 인식조사에서 수집된 데이터를 활용하였다.[41] 조사 항목 중 조직의 생산성, 개인 및 기관 수준의 성과등급, 성과평가 및 피드백, 리더십, 업무태도, 위계서열 및 업무자율성, 그리고 응답자의 인구사회학적 특성이 연구에 사용되었으며 개별 변수의 측정은 다음과 같이 이루어졌다.

1. 종속 변수: 개인수준의 성과

한국 정부는 각 기관이 정기적으로 개인 및 조직 차원의 성과를 평가하도록 법에 명시하고 있다. 개인성과는 등급에 따라 두 개의 다른 평가 시스템에 의해 평가된다. 4급 이상 직원의 성과는 연초에 상사와 체결한 성과협약서를 기준으로 연 1회(연말일) 평가한다. 5급 이하 직원의 성과는 매년 6월과 12월(연말일) 두 차례 상관이 평가한다. 응답자들은 연말(12/31)에 평가자로부터 받은 성과등급을 표시하도록 요청받았다. 만약 '탁월함'부터 '개선 필요'까지 7점 척도와 다른 등급체계를 사용하는 경우, 성과평가 수준을 가장 잘 설명하는 등급점수에 표시하라고 설명하였다. 응답자들이 보고한 평균 성과등급은 4.7로 '보통 양호'와 '평균' 사이의 수준이다. 이 문항은 객관적 사실을 기재하도록 함으로써 자가평가에 의해 야기되는 잠재적 편향을 줄일 수 있다. 스스로가 인지하는 성과수준이 아니라 상관에게 받은 성과등급을 기재하도록 설계된 문항이기 때문이다.

2. 독립변수: 성과피드백, 성과목표 명확성, 자율성

성과피드백 변수는 "올 한 해 동안 상사와 이루어진 면담 횟수"로 측정되었다.[42] 개인이 감독자로부터 성과피드백을 더 자주 받을수록, 달성해야 하는 성과목표나 예상 성과수준에 관한 정보를 더 많이 제공받았을 것이라고 가정하였다. 당해 연도에 직원들이 받은 성과피드백 횟수는 평균 3회였다.

인지된 성과목표 명확성 수준은 Sawyer(1992)의 성과목표 명확성 척도를 활용한 문항을 결합하여 측정했다. (1) 성과목표의 객관성 및 측정 가능성, (2) 성과목표에 대한 명확한 이해, (3) 개인의 성과목표와 조직목표 사이의 관계, (4) 목표 우선순위에 대한 명확한 이해, (5) 저조한 성적을 개선하기 위한 정보 등 5개 항목에 대한 질문이 포함된다. 5점 리커트 척도로 측정된 5개 문항에 대한 응답의 평균 점수를 활용하였다(부록 A 참조).

자율성 변수는 직원들이 업무에서 행사하는 자율성에 대한 인식 수준을 측정하였다. Campbell과 Pritchard(1976)의 독창적인 업무자율성 척도 중 직원들이 자유롭게 업무 프로세스를 결정하고, 업무를 계획하며, 업무와 관련된 결정을 내리는 정도를 평가했다. 직원들이 담당업무에서 높은 수준의 재량권을 가지고 있는지 여부와 상사가 부하직원들에게 어느정도 권한을 위임하는지에 관해 5점 리커트 척도로 측정되었다. 두 항목에 대한 응답의 평균 점수를 계산하여 업무자율성 수준으로 활용하였다.

3. 통제변수: 업무태도, 개인 특성

업무태도 변수로서 성과에 대한 공공봉사동기와 직무 만족도의 영향을 통제했다. 공공봉사동기에 대한 7가지 설문 항목은 Perry(1996)의 척도에 기초하여 개발되었다. 직무만족도 측정은 보수, 업무시간, 근무환경, 후생복지 등 7개 설문 항목으로 구성됐다. 각 변수는 관련 질문에 대한 응답의 평균값으로 측정되었다. 개인 차이가 성과에 미치는 영향을 고려하기 위해 직군, 재직기간, 학력, 성별, 감독지위 등 개인 특성을 측정하는 여섯 가지 변수를 통제했다. <표 5-1>은 기술통계량을, <표 5-2>는 변수 간의 상관관계를 보여준다.

표 5-1_ 기술통계

변수	평균	표준편차	최솟값	최댓값	분석단위
개인성과	4.76	1.53	1	7	"당신의 성과 등급은 무엇입니까?" 1-7점 척도(1: 매우 미흡, 7: 매우 우수)
성과 피드백	2.56	1.40	1	5	지난 1년 동안 상관과 이루어진 성과와 관련된 면담 횟수(1-5회)
성과목표 명확성	3.34	0.79	1	5	5점 척도로 측정된 5개 문항 응답값의 평균
자율성	3.03	0.70	1	5	5점 척도로 측정된 2개 문항 응답값의 평균
공공봉사 동기	3.83	0.55	1	5	5점 척도로 측정된 직업자체에 대한 만족 및 공공봉사동기에 대한 7개 문항 응답값의 평균
직무만족	2.92	0.71	1	5	5점 척도로 측정한 급여, 근무시간, 근무환경, 복지 등 7개 항목에 대한 만족도 값의 평균
교육수준	2.83	0.72	1	5	박사=5, 석사=4, 학사=3, 전문대졸=2, 고졸=1
재직기간	4.20	3.52	0	11	공무원으로 재직한 연수

표 5-2_ 상관관계

	1	2	3	4	5	6	7	8	9	10
1. 직군										
2. 상관지위	−0.02									
3. 재직기간	−0.01	0.04*								
4. 교육수준	0.02	0.02	0.04*							
5. 성별	−0.21**	−0.19**	−0.00	0.1**						
6. 피드백	0.02	0.14**	0.02	0.03	−0.16**					
7. 성과목표명확성	0.10**	0.12**	0.02	−0.01	−0.07**	0.37**	(0.71)			
8. 자율성	0.05*	0.08**	0.01	0.01	−0.06**	0.19**	0.30**	(0.71)		
9. 공공봉사동기	0.03	0.17**	0.09**	−0.01	−0.11**	0.21**	0.36**	0.21**	(0.57)	
10. 직무만족	−0.01	0.20**	0.04*	−0.05**	−0.04**	0.21**	0.36**	0.27**	0.27**	(0.5)

주: 평균분산추출(AVE) 값이 괄호 안에 표기됨, ** $p<0.01$, * $p<0.05$.

III. 모형 및 실험 방법

성과목표 명확성 및 업무자율성에 영향을 받는 성과피드백과 개인성과 간 관계를 모형화하였다. 데이터는 특정 시점에 수집되었지만, 설문에서는 질문방식을 통해 성과피드백과 성과평가 사이의 자연스러운 시차를 만들었다. 성과평가가 끝난 시기에 설문조사가 실시되었으므로 설문조사 참여자들은 연말에 받은 성과평가 점수를 보고할 것으로 예측할 수 있다. 그렇다면 한 해 동안 개인이 받은 성과피드백이 그 해 마지막 날에 얻은 평가 결과에 영향을 미쳤다고 합리적으로 기대할 수 있다.

가설 검증 전 우선 변수들의 수렴타당도 및 판별타당도 분석을 위해 확인요인분석을 수행했다. 성과목표 명확성, 자율성, 직무만족도, 공공봉사동기 등 각 요인에 포함된 항목의 표준화된 적재추정치는 0.52와 0.93 사이였다. 성과목표명확성의 평균 분산추출(AVE) 값은 0.71, 자율성은 0.71, 직무 만족도는 0.5, 공공봉사동기는 0.57이다. 4개 변수의 복합 신뢰도는 0.91(성과목표명확성), 0.83(업무 자율성), 0.87(공공봉사동기)이었다.

판별타당성을 테스트하기 위해 1-요인 모형부터 4-요인 모형까지 네 가지 모형을 테스트하고 가설 모형의 적합 지수를 비교했다. 결과는 <표5-3>과 같다. 1-요인 모형에서는 모든 변수가 단일 요인에 적재되었다. 2-요인 모형에서는 자율성, 직무만족도, 공공봉사동기 등이 모두 한 요인에 적재되었다. 3-요인 모형에서는 직무만족도와 공공봉사동기가 한 요인에 적재되었다. 4-요인 모형에서는 각각의 변수가 단일 요인에 적재되었다. 귀무가설의 4-요인 모형은 다른 모형보다 더 높은 모형 적합도를 보였다. <표5-2>는 각 구성의 AVE가 다른 구성과의 공유 분산보다 크다는 것을 나타내며, 4개의 구성에 대해 판별타당도가 확보되었음을 시사한다.[43]

표 5-3_ 가설 모형의 비교

모형	χ^2	df	RMSEA	CFI	SRMR
4-요인 모형	683.43***	59	0.062	0.962	0.03
3-요인 모형	985.8***	62	0.073	0.943	0.035
2-요인 모형	1634.83***	64	0.094	0.904	0.057
1-요인 모형	6714.3***	65	0.192	0.593	0.132

주: 1-요인 모형(성과목표 명확성, 자율성, 직무만족, 공공봉사동기 → 단일 요인); 2-요인 모형(성과목표 명확성, 자율성 → 하나의 요인; 공공봉사동기, 직무만족 → 다른 요인); 3-요인 모형(공공봉사동기, 직무만족 → 하나의 요인; 성과목표 명확성 → 다른 요인; 자율성 → 또 다른 요인); 4-요인 모형, 각각의 변수가 하나의 요인에 적재됨. *** $p<0.001$.

귀무가설의 관계를 검정하기 위해 구조 방정식 모델링(SEM)이 수행되었다. 성과목표명확성을 통해 성과피드백이 개인의 성과에 미치는 간접 영향을 조사하기 위해 1,000개 복제 표본을 활용한 부트스트랩 추정 방법을 채택했다. 비대칭형 부트스트랩의 신뢰 구간은 간접 효과 테스트에 널리 사용되어 왔다. 95%의 부트스트랩 신뢰구간이 0 이상인 증거는 간접효과의 통계적 중요성을 나타낸다.[44] 또한 성과목표명확성과 성과 사이의 관계에 대한 자율성의 조절효과를 테스트하기 위해 모델에 성과목표명확성과 자율성의 상호작용항을 포함했다. 조절효과를 조사하기 위해 낮은 자율성 수준(평균보다 낮은 표준편차)과 높은 자율성 수준(평균보다 높은 표준편차)에서 목표 명확성이 개인성과에 미치는 영향을 테스트하였다.[45]

IV. 분석결과

<그림 5-2>는 피드백, 목표명확성, 자율성 및 개인성과 사이의 경로 추정치를 요약한 것으로, 업무 태도(직무 만족도 및 공공봉사동기)와 개인 특성의 영향이 통제되었다. <표 5-4>는 구조 경로의 상세한 추정치를 보여준다. 가설 모형을 테스트할 때 성과피드백과 개인성과 사이의 직접적인 관계를 확인하기 위해 대안 모형을 기준으로 비교하였다. 대안 모형 1은 성과피드백과 개인성과에 대한 직접적인 영향을 삭제하였고, 대안 모형 2는 개인의 성과에 대한 자율성, 일반적 업무 동기, 공공봉사동기의 간접적인 경로를 추가했다. <표 5-5>는 귀무가설 모형 및 대안 모형의 적합지수를 요약한 것이다.

그림 5-2_ 성과목표 명확성과 개인성과 간의 매개-조절 관계

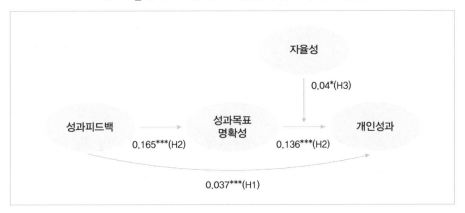

주: *** $p<0.001$; * $p<0.1$.

표 5-4_ 구조경로 추정치 (N = 2630)

구조경로	계수	표준오차
성과피드백 → 성과목표명확성	0.165***	0.01
자율성 → 성과목표명확성	0.213***	0.02
직무만족 → 성과목표명확성	0.098***	0.03
공공봉사동기→ 성과목표명확성	0.277***	0.03
성과목표명확성 → 개인성과	0.136***	0.02
성과피드백 → 개인성과	0.037***	0.01
자율성→ 개인성과	0.069***	0.02
직무만족 → 개인성과	0.178***	0.03
공공봉사동기→ 개인성과	0.159***	0.03
성과목표명확성 * 자율성 → 개인성과	0.041*	0.02
직군 → 성과목표 명확성	0.146***	0.03
재직기간 → 성과목표명확성	0.0003	0.002
교육수준 → 성과목표명확성	−0.025	0.02
성별 → 성과목표 명확성	0.097**	0.03
상관 지위 → 성과목표명확성	0.072	0.05
직군 → 개인성과	0.014	0.03
재직기간 → 개인성과	0.006***	0.001
교육수준 → 개인성과	0.029	0.017
성별 → 개인성과	−0.08**	0.03
상관 지위 → 개인성과	−0.018	0.05

주: χ^2 (1) = 4.1*, RMSEA = 0.034, CFI = 0.998, SRMR = 0.004, *** $p<0.001$, ** $p<0.01$, * $p<0.1$.

표 5-5_ 귀무가설 모형 및 대안 모형의 적합 지수

모형	χ^2	df	RMSEA	CFI	SRMR
귀무가설 모형	4.1*	1	0.034	0.998	0.004
대안 모형 2	18.44***	2	0.056	0.988	0.007
대안 모형 1	365.9***	5	0.166	0.74	0.043

주: *** $p<0.001$, * $p<0.1$.

가설 1은 성과피드백이 개인의 성과와 긍정적으로 연관될 것이라고 가정하였다. 성과피드백과 개인성과 간 직접적인 관계는 긍정(0.037)으로 나타났으며 이는 가설과 일치한다. 성과에 대한 피드백이 직원들의 성과향상에 긍정적으로 연관됐음을 시사한다. 상관을 만나 성과목표, 성과정보, 기대 행동 등에 관해 소통할 기회가 많은 개인일수록 좋은 성과평가 등급을 획득할 가능성이 높았다.

가설 2는 성과목표명확성이 성과피드백과 성과 간 관계를 조절할 것이라 가정하였다. 피드백을 더 자주 하면 직원들이 충족해야 할 성과목표와 기대치를 더 잘 이해하여 성과를 개선하는 데 도움이 될 것이다. 특히 다수의 목표가 존재하고 서로 상충되는 경우 성과피드백이 목표의 우선순위를 정하는 데 결정적인 역할을 하고 직원들이 목표를 선택하고 조직 우선순위에 맞추어 노력할 수 있다. 조절 효과를 검증하기 위해 부트스트래핑(bootstrapping)을 사용하였다. <표 5-6>의 결과는 성과목표명확성을 통해 개인성과에 대한 성과피드백의 간접적인 영향도 유의하다는 것을 보여주며(0.022) 이는 가설 2를 뒷받침한다. 성과피드백은 성과목표명확성과 정(正)의 관계(0.165)를, 목표명확성도 개인성과와 정(正)의 관계를 보여주었다(0.136). 이는 성과목표명확성이 성과피드백과 개인성과 간 관계를 유의미하게 매개하고 있음을 보여주는 결과이다. <표 5-6>은 부트스트랩 추정 결과를 보여준다.

표 5-6_ 부트스트랩 추정결과

간접효과	계수	부트스트랩 표준오차	95% 신뢰구간
성과피드백 → 성과목표 명확성 → 개인성과	0.0224***	0.004	[0.015, 0.030]
자율성 → 성과목표 명확성 → 개인성과	0.029***	0.005	[0.019, 0.039]
직무만족 → 성과목표 명확성 → 개인성과	0.013**	0.004	[0.005, 0.022]
공공봉사동기 → 성과목표 명확성 → 개인성과	0.038***	0.007	[0.024, 0.052]

주: 1000개 복제 표본, *** $p<0.001$, ** $p<0.01$.

가설 3은 성과목표를 명확히 이해하는 개인이 높은 수준의 자율성을 부여받았을 때 더 높은 성과를 낼 수 있다고 가정하였다. 성과목표명확성과 개인성과 간 관계에 대한 자율성의 조절 효과는 유의한 것으로 나타났다(0.041). 이 가설은 더 높은 자율성을 부여받은 직원들이 더 높은 성과를 달성하는 데 있어 성과목표명확성이 둘 사이의 긍정적 관계를 강화시키는 역할을 한다는 점을 시사한다. <그림 5-3>은 목표 명확성과 개인의 성과 사이의 관계에 대한 자율성의 조절 효과를 보여준다.

그림 5-3_ 자율성의 조절 효과

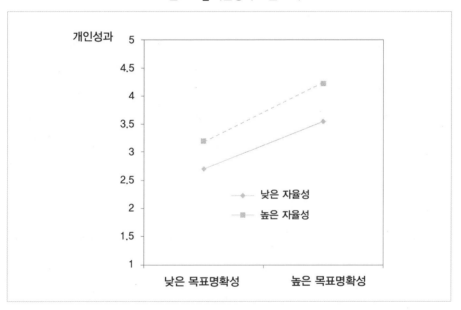

V. 연구의 의의 및 시사점

이 연구는 다음과 같은 측면에서 중요한 함의를 가진다. 첫째, 본 연구결과는 피드백이 풍부한 환경을 조성하고 성과관리에 대한 코칭 접근 방식을 지원하면 공공부문의 목표모호성이라는 고질적 문제를 완화하여 궁극적으로 공무원의 생산성과 조직성과를 향상시킬 수 있다는 점을 시사하고 있다. 나아가 성과피드백과 성과목표명확성이 개인성과에 미치는 긍정적인 효과를 보다 증진할 수 있는 요인으로서 업무 자율성이 중요한 기제로 작용함을 발견하였다. 복잡한 일련의 법적, 정치적 제약으로 인해 공무원의 업무 자율성이 제한되는 경우가 많았기 때문에, 이러한 연구 결과는 공공부문의 효과적인 성과관리에 중요한 함의를 제공한다. 둘째, 피드백 효과를 측정하기 위해 개인성과에 대한 객관적인 척도가 채택되었다. 일부 선행연구는 피드백 효과를 테스트하기 위해 대부분 인식에 기반한 태도 문항을 사용했기 때문에, 결과적으로 단일 자료 편향(monosource bias)에서 기인하는 방법론적 취약성을 회피하기 어렵다.[46] 본 연구는 보다 객관적인 성과피드백 및 개인성과 측정을 위해 피드백 횟수와 실제 성과등급 등의 정보를 파악함으로써 결과의 타당성을 높이고자 노력하였다.

이 연구의 주요 결과는 피드백이 공직자가 목표모호성 문제를 극복하고 궁극적으로 더 높은 성과를 달성하는 데 도움이 될 수 있다는 것이다. 이 결과는 목표설정이론 및 통제이론의 주장과 일치하는데, 목표달성 과정에서 피드백은 개별 근로자들이 조직이 중시하는 행동 기준과 기대를 따르도록 유도하고, 피드백에 의해 지시된 업무에 주의를 기울이게 되는 등 효과적인 성과관리 전략으로 고려될 수 있다. 연구 결과 상관으로부터 피드백을 받을 기회가 많은 직원은 그렇지 못한 직원보다 더 높은 성과평가를 받을 가능성이 있는 것으로 나타났다. 기존 이론에서 주장하는 것처럼 성과에 대한 피드백이 직원과 조직 모두에게 바람직한 결과를 얻을 수 있도록 적절한 지침과 가이드라인을 제공함으로써 개인성과를 향상시킬 수 있음을 시사한다. 결과적으로 성과피드백은 개인이 자신의 생산성을 촉진하는 방향으로 미래의 목표와 행동을 설정하는 데 도움이 될 수 있으며, 따라서 조직의 성과 향상에 기여할 수 있다.[47]

또 다른 발견은 성과목표 명확성과 개인성과 간 관계에 영향을 미치는 자율성의 조절 효과이다. 업무에 대한 자율성이 높은 직원은 자신에게 기대되는 성과수준과 행동을 보다 효과적으로 수행할 가능성이 높다. 즉 자율성은 개인이 자신의 노력을 높은 성과로 연결하고 조직의 목표를 달성하도록 도움을 줄 수 있다.[48] 목표 달성을 위한 직원들의 자발적인 노력은 조직의 목표 달성에 시너지 효과를 창출할 것이다.[49] 비슷한 맥락에서 Locke와 Latham(1990)의 목표설정이론도 자율성이 높은 직원이 조직의 목표와 일치하는 목표를 선택할 수 있고 조직의 기대치를 충족시키는 데 더 많은 노력을 투입할 수 있다고 주장했다.

본 연구의 결과는 공공 부문의 인적자원 관리 및 성과 관리에 실질적 시사점을 제공한다. 특히 1년에 1~2회 정도 실시되는 성과평가를 통해 직원들의 성과향상을 기대하기는 역부족일 것이다.[50] 이러한 상황에서 상관의 공식적·비공식적 피드백은 직원들의 요구와 공식적인 성과평가 사이의 공백을 메울 수 있다.[51] 또한 피드백을 받을 기회가 많아지면 직원들이 보다 일관성 있게 자기 개발과 관련한 조언을 얻을 수 있어[52] 궁극적으로 경력 개발뿐만 아니라 조직 효과성 제고에도 기여할 수 있다. 직원들이 자신의 업무와 행동에 대한 피드백을 받도록 유도하면 조직목표와 행동 기대치에 대한 전반적인 이해 수준이 높아지는 피드백 환경이 조성된다. 결국, 이러한 조직문화는 조직의 성과관리 관행을 촉진하고 높은 성과를 내는 인적자원 개발에도 기여할 수 있을 것이다.

부 록

성과피드백

- 지난 1년간 귀하는 성과평가와 관련하여 평가자와의 면담을 몇 회 가지셨습니까?
  (   )회

성과목표 명확성(알파 = 0.88; "매우 동의하지 않음에서 매우 동의함"까지 5점 척도)

- 성과목표는 객관적으로 측정가능하다.
- 성과목표들 간 우선순위가 분명하다.
- 자신의 성과목표를 잘 알고 있다.
- 성과평가는 조직의 목표를 반영하고 있다.
- 성과가 미흡한 경우 그 원인을 찾아낼 수 있다.

자율성(알파 = 0.65; "매우 동의하지 않음에서 매우 동의함"까지 5점 척도)

- 업무담당자의 재량권이 높다.
- 상관이 부하에게 권한을 위임하는 경우가 많다.

공공봉사동기(알파 = 0.87; "매우 동의하지 않음에서 매우 동의함"까지 5점 척도)

- 일할 땐 시간이 가는 줄 모른다.
- 일을 할 때 난관에 처해도 최선을 다한다.
- 나는 사적인 이득과 무관하게 지역사회를 위해 봉사한다.
- 나는 사회에 대한 책임을 상당히 느낀다.
- 나는 다른 사람을 돕기 위해 나의 손해를 기꺼이 감수한다.
- 나는 어려움에 처해있는 사람들을 볼 때마다 안타까움을 느낀다.
- 나의 아이디어가 정책에 반영될 때 보람을 느낀다.

직무만족도(알파 = 0.87; "매우 만족하지 않음에서 매우 만족함"까지 5점 척도)

- 보수(기본급)
- 업무량
- 업무시간
- 성과급
- 후생복지
- 사무실 근무환경
- 교육훈련

참고문헌

Aiken, L., & West, S. (1991). Multiple Regression: Testing and Interpreting Interactions; Sage: Newbury Park, London, UK.

Aljade-Abergel, E., Peterson, S., Wiskirchen, R., Hagen, K., & Cole, M. (2017). Evaluating the temporal location of feedback: Providing feedback following performance vs. prior performance. J. Organ. Behav. Manag, 37: 171-195.

Anderson, D., & Stritch, J. (2015). Goal clarity, task significance, and performance: Evidence from a laboratory experiment. J. Public Adm. Res. Theory, 26: 211-225.

Ang, K., Goh, C., & Koh, H. (1993). The impact of age on job satisfaction of accountants. Pers. Rev., 22: 31-39.

Ashford, S., & Black, S. (1996). Proactivity during organizational entry: The role of desire for control. J. Appl. Psychol, 81: 199-214.

Ashford, S., Blatt, R., & VandeWalle, D. (2003). Reflections on the looking glass: A review of research on feedback-seeking behavior in organizations. J. Manag, 29: 773-799.

Boyne, G. (2002). Public and private management: What's the dierence? J. Manag. Stud, 39: 97-122.

Campbell, J. (1976). Pritchard, R. Motivation theory in industrial and organizational psychology. In Handbook of Industrial and Organizational Psychology; Dunnette, M., Ed.; Rand McNally: Chicago, IL, USA.

Choi, E. (2018). Johnson, D.; Moon, K.; Oah, S. Eects of positive and negative feedback sequence on work performance and emotional responses. J. Organ. Behav. Manag, 38: 97-115.

Choi, S. (2020). Korean civil service systems from recruitment to retirement. In The Routledge Handbook of Korean Politics and Public Administration; Moon, C., Moon, M., Eds.; Routledge: New York, NY, USA, pp. 259-274.

Conger, J. (1988). Kanungo, R. The empowerment process: Integrating theory and practice. Acad. Manag. Rev.,55: 302-312.

Chun, Y. (2005). Rainey, H. Goal ambiguity and organizational performance in U.S. federal agencies. J. Public Adm. Res. Theory, 15: 529-557.

Coye, R. (1995). Belohlav, J. An exploratory analysis of employee participation. Group Organ. Manag, 20: 4-17.

Dawson, J. (2014). Moderation in management research: What, why, when and how. J. Bus. Psychol, 29: 1-19.

Favero, N., Meier, K., & O'Toole, L (2016). Goals, trust, participation, and feedback: Linking internal management with performance outcomes. J. Public Adm. Res. Theory, 26: 327-343.

Fernandez, S., & Moldogaziev, T. (2011). Empowering public sector employees to improve performance: Does it work? Am. Rev. Public Adm, 41: 23-47.

_____. (2013). Employee empowerment, employee attitudes and performance: Testing a causal model. Public Adm. Rev., 73: 490-506.

Fornell, C., & Larcker, D. (1981). Evaluating structural equation models with unobservable variables and measurement error. J. Mark. Res, 18: 39-50.

Gist, M., & Mitchell, T. (1992). Self-ecacy: A theoretical analysis of its determinants and malleability. Acad. Manag. Rev., 17: 183-211.

Gonzalez-Mulé, E., Courtright, S., DeGeest, D., Seong, J., & Hong, D. (2016). Channeled autonomy: The joint eects of autonomy and feedback on team performance through organizational goal clarity. J. Manag, 42: 2018-2033.

Guo, Y., Liao, J., Liao, S., & Zhang, Y. (2014). The mediating role of intrinsic motivation on the relationship between developmental feedback and employee job performance. Soc. Behav. Personal, 42: 731-742.

Haas, M. (2010). The double-edged swords of autonomy and external knowledge: Analyzing team effectiveness in a multinational organization. Acad. Manag. J., 53: 989-1008.

Hayes, A. (2012). Process: A Versatile Computational Tool for Observed Variable Mediation, Moderation, and Conditional Process Modeling [White Paper]. Available online: http://www.afhayes.com/public/ process2012.pdf (accessed on 9 April 2020).

Ilgen, D.R., Fisher, C.D., & Taylor, M.S. (1979). Consequences of individual feed-
back on behavior in organization. J. Appl. Psychol, 64: 349-371.

Johnson, D., Rocheleau, J., & Tilka, R. (2015). Consideration in feedback delivery:
The role of accuracy and type of evaluation. J. Organ. Behav. Manag, 35:
240-258.

Jong, J. (2016). The role of performance feedback and job autonomy in mitigating
the negative eect of role ambiguity on employee satisfaction. Public Perform.
Manag. Rev., 39: 814-834.

Bowen, D., & Lawler, E. (1992). The empowerment of service workers: What, why,
how, and when. Sloan Manag. Rev., 33: 31-39.

Klein, H. (1991). Control theory and understanding motivated behavior: A different
conclusion. Motivation and Emotion, 15: 29-44.

Kluger, A., & DeNisi, A. (1996). The eects of feedback interventions on performance:
A historical review, a meta-analysis, and a preliminary feedback inter-
vention theory. Psychol. Bull, 119: 254-284.

Labuschagne, C., Brent, A., & Erck, R.(2005). Assessing the sustainability perform-
ances of industries. J. Clean. Prod., 13: 373-385.

Locke, E., & Latham, G. (1990). A Theory of Goal Setting & Task Performance;
Prentice Hall: Englewood Clis, NJ, USA.

London, M. (2003). Job Feedback: Giving, Seeking and Using Feedback for
Performance Improvement; Lawrence Erlbaum: Mahwah, NJ, USA.

Morrison, E. (2002). Newcomers' relationships: The role of social network ties dur-
ing socialization. Acad. Manag. J., 45: 1149-1160.

Moynihan, D. (2008). The Dynamics of Performance Management: Constructing
Information and Reform; Georgetown University Press: Washington, DC,
USA.

Nadler, D. (1977). Feedback and Organizational Development: Using Data-Based
Methods; Addison-Wesley: Reading, MA, USA.

Nielsen, P. (2014). Learning from performance feedback: Performance information,
aspiration levels, and managerial priorities. Public Adm, 92: 142-160.

Pandey, S., & Wright, B. (2006). Connecting the dots in public management: Political
environment, organizational goal ambiguity, and the public manager's role

ambiguity. J. Public Adm. Res. Theory, 16: 511–532.

Perry, J. (1996). Measuring public service motivation: An assessment of construct reliability and validity. J. Public Adm. Res. Theory, 6: 5–22.

Prue, D., & Fairbank, J. (1981). Performance feedback in organizational behavior management: A review. J. Organ. Behav. Manag, 3: 1–16.

Rainey, H.G. (2014). Understanding and Managing Public Organizations; Jossey–Bass: San Francisco, CA, USA.

Renn, R., & Fedor, D. (2001). Development and field test of a feedback seeking, self–ecacy, and goal setting model of work performance. J. Manag, 27: 563–583.

Sawyer, J. (1992). Goal and process clarity: Specification of multiple constructs of role ambiguity and a structural equation model of their antecedents and consequences. J. Appl. Psychol, 77: 130–142.

Slowiak, J., & Lakowske, A. (2017). The influence of feedback statement sequence and goals on task performance. Behav. Anal. Res. Pract, 17: 357–380.

Spreitzer, G. (1995). Psychological empowerment in the workplace: Dimensions, measurement, and validation. Acad. Manag. J., 38: 1442–1465.

Su,W., Lyu, B., Liu, Y., Chen, H., & Fan, J. (2019). Supervisor developmental feed-back and employee performance: The roles of feedback–seeking and po-litical skill. J. Psychol. Afr, 29: 435–442.

Taylor, M., Fisher, C., & Ilgen, D. (1984). Individual's reactions to performance feedback in organizations: A control theory perspective. In Research in Personnel and Human Resources; Rowland, K., Ferris, G., Eds.; JAI Press: Greenwich, CT, USA, Volume 2, pp. 81–124.

Thomas, K., & Velthouse, B. (1990). Cognitive elements of empowerment: An "interpretive" model of intrinsic task motivation. Acad. Manag. Rev., 15: 666–681.

Thompson, L. (1999). Making the Team: A Guide for Managers; Prentice Hall: Englewood Clis, NJ, USA.

Wallace, J., Johnson, P., Mathe, K., & Paul, J. (2011). Structural and psychological empowerment climates, performance, and the moderating role of shared felt accountability: A managerial perspective. J. Appl. Psychol, 96: 840–850.

Whitaker, B., Dahling, J., & Levy, P. (2007). The development of a feedback environment and role clarity model of job performance. J. Manag, 33: 570-591.

Wright, B., & Kim, S. (2004). Participation's influence on job satisfaction: The importance of job characteristics. Rev. Public Pers. Adm, 24: 18-40.

Zheng, X., Diaz, I., Jing, Y., & Chiaburu, D. (2015). Positive and negative supervisor developmental feedback and task-performance. Leadership. Organ. Dev. J., 36: 212-232.

Zhou, J. (2003). When the presence of creative coworkers is related to creativity: Role of supervisor close monitoring, developmental feedback, and creative personality. J. Appl. Psychol, 88: 413-422.

미주

＊ 이 글은 2020년 Sustainability에 게재된 "Performance Feedback, Goal Clarity, and Public Employees' Performance in Public Organizations"를 수정·보완한 것이다.

1 Labuschagne et al., 2005

2 Rainey, 2014

3 Boyne, 2002; Chun & Rainey, 2005; Nielsen, 2014; Pandey & Wright, 2006

4 Nielsen, 2014

5 Chun & Rainey, 2005; Pandey & Wright, 2006

6 Nielsen, 2014; Ashford et al., 2003

7 Choi et al., 2018; Gonzalez-Mulé et al., 2016; Guo et al., 2014; Su et al., 2019; Whitaker & Dahling, 2007; Zheng et al., 2015

8 Nielsen, 2017; Moynihan, 2008

9 Gonzalez-Mulé et al., 2016; Nadler, 1977

10 Prue & Fairbank, 1981

11 Choi et al., 2018; Zheng et al., 2015

12 Zheng et al., 2015; Zhou, 2003

13 Choi et al., 2018; Zheng et al., 2015

14 Ashford et al., 2003; Zheng et al., 2015; Slowiak & Lakowske, 2017

15 Choi et al., 2018; Aljade-Abergel., 2017; Johnson et al., 2015

16 Ashford et al., 2003

17 Zheng et al., 2015; Zhou, 2003

18 Whitaker et al., 2007

19 Locke & Latham, 1990

20 Zhou, 2003; Kluger & DeNisi, 1996

21 Klein, 1991

22 Favero et al., 2016; Choi, et al., 2018; Guo., et al., 2014; Su et al., 2019; Zheng et al., 2015

23 Ilgen et al., 1979

24 Whitaker et al., 2007; Ang et al., 1993; Ashford & Black, 1996; Morrison, 2002

25 Kluger & DeNisi, 1996

26 Ashford et al., 2003; Whitaker et al., 2007; Morrison, 2002

27 Locke & Latham, 1990; Anderson & Stritch, 2015

28 Gonzalez-Mulé et al., 2016

29 Gonzalez-Mulé et al., 2016; Gist & Mitchell, 1992; Spreitzer, 1995

30 Gonzalez-Mulé et al., 2016; Whitaker et al., 2007; Anderson & Stritch, 2015; Jong, 2016

31 Bowen & Lawler, 1992; Coye & Belohlav, 1995; Fernandez, & Moldogaziev, 2011; Fernandez & Moldogaziev, 2013; Wright, & Kim, 2004

32 Fernandez, & Moldogaziev, 2011; Conger & Kanungo, 1988; Thomas & Velthouse, 1990

33 Bowen & Lawler, 1992; Fernandez & Moldogaziev, 2013

34 Gonzalez-Mulé et al., 2016

35 Gonzalez-Mulé et al., 2016; Haas, 2010; Wallace et al., 2011

36 Locke & Latham, 1990

37 Thompson, 1999

38 Gonzalez-Mulé et al., 2016

39 Rainey, 2014; Perry, 1996

40 Rainey, 2014

41 데이터의 수집 방법 및 응답자 특성에 관한 정보는 부록을 참고한다.

42 설문조사는 연말(2017년 11월-2018년 2월)에 실시되었기 때문에, 이 질문은 응답자가 2017년 한 해 동안 성과피드백을 몇 번이나 받았는지를 묻는다.

43 Fornell & Larcker, 1981

44 Hayes, 2012

45 Aiken & West, 1991; Dawson, 2014

46 Whitaker et al., 2007

47 Klein, 1991

48 Gonzalez-Mulé et al., 2016

49 Gonzalez-Mulé et al., 2016; Whitaker et al., 2007; Wallace et al., 2011

50 Whitaker et al., 2007

51 Su et al., 2019

52 Whitaker et al., 2007; London, 2003

06

성과중심 보상제도와
공공봉사동기의 구축효과

성과중심 보상제도와 공공봉사동기의 구축효과*

06

일반 국민이 공무원을 생각하면 떠오르는 이미지로 크게 두 가지를 생각해볼 수 있다. 바로 복지부동 공무원과 살신성인 공무원 이미지이다. 민원인 입장에서 규정에 나와 있지 않다는 이유로 업무처리에 소극적인 공무원의 모습을 본 경우도 있을 것이며, 반면 자신의 일처럼 발 벗고 나서 민원인의 고충을 해결해주기 위해 사방팔방으로 해결책을 찾으려고 노력하는 모습을 본 경우도 있을 것이다.

공무원의 직업 안정성, 퇴직 후 연금 혜택 등을 고려할 때 생애소득은 결코 낮은 수준이 아니라는 입장도 있지만, 9급 공무원의 초임은 최저임금 수준이라는 점, 5급 공무원의 경우, 비슷한 교육수준과 능력을 가진 대기업 종사자나 전문직 종사자에 비해 낮은 수준이라는 데는 의심의 여지가 없다. 복지부동 공무원의 행태를 설명하고자 할 때 감사, 주기적 정권교체 등을 비롯해 낮은 보수를 하나의 이유로 들 수 있지만, 낮은 보수에도 불구하고 살신성인을 몸소 실천하는 공무원의 행태는 어떻게 설명할 수 있을까?

이러한 공무원의 희생정신을 설명하는 이론적 논의 중 하나가 바로 공공봉사동기(Public Service Motivation: PSM)이다. 공공봉사동기는 Perry와 Wise(1990)가 개념을 체계화한 이후 공공부문에서 가장 주목받는 내재적 동기요인의 하나로 행정학 분야에서 중요하게 다루어 온 이론적 영역이다. 그 중 하나의 관점이 내재적으로 동기화된 개인은 본인의 업무성과를 향상시킬 뿐만 아니라 궁극적으로 조직성과 제고에도 기여한다는 점이다.[1]

반면 소극적인 공무원의 행태를 개선하고자 하는 노력의 일환으로 성과급을 비롯한 성과중심 보상의 도입을 꼽을 수 있다. 신공공관리론(New Public Management: NPM)이 공공부문 운영의 주된 원리가 된 1980년대 이후, 성과와 실적 중심의 관리가 글로벌 패러다임으로 자리를 잡아왔고 성과급과 같은 외재적 보상제도의 중요성이 지속적으로 강조되어 왔다. 성과급이라는 인센티브의 도입으로 복지부동 공무원의 행태를 바꾸려는 것으로 이해할 수 있는데, 오히려 금전적 보상이 자발적 공무원의 봉사동기를 위축시키지 않을까? 이러한 현상을 이론적으로 설명한 것이 내재적 동기 부여의 구축효과이다. 열심히 일하는 것이 성과급을 더 잘 받으려고 일한 것이라고 여겨질 수 있기 때문에 국민과 사회에 자발적으로 봉사하고자 하는 의지가 줄어들 가 능성이 있다는 것이다. 몇몇 연구들은 성과에 따른 외재적 보상을 강조하는 신공공관 리론적 개혁이 공공봉사동기를 약화시킬 수 있다는 연구결과를 제시하고 있다. Bellé와 Ongaro(2014)의 연구에 따르면 NPM 개혁의 영향을 크게 받은 의료분야와 상대적으로 영향이 적었던 법집행 업무 및 교육분야의 공공봉사동기에 미치는 영향 을 분석한 결과, 의료분야에서 타 분야에 비해 공공봉사동기 수준이 낮은 것으로 나 타났다. 즉 신공공관리론적 행정개혁이 오히려 공공봉사동기에 부정적인 영향을 미 칠 수도 있다는 근거를 제시한 것이다.

I. 공공봉사동기와 성과

1. 공공봉사동기의 개념

Perry와 Wise(1990: 368)는 공공봉사동기를 '공공조직이나 기관에 우선적으로 또는 유일하게 반응하려는 개인적 성향'으로 정의하였다. 그 후 공공봉사동기는 '지 역공동체, 국가 혹은 인류를 위해 봉사하고자 하는 보편적 이타적 동기',[2] '사적 이익 과 조직 이익을 넘어서는 신념, 가치, 태도로서 정치적 공동체의 이익과 관련되며 개 인이 그에 부합하게 행동하도록 하는 동기'[3]라 정의되어 왔다. 김상묵(2013: 18)은 공 공봉사동기를 '공공가치의 실현과 공익의 증진을 위하여 노력하려는 동기 또는 국가 와 사회를 위하여 봉사하려는 욕구'를 의미한다고 하였다. Perry와 Wise(1990)는 공 공봉사동기를 정의함에 있어 공공기관이라는 특수한 상황을 가정한 반면 그 안에서 의 이타적인 동기 혹은 공익적 동기만을 강조하지는 않았다. 하지만 이후의 개념은 이타주의적 측면으로 확장되는 경향을 보인다.

일련의 학자들은 이러한 공공봉사동기를 내재적 동기의 특정한 형태로 보기도 하 였다.[4] 동기는 어떠한 행동을 하도록 마음을 움직이는 것을 의미한다. 내재적 동기는 외부로부터 주어지는 보상에 의존하지 않고, 수행하는 업무 자체에 내재되어 있는 만족 혹은 즐거움을 추구하고자 하는 내면의 욕구라 정의내릴 수 있다.[5] 공공봉사동기 역시 업무 수행과정에서 발견하는 흥미, 도전정신, 다양성 등을 통한 내적·심리적 만족을 포함한다는 점[6]에서 내재적 동기라고 할 수 있다.

Bozeman과 Su(2015)는 공공봉사동기 개념이 공공기관에 한정된 개념인지, 이타주의와 같이 보편적인 개념인지에 대한 구분이 명확하지 않다는 비판을 하며 공공봉사동기가 다른 개념과 구분될 필요성을 언급하였다. 이 외에도 공공봉사동기가 인간의 사적 측면을 간과하고 이타주의 측면만을 강조하고 있다는 비판[7]을 고려하면 공직에 종사하는 사람들에게만 한정되는 개념이 아니라 개인의 특성에 대한 개념으로 보는 것이 타당할 수도 있다. 하지만 공공부분 종사자들의 공공봉사동기가 민간부문 종사자들보다 높게 나타난다는 연구 결과들을 볼 때[8] 공공봉사동기가 공공조직에 종사하는 사람들에게 보다 강하게 나타나는 특성이라고 볼 수 있을 것이다.

Perry와 Wise(1990)는 공공봉사동기를 개인 효용의 극대화에 기반을 둔 합리적(rational) 차원, 공동선과 공익을 추구하려는 열망에 의한 규범적(norm-based) 차원, 타인을 돕고 싶어 하는 인간적인 감정에 바탕을 둔 정서적(affective) 차원으로 구분하였다. 그 이후 연구[9]에서는 공공봉사동기를 측정하기 위해 공공정책과정에 대한 호감도, 공익에 대한 헌신, 사회정의, 시민의무, 동정심, 희생정신의 6가지 하위 개념을 제시하였고, 신뢰성과 타당성 평가를 통해 공공정책과정에 대한 호감도, 공익에 대한 헌신, 동정심, 희생정신의 4가지 개념만을 채택하였다.

그러나 Kim(2009)은 합리적 선택이론(rational choice theory)을 기반으로 하는 공공정책과정에 대한 호감도가 한국적 상황에서 적합한 공공봉사동기의 척도로서 적용하기 어렵다고 주장하였다. 특히 유교문화의 영향으로 한국 공무원들은 사적 이익보다는 공익을 추구하는 쪽으로 행동을 할 가능성이 높아 합리적 선택이론으로 설명되지 않는 행동이 많다고 한다. 반면, Park과 Hwang(2010)은 한국을 대상으로 정치적 선호와 정책성과에 대한 긍정적 평가의 연계성을 보여주면서 공직봉사동기의 개념에도 새로운 가능성을 제시한 것으로 볼 수 있다. 특히, Kelman(1987)은 사람들을 정부에 진입하게 하는 특징적인 장점의 하나로 좋은 공공정책을 만드는 과정에 참여할 수 있다는 점을 강조하고 있다. 정책형성과정에의 참여는 흥미롭고, 자신의 중요성에 대한 존재감을 강화할 수 있게 한다는 것이다. 즉, 정책형성에 참여하기 위해 공공영역에 진입한 사람들은 사회적 이익에 봉사하면서 동시에 개인적인 욕구를 충족시킬 수 있다는 주장이다. 따라서 사익 추구 동기는 공공서비스에서도 주요 요소가 될 수 있으며 상호 경쟁하는 정책적 이해관계와 관료정치라는 관점에서 중요한 역할을 한다고 볼 수 있다.[10]

2. 공공봉사동기와 성과의 관계

내재적 동기로서의 공공봉사동기가 개인의 성과를 증가시킬 수 있다는 주장은 자기결정론(Self-determination theory)에 기반을 두고 있다. 자기결정론에 따르면 내재적 동기는 자신이 하는 일을 스스로 결정하고 통제받지 않는 자율적인 업무 환경에서 강화되며 긍정적인 태도와 행태적 결과를 이끌어낸다.[11] 공공봉사동기를 가진 개인은 업무 중요도가 높은 일을 스스로 맡으려 하기 때문에 긍정적인 성과를 낼 것으로 기대할 수 있다.[12] Perry와 Wise(1990)는 공공봉사동기에 관해 세 가지 가설을 제안하고 있는데, 그 중 하나가 공공봉사동기가 높을수록 조직성과를 높일 수 있다는 것이다.

공공봉사동기와 관련된 연구에 있어 성과를 종속변수로 측정한 연구는 그리 많은 비중을 차지하고 있지 않다. 1990년부터 2014년까지 수행된 공공봉사동기의 효과에 관한 연구 239건 중 개인성과를 종속변수로 한 연구는 26건, 조직성과를 종속변수로 한 연구는 8건에 불과하다.[13] 공공봉사동기와 개인성과 간의 관계를 탐색한 연구로서, 공공봉사동기가 개인성과에 직접적으로 긍정적인 영향을 미친다는 연구 결과[14]와 개인-조직 적합성을 매개로 할 때 긍정적인 영향을 미친다는 연구 결과가 있다.[15] 대부분이 긍정적인 관계를 도출하였지만 Alonso와 Lewis(2001)의 연구에서는 긍정적, 부정적, 유의미하지 않은 결과가 모두 혼재되어 있다.

공공봉사동기와 조직성과 간의 관계를 탐구한 연구 역시 공공봉사동기가 조직성과에 긍정적인 영향을 미친다는 결론을 도출하고 있다.[16] 그러나 Wright와 Grant(2010)는 공공봉사동기와 성과 간에 인과관계가 명확하게 성립하지 않는다고 지적하면서 주요 원인으로 역인과관계와 누락변수의 가능성을 언급하였다. 이러한 비판을 극복하기 위해 Bellé(2013)는 이탈리아 공공병원에 근무하는 간호사 90명을 대상으로 실험설계를 통해 분석한 결과, 공공봉사동기가 직무성과에 긍정적인 영향을 미친다는 것을 발견했다.

국내의 연구 경향은 공공봉사동기와 성과에 대해 대체로 긍정적인 관계를 도출해 내고 있다.[17] 이러한 연구의 특징은 공공봉사동기의 여러 개념을 하나의 지수(index) 로 구성하여 단일 변수로 취급하고 있다는 점이다. 하위개념을 구분하여 검증한 연구 로 Petrovsky와 Ritz(2014)는 공공정책에 대한 호감도와 동정심은 성과에 긍정적인 영향을 미친 반면, 공익에 대한 헌신과 희생정신은 통계적으로 유의미한 결과가 도출 되지 않았고, Vandenabeele(2009)의 연구는 동정심의 영향에 대해서는 유의미한 관 계를 확인하지 못하였다. 노종호(2016)는 Kim 등(2013)의 수정된 공공봉사동기 하위 개념을 사용하여 공공가치몰입과 동정심은 개인성과에 긍정적인 역할을 미치는 반 면, 공공봉사 호감도와 개인성과 사이에는 유의미한 관계가 없다는 것을 밝혀냈다. 국내 공무원을 대상으로 한 이근주(2005)의 연구에서는 Perry(1996)의 공공봉사동기 네 가지 구성개념 중 공공정책과정에 대한 호감도는 개인의 성과에 영향을 미치지 않 는 것으로 나타났다. 한국 사회에서는 Perry(1996)의 합리적 차원이 잘 설명되지 않 는다는 선행연구[18]가 존재하지만 앞서 언급하였듯이 외국의 선행연구에서는 합리적 차원도 성과에 긍정적인 영향을 미친 연구가 존재하는 점을 고려할 때 전반적으로 공 공봉사동기는 하위개념을 포함하여 개인 및 조직성과에 대한 긍정적인 영향을 미치 는 것으로 예상할 수 있다.

3. 성과중심 보상의 조절효과

성과보상의 효용은 개인의 욕구 충족을 통한 만족의 증대가 궁극적으로 성과향상 에 기여할 것이라는 믿음에 기반한 대다수의 동기부여이론(motivation theory)에 의 해서 지지되고 있다.[19] 특히 보상에 대한 주관적 가치 및 성과가 보상을 가져올 것이 라는 개개인의 믿음에 따라 동기부여의 강도가 달라질 수 있음을 가정하는 Vroom(1964)의 기대이론(Expectancy theory)은 공사조직을 불문하고 오늘날까지 성과보상의 효용을 지지하는 이론적 근거로 활용되고 있다.[20] 성과동기에 대한 연구 에서 최근 이슈가 되는 부분은 외재적 보상으로 인한 내재적 동기부여(intrinsic mo-tivation)의 구축효과(crowding-out effect)에 대한 논의이다.[21] 동기부여의 구축효과 란 외재적 보상이 내재적 동기부여를 훼손 혹은 약화시킨다는 것이다. 외재적 보상과 내재적 동기부여 관련 연구는 인지평가이론(cognitive evaluation theory)을 통해 뒷받 침되어 왔다.[22] 인지평가이론에 의하면 내재적 동기부여는 자결권(self-determination) 인지에 달려 있다. 자결권 인지는 자신이 하는 일에 있어 스스로 결정하고 외부로부터의 통제를 받지 않는 자율성을 갖고 있다는 확신을 말한다. 그런데 외재적 보상이 자결권과 무관하게 주어지면, 자신이 어떤 행동을 취한 원인을 외재적 보상에서 찾게 된다.[23] 이렇듯 외재적 보상이 자결권 인지를 감소시킴으로써 내재적 동기부여가 훼손되는 것을 내재적 동기부여의 구축효과라 할 수 있다.

심리학, 경제학 분야에서 외재적 보상으로 인한 내재적 동기부여 구축효과에 관한 경험적 연구는 많이 진행되었지만, 행정학 분야에서 관련된 연구는 찾아보기 어렵다. Deci(1971)의 고전적 실험연구인 '퍼즐 맞추기' 게임에서는 금전적 보상이 주어진 그룹에서 그 금전적 보상이 제거되었을 때 퍼즐을 하는 시간이 통제그룹에 비해 현저히 줄어드는 결과가 나타났다. 이는 실험 참여자들이 동기부여의 원인을 외재적 보상으로 돌려 업무 자체의 흥미로부터 유발되는 내재적 동기부여의 효과가 줄어들었음을 보여준다. Gneezy와 Rustichini(2000a) 연구에서는 정해진 시간보다 늦게 어린이집에 아이를 데리러 오는 부모에 대해 벌금을 부과하면, 늦는 빈도가 오히려 증가하는 현상을 발견했다. 늦게 오는 행동이 벌금을 통한 대가로 상쇄될 수 있다는 인식을 통해 부모의 의무감을 약화시키는 내재적 동기부여의 구축현상을 설명하였다.

Weibel 등 (2010)의 연구에 따르면 성과급, 내재적 동기, 외재적 동기가 모두 업무 노력에 긍정적인 역할을 하는 것으로 나타났다. 그러나 내재적 동기와 성과급의 상호작용을 고려할 경우 성과급은 내재적 동기가 업무노력에 미치는 효과를 부정적으로 조절하는 반면, 외재적 동기가 미치는 효과는 긍정적으로 조절한다는 것이 밝혀졌다. 특히 내재적 동기부여의 구축효과가 외재적 동기의 가격효과보다 크게 나타났으며, Bellé와 Cantarelli(2015)의 연구에서도 유사한 연구결과가 도출되었다.

행정학 분야에서는 성과급을 시행하는 지방자치단체와 제도가 시행되지 않는 지자체 공무원의 공공봉사동기와 직무만족 비교를 통해 성과급이 공공봉사동기를 구축하지 않을 수 있다는 가능성을 언급한 연구결과가 있다.[24] 성과급을 제공하는 지자체에서 공공봉사동기 수준이 높은 공무원의 직무만족 비율이 약 67.9%로 성과급이 없는 지자체에서의 59.9%보다 높다는 점에서 성과급이 공공봉사동기를 구축한다는 증거를 찾을 수 없다는 결론을 도출하였다. 한편, 높은 수준의 외재적 보상이 공공부문에의 취업 의도를 줄인다는 연구결과도 존재한다.[25]

이상의 연구들을 살펴보면 높은 공공봉사동기로 인한 성과 증진 효과가 성과급이라는 외재적 보상에 의해 줄어들었을 수도 있지만(내재적 동기부여의 구축효과) 성과급으로 인해 성과가 증대되는 정도(외재적 보상의 가격효과)가 더 크다면 구축효과를 상쇄할 확률이 높아질 수도 있을 것이다. 그러나 본 연구는 Weibel 등(2010)과 Bellé와 Cantarelli(2015)의 연구의 연장선상에서 성과중심 보상은 공공봉사동기의 각 하위개념이 개인성과 및 조직성과에 미치는 영향을 부정적으로 조절할 것이라는 가설을 설정하였다.

II. 연구 설계

1. 데이터 및 분석방법

본 연구는 서울대학교 행정대학원 정책지식허브연구센터에서 2015년도에 실시한 중앙공무원 인식 조사 자료를 활용하였다. 41개 중앙 부처에서 근무하는 3~9급 일반 행정직 공무원을 대상으로 2015년 9월~10월 총 2개월에 걸쳐 방문면접조사가 실시되었다. 표본은 비례할당 및 유의할당 추출방법을 이용해 부처별 인원을 고려하여 추출하였고, 응답 오류[26]가 있는 표본 30개를 제외한 1,800개를 연구 대상으로 포함하였다. 응답자의 특성은 <표 6-1>과 같다.

분석 방법은 위계적 최소제곱법 회귀분석(hierarchy ordinary least square regression)을 실시하였다. 1단계에서는 인구통계학적 변수인 통제변수만을 고려했으며, 2단계에서는 독립변수와 통제변수, 3단계에서는 독립변수와 통제변수에 상호작용항까지 포함시킨 모델을 설정하였다.

표 6-1_ 설문 응답자의 구성

구분		빈도(명)	비율(%)	구분		빈도(명)	비율
성별	남성	1,220	67.78	학력	전문대졸 이하	107	5.94
					대졸	1,364	75.78
	여성	580	32.22		대학원 이상	329	18.28
근속연수	5년 미만	363	20.17	직급	3,4급	131	7.28
	5년 이상 10년 미만	394	21.89		5급	422	23.44
	10년 이상 15년 미만	399	22.17		6급	479	26.61
	15년 이상 20년 미만	227	12.61		7급	536	29.78
	20년 이상 25년 미만	277	15.39		8급	97	5.39
	25년 이상	140	7.78		9급	135	7.50

2. 변수 측정 방법

1) 종속 변수: 개인성과, 조직성과

공공부문은 민간 부문에 비해 많은 이해관계자들을 고려하고 다양한 목표를 추구해야한다는 점에서 성과의 개념을 정의하는 것이 쉽지 않다.[27] 공공부문의 조직성과에 대한 다차원적 정의가 요구된다는 점에 비추어 성과개념의 여러 가지 요소를 고려할 필요가 있지만, 동기부여 차원에서 개인의 노력 투입으로 인해 증대될 수 있는 성과는 공정성, 투명성보다는 투입 대 산출을 의미하는 생산성 개념이 타당할 수 있을 것이다. 조직의 생산성과 관련된 문항은 "내가 속한 부처의 생산성 수준은?"으로 측정되었다. 개인성과는 노력 투입을 통한 최종 산출물을 의미하는데, 공무원들의 성과는 계량적으로 측정하기 어렵기 때문에 기존 연구에서도 조직몰입, 직무만족, 노력수준 등 다양한 변수를 통해 측정되어 왔다.[28] 본 연구에서 개인성과는 "나 자신의 생산성 수준은?"이라는 문항을 통해 측정하였다. 직무만족이나 조직몰입, 노력수준보다 최종 산출물과 더 관련이 있는 생산성을 측정하는 것이 성과 개념에 부합하기는 하지만 여전히 자가평가(self-assessment) 방식이라는 점에서 한계가 있다.

2) 독립변수: 공공봉사동기, 성과중심 보상

공공정책과정에 대한 호감도를 정책형성 과정에 참여하고자 하는 개인적 욕구라고 해석한다면 한국 상황에서도 공공봉사동기의 하위개념이 적용될 수 있을 것으로 판단하여 본 연구에서는 Perry(1996)의 6가지 하위 개념에 대해 요인분석을 실시하였다. Perry(1996)의 문항 중 18개를 활용하여 분석한 결과 공공정책과정에 대한 호감도, 헌신, 동정심은 각각 독립된 개념으로 묶였으나 사회정의는 하나의 요인으로 묶이지 않았다. 시민의무와 관련된 문항, 희생정신과 관련된 문항은 서로 구분되지 않고 하나의 개념으로 묶였다. 의무를 실행하는 데 있어 어느 정도 희생이 따를 수 있다는 점, Perry(1996)의 희생정신의 문항 안에 포함된 "의무 중시", "사회 환원", "사회의 선을 위함"이라는 내용은 시민의무의 개념과 일맥상통한다는 점 등을 고려하여 본 연구에서는 시민의무와 희생정신 문항을 하나로 묶어 '국민의무'라는 변수를 설정하였다.

표 6-2_ 변수의 측정

변수		문항	측정	Cronbaph alpha
종속변수	개인성과	나 자신의 생산성 수준은?	1~100	−
	조직성과	내가 속한 부처의 생산성 수준은?	1~100	−
독립변수	공공봉사동기 / 정치에 대한 호감도	나는 정치에 대해 부정적 인상을 가지고 있다. 나는 정책과정에서 발생하는 거래나 협상에 대해 긍정적으로 생각하지 않는다. 나는 정치인들을 별로 좋아하지 않는다.	1~5 (역)	0.727
	공공봉사동기 / 헌신	나는 사적인 이득과 무관하게 지역사회를 위해 봉사한다. 공공봉사는 시민의 의무이다.	1~5	0.565
	공공봉사동기 / 국민의무	사람들은 아무리 바쁘더라도 시민으로서의 의무를 다하고자 노력한다고 생각한다. "의무, 명예, 조국"과 같은 단어는 뭉클한 느낌을 불러일으킨다. 나는 사람들이 사회로부터 받은 이익보다 더 많은 것을 사회에 환원해야 한다고 생각한다. 나는 사회의 선을 위해서 자신을 기꺼이 희생할 준비가 되어 있다.	1~5	0.746
	공공봉사동기 / 동정심	대부분의 사회 정책들은 없어서는 안 될 만큼 아주 중요하다. 나는 어려움에 처해 있는 사람들을 볼 때마다 안타까움을 느낀다. 나는 일상생활 속에서 사람들이 서로 의지하고 있다고 종종 생각한다.	1~5	0.583
	성과중심 보상	나의 승진은 업무 실적에 달려 있다. 우리 조직에서는 업무수행 실적에 따라 보수가 달라진다. 우리 조직에서는 무능력하거나 일하지 않는 사람들에 대해 충분한 제재가 이루어진다. 우리 조직에서는 창조적이고 혁신적인 업무 수행이 보상받는다.	1~5	0.776
통제변수	학력	1=고졸 이하, 2=전문대졸, 3=대졸, 4=대학원졸 이상		
	근속연수	귀하가 공무원으로 근무한 총 재직 년수는 얼마입니까?		
	직급	1=9급, 2=8급, 3=7급, 4=6급, 5=5급, 6=4급, 7=3급		
	성별	0=여성, 1=남성		

최종적으로 합리적 차원으로서의 공공정책과정에 대한 호감도, 규범적 차원으로서의 헌신과 국민의무, 정서적 차원으로서의 동정심을 독립변수로 선택하였다. 공공정책과정에 대한 호감도는 정치적인 성격을 포함할 뿐만 아니라 문항에 포함된 단어를 고려하여 '정치에 대한 호감도'로 요인명을 수정하였다. 따라서 정치에 대한 호감도는 공공정책과정을 비롯한 정치 과정에 참여하고자 하는 개인적 욕구를, 헌신은 공익에 대한 관심 및 공익 추구의 노력을, 국민의무는 국가에 대한 충성 및 국민으로서 마땅히 수행해야 할 공적 임무를, 동정심은 사회적 약자나 소외된 사람들에게 느끼는 연민의 감정을 의미한다. 관련 문항은 <표 6-2>에 제시되어 있다.

성과중심 보상은 금전적 보상만이 아니라 성과와 연동된 승진, 상벌 등을 포함하는 보다 넓은 개념으로 측정하고자 하였다. 앞서 살펴보았듯이 우리나라의 경우는 성과급보다 승진의 경우가 외재적 보상으로서 외재적 동기를 강화할 가능성이 더 크기 때문이다. "나의 승진은 업무실적에 달려 있다," "나의 보수는 업무실적에 달려 있다," "우리 조직에서는 무능력하거나 일하지 않는 사람들에 대해 충분한 제재가 이루어진다," "우리 조직에서는 창조적이고 혁신적인 업무 수행이 보상받는다"는 4개 문항으로 성과중심 보상을 측정하였다.

III. 분석 결과

1. 기초통계

<표 6-3>은 기초통계분석 결과이다. 종속변수의 분석 결과를 보면 100점 척도로 측정된 개인생산성과 부처생산성의 평균은 각각 80.2, 81.3이며 편차도 11점 내외로 유사한 수준이다. 정치(공공정책과정)에 대한 호감도의 평균은 약 2.6으로 공공봉사동기의 다른 하위개념인 헌신(3.4), 국민의무(3.4), 동정심(3.7)에 비해 낮은 수치를 보였다. 개념적으로도 규범적 차원과 정서적 차원은 모두 사익보다는 공익, 혹은 다른 사람을 위하는 마음에서 출발한 동기이지만, 합리적 차원인 정치에 대한 호감도는 정치적 성향에 기반한 요인으로 구분된다. 성과중심 보상에 대한 인식 수준의 평균은 3.14로 나타났다.

표 6-3_ 기초통계

	변수	최솟값	최댓값	평균	표준편차
종속 변수	개인 생산성	10.0	100.0	80.19	11.76
	부처 생산성	10.0	100.0	81.30	11.50
독립 변수	정치(공공정책)에 대한 호감도	1.0	5.0	2.61	0.68
	헌신	1.0	5.0	3.36	0.59
	국민의무	1.0	5.0	3.37	0.60
	동정심	1.0	5.0	3.67	0.52
	성과중심 보상	1.0	5.0	3.14	0.67
통제 변수	직급(9급=1 ~ 3급=7)	1.0	7.0	3.76	1.31
	성별(여성=0, 남성=1)	0.0	1.0	0.68	0.47
	학력	1.0	4.0	3.10	0.55
	근속연수	0.0	37.0	12.15	8.02

2. 상관관계

<표 6-4>는 본 연구의 상관관계 분석 결과이다. 먼저 종속변수인 성과 변수들 간의 상관관계를 살펴보면 통계적으로 유의미하며 긍정적인 관계를 보이고 있다. 개인 생산성과 부처 생산성의 경우는 0.57로 상당히 높은 상관관계를 보이고 있어 개인 성과가 조직성과의 증대로 이어질 수 있는 가능성을 유추해 볼 수 있다. 다음으로 독립변수와 종속변수 간의 상관관계를 살펴보면 개인생산성과 부처생산성에 대해서 모든 독립변수가 유의미한 긍정적인 관계를 보이고 있다. 종속변수가 개인생산성일 때는 국민의무가 가장 큰 상관계수 값(0.246)을 나타난 데 반해 종속변수가 부처생산성일 경우에는 성과중심 보상이 가장 큰 상관계수 값(0.408)을 나타내고 있다.

다음으로 독립변수들 간의 상관관계를 살펴보면 다음과 같다. 첫째, 공공봉사동기의 하위 개념들 간의 관계에서, 정치에 대한 호감도와 국민의무, 동정심의 관계는 통계적으로 유의미하지 않으며, 헌신과 정치에 대한 호감도의 경우는 부의 관계를 보이고 있다. 반면, 헌신과 국민의무, 국민의무와 동정심 간의 관계는 0.4점 내외의 정의 상관관계를 보여주고 있다. 둘째, 성과중심 보상과 공공봉사동기 간에는 유의미한 긍정적인 관계가 나타나고 있다. 성과중심 보상에 대한 인식 수준과 정치에 대한 호

감도 및 동정심과의 관계는 각각 0.10, 0.15로 낮은 수치가 나타났으나, 규범적 차원인 헌신, 국민의무와의 관계는 각각 0.26, 0.40으로 이보다는 높은 정의 관계를 보여주고 있다.

표 6-4_ 변수 간 상관관계

	1	2	3	4	5	6	7	8	9	10
1.개인생산성	1									
2.부처생산성	.569**	1								
3.정치	.071**	.082**	1							
4.헌신	.218**	.211**	−.070**	1						
5.국민의무	.246**	.303**	.032	.468**	1					
6.동정심	.116**	.151**	−.029	.308**	.397**	1				
7.성과보상	.210**	.408**	.103**	.261**	.407**	.145**	1			
8.직급	.088**	−.080**	.035	.048*	.029	.074**	−.064**	1		
9.성별	.180**	.096**	.071**	.086**	.145**	.044	.199**	.261**	1	
10.학력	.108**	.007	.045	.105**	.045	.096**	−.003	.276**	.113**	1
11.근속연수	.185**	.042	−.036	.116**	.171**	.107**	−.040	.476**	.113**	−.019

주: **$P<0.01$, *$P<0.05$

3. 회귀분석: 공공봉사동기, 성과중심 보상, 성과 사이의 인과관계 도출

<표 6-5>와 <표 6-6>은 위계적 최소제곱법 회귀분석을 실시한 결과이다. 모델1은 종속변수가 '나의 생산성'인 경우, 모델2는 종속변수가 '부처 생산성'인 경우를 나타내며, 각각의 모델에 대해 통제변수만을 적용시킨 1단계와 통제변수와 독립변수를 적용시킨 2단계, 상호작용항을 추가로 적용시킨 3단계로 나누어 분석을 실시하였다.

표 6-5_ 회귀분석 결과: 모델1. 개인성과(종속변수=나의 생산성)

변수	1단계			2단계			3단계(조절효과)		
	beta	S.E	t	beta	S.E	t	beta	S.E	t
직급	−.087**	.251	−3.117	−.055*	.245	−1.999	−.058*	.245	−2.133
성별	.165***	.592	7.021	.112***	.590	4.776	.112***	.589	4.777
학력	.117***	.519	4.887	.096***	.507	4.085	.094***	.507	4.016
근속연수	.210***	.038	8.010	.178***	.038	6.848	.184***	.038	7.058
정치에 대한 호감도				.059**	.385	2.640	.060**	.386	2.665
헌신				.108***	.507	4.241	.106***	.509	4.144
국민의무				.095**	.546	3.380	.112***	.558	3.909
동정심				.001	.554	.029	−.010	.563	−.386
성과중심보상				.119***	.438	4.773	.119***	.443	4.729
성과*정치호감							.005	.480	.213
성과*헌신							−.037	.637	−1.409
성과*국민의무							.086**	.687	2.969
성과*동정심							−.006	.686	−.219
F변화량	35.676***			31.001***			22.316*		
R²(adjusted R²)	.074(.072)			.135(.131)			.140(133)		

주: ***P<0.001, **P<0.01, *P<0.05, †P<0.1

표 6-6_ 회귀분석 결과: 모델2. 조직성과(종속변수=부처 생산성)

변수	1단계			2단계			3단계(조절효과)		
	beta	S.E	t	beta	S.E	t	beta	S.E	t
직급	−.179***	.251	−6.259	−.122***	.230	−4.662	−.120***	.230	−4.569
성별	.125***	.592	5.176	.024	.553	1.079	.024	.553	1.076
학력	.045†	.519	1.820	.024	.475	1.044	.022	.476	.976
근속연수	.114***	.038	4.244	.083**	.036	3.330	.083**	.036	3.298
정치에 대한 호감도				.055*	.361	2.551	.056**	.363	2.602
헌신				.057*	.475	2.333	.058*	.478	2.361
국민의무				.110***	.512	4.096	.111***	.524	4.035
동정심				.041†	.519	1.748	.038	.529	1.581
성과중심보상				.327***	.411	13.692	.332***	.416	13.712
성과*정치호감							.006	.451	.291
성과*헌신							.017	.598	.654
성과*국민의무							−.003	.645	−.106
성과*동정심							−.033	.644	−1.346
F변화량	14.516***			51.332***			35.686		
R²(adjusted R²)	.031(.029)			.205(.201)			.206(200)		

주: ***P<0.001, **P<0.01, *P<0.05, †P<0.1

종속변수가 나의 생산성인 모델1의 분석결과는 조절효과가 유의미하게 나타났기 때문에 상호작용항을 고려한 3단계를 중심으로 살펴보고자 한다.[29] 정치에 대한 호감도, 헌신, 국민의무, 성과중심 보상이 개인의 생산성에 긍정적인 영향을 미치는 것으로 나타났다. 공공봉사동기 중에서는 정치에 대한 호감도에 비해 규범적 차원인 헌신과 국민의무가 개인 생산성에 더 큰 영향을 미치는 것으로 나타났다. 상호작용항을 고려한 3단계를 분석한 결과 공공봉사동기의 구축효과인 부정적인 조절효과는 통계적으로 유의미하지 않았다. 오히려 국민의무에 있어서는 가설과는 반대로 성과중심 보상이 개인 생산성에 미치는 효과를 긍정적으로 조절하는 것으로 나타났다. 즉, 국민의 의무로서 공직을 수행하는 데 있어 정당한 보상이 주어지면 그러한 동기를 더욱 크게 발휘할 가능성이 높다는 해석이 가능하다.

조직성과에 대한 모델2의 결과는 3단계 분석에서 조절효과의 조건을 충족시키지 못했기 때문에 2단계 결과를 중심으로 살펴보고자 한다. 정치에 대한 호감도, 헌신, 국민의무, 동정심, 성과중심 보상 모두가 부처 생산성에 긍정적인 영향을 미치는 것으로 나타났다. 공공봉사동기 중에서는 국민의무, 헌신, 정치에 대한 호감도, 동정심 순으로 효과가 크게 나타났다. 한편, 조직성과 모델에 있어서는 조절효과를 확인할 수 없었다.

IV. 연구의 의의 및 시사점

본 연구의 분석결과 및 함의를 요약하면 다음과 같다. 첫째, 조직성과와 개인성과에 영향을 미치는 변수와 그 크기가 상이하다는 점이다. 개인성과에 더 큰 영향을 미칠 것으로 여기는 성과중심 보상의 경우 오히려 조직성과 모형에서 영향력이 더 강한 것으로 나타났다. 아마도 성과중심보상 문항 구성이 주로 조직과 관련된 문항이기 때문으로 추정된다. 공공봉사동기의 하위개념 중 사회적 약자를 배려하는 동정심의 경우 개인 생산성에는 유의한 영향을 미치지 못하였으나, 부처생산성에는 긍정적인 영향을 미치는 것으로 나타났다. 공공봉사동기에서 주목받지 못했던 합리적 차원의 '정치에 대한 호감도'가 조직성과에 긍정적인 영향을 미칠 수 있다는 점도 의미 있는 발견으로 그 효과의 크기가 규범적 차원의 개념들보다는 작지만 동정심과 같은 정서적 차원보다는 크다는 점도 주목할 만하다.

둘째, 성과중심 보상 혹은 외재적 보상의 부정적인 효과로 지적되는 내재적 동기 부여의 구축효과에 대한 검증을 시도한 결과, 공공봉사동기의 구축효과가 통계적으로 유의하지 않은 것으로 나타났다. 그러나 국민의무에 있어서는 외재적 보상이 '국민의무'가 성과에 미치는 영향을 긍정적으로 조절하는 역 구축효과(crowding-in effect)가 나타났다는 점에도 주의를 기울일만하다. 외재적 보상이 자기결정권 인지를 훼손시킨다면 내재적 동기를 의도적으로 줄이려는 구축효과가 나타나지만, 외재적 보상이 개인의 결정을 지지 혹은 지원한다고(supportive) 인식하면 역의 구축효과가 일어날 수 있다고 한다.[30] 즉, 국민의무를 발휘함에 있어서는 성과중심 보상이 이러한 결정을 지지하는 수단이라는 해석이 가능할 수 있다. 공공봉사동기를 가지고 열심히 일하는 공무원에 대해 적절한 외재적 보상을 지급하는 것이 해당 공무원의 내재적 동기를 훼손시키는 것이 아니라 오히려 성과향상에 기여할 수 있다는 것이다.

한국사회에서는 공공봉사동기를 국가에 대한 의무, 공익에 대한 헌신, 동정심, 희생정신 등 이타적인 관점으로 한정해서 이해하려는 경향이 있는데, 앞으로는 이와 함께 공공정책 과정에 참여하고자 하는 욕구, 정치에 대한 관심 등 개인적인 특성도 고려할 필요가 있다. 합리적인 보상체계로 보수나 후생복지에 대한 불만을 줄여주는 것도 중요하지만, 주기적으로 공직동기를 강화시켜줌으로써 자신의 업무가 공공의 이익 또는 국가발전을 위해 중요한 역할을 하고 있다는 자부심을 갖게 하는 것은 예산의 제약 하에 놓여있는 공공기관에서 효율적으로 활용 가능한 인사관리 방안이 될 수 있을 것이다.[31] 하지만 본 연구의 결과가 공공봉사동기가 높은 사람들을 통해 높은 조직성과를 도출하는 데 있어 외재적 보상이 내재적 보상보다 효과적이라는 것을 의미하지는 않는다. 즉 내재적 동기로서의 공공봉사동기와 외재적 동기로서의 성과중심 보상 모두가 개인 및 조직성과를 향상시킬 수 있는 방향으로 나아갈 수 있는 인사관리방안이 모색되어야 할 것이다.

참고문헌

김상묵. (2013). 「한국인의 공공봉사동기: 세계적 보편성과 한국적 특수성」, 서울: 집문당.

노종호. (2016). 공무원의 성과급과 공공봉사동기가 직무성과에 미치는 영향분석. 한국인사
행정학회보, 15(2): 93-122.

박순애·오현주. (2006). 성과지향적 조직문화와 조직효과성. 한국행정학보, 40(4): 225-252.

박순애·정선경. (2011). 조직공정성과 경력정체가 조직효과성에 미치는 영향. 한국사회와
행정연구, 21(4): 1-23.

신황용·이희선. (2012). 공공조직 조직성과의 결정요인에 관한 연구: 공직동기, 신분불안,
직무만족을 중심으로. 행정논총, 50(1): 1-35.

유민봉. (2005). 「한국행정학」, 서울: 박영사

이근주. (2005). PSM과 공무원의 업무성과. 한국사회와 행정연구, 16(1): 81-104.

이근주·이혜윤. (2007). 보상 유형에 대한 차별적 기대가 공무원의 성과에 미치는 영향에
관한 연구. 한국행정학보, 41(2): 117-140.

전미선·이종수. (2014). 성과급은 내재적 동기에 어떤 영향을 미치는가?: 동기부여 혹은 동
기구축(crowding-out) 효과와 경로 분석. 한국인사행정학회보, 13(1): 161-176.

조태준·윤수재, (2009). 공공서비스동기(Public Service Motivation)와 성과 간 관계에 대
한 연구. 한국행정연구, 18(1): 223-252.

Adams, J. (1965). Inequality in social exchange. In L.Berkowitz (Ed), *Advances in
Experimental social psychology(2)*, New York: Academic press.

Alonso, P., & Lewis, G. B. (2001). Public Service Motivation and Job Performance:
Evidence from the Federal Sector. *American Review of Public Administra-
tion*, 31(4): 363-80.

Bellé, N. (2013). Experimental Evidence on the Relationship between Public Service
Motivation and Job Performance. *Public Administration Review*, 73(1):
143-153.

Bellé, N., & Ongaro, E. (2014). NPM, administrative reforms and public service mo-
tivation: improving the dialogue between research agendas, *International
Review of Administrative Sciences*, 80(2): 382-400.

Bellé, N., & Cantarelli, P. (2015). Monetary Incentives, Motivation, and Job Effort in the Public Sector, *Review of Public Personnel Administration*, 35(2): 99-123.

Boyne, G. A. (2002). Public and Private Management: What's the Difference?. *Journal of Management Studies*, 39(1): 97-122.

Bozeman, B., & Su, X. (2015). Public service motivation concepts and theory: A critique. *Public Administration Review*, 75(5): 700-710.

Brewer, G. A. (2003). Building Social Capital: Civic Attitudes and Behavior of Public Servants. *Journal of Public Administration Research and Theory*, 13(1): 5-26.

Brewer, G. A., & Selden, S. C. (2000). Why Elephants Gallop: Assessing and Predicting Organizational Performance in Federal Agencies, *Journal of Administration Research and Theory*, 10(4): 685-711.

Bright, L. (2007). Does person-organization fit mediate the relationship between public service motivation and the job performance of public employees? (Report), *Review of Public Personnel Administration*, 27(4): 361-379.

Crewson, P. (1997). Public service motivation: Building empirical evidence of in-cidence and effect. *Journal of Public Administration Research and Theory*, 7(4): 499-518.

Deci, E. L. (1971). Effects of externally mediated rewards on intrinsic motivation. Journal of Personality and Social Psychology, 18(1): 105-115.

Deci, E. L., Koestner, R., & Ryan, R. M. (1999). A Meta-Analytic Review of Experiments Examining the Effects of Extrinsic Rewards on Intrinsic Motivation. *Psychological Bulletin*, 125(6): 627-668.

Deci, E. L., & Ryan, R. M. (1985). *Intrinsic Motivation and Self-determination in Human Behavior*. New York: Plenum.

Frank, S. A., & Lewis, G. B. (2004). Government Employees: Working Hard or Hardly Working?, *American Review of Public Administration*, 34(1): 36-51.

Frey, B. S., & Jegen, R. (2001). Motivation Crowding Theory. *Journal of Economic Surveys*, 15(5): 589-611.

Georgellis, Y., Iossa, E., & Tabvuma, V. (2011). Crowding Out Intrinsic Motivation in the Public Sector, *Journal of Public Administration Research and Theory*,

21(3): 473-493.

Gneezy, U., & Rustichini, A. (2000a). A Fine is a Price. *The Journal of Legal Studies*, 29(1): 1-17.

Grant, A. M. (2008). Emplyees without a Cause: The Motivational Effects of Prosocial Impact in Public Service. *International Public Management Journal*, 11(1): 48-66.

Houston, D. J. (2000). Public Service Motivation: A Multivariate Test. *Journal of Public Administration Research and Theory*, 10(4): 713-28.

_____. (2006). "Walking the Walk" of Public Service Motivation: Public Employees and Charitable Gifts of Time, Blood, and Money. *Journal of Public Administration Research and Theory*, 16(1): 67-86.

Kelman, S. (1987). "Public Choice" and Public Spirit, *Public Interest*, Spring: 80-94

Kim, S. (2005). Individual-Level Factors and Organizational Performance in Government Organization. *Journal of Public Administration Research and Theory*, 15(2): 245-261.

_____. (2009). Revising Perry's Measurement Scale of Public Service Motivation. *American Review of Public Administration*, 39(2): 149-163.

Kim, S., Vandenabeele, W., Wright, B. E., Andersen, L. B., Cerase, F. P., Christensen, R. K., Desmarais, C., Koumenta, M., Leisink, P., Liu, B., Palidauskaite, J., Pedersen, L. H., Perry, J. L., Ritz, A., Taylor, J., & De Vivo, P. (2013). Investigating the Structure and meaning of Public Service Motivation across Populations: Developing an International Instrument and Addressing Issues of Measurement Invariance. *Journal of Public Administration Research and Theory*, 23(1): 79-102.

Leisink, P., & Steijn, B. (2009). Public service motivation and job performance of public sector employees in the Netherlands, *International Review of Administrative Sciences*, 275(1): 35-52.

Naff, K. C. & Crum, J. (1999). Working for America: Does Public Service Motivation Make a Difference? *Review of Public Personnel Administration*, 19(4): 5-16.

Park, S., & Hwang, D. (2010). An Analysis of Policy Satisfaction Using the Expectancy Disconfirmation Model, *Korean Journal of Policy Studies*, 25(3): 47-67.

Perry, J. L. (1996). Measuring Public Service Motivation: An Assessment of Construct Reliablilty and Validity. *Journal of Public Administration Research and Theory*, 6(1): 734-746.

Perry, J. L., & Wise, L. R. (1990). The Motivational Bases of Public Service. *Public Administration Review*, 50(3): 367-373.

Perry, J. L., Hondeghem, A., & Wise, L. R. (2010). Revisiting the Motivational Bases of Public Service: Twenty Years of Research and an Agenda for the Future, *Public Administration Review*, 70(5): 681-690.

Petrovsky, N., & Ritz, A. (2014). Public service motivation and performance: a critical perspective, *Evidence-Based HRM*, 2(1): 57-79.

Rainy, H. G., & Steinbauer, P. (1999). Galloping Elephants: Developing Elements of a Theory of Effective Government Organizations, *Journal of Public Administration Research and Theory*, 9(1): 1-32.

Ritz, A. (2009). Public Service Motivation and Organizational Performance in Swiss Federal Government. *International Review of Administrative Sciences*, 75(1): 53-78.

Ritz, A., Brewer, G. A., & Neumann, O. (2016). Public Service Motivation: A Systematic Literature Review and Outlook, *Public Administration Review*, 76(3): 414-426.

Ryan, R. M. & Deci, E. L. (2000). Intrinsic and Extrinsic Motivations: Classic Definitions and New Directions. *Contemporary Educational Psychology*, 25(1): 54-67.

Selden, S. C. (2004). Testing a Multi-dimensional Model of Organizational Performance: Prospects and Problems. *Journal of Public Administration Research and Theory*, 14(3): 395-416.

Stazyk, E. C. (2013). Crowding Out Public Service Motivation? Comparing Theoretical Expectations with Empirical Findings on the Influence of Performance-Related Pay, *Review of Public Personnel Administration*, 33(3): 252-274.

Steijn, B. (2008). Person-Environment Fit and Public Service Motivation, *International Public Management Journal*, 11(1): 13-27.

Taylor, J. (2008). Organizational Influences, Public Service Motivation and Work Outcomes: An Australian Study. *International Public Management Journal*, 11(1): 67-88.

Vandenabeele, W. (2007). Toward a Public Administration Theory of Public Service Motivation: An Institutional Approach. *Public Management Review*, 9(4): 545-556.

_____. (2009). The Mediating Effect of Job Satisfaction and Organizational Commitment on Self-Reported Performance: More Robust Evidence of the PSM-Performance Relationship. *International Review of Administrative Sciences*, 75(1): 11-34.

Vroom, V. H. (1964). *Work and Motivation*. Hoboken, NJ: John Wiley & Sons.

Weibel, A., Rost, K., & Osterloh, M. (2010). Pay for Performance in the Public Sector-Benefits and (Hidden) Costs. *Journal of Public Administration Research and Theory*, 20(2): 387-412.

Wright, B. E. & Grant, A. M. (2010). Unanswered Questions about Public Service Motivation: Designing Research to Address Key Issues of Emergence and Effects, *Public Administration Review*, 70(5): 691-700.

미 주

✱ 2017년 한국조직학회보 제14호 제2권에 게재된 "공공봉사동기와 성과중심 보상제도에 대한 인식이 성과에 미치는 영향: 공직봉사동기의 구축효과에 대한 실증분석"을 수정·보완한 글이다.

1 Crewson, 1997; Rainey & Steinbauer, 1999

2 Rainy & Steinbauer, 1999: 23

3 Vandenabeele, 2007: 547

4 Crewson, 1997; Houston, 2000

5 Ryan & Deci, 2000

6 Steijn, 2008: 14

7 Ritz, et al., 2016

8 Brewer, 2003; Frank & Lewis, 2004; Houston, 2006; Steijn, 2008; Taylor, 2008

9 Perry, 1996

10 Brennan & Buchanan, 1985; Ritz, et al., 2016 재인용.
본 연구에서는 합리적 차원을 포함하여 Perry의 초기 버전에 포함된 6가지 하위개념 전체를 재검증해 보고자 한다. 6가지 개념 전체를 고려하는 또 다른 이유는 Perry(1996)의 4가지 하위 개념에는 시민의 무가 포함되어 있지 않지만 유교적 문화가 강한 우리나라에서는 국가에 대한 의무가 공공봉사동기를 구성하는 데 있어 주요한 요인이 될 수 있기 때문이다.

11 Deci & Ryan, 1985

12 Grant, 2008; Perry, et al., 2010

13 Ritz, et al., 2016

14 Leisink & Steijn, 2009; Naff & Crum, 1999; Vandenabeele, 2009

15 Bright, 2007

16 신황용·이희선, 2012; Brewer & Selden, 2000; Kim, 2005; Ritz, 2009

17 노종호, 2016; 이근주·이혜윤, 2007; 조태준·윤수재, 2009; Kim, 2005

18 Kim, 2009; 이근주, 2005

19 유민봉, 2005

20 성과보상의 효용은 각 조직 및 개인이 처한 상황과 조건에 따라 상이할 수 있으며, 이를 뒷받침하는 이론적 근거로 Adams(1965)의 공정성이론(Equity theory), 토너먼트이론 등이 주로 거론되고 있다.

21 Deci, et al., 1999; Frey & Jegen, 2001; Weibel, et al., 2010

22 Deci, et al., 1999; 전미선·이종수, 2014 재인용

23 Deci, et al., 1999; Weibel, et al., 2010

24 Stazyk, 2013

25 Georgellis, et al., 2011

26 나의 생산성 및 조직 생산성을 측정하는 문항은 1~100점 척도로 되어 있으나, 응답자가 1~10점 척도로

착각하고 응답한 것처럼 보이는 샘플 30개를 제외하였다. 한 문항에서 10점을 주었더라도 다른 응답에서 그보다 더 큰 점수를 부여한 경우는 제외시키지 않았다.

27 Boyne, 2002; Brewer & Selden, 2000; Selden, 2004

28 이근주·이혜윤, 2007

29 조절효과의 조건인 각각의 단계에서 유의확률 F변화량이 0.05보다 작아야한다는 것과 1단계, 2단계, 3단계에서의 R제곱은 순차적으로 증가해야한다는 것이 성립하는지 여부를 살펴본 결과, 모델1의 경우는 두 조건이 모두 성립하였으나, 모델2의 경우에는 3단계에서의 유의확률 F변화량이 0.05보다 크기 때문에 조절효과를 확인할 수 없었다.

30 Frey & Jegen, 2001

31 박순애 외, 2011

07

업무특성에 따른
성과보상제도의 효과성

07

업무특성에 따른
성과보상제도의 효과성*

2016년 통계청이 공개한 '기업활동 조사 잠정 결과' 보고서에 따르면 연봉제, 성과급 등 성과보상 제도를 운영하는 기업은 82.2%에 달하였다. 그러나 성과급 중심의 조직관리가 정착된 민간과 달리 공공부문에서의 논의는 여전히 뜨거운 감자이다. 특히 문재인 정부의 출범과 함께 성과연봉제를 확대·도입하려던 박근혜 정부의 정책이 전면 폐지 수순을 밟게 되면서 공공부문 성과관리는 새로운 국면에 접어들게 되었다. 하지만 이러한 논의가 쉽사리 합의점을 찾지 못하고 있는 이유는 공공부문에 있어서 성과보상이 실제 어떠한 효과를 거두고 있는지, 공직자들의 역량과 성과제고를 위하여 성과관리 및 보상제도가 어떻게 설계되어야 하는지 등에 대한 실증연구가 부족하기 때문인 것으로 보인다.

공공부문의 성과보상 제도가 우리 사회에서 큰 이슈가 된 것은 최근이나, 사실 성과보상은 1980년대 후반 전 세계적으로 유행했던 신공공관리론에 입각한 정부개혁의 메커니즘 중 하나로 조명을 받기 시작하여 오랜 기간 공공부문 관리기법의 중요한 수단으로 활용되어 왔다. 우리나라에서도 김대중 대통령 재임 시 성과보상의 일환인 성과상여금 제도가 운영되었고, 2000년대 초반에는 성과연봉제가 도입·시행되었다.

하지만 아직까지 이러한 제도의 효과에 대해서 분명히 밝혀진 바가 없는 것이 현실이다. 금전적 성과보상의 대표적 형태인 성과급에 대해 대부분의 민간 사례에서는 긍정적인 효과를 가지는 것으로 나타난 반면 공공부문 성과급의 효과에 대해서는 상반된 결과가 공존하고 있어 그 효과를 가늠하기 어려운 상황이다. 우리나라에서 승진으로 대표되는 비금전적 보상의 경우 성과향상 내지는 근무노력 강화 등에 긍정적 효과를 미치고 있다는 연구가 지배적이기는 하지만, 승진 이외에 교육훈련, 보직배치, 포상, 상훈 등 다양한 유형의 비금전적 보상이 공직자들에게 어떠한 영향을 미치는지에 대해서는 알려진 바가 적다.

또한 문재인 정부의 직무급제[1] 도입 · 확대 정책에 따라 성과관리의 초점이 '사람'에서 '직무' 중심으로 옮겨가고 있는 경향에도 불구하고, 성과보상의 효과를 주장함에 있어 '업무'의 특성을 함께 고려한 연구는 부족한 현실이다. 아직까지 직무(job)나 업무(task)의 특성에 따라 성과보상의 효과가 달라짐을 보고하는 소수의 국외 연구만이 존재하고 있어 우리나라에서도 그 적용 가능성을 검토해 볼 필요가 있다.

이에 본 연구는 금전적 및 비금전적 보상이 공무원의 개인적 성과에 미치는 영향을 살펴보고, 이들 간의 관계에 업무 특성이 가지는 조절 효과에 대하여 탐색해보고자 한다. 2017년 중앙부처 공무원 1,440명을 대상으로 실시한 설문조사 자료에 대한 실증 분석 결과를 바탕으로 융합과 협업을 강조하는 4차 산업혁명 시대에 바람직한 성과보상 기제의 설계 및 운영에 대한 정책적 시사점을 제시하고자 한다.

I. 성과보상의 효과

1. 성과와 금전적 · 비금전적 보상

성과보상(performance-related rewards)이란 조직구성원이 달성한 성과를 조건으로 약속한 보상을 의미한다. 즉, 조직구성원들이 업무를 수행하기 위해 투입한 노력, 시간 등에 대한 대가로서의 교환적 보상[2]을 의미하며, 모든 금전적(성과급 등) 및 비금전적(교육훈련, 승진, 선호보직 우선배치 등) 유형의 보상을 포함한다.[3] 성과중심 보상의 동기부여이론 기반은 Vroom(1964)의 기대이론(expectancy theory)과 Adams(1965)의 공정성 이론(equity theory)에서 찾아볼 수 있다. 기대이론에 따르면, 개인의 동기부여는 다음 세 가지 요인에 의해 영향을 받는다. 첫째, 자신의 노력으로 성과를 달성할 수 있다는 개인의 신념(expectancy), 둘째, 주어지는 결과(보상)에 대하여 각 개인이 부여하는 주관적 가치(valence), 셋째, 자신이 달성한 성과가 보상을 가져오게 될 것이라는 믿음의 강도(instrumentality)이다. 즉 조직구성원은 높은 성과에 상응하는 보상을 받기 위해 열심히 노력한다는 것이다. 성과중심 보상은 기대이론의 첫 번째와 세 번째 요인을 충족시키기 위한 기본적인 전제 조건이 될 수 있는 것이다. 한편, 공정성 이론에 의하면 직무를 수행한 개인은 투입한 노력과 성과에 상응하는 보상을 받아야 하며, 개인들 간에 성과와 보상 사이에 차이가 존재한다면 그 차이는 공정해야 한다는 것이다.[4] 만약 개인이 상대적으로 불공정한 보상을 받았다고 생각하면 개인은 인지와 실제 사이의 괴리를 극복하기 위해 자신의 노력 수준을 줄이고자 할 것이며, 노력에 상응하는 정당한 보상을 받고 있다는 믿음이 노력 수준을 유지하게끔 할 것이다.

신공공관리론에서 성과중심 보상을 도입하고자 하는 이론적 근거는 경제학의 주인-대리인 이론에서 찾아볼 수 있다. 통제 중심의 관리에서 탈피하여 성과를 강조하는 성과중심 관리에서는 성과향상이 이루어질 수 있는 인센티브 설계를 중요시한다. 주인-대리인 이론에 따르면 정보 비대칭 상황 하에서 대리인의 도덕적 해이나 기회주의적 행태를 감소시키고, 열심히 일할 동기를 부여하기 위한 인센티브로서 성과급이 필요하다는 것이다. 성과급 도입은 주인과 대리인의 이익을 일치시켜 긍정적인 조직성과를 이끌어낼 수 있다고 한다.[5] 동기 이론적 측면에서 보면 성과중심 보상은 외재적 보상에 해당하며 외재적 동기 유발과 관련되어 있다. 외재적 동기는 자신의 노력 및 행동을 통해 성과급, 승진, 타인으로부터의 인정 등과 같은 외부로부터 주어지는 보상을 이끌어낼 수 있다고 인식할 때 발생한다. 즉, 외재적 동기는 외재적 보상을 통해 행동에 따른 특정한 결과를 기대할 수 있을 때 발생한다고 할 수 있다.[6] 특히 공공부문에서 승진은 성과중심 보상의 중요 요소로 볼 수 있다. 현 직위에서 다른 직위로 옮겨가는 인사이동의 한 유형인 승진은 직급 상의 직위상승으로 이에 따라 책임과 의무가 증가하며, 이와 비례하여 유형적, 무형적 보상이 수반된다.[7] 승진의 대표적인 기준으로 연공서열과 실적을 들 수 있다. 실적에 의한 승진이 이루어지는 경우가 성과중심 보상에 해당한다고 볼 수 있다.

1) 금전적 보상의 효과

성과중심 보상의 가장 대표적인 형태라고 할 수 있는 성과급의 효과성에 대한 연구는 민간부문뿐만 아니라 공공부문에서도 활발하게 진행되어 왔으나 일치된 연구결과를 보여주고 있지는 않다. 공공부문에서의 성과급과 관련된 연구 153개를 분석한 결과,[8] 93개 연구에서는 성과급의 효과가 긍정적으로, 37개는 무관하게, 나머지 23개는 부정적으로 보고되었다. 연구방법론에 따라 분류해 본 결과 관찰 자료(observational data)에 바탕을 두고 통계 분석을 한 119개 연구 중에서는 성과급 효과가 긍정인 것은 68개, 부정인 것은 16개였으며 나머지는 무관한 것으로 나타났다. 26

개의 현장실험(field experiment) 연구 중, 긍정적인 결과는 17개로 나타났으며, 8개의 실험실(laboratory experiment) 연구는 모두 성과급이 긍정적인 효과를 가진 것으로 나타났다. 업무 유형별로는 결과가 쉽게 측정될 수 있는 생산 업무(production job), 숙련 업무(craft job: 세무, 교육, 의료 분야의 업무)가 성과측정이 어려운 대응 업무(coping job; 행정, 관리 업무)보다 월등히 많았으며, 결과에 있어서도 전자의 경우가 후자보다 긍정적인 효과가 나오는 비중이 높았다. 이를 통해 성과를 객관적으로 측정할 수 있는지 여부가 성과급 적용에 중요하다는 것을 알 수 있으며, 성과를 측정하기 어려운 공공부문의 업무에 있어서는 성과급 적용 자체가 어렵다는 것을 간접적으로 추론할 수 있다. 또한 성과급의 효과 역시 성과 측정이 비교적 용이한 업무에 있어 긍정적으로 나타날 가능성이 높다는 것을 알 수 있다.

Weiber 등(2010)은 성과급과 실제 성과 사이에 분명한 긍정적인 관계[9]와 부정적인 관계[10]를 보고하는 서로 대조적인 선행 연구들의 결과를 제시한 후, 비교적 높은 내적타당성을 갖춘 46개의 연구들에 대해 메타분석을 실시하였다. Weiber 등이 주목한 것은 업무유형에 따른 차별적 효과이다. 46개의 연구들을 흥미로운(interesting) 업무(복잡한, 의미 있는 업무)와 그렇지 않은 단순업무로 구분하여 후자의 경우에는 성과급이 성과에 긍정적인 효과를 미치는 반면 전자의 경우에는 성과급이 오히려 성과에 부정적인 효과를 미친다는 것을 밝혀냈다. 흥미로운 업무는 앞서 살펴본 Hasnain 등의 연구에서의 대응 업무(coping job)와 유사하다. 이러한 메타 분석 연구 결과를 종합해 보면 성과급은 전반적으로 성과에 긍정적인 영향을 미치지만 일부 업무 유형에 있어서는 부정적인 영향을 미칠 수 있다는 것이다. Judge et al.(2010)은 성과급을 포함한 보수 수준이 전반적인 직무만족에 미치는 영향에 대해 메타분석을 실시하였으나, 일반적 상식과는 달리 보수 수준과 직무만족 간의 분명한 상관관계를 발견하지 못하였다.

성과급이 성과 내지 근무노력 등 효과성에 미치는 영향에 관한 국내 연구는 일부 긍정적인 연구가 존재하나, 대체로 부정적 혹은 유의미하지 않은 결론을 도출하고 있다.[11] 정광호(2003)는 한국노동패널자료를 활용하여 공공부문 및 민간부문 근로자를 대상으로 성과급이 직무만족에 미치는 영향을 분석한 결과 유의미한 관계를 발견하였으나, 전미선·이종수(2014)는 성과급의 유의미한 직접적 효과를 발견하지 못하였다. 이러한 연구 결과들을 종합하면, 공공부문에서 금전적 보상은 긍정적, 부정적 효과가 혼재한다고 할 수 있다.

2) 비금전적 보상의 효과

비금전적 보상이 성과에 미치는 영향에 대한 실증연구는 공공부문뿐 아니라 민간부문에 있어서도 미미한 상태이다. 이는 공공부문에서 금전적 보상의 한계는 널리 알려져 있지만, 비금전적 보상을 포함한 다른 보상 기제가 이를 대체할 만한 효과적인 수단으로 인식되지 않고 있어 활용도가 낮은 것으로 추정할 수 있다.[12] 하지만 최근 연구에서 비금전적 보상의 효과가 다수 보고되고 있다. Ashraf et al.(2014)은 보건서비스를 제공하는 공공조직 구성원들을 대상으로 금전적 보상의 규모에 따른 효과와 비금전적 보상의 영향을 측정한 실험조사 결과 비금전적 보상이 일관되게 성과향상과 유의한 관계를 가지고 있음을 밝혔다. Bellé이 수행한 일련의 실험연구 중 2015년 300명의 공공부문 간호사를 대상으로 한 무작위 현장 실험(randomized field experiment)에서는 비금전적 보상이 내적 동기부여의 감소 없이 긍정적인 효과가 있음을 시사하였다. 이 밖에도 상훈과 같은 성과에 대한 인정[13]과 등수의 공개와 같은 성과에 대한 피드백이 긍정적인 영향을 미친다는 연구 결과[14]가 존재한다.

국내에서는 보다 일찍 예산제약 및 정치적, 법적 책임으로 인해 높은 성과를 유도할만한 충분한 보수를 제시하지 못하는 정부의 태생적 한계를 언급하며 성과급 이외의 다양한 성과보상 제도에 대한 고려가 필요하다는 주장이 제기되었다.[15] 이근주·이혜윤(2007)은 성과급과 같은 금전적·외재적 보상보다는 업무수행에서 느끼는 성취감, 조직 혹은 타인으로부터의 인정 등 비금전적·내재적 보상에 대한 기대가 공무원의 성과창출에 유의미한 영향을 미친다는 결론을 도출하였다. 우리나라 지방공무원을 대상으로 공무원이 업무수행을 통해 얻고자 하는 가치를 조사한 김영근(1999)의 연구에서는 응답자의 약 60%가 승진을 가장 중요시한다고 대답하였다. 2009년도 서울대학교 정책지식센터에서 중앙정부 공무원을 대상으로 실시한 설문조사에서도 공직자의 사기 앙양을 위해 가장 중요하다고 생각하는 요소로 응답자의 30%가 승진을 선택한 반면 성과급을 선택한 응답자는 0.6%에 불과했다.[16] 경찰공무원을 대상으로 보상 유형이 직무만족에 미치는 영향을 분석한 유영현(2012)의 연구에서는 금전적 보상이 포함된 외재적 보상보다는 비금전적 보상인 직무적 보상과 사회적 보상이 직무만족에 더 큰 영향을 미치는 것으로 나타났다. 성과중심 보상에 성과급뿐만 아니라 승진 요소를 고려한다면 성과 중심보상이 우리나라 공무원을 대상으로도 성과에 긍정적인 효과를 도출할 수 있다는 추측이 가능하다. 실제로 이형우(2016)는 성과관리제도의 특성이 근무 노력에 미치는 영향에 대한 연구 결과, 성과급 비중은 유의미한 결과를 나타내지 못했지만 성과에 따른 승진은 근무노력에 긍정적인 영향을 미친다고 보고하였다.

성과급과 성과에 관한 해외의 주요 메타 연구 결과를 종합해본 결과 성과급은 업무 유형에 따라 성과에 미치는 영향이 달라질 수 있지만 전반적으로 긍정적인 영향을 미치는 것으로 볼 수 있다. 우리나라 현실에서는 성과급이 성과에 미치는 영향은 부정적이거나 무의미한 것으로 나타났지만 성과에 따른 승진 요소를 성과 중심 보상에 포함시킨다면 성과에 긍정적인 영향을 미칠 가능성이 있다. 이러한 점을 고려하여 성과중심 보상에 대한 인식 수준이 높을수록 성과도 높을 것으로 예상할 수 있다.

2. 성과보상 효과로서의 직무몰입

성과보상의 효과와 관련하여 주로 거론되는 개념들은 조직 차원의 수익성, 생산성, 효율성 등이 있으며 일반적으로 개인 차원의 직무몰입, 직무만족, 조직몰입 등이 대리변수로 활용되고 있다. 본 연구에서는 개인 차원에서의 직무몰입에 초점을 맞추어 성과보상의 효과에 대하여 논해 보고자 한다.

일반적으로 직무몰입(job involvement)이란 심리적으로 자신의 직무와 동일시하는 정도, 혹은 개인의 전체적인 자아상을 나타내는 데 있어 직무가 차지하는 중요도로 정의된다.[17] Saleh & Hosek(1976)은 직무몰입에 대한 선행연구들을 종합하여 직무몰입을 네 가지 차원으로 구분하였다. 구체적으로, 직무에 몰입하게 되는 시점에 초점을 맞춰 첫째, 직무가 인생의 주요 관심사일 때, 둘째, 적극적으로 일에 참여할 때, 셋째, 성과를 자존감의 주요요소로 인식할 때, 넷째 성과를 자아개념과 동일시할 때로 직무몰입이 이루어지는 차원을 구분하였다. 이후 Kanungo(1982)는 구체적이고 특정적인 직무몰입과 보다 일반화된 일에 대한 몰입(work involvement)이 구분되어야 한다고 보았다. 즉, 직무몰입은 직무가 개인의 욕구를 얼마나 충족시킬 수 있는지에 따라 달라지는 반면, 일에 대한 몰입은 일의 가치에 대한 규범적 신념으로서 문화적 조건화(cultural conditioning) 및 사회화(socialization)에 따라 달라진다고 설명하였다.

본 연구에서는 Saleh & Hosek(1976)의 직무몰입 차원 중 첫 번째 차원으로 직무몰입의 개념을 정의하고자 한다. 즉, 직무를 삶의 재미를 느끼는 대상으로 인식하는 정도 및 직무가 삶에 있어 차지하는 중요도를 직무몰입으로 간주하고자 한다. 직무가 인생의 주요 관심사일 때 적극적으로 일에 참여하고 직무성과와 자아를 동일시하는 등 첫 번째 차원이 다른 차원을 설명하는 보다 근본적인 직무몰입의 차원이 될 수 있기 때문이다. 또한 직무몰입에 영향을 미치는 욕구충족 요인으로 성과보상에 초점을 두고자 한다.[18]

실제로 Keller(1997), Lawler(1986) 등의 학자들은 직무몰입이 개인 및 조직성과에 중요한 영향을 미칠 수 있는 요인임을 주장하였다. 물론 Brown(1996)은 메타분석 연구에서 직무몰입과 성과 사이에 유의미한 관계를 발견하지 못하였다고 주장하였으나, 이후 Diefendorff et al.(2002)이 Brown(1996)의 연구 결과를 재해석할 수 있는 두 가지 이유를 제시하였다. 첫째, 선행연구에 사용된 직무몰입 측정도구가 일 중심 성향(work centrality)과 혼재되어 구성타당성의 문제를 지니고 있었다는 점과 둘째, 성과의 개념을 조직시민행동과 같은 맥락적 성과(contextual performance)에 대한 고려 없이 역할 내 성과(in-role performance)로만 한정하였기 때문이라는 점이다. 이러한 한계를 보완하여 실증분석을 실시한 결과 직무몰입이 역할 내 성과와 조직시민행동 모두에 긍정적인 영향을 미친다는 결론을 도출하였다. 이후에 수행된 연구들 역시 직무몰입이 업무적 성과향상으로 이어진다는 결과를 지지하고 있다.[19]

따라서 본 연구에서는 직무몰입이 성과보상 제도가 달성하고자 하는 목적 중 하나가 될 수 있을 뿐 아니라 업무적 성과의 대리변수로 활용되고 있다는 점을 고려하여, 직무몰입을 성과보상의 효과로 간주하고자 한다.

3. 금전적 및 비금전적 성과보상과 직무몰입

직무몰입을 성과보상의 효과로 간주하여 실증분석한 연구들은 전반적으로 성과보상이 직무몰입에 긍정적인 영향을 미치는 것으로 보고 있다.[20] 예를 들어, Moynihan & Pandey(2007)는 직무동기가 발현되는 태도로 직무만족, 직무몰입, 조직몰입을 상정하고 미국의 주정부 관리자들을 대상으로 외재적 동기요인과 내재적 동기요인이 직무동기에 미치는 효과를 분석하였다. 그 결과 외재적 동기요인인 승진기회가 직무특성 및 공공봉사동기와 같은 내재적 동기요인 보다 직무몰입 효과가 큰 것으로 나타났다. 공공기관의 전문직 종사자를 대상으로 한 Hassan(2014)의 연구에서는 성과보상제도에 대한 인식이 직무몰입에 영향을 미치지만 직무의 중요성이 몰입에 미치는 영향보다는 작은 것으로 나타났다. 다수의 국내 연구도 성과관리제도 혹은 성과보상이 직무몰입에 미치는 긍정적인 효과를 지지하고 있다.[21]

하지만 일부 연구에서는 외재적 요인인 성과보상이 직무몰입에 미치는 영향이 증명되지 않았으며, 내재적 요인에 비해 직무몰입에 큰 영향을 미치는지 여부에 대해서 논란의 여지가 있다고 주장한다. 예를 들어, Ko & Smith-Walter(2013)는 성과보상이 직무몰입에 부정적인 영향을 미치는 결과를 도출했다. 또한 O' Driscoll & Randall(1999)은 내재적 보상에 대한 만족은 직무몰입에 긍정적인 영향을 미치는 반면 외재적 보상에 대한 만족은 직무몰입에 유의미한 영향을 미치지 않는다고 하였다.

비금전적인 보상이 직무몰입에 미치는 직접적 영향에 대한 선행연구는 찾기 어려웠지만 앞서 살펴본 금전적, 비금전적 보상이 직무몰입 이외의 다른 효과성 변수에 미치는 영향에 관한 연구들을 종합하여 볼 때, 금전적 및 비금전적 보상은 성과향상에 긍정적인 영향을 미칠 것으로 예상된다(가설 1). 특히 예산제약 및 정치적, 법적 책임 등으로 인하여 교육훈련, 승진 등의 비금전적 보상 제도가 주도적으로 운영되어 온 우리나라에서는 금전적 보상보다 비금전적 보상이 직무몰입에 미치는 영향이 더 클 것으로 보인다(가설 2).

4. 성과보상의 효과에 있어 업무특성의 조절효과

성과보상의 효과에 대한 상반된 연구 결과가 공존하는 상황에서 효과성에 영향을 미치는 서로 다른 맥락 및 조건에 대한 고려의 필요성이 대두되고 있다. 특히 효과성을 좌우할 수 있는 변수 중 하나로 업무의 특성에 관한 연구는 주목할 만하다. 예를 들어, Hasnain et al.(2014)은 업무 유형별 성과급의 효과에 대해 성과달성 여부의 측정이 용이하지 않은 행정관리업무보다 결과가 더 뚜렷하게 드러나는 생산기술 관련 업무에서 보다 긍정적인 효과가 나타남을 보고하였다. Weiber et al.(2010)과 Garbers and Konradt(2014) 또한 업무의 유형을 도전적인 업무와 단수업무로 구분할 경우 성과급은 단순 업무의 성과향상에 긍정적인 영향을 미치는 반면 도전적 업무의 경우 오히려 부정적인 영향을 미친다는 결론을 도출하였다.

업무 유형별로 존재하는 독특한 효과에 대해서는 성과보상에 관한 연구 이외의 영역에서도 논의된 바 있다. 직무특성모형(job characteristics model)에 따르면 자율성, 과업 중요성, 기술 다양성, 과업 주체성, 피드백의 특징을 지니고 있을 경우 직무만족과 성과 등을 향상시키며 동기부여의 원천이 될 수 있다고 한다.[22] Fried & Ferris (1987)가 직무특성이론을 적용한 200여 개의 연구에 대한 메타분석 결과 업무특성이 직무만족을 비롯한 조직효과성에 미치는 영향이 검증되었다. 직무몰입의 선행요인으로 개인특성, 동기, 역할지각 등과 함께 직무특성이 포함되었으며,[23] 직무특성은 직무의 의미, 역할 명확성, 일상화 정도, 안정성 등 다의적으로 정의될 수 있지만 대체로 직무몰입에 영향을 미치는 것으로 나타났다.[24]

본 연구에서는 업무의 특성이 성과보상의 효과에 영향을 미칠 수 있다는 가정(가설3) 하에 주요사업과 지원업무로 업무유형을 구분하여 각각의 효과를 살펴보고자 한다. 공무원의 업무를 명확하게 양분하기 어려우며, 같은 부서 내에서도 개인마다 업무의 특성이 다르게 인지될 수 있다는 한계가 존재하지만, 본 연구에서는 객관적 업무특성에 주목하고자 한다. 업무특성을 주요사업과 지원업무로 구분할 때, 자율성, 과업 중요성, 기술 다양성 등 다섯 가지 직무특성은 일반적으로 지원업무보다 주요사업에서 보다 분명하게 나타나며 따라서 주요사업 담당자들에게서 더 높은 수준의 직무몰입을 기대할 수 있다.

구체적으로 주요사업 업무는 관련된 전문기술뿐만 아니라 대인관계, 협상력 등 보다 다양한 기술 및 능력이 요구되는 경우가 많으며, 처음부터 끝까지 완결된 업무를 맡게 되는 경우가 대부분이다. 일반적으로 완결된 서비스 단위를 제공하거나 사업 전체에 관여하는 작업은 전체 중 일부에만 관여하는 작업보다 흥미롭게 느껴지는 경향이 있다.[25] 또한, 지원업무가 조직의 내부고객에 한정되는 데 반해 주요사업 담당자는 외부고객까지 그 대상이 확대된다. 타인의 행복에 영향을 미치는 직업의 종사자들은 그 일에서 더 큰 의미를 부여할 수 있다는 측면에서,[26] 담당 사업의 결과로 국민 전체의 삶의 질이 개선되는 경험은 직무몰입에 강한 추동력이 될 수 있다. 나아가 주요사업은 대체로 정형화된 지원업무보다 전체적인 사업 구상 등 상대적으로 자율성이 발휘될 기회가 많다. 특히, 지원업무에 비해 비교적 명확한 성과목표를 설정하고 목표 달성 여부에 대한 피드백을 통해 더 높은 수준의 직무몰입을 이끌어낼 수 있다.

이상의 논의를 종합하여볼 때, 주요사업을 수행하는 경우 지원업무에 비해 직무몰입 수준이 높을 것이며 내재적 동기에 구축효과(crowding-out effect)를 가져올 수

있는 금전적 보상보다는 비금전적 보상의 역할이 클 것이라 가정할 수 있다. 내재적
동기부여는 일 자체의 재미, 의미 등에서 유발되는 것으로 성과보상의 구축효과는 단
순업무보다는 도전적이고 중요하게 느끼는 업무에서 발생할 가능성이 크다. 따라서
주요사업을 담당할 경우에는 비금전적 보상이 직무몰입에 미치는 긍정적 영향이 큰
반면(가설 3-1), 지원업무를 담당할 경우 금전적 보상이 직무몰입에 미치는 긍정적
영향이 클 것(가설 3-2)이라는 예상이 가능하다.

그림 7-1_ 연구의 분석 틀

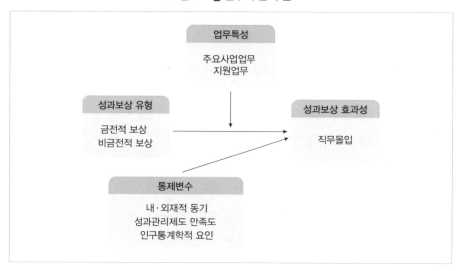

II. 연구설계

1. 자료의 수집 및 분석방법

본 연구는 금전적·비금전적 성과보상의 효과를 실증적으로 규명하기 위하여
2017년 8월 18일~28일 44개 중앙부처에 근무하는 공무원 1,440명을 대상으로 서면
설문조사를 실시하였다. 표본은 공무원들의 직급과 각 부처의 기관 규모를 고려하여
추출되었으며, 최종적으로 34개 중앙부처[27] 공무원 1,077명이 설문조사에 응답하여
75.5%의 회수율을 기록하였다.

측정도구의 신뢰성과 타당성 검토를 위해 신뢰도 분석과 요인분석을 수행하였으며 기술통계 및 일원분산분석(one-way ANOVA)도 실시하였다. 나아가 가설검증을 위해 위계적 최소자승법 회귀분석(hierarchy ordinary least square regression)을 활용하였다. 1단계에서는 독립변수만을, 2단계에서는 독립변수와 통제변수를, 3단계에서는 독립변수와 통제변수에 상호작용항을 포함시킨 모델을 분석하였다.

2. 변수의 조작화와 측정지표

종속변수인 직무몰입은 Lodahl & Kejner(1965), Kanungo(1982)의 설문문항을 토대로 업무의 흥미와 중요도에 대하여 측정하였다(구체적인 설문문항은 <표 7-1> 참조). 두 가지 설문문항의 측정항목은 Likert 5점 척도로 구성되었으며, 점수가 높을수록 직무몰입 정도가 높은 것을 의미한다.

독립변수인 성과보상은 금전적 보상과 비금전적 보상 경험을 묻는 문항으로 측정하였다. 금전적 보상은 응답자들로 하여금 전년도에 본인이 부여받은 성과급 등급(S: 매우우수, A: 우수, B: 보통, C: 미흡) 중 하나에 표기하게 한 후, 각 등급별로 성과급이 차등 지급되는 것을 고려하여[28] 금전적 보상의 대리변수로 사용하였다. 비금전적 보상의 경우 응답자들로 하여금 승진우대조치, 교육훈련기회, 주요보직배치, 포상의 네가지 중 응답자가 받은 보상의 유형을 모두 기입하도록 함으로써 비금전적 보상의 강도를 측정하였다. 업무특성의 경우 응답자가 소속된 부서의 유형을 '부처의 주요사업부서' 혹은 '지원부서 및 기타'로 구분하여 코딩하였다.

통제변수로는 공공봉사동기 및 외재적 동기, 성과관리제도에 대한 만족도, 인구통계학적 요인으로는 직군, 직급, 입직경로, 재직연수, 성별, 혼인여부, 학력을 고려하였다. 내재적 동기의 측정변수로서 공공봉사동기는 입직동기가 국가에 대한 충성심과 이웃과 지역사회에 대한 봉사심에 의한 것인지를 묻는 2가지 문항으로 측정하였으며, 외재적 동기는 입직동기가 공무원이 가지는 직업의 안정성, 사회적 평판, 퇴직 후 경제적 보상에 의한 것인지를 묻는 3가지 문항으로 측정하였다. 성과관리제도의 만족도는 현행 평가제도에 만족하는지를 묻는 문항으로 측정하였다.[29]

표 7-1_ 변수별 설문문항 및 측정방식

변수	개념	설문문항	측정	Cronbaph alpha
종속 변수	직무몰입	나의 업무 자체에 흥미를 느낀다. 나의 업무는 나에게 중요한 의미가 있다.	1~5	0.876
독립 변수	금전적 보상	지난 해 귀하가 받은 성과급 등급은 무엇이었습니까? (1=C등급, 2=B등, 3=A등급, 4=S등급)	1~4	–
	비금전적 보상	귀하가 "우수 성과에 대한 보상"으로 받아본 적이 있는 보상의 종류는 무엇입니까? 모두 고르십시오. (승진우대조치, 교육훈련기회, 선호·주요보직배치, 포상 중 한 가지 유형도 포함 안 되면=1, 1가지 포함=2, 2가지 포함=3, 3가지 포함=4, 모두 포함=5)	1~5	–
	업무특성	귀하가 소속된 부서의 유형은 다음 중 무엇입니까? (0=지원부서 및 기타, 1=부처의 주요사업부서)	0, 1	–
통제 변수	공공봉사동기	입직 시 '국가에 대한 충성심'을 얼마나 고려하였습니까? 입직 시 '이웃과 지역사회에 대한 봉사심'을 얼마나 고려하였습니까?	1~5	0.824
	외재적 동기	입직 시 '공무원이 갖는 직업의 안정성'을 얼마나 고려하였습니까? 입직 시 '공무원이 갖는 사회적 평판'을 얼마나 고려하였습니까? 입직 시 '퇴직 후의 연금 등 경제적 보상'을 얼마나 고려하였습니까?	1~5	0.788
	성과관리제도 만족도	나는 현행 평가제도에 만족한다.	1~5	–
	직군	귀하가 소속된 직군은 무엇입니까? (0=행정직, 1=행정직 외)		
	직급	귀하의 직급은 어떻게 되십니까? (1=9급, 2=8급, 3=7급, 4=6급, 5=5급, 6=4급, 7=3급)		
	입직경로	귀하는 어떠한 경로로 공무원이 되셨습니까? (0=공채, 1=민경채 등)		
	재직연수	귀하가 공무원으로 근무한 재직연수는 대략 얼마(몇 년, 몇 개월) 입니까?		
	성별	귀하의 성별은 어떻게 되십니까? (0=남성, 1=여성)		
	혼인여부	귀하의 혼인여부는 어떻게 되십니까? (0=미혼, 1=기혼)		
	학력	귀하의 최종학력은 어떻게 되십니까? (1=고졸이하, 2=전문대졸, 3=대졸, 4=대학원졸(석사), 5=대학원졸(박사))		

III. 분석 결과

1. 표본특성

설문에 참여한 응답자의 특성은 <표 7-2>와 같다. 직군의 경우 행정직(65.4%)이 기술직 및 기타 직군(34.6%)보다 높은 비율을 차지하고 있다. 직급은 4급 이상 13.8%, 5급 34.8%, 6급 이하 51.4%로 다른 선행연구들에 비해 4급 이상의 고위공무원이 다수 포함되어 있는 것이 특징이다. 주요사업을 담당하는 부서 소속인 경우가 45.9%, 지원부서 및 기타부서 소속인 경우가 54.1%로 나타났다. 입직경로를 기준으로 공채 출신이 78.4%로 민경채 출신(21.6%)보다 다수를 차지하였고, 재직연수는 10년 미만, 10~20년 미만, 20년 이상이 비교적 고르게 분포되어 있다. 연령은 40세

표 7-2_ 표본특성

	사례 수(명)	비율(%)		사례 수(명)	비율(%)
직군	1,069		소속부서	1,062	
행정직	699	65.4	주요사업 부서	487	45.9
기술직+기타	228	34.6	지원부서	575	54.1
직급	1,069		입직경로		
4급 이상	147	13.8	공채	834	78.4
5급	372	34.8	민경채 등	230	21.6
6급 이하	550	51.4	성별	1,068	
재직연수	1,066		남성	710	66.5
10년 미만	342	32.1	여성	358	33.5
10~20년 미만	384	36.0	연령	1,056	
20년 이상	340	31.9	40 미만	419	39.7
학력	1,067		40 이상	637	60.3
고졸 이하	25	2.3	혼인여부	1,066	
전문대졸	38	3.6	기혼	843	79.1
대졸	742	69.5	미혼	223	20.9
대학원졸	262	24.6			

이상이 60.3%로 높은 비율을 구성하고 있고, 여성(34%)보다 남성(66%)이, 미혼자(20.9%)보다 기혼자(79.1%)가 더 많은 비율을 차지하고 있다. 최종학력은 대졸이 69.5%로 가장 많다.

2. 기초통계 및 상관계수

주요 변수의 평균과 표준편차를 살펴보면(<표 7-3> 참고), 종속변수인 직무몰입의 평균은 3.65로 보통 수준 이상인 것으로 나타났다. 지원업무(3.62)보다 주요사업(3.71)을 담당하는 응답자의 직무몰입 수준이 다소 높은 편이며, 이러한 업무집단 간 평균 차이는 통계적으로 유의미한 것으로 나타났다. 금전적 보상의 경우 주요사업 담당자가 조금 더 높은 보상을 받은 반면, 비금전적 보상의 경우 지원업무 담당자가 좀 더 다양한 유형의 보상을 받은 경험이 있는 것으로 나타났지만 통계적으로 유의한 수치는 아니었다. 전반적으로 응답자들의 공공봉사동기보다는 외재적 동기가 더 높은 상태이며, 성과평가제도에 대한 만족도는 지원업무 담당자가 높았으며, 주요사업 담당자와 통계적으로 유의한 차이가 있는 것으로 나타났다.

표 7-3_ 주요변수의 평균 및 표준편차

	전체			주요사업 담당자			지원업무 담당자			t-test	
	N	Mean	SD	N	Mean	SD	N	Mean	SD	t	p
직무몰입	1,075	3.65	0.79	486	3.71	0.79	574	3.62	0.79	−1.87	0.06
금전적보상	1,036	3.02	0.75	465	3.04	0.75	556	3.02	0.76	−0.42	0.67
비금전적보상	1,077	1.38	0.66	487	1.35	0.70	575	1.41	0.63	1.37	1.67
공공봉사동기	1,035	3.54	0.74	469	3.57	0.75	552	3.52	0.73	−1.15	0.25
외재적동기	1,053	3.79	0.68	473	3.81	0.70	565	3.78	0.67	−0.80	0.43
성과평가제도	1,076	3.18	0.90	487	3.14	0.88	574	3.23	0.91	1.71	0.09

표 7-4_ 집단별 주요변수 평균비교

	직군				t-test		직급				t-test	
	행정직		기술직+기타				5급이상		6급이하			
	Mean	SD	Mean	SD	t	p	Mean	SD	Mean	SD	t	p
직무몰입	3.59	0.79	3.77	0.79	−3.46	0.001	3.81	0.76	3.51	0.80	6.40	0.000
금전적보상	3.00	0.76	3.06	0.74	−1.24	0.22	3.03	0.77	3.02	0.74	0.12	0.91
비금전적보상	1.38	0.67	1.39	0.65	−0.33	0.74	1.45	0.75	1.32	0.57	3.42	0.001
공공봉사동기	3.53	0.74	3.57	0.74	−0.93	0.35	3.64	0.72	3.45	0.75	4.19	0.000
외재적동기	3.80	0.66	3.78	0.73	0.41	0.68	3.76	0.71	3.83	0.66	−1.59	0.11
성과평가제도	3.18	0.89	3.17	0.92	0.20	0.84	3.30	0.86	3.07	0.93	4.14	0.000

	재직연수				t-test		성별				t-test	
	20년미만		20년이상				남성		여성			
	Mean	SD	Mean	SD	t	p	Mean	SD	Mean	SD	t	p
직무몰입	3.55	0.81	3.89	0.70	−6.65	0.000	3.68	0.80	3.61	0.77	1.45	0.15
금전적보상	3.03	0.72	3.01	0.81	0.50	0.62	3.04	0.74	2.99	0.77	0.87	0.38
비금전적보상	1.36	0.63	1.43	0.73	−1.48	0.14	1.40	0.67	1.34	0.65	1.31	0.19
공공봉사동기	3.48	0.75	3.67	0.70	−3.70	0.000	4.57	0.74	3.48	0.74	1.86	0.06
외재적동기	3.76	0.69	3.86	0.67	−2.18	0.03	3.79	0.67	3.80	0.72	−0.17	0.87
성과평가제도	3.12	0.91	3.30	0.89	−2.97	0.003	3.25	0.93	3.02	0.82	4.05	0.000

한편 직군, 직급, 재직연수, 성별에 따라 주요변수에 대한 평균 차이가 통계적으로 유의한지 추가적으로 살펴본 결과(<표 7-4> 참고), 기술직 및 기타 직군의 경우 행정직군보다 직무몰입의 평균이 높게 나타났으며, 5급 이상의 경우 직무몰입, 비금전 보상의 경험 수준, 공공봉사동기, 성과평가제도 만족도가 6급 이하보다 높게 나타났다. 재직연수를 20년 미만과 20년 이상으로 나누어 살펴본 결과, 두 집단 간 평균의 차이가 유의하게 나타난 변수는 직무몰입, 공공봉사동기, 외재적 동기, 성과평가제도 만족도이며, 20년 이상 재직한 경우 평균이 더 높게 나타났다. 마지막으로 성별에 따른 변수별 평균 차이를 살펴본 바, 남성의 공공봉사동기와 성과평가제도 만족도수준이 높게 나타났다.

주요 변수들 간의 상관관계를 살펴보면, <표 7-5>에서와 같이 직무몰입과 주요 독립 및 통제변수들은 모두 정(+)의 관계를 가지고 있다

표 7-5_ 주요변수 간 상관관계

	1	2	3	4	5	6	7
1. 직무몰입	1						
2. 금전적보상	0.095**	1					
3. 비금전적보상	0.078*	0.006	1				
4. 업무유형	0.068*	0.025	−0.044	1			
5. 공공봉사동기	0.313***	0.041	0.008	0.027	1		
6. 외재적동기	0.074*	−0.045	−0.024	0.041	0.266***	1	
7. 성과평가제도 만족도	0.289***	0.133***	0.138***	−0.054	0.159***	0.076*	1

3. 성과보상과 직무몰입 회귀분석

1) 직무몰입과 업무특성의 조절효과

금전적·비금전적 성과보상과 업무특성이 직무몰입에 미치는 영향을 살펴보기 위해 실시한 위계적 최소자승법 회귀분석의 결과는 <표 7-6>에서 확인할 수 있다.

먼저 독립변수인 성과보상과 업무특성 변인이 투입된 모델1에 따르면 금전적 보상(β = .106), 비금전적 보상(β = .079), 업무특성(β = .052) 모두 직무몰입에 유의미한 영향을 미치는 변수인 것으로 나타났다. 따라서 성과에 대해 금전적 보상과 비금전적 보상이 많이 주어질수록, 지원업무보다 주요사업 업무를 수행할 때 직무몰입이 높아진다고 해석할 수 있다. 모델1에서는 직무몰입에 미치는 효과의 크기가 금전적 보상, 비금전적 보상, 업무특성 순으로 나타났다. 이러한 결과는 직무몰입에 있어 업무 특성보다는 보상제도의 영향력이 더 크다는 Moynihan & Pandey(2007)의 결과와 유사한 것으로 볼 수 있다. 그러나 모델1의 경우는 통제변수를 고려하지 않은 단순 모델이기 때문에 통제변수를 포함한 보다 정교한 모델의 결과를 살펴보고자 한다.

표 7-6_ 회귀분석 결과

	Model 1		Model 2		Model 3	
	coef.	beta	coef.	beta	coef.	beta
금전적 보상	0.110^{***} (3.41)	0.106^{***}	0.034 (1.14)	0.033	0.068^{+} (1.71)	0.065^{+}
비금전 보상	0.095^{*} (2.54)	0.079^{*}	0.030 (0.86)	0.025	−0.047 (−0.96)	−0.039
업무특성	0.081^{+} (1.67)	0.052^{+}	0.111^{*} (2.46)	0.070^{*}	0.152 (0.74)	0.097
공공봉사동기			0.254^{***} (7.90)	0.236^{***}	0.253^{***} (7.90)	0.236^{***}
외재적 동기			−0.013 (−0.39)	−0.012	−0.015 (−0.45)	−0.013
성과평가제도 만족도			0.204^{***} (7.90)	0.233^{***}	0.205^{***} (7.95)	0.233^{***}
기타통제변수	미포함		미포함		포함	
금전보상* 업무유형					−0.083 (−1.40)	−0.168
비금전보상* 업무유형					0.152^{*} (2.25)	0.159^{*}
R^2	0.020		0.248		0.253	
adj. R^2	0.017		0.237		0.241	
F	6.887		23.99		21.36	
N	1019		962		962	

주: t-statistics in parentheses. $+p<0.1$, $^{*}p<0.05$, $^{**}p<0.01$, $^{***}p<0.001$

통제변수들을 순차적으로 투입한 모델2에서 금전적·비금전적 보상 변수는 직무 몰입과 여전히 정(+)의 관계를 보이고 있지만 더 이상 통계적으로 유의미하지 않으며, 업무특성만이 통계적으로 유의미한 관계를 지니는 것을 확인할 수 있다. 모델2를 구체적으로 살펴보면, 모든 독립 및 통제변수를 포함하여 공공봉사동기($\beta = .236$)와 성과평가제도에 대한 만족도($\beta = .233$)가 직무몰입에 강하게 영향을 미치는 변수인 것으로 나타나고 있다. 인구통계학적 변수들은 모두 통계적으로 유의미한 결과를 나타내고 있다. 따라서 우리나라 공직자들의 직무몰입에 영향을 미치는 요인은 성과에 따른 보상보다는 개개인의 내재적 동기, 성과관리 시스템에 대한 만족도, 재직연수·학력 등과 같은 개인적 특성이라는 점을 유추해 볼 수 있다.

우리나라의 경우 성과보상과 직무몰입 간에 통계적으로 유의한 긍정적 관계를 발견한 다수의 선행연구 결과와는 달리, 성과보상이 직무몰입에 미치는 긍정적 영향이 분명하지 않으며 외재적 동기요인보다 공공봉사동기와 같은 내재적 동기요인의 긍정적 영향이 더 클 것이라고 주장한 O' Driscoll & Randall(1999), Ko & Smith-Walter(2013) 등 소수의 연구와 유사한 결과이다. 이러한 연구결과는 노력과 성과에 따른 보상이 주어질 것이라는 기대가 충족되지 않아 성과보상의 효과가 분명하게 나타나지 않은 것으로도 해석해 볼 수 있다. 실제 설문조사 응답자들을 대상으로 성과보상이 이루어지는 기준과 바람직한 기준이 무엇인지 추가적으로 조사한 결과, 두 기준 사이에서 괴리가 발견된 점에 비추어 볼 때 이러한 해석이 일부 타당할 것으로 보인다. 현재 성과보상이 이루어지는 기준으로 업무실적이 가장 큰 영향을 미치고 있지만 이의 영향력이 더 커져야 할 필요가 있으며, 연공서열 대신 업무능력 및 역량 등이 우선적으로 고려되는 것이 바람직하다는 인식을 가지고 있었다.

마지막으로 업무특성의 조절효과를 검증하기 위하여 금전적 보상, 비금전적 보상과 업무특성의 상호작용항을 투입한 모델3의 결과를 분석해보면 성과보상의 설계방식에 따라 직무몰입에 차별적인 영향을 미칠 수 있음을 알 수 있다. 금전적 보상은 직무몰입에 통계적으로 유의한 정(+)의 영향을 미치는 것으로 나타났으나(β = .065), 비금전적 보상 변수의 경우 통계적 유의성은 없지만 부의 관계를 보여주고 있다. 한편 비금전적 보상과 업무특성과의 상호작용 효과는 직무몰입에 통계적으로 유의한 정(+)의 영향을 미치는 것으로 나타나(β = .159), 주요사업을 담당하는 공직자의 경우 지원업무를 담당하는 공직자에 비해, 비금전적 보상을 수령한 경험이 많을수록 직무몰입이 높아지는 것을 알 수 있다. 반면 금전적 보상과 업무유형의 상호작용 효과는 직무몰입과 부(-)의 관계를 가지는 것으로 나타났으나 그 관계가 통계적으로 유의하지는 않았다.

업무특성과 관련한 기술분석 및 회귀분석 결과를 종합해보면, 주요사업 담당자가 지원업무 담당자보다 일반적으로 높은 금전적 보상을 받고 있으나 업무에 대한 동기부여는 금전적 보상보다 비금전적 보상에 의해 강화되는 경향이 존재하고 있다는 점에서 흥미로운 결과라 할 수 있다.

2) 업무특성별 성과보상과 직무몰입

업무특성별 성과보상의 효과를 보다 면밀히 살펴보기 위하여 업무특성에 따른 집단을 분리하여 추가적인 회귀분석을 실시하였다. <표 7-7>에서와 같이 각각 위계적 회귀분석을 실시한 결과, 업무특성에 따라 성과보상이 직무몰입에 미치는 영향이 달라질 것이라고 가정한 가설3은 지지되었다. <표 7-7>의 모델6에서 확인할 수 있듯이, 주요사업 집단의 경우 비금전적 보상(β＝.097)의 경험이 많을수록 직무몰입이 높아지는 경향이 존재하고 있다. 또한 <표 7-8>의 모델9에서 지원업무 집단의 경우 금전적 보상(β＝.066)의 강도가 높아질수록 직무몰입이 높아지는 경향을 보이고 있다. 이와 같이 지원업무 집단과 달리 주요사업 집단에 있어 금전적 보상의 효과가 나타나지 않는 이유는 주요사업 업무 자체의 재미나 의미에서 유발되는 내재적 동기가 성과급보다 직무몰입에 더 큰 영향력을 미치기 때문인 것으로 유추할 수 있다. 반면

표 7-7_ 주요사업 집단의 결과

	Model 4		Model 5		Model 6	
	coef.	beta	coef.	beta	coef.	beta
금전적 보상	0.053 (1.09)	0.050	0.007 (0.14)	0.006	−0.014 (−0.31)	−0.014
비금전 보상	0.174*** (3.32)	0.153***	0.131* (2.53)	0.116*	0.111* (2.24)	0.097*
공공봉사 동기			0.233*** (4.66)	0.220***	0.181*** (3.71)	0.167***
외재적 동기			−0.086 (−1.63)	−0.077	−0.048 (−0.91)	−0.041
성과평가제도 만족도			0.172*** (4.16)	0.192***	0.165*** (4.19)	0.183***
기타통제변수	미포함		미포함		포함	
R^2	0.026		0.111		0.237	
adj. R^2	0.022		0.100		0.215	
F	6.269		10.87		10.99	
N	464		443		438	

주: 종속변수: 직무몰입, t-statistics in parentheses. +p<0.1, *p<0.05, **p<0.01, ***p<0.001

비금전적 보상의 경우 주요사업을 담당하고 있는 공무원들의 내재적 동기부여를 훼손하지 않으면서 그 긍정적 효과가 유지되고 있는 것으로 볼 수 있다. 그 외 통제변수의 경우에도 업무집단 간 상이한 결과를 보여주고 있어 성과관리에 있어 직무의 특성을 반영한 제도설계가 필요함을 시사하고 있다.

표 7-8_ 지원업무 집단의 결과

	Model 7		Model 8		Model 9	
	coef.	beta	coef.	beta	coef.	beta
금전적 보상	0.150^{***}	0.148^{***}	0.0821^{*}	0.081^{*}	0.067^{+}	0.066^{+}
	(3.50)		(2.08)		(1.73)	
비금전 보상	0.0165	0.013	-0.0204	-0.016	-0.0447	-0.036
	(0.31)		(-0.42)		(-0.94)	
공공봉사동기			0.340^{***}	0.321^{***}	0.306^{***}	0.288^{***}
			(7.91)		(7.16)	
외재적 동기			0.0417	0.036	0.0256	0.022
			(0.90)		(0.56)	
성과평가제도 만족도			0.214^{***}	0.250^{***}	0.213^{***}	0.249^{***}
			(6.22)		(6.25)	
기타통제변수	미포함		미포함		포함	
R^2	0.022		0.227		0.292	
adj. R^2	0.018		0.220		0.275	
F	6.144		30.89		17.57	
N	555		532		524	

주: 종속변수: 질무몰입, t-statistics in parentheses. $+p<0.1$, $^*p<0.05$, $^{**}p<0.01$, $^{***}p<0.001$

IV. 연구의 의의 및 시사점

공공부문의 성과관리 방안에 대한 논의가 우리 사회에서 주목받고 있는 이슈 중 하나임에도 공직자들에게 금전적·비금전적 보상이 어떤 의미를 가지는지, 각각의 보상들이 실질적으로 성과제고에 얼마나 기여하는지에 관한 실증연구는 충분하지 않다. 이에 본 연구는 성과에 대한 보상의 효과를 파악하기 위해 직무몰입과 업무특성의 조절효과에 초점을 두고 살펴보았다. 분석결과, 공직자들의 직무몰입에 가장 큰 영향을 미치는 요인은 예상과 달리 금전적·비금전적 보상보다는 공공봉사동기, 성과관리제도에 대한 만족도, 재직연수·학력 등과 같은 개인적 특성인 것으로 나타났다. 한 가지 가능한 해석은 우리나라에서 아직 조직구성원의 기대에 부합하는 성과보상제도가 마련되지 못해 그 효과가 발휘되지 못한 것일 수도 있다. 따라서 공무원들에게 보다 매력적으로 작용할 수 있는 다양한 성과보상 기제를 고안하고, 노력과 성과에 따라 합당한 보상이 주어질 것이라는 공무원들의 기대에 부합하는 성과관리제도가 운영될 수 있도록 노력을 기울일 필요가 있다.

다음으로 업무특성은 성과보상과 직무몰입의 관계를 조절하는 효과를 지니는 것으로 나타났으며, 특히 주요사업 담당자의 경우 비금전적 보상과의 조절효과가 유의한 것으로 나타났다. 업무유형 집단별 분석에서도 주요사업을 수행하는 공직자들은 비금전적 보상이, 지원업무를 수행하는 공직자들은 금전적 보상이 직무몰입에 긍정적인 영향을 미치는 것으로 나타났다. 이러한 결과는 획일적이고 규격화된 성과보상제도 보다는 각 기관 및 업무의 특성, 공무원 개인의 특성 등을 고려한 다양하고 유연한 제도가 그 효과를 극대화할 수 있음을 시사하고 있다.

연구결과를 종합해보면 우리나라 공직사회에서는 성과보상의 동기부여 효과가 높지 않은 것으로 나타나는데, 이는 제도 자체의 본질적인 문제라기 보다는 제도 내재화의 부족, 운영상의 한계 등에서 비롯된 것으로 추정된다. 비금전적 보상이 금전적 보상과 마찬가지로 성과제고에 기여하는 바가 분명함에도 불구하고 그 기회가 매우 제한적이라면 이와 같은 결과가 나올 수 있다. 표본에 포함된 공직자 1,077명에게 우수성과에 대한 보상경험의 유형에 대해 조사한 결과, 78% 이상이 성과급을 받아본 경험이 있다고 응답한 반면 비금전적 보상인 포상은 15%, 승진 우대는 약 12.6%, 교육훈련은 6.7%, 선호 보직배치는 6%만이 받았다고 응답하였다. 따라서 기존 성과관리제도의 틀 내에서라도 각 보상 별 기회의 확대를 꾀하는 방안을 고려해 볼 수 있을 것이다

특히 현행 성과보상 제도는 각 부처 및 부서, 개개인이 담당하고 있는 업무의 난이도, 중요도, 복잡도 등의 특성을 고려하지 않은 채 상대평가 방식에 따라 동일 부처 및 부서 내에서 등급을 강제배분하고 있다. 상대평가는 직원들의 성과 및 실적을 직관적으로 비교, 평가할 수 있게 해주고 성과급 등급 결정과 같은 상대적 자원배분 결

정에 도움을 준다는 장점을 지니기는 하나, 성격이 다른 업무를 수행하는 개개인의 성과에 대한 비교가 어려울 뿐 아니라 개인 간 과도한 경쟁을 유발함으로써 팀 내 협업을 저해하고 동기부여를 감소시킨다는 의견이 다수이다. 따라서 개인의 차별성을 인정하고 단순 비교를 지양하는 절대평가 방식을 일부 접목하여 업무 특성에 따른 각 개인의 성과와 역량을 제고하는 데 초점을 두는 성과보상 제도를 설계해 볼 수 있을 것이다. 다만, 공공부문에서 절대평가가 그 장점을 최대로 발휘하기 위해서는 직무분석을 통해 각 업무의 난이도와 중요도 등을 명확히 정의하는 작업이 선제적으로 이루어져야 할 것이며, 피평가자에 대한 공정성과 전문성을 보장하기 위한 교육훈련 등의 장치도 마련되어야 할 필요가 있다.

참고문헌

권일웅. (2012). 공공/민간부문 성과급 비중과 주인-대리인 이론. 행정논총, 50(2): 113-142.

김영근. (1999). 성과급제도에 대한 공무원들의 인지조사 연구. 한국사회와 행정연구, 10(2): 303-318.

김종술·김인동. (2013). 성과관리제도 구성요소의 인식정도가 직무만족 및 조직몰입에 미치는 영향. 인적자원개발연구, 16(2): 1-28.

김희동·김정원·조윤정. (2014). 국내 기업종사자 직무특성과 직무몰입 및 자기효능감의 관계. 기업교육과 인재연구, 16(1): 101-127.

노종호. (2016). 공무원의 성과급과 공공봉사동기가 직무성과에 미치는 영향분석. 한국인사행정학회보, 15(2): 93-122.

박순애. (2006). 공무원의 직무동기와 조직행태: 직무몰입과 탈진에 미치는 영향요인을 중심으로. 한국행정연구, 15(1): 203-236.

박순애·정선경. (2011). 조직공정성과 경력정체가 조직효과성에 미치는 영향. 한국사회와 행정연구, 21(4): 1-23.

성락훈·김정수. (2015). 공공기관의 성과관리가 조직몰입에 미치는 영향. 국정관리연구, 10(1): 89-115.

유민봉. (2005). 「한국행정학」, 서울: 박영사

유민봉·임도빈. (2007). 「인사행정론」, 서울: 박영사

유영현. (2012). 보상유형과 직무만족에 관한 연구: 육상·해양경찰을 중심으로. 한국경찰학회보, 14(6): 189-213.

이근주·이혜윤. (2007). 보상 유형에 대한 차별적 기대가 공무원의 성과에 미치는 영향에 관한 연구. 한국행정학보, 41(2): 117-140.

이수영. (2011). Mission Impossible? 공무원 성과급의 이상 조건과 현실 상황의 괴리 분석. 한국인사행정학회보, 10(3): 75-102.

이형우. (2016). 성과관리제도 특성의 동기부여효과에 관한 연구. 사회과학연구, 29(1): 187-208.

이희태. (2010). 공무원의 성과상여금만족도가 보수만족, 직무만족 및 조직몰입에 미치는 영향. 한국거버넌스학회보, 17(2): 139-166.

장혜윤·최정우·박해육. (2016). 지방공무원의 성과관리제도 인식이 직무몰입에 미치는 영향. 지방정부연구, 20(3): 277-298.

전미선·이종수. (2014). 성과급은 내재적 동기에 어떤 영향을 미치는가?: 동기부여 혹은 동기구축(crowding-out) 효과와 경로 분석. 한국인사행정학회보, 13(1): 161-176.

정광호. (2003). 성과급과 직무만족도의 관계: 이론적 검토와 실증적 분석결과. 하계학술대회 발표논문집, 서울행정학회.

중앙인사위원회. (2006). 「성과연봉 결정 등을 위한 절대평가의 상대화 방안 검토」.

한국조세재정연구원. (2016). 「공무원 성과평가제도 관련 부처 컨설팅 및 발전방안 연구」.

Adams, J. S. (1965). Inequity in Social Exchange. Advances in Experimental Social Psychology, 2: 267-299.

Ashraf, N., Bandiera, O., & Jack, B. K. (2014). No Margin, No Mission? A Field Experiment on Incentives for Public Service Delivery. *Journal of Public Economics*, 120: 1-17.

Azmat, G., & Iriberri, N. (2010). The Importance of Relative Performance Feedback Information: Evidence from a Natural Experiment Using High School Students. *Journal of Public Economics*, 94(7): 435-452.

Boon, O. K., Arumugam, V., Safa, M. S., & Bakar, N. A. (2007). HRM and TQM: Association with Job Involvement. *Personnel Review*, 36(6): 939-962.

Bratton, J., & Gold, J. (2007). *Human Resource Management: Theory and Practice*, 4th edition. Houndmills: Macmillan.

Brauns, M. (2013). Aligning Strategic Human Resource Management to Human Resources Performance and Reward. *International Business & Economics Research Journal*, 12(11): 1405-1410.

Brown, S. P. (1996). A Meta-Analysis and Review of Organizational Research on Job Involvement. *Psychological Bulletin*, 120(2): 235-255.

Chughtai, A. A. (2008). Impact of Job Involvement on In-role Job Performance and Organizational Citizenship Behaviour. *Journal of Behavioral and Applied Management*, 9(2): 169-183.

Diefendorff, J., Brown, D., Kamin, A., & Lord, B. (2002). Examining the Roles of Job Involvement and Work Centrality in Predicting Organizational Citizenship

Behaviors and Job Performance. *Journal of Organizational Behavior*, 23(1): 93-108.

Frey, B. S., & Jegen, R. (2001). Motivation Crowding Theory. *Journal of Economic Surveys*, 15(5): 589-611.

Fried, Y., & Ferris, Gerald R. (1987). The Validity of the Job Characteristics Model: A Reveiw and Meta-Analysis. *Personnel Psychology*, 40(2): 287-322.

Garbers, Y., & Konradt, U. (2014). The Effect of Financial Incentives on Performance: A Quantitative Review of Individual and Team-based Financial Incentives. *Journal of occupational and organizational psychology*, 87(1): 102-137.

Gneezy, U., & Rustichini, A. (2000b). Pay Enough or Don't Pay at All. Quarterly Journal of Economics, August, 115(3): 791-810.

Hackman, J. R., & Oldham, G. R. (1976). Motivation through the Design of Work: Test of a Theory. *Organizational Behavior and Human Performance*, 16: 250-279.

Hackman, J. R., & Oldham, G. R. (1980). *Work Redesign*. Reading, MA: Addison-Wesley.

Hasnain, Z., Manning, N., & Pierskalla, J. H. (2014). The Promise of Performance Pay? Reasons for Caution in Policy Prescriptions in the Core Civil Service 1, *The World Bank Research Observer*, 29(2): 235-264.

Hassan, S. (2014). Sources of Professional Employees' Job Involvement: An Empirical Assessment in a Government Agency, *Review of Public Personnel Administration*, 34(4): 356-378.

Johari, J., & Yahya, K. K. (2016). Job Characteristics, Work involvement, and Job Performance of Public Servants, *European Journal of Training and Development*, 40(7): 554-575.

Judge, T. A., Piccolo, R. F., Podsakoff, N. P., Shaw, J. C., & Rich, B. L. (2010). The Relationship between Pay and Job Satisfaction: A Meta-Analysis of the Literature. *Journal of Vocational Behavior*, 77(2): 157-167.

Kahn, W. A. (1990). Psychological Conditions of Personal Engagement and Disengagement at Work. *The Academy of Management Journal*, 33(4): 692-724.

Kanungo, R. N. (1982). Measurement of Job and Work Involvement. *Journal of Applied Psychology*, 67: 341-349.

Keller, R. T. (1997). Job Involvement and Organizational Commitment as Longitudinal Predictors of Job Performance: A Study of Scientists and Engineers. *Journal of Applied Psychology*, 82(4): 539-545.

Ko, J., & Smith-Walter, A. (2013). The Relationship between HRM Practices and Organizeional Performance in the Public Sector: Focusing on Mediating Roles of Work Attitudes. *International Review of Public Administration*, 18(3): 209-232.

Kosfeld, M., & Neckermann, S. (2011). Getting More Work for Nothing? Symbolic Awards and Worker Performance *American Economic Journal: Microeconomics*, 3(3): 86-99

Lawler, E. E. (1986). *High-Involvement Management: Participative Strategies for Improving Organizational Performance.* Jossey-Bass: San Francisco.

Lazear, E. P. (2000). Performance Pay and Productivity. American Economic Review, 90(5): 1346-1361.

Lodahl, T. M., & Kejner, M. (1965). The Definition and Measurement of Job Involvement. *Journal of Applied Psychology*, 49(1): 24-33.

Marsden, D., & Richardson, R. (1994). Performing for Pay? The Effects of "Merit Pay" on Motivation in a Public Service. *British Journal of Industrial Relations*, 32(2): 243-261.

Mathieu, J. E., & Farr, J. L. (1991). Further Evidence for the Discriminant Validity of Measures of Organizational Commitment, Job Involvement, and Job Satisfaction. J*ournal of Applied Psychology*, 76(1): 127-133.

Moynihan, D. P., & Pandey, S. K. (2007). Finding Workable Levers Over Work Motivation: Comparing Job Satisfaction, Job Involvement, and Organizational Commitment. *Administration & Society*, 39(7): 803-832.

O' Driscoll, M. P., & Randall, D. M. (1999). Perceived Organisational Support, Satisfaction with Rewards, and Employee Job Involvement and Organisational Commitment. *Applied Psychology*, 48(2): 197-209.

Prendergast, C. (1999). The Provision of Incentives in Firms. Journal of Economic Literature, 37(1): 7-63.

Rotenberry, P. F., & Moberg, P. J. (2007). Assessing the Impact of Job Involvement on Performance. *Management Research News*, 30(3): 203–215.

Ryan, R. M., & Deci, E. L. (2000). Intrinsic and Extrinsic Motivations: Classic Definitions and New Directions. Contemporary Educational Psychology, 25(1): 54–67.

Saleh, S. D., & Hosek, J. (1976). Job Involvement: Concepts and Measurements. *Academy of Management Journal*, 19(2): 213–224.

Spano, A., & Monfardini, P. (2017). Performance–Related Payments in Local Governments: Do They Improve Performance or Only Increase Salary? *International Journal of Public Administration*, 1–14.

Tran, A., & Zeckhauser, R. (2012). Rank as an Inherent Incentive: Evidence from a Field Experiment. *Journal of Public Economics*, 96(9): 645–650.

Vroom, V. H. (1964). *Work and Motivation*. Hoboken, NJ: John Wiley & Sons.

Weibel, A., Rost, K., & Osterloh, M. (2010). Pay for Performance in the Public Sector–Benefits and (Hidden) Costs. *Journal of Public Administration Research and Theory*, 20(2): 387–412.

Wright, B. E. (2001). Public–Sector Work Motivation: A Review of the Current Literature and a Revised Conceptual Model. *Journal of Public Administration Research and Theory*, 11(4): 559–586.

미 주

＊ 2017년도 한국조직학회보 제14호 제2권에 실린 "공공봉사동기와 성과중심 보상제도에 대한 인식이 성과에 미치는 영향: 공직봉사동기의 구축효과에 대한 실증분석" 내용의 일부와 2018년도 한국행정학보 제52권 제3회에 실린 "공공부문 성과보상의 효과성에 관한 연구: 성과보상이 직무몰입에 미치는 영향과 업무특성의 조절효과를 중심으로"를 수정·보완한 글이다.

1 직무급제(job classification pay system)란 직무의 난이도와 책임의 정도에 따라 지급하는 보수제도. 즉, 직무급제란 각 직위의 직무가 가지는 상대적 가치를 분석·평가하여 그것에 알맞은 보수액을 결정하는 제도를 말한다(행정학전자사전).

2 Brauns, 2013

3 유민봉·임도빈, 2007; Bratton & Gold, 2007

4 박순애·정선경, 2011

5 권일웅, 2012

6 Ryan & Deci, 2000

7 유민봉, 2005

8 Hasnain, et al., 2014

9 Lazear, 2000; Prendergast, 1999

10 Frey & Jegen, 2001; Gneezy & Rustichini, 2000b

11 이근주·이혜윤, 2007; 이수영, 2011; 이희태, 2010; 노종호, 2016

12 Spano & Monfardini, 2017

13 Ashraf, et al., 2014; Kosfeld & Neckermann, 2011

14 Azmat & Iriberri, 2010; Tran & Zeckhauser, 2012

15 박순애, 2006

16 이수영, 2011

17 Lodahl & Kejner, 1965

18 성과보상이 직무몰입에 미치는 긍정적인 영향의 메커니즘은 자신이 받은 보상에 만족하였을 때 만족에 대한 보답으로 자신의 직무를 더 열심히 수행하게 된다는 사회적 교환 이론(social exchange theory)(Blau, 1964)에 의해서도 설명 가능하다.

19 Chughtai, 2008; Rotenberry & Moberg, 2007; Johari & Yahya, 2016

20 Boon et al., 2007; Hassan, 2014; Moynihan & Pandey, 2007

21 김종술·김인동, 2013; 성락훈·김정수, 2015; 이희태, 2010; 장혜윤 외, 2016

22 Heckman & Oldham, 1976; Wright, 2001; Fried & Ferris, 1987

23 Brown, 1996

24 김희동 외, 2014; 장혜윤 외, 2016; Kahn, 1990; Mathieu & Farr, 1991

25 Hackman & Oldham, 1980

26 Hackman & Oldham, 1980

27 34개 중앙부처는 경찰청, 특허청, 기획재정부, 외교부, 산업통상자원부, 행정안전부, 과학기술정보통신부, 보건복지부, 통계청, 국방부, 법무부, 문화체육관광부, 고용노동부, 해양수산부, 환경부, 교육부, 조달청, 식품의약품안전처, 검찰청, 공정거래위원회, 기상청, 관세청, 중소기업벤처부, 방위사업청, 산림청, 병무청, 문화재청, 여성가족부, 농촌진흥청, 방송통신위원회, 국가인권위원회, 원자력안전위원회, 소방방재청, 해양경찰청이다.

28 예를 들어, 2017년 기준 성과상여금과 성과연봉의 등급별 지급률 및 지급액은 다음과 같다.

<성과상여금 – 6급 기준>

S등급	A등급	B등급	C등급
172.5%	125%	85%	0%
5,464,401원	3,959,711원	2,692,603원	0원

<성과연봉 – 5급 과장급 기준>

S등급	A등급	B등급	C등급
8%	6%	4%	0%
6,136,080원	4,602,060원	3,068,040원	0원

29 성과관리제도를 측정하기 위한 문항으로 성과관리에 대한 만족도 외에 "나의 성과를 평가하는 기준은 객관적이다," "나의 성과를 평가하는 기준은 업무성과 향상을 유도하도록 설정되어 있다," "나의 성과를 평가하는 절차는 공정하고 합리적이다"의 문항 등이 사용되었으나 "나는 현행 평가제도에 만족한다"가 성과관리제도에 대한 종합적인 측정문항으로서 다른 문항에 비해 표준편차가 크게 나타나 이 문항을 채택하였다.

08

중앙정부와 지방정부의
인식차이와 성과관리

08 중앙정부와 지방정부의 인식차이와 성과관리 *

1980년대 이후 정부 부문의 비효율 문제를 개선하고자 시작된 공공개혁의 핵심은 성과관리였다.[1] 1997년 IMF 경제위기 이후 「정부업무 등의 평가에 관한 기본법」 (2001.5.1.) 제정을 통해 중앙정부와 함께 지방정부의 성과관리를 위한 제도적 기반을 마련하였고, 2006년 제정된 「정부업무평가 기본법」은 공공부문의 성과평가 및 인프라 구축의 토대를 마련하였다.[2] 그러나 지난 10여 년간 시행되어 온 성과관리가 이미 정착했다는 주장과 별개로 성과수준 측정의 어려움, 연공서열의 조직문화 등 제도의 운영과정에서 나타나는 문제점들로 인해 과연 공공부문에서의 성과관리가 제대로 작동하고 효과가 있는가에 대해 회의적 시각 또한 존재한다.[3] 특히 지방정부의 성과관리는 중앙정부의 지침 및 매뉴얼에 따라 획일적·하향적으로 추진됨으로써, 제도 운영의 역량 부족과 인식부족 등으로 성과관리가 형식적으로 운영되고 있다는 문제가 제기되고 있다.[4]

이러한 문제인식 하에 중앙공무원과 지방공무원의 조직성과에 미치는 영향 요인과 경로를 파악하고, 두 집단 간 어떠한 차이가 있는지를 밝히는 것은 그동안 시행되어온 성과관리의 효과성을 분석하고 향후 두 집단의 성과관리 개선 방향을 파악할 수 있는 기반이 된다는 점에서 중요하다. 그럼에도 불구하고 지금까지의 성과관리의 효과성과 영향요인을 분석한 기존 연구들은 전체 공무원을 대상으로 하거나 중앙과 지방공무원을 별개로 분석하고 있기에, 두 집단 간 어떠한 차이가 있는지를 객관적으로 비교하는 데 한계가 있다.

특히 지방소멸에 대한 우려와 균형발전에 대한 목소리가 커지고 있는 가운데 지방정부의 성과관리가 형식적 절차에 머무르지 않기 위해서는 중앙정부와 지방정부 성과관리가 '같은 것은 같게, 다른 것은 다르게' 설계·시행될 필요가 있다. 본 연구는 이에 대한 탐색적 연구로, 첫째, 개인과 조직의 성과향상을 위해 시행되는 일련의 성과관리가 조직성과에 유의한 영향을 미치는지, 둘째, 성과관리가 어떠한 경로로 조직성과에 영향을 미치는지, 셋째, 성과관리가 조직성과에 미치는 영향과 경로가 중앙공무원과 지방공무원에게 다르게 나타나는지를 분석한다. 이를 위해 중앙정부와 지방정부 공무원을 대상으로 한 인식조사 데이터를 활용하여 성과관리의 효과와 경로에 대한 집단 간 차이 분석을 수행함으로써 성과관리제도 설계·운영에서의 시사점을 도출한다.

I. 성과관리의 효과성: 조직성과 영향요인

성과관리(Performance Management)는 조직 및 개인의 성과를 관리하는 제도로서 성과란 결과 중심의 성과를 의미하며, 관리란 인적자원에 대한 관리, 업무절차에 대한 관리, 제도 등에 대한 관리를 포괄하는 개념이다.[5] 「정부업무평가기본법」에 따르면 "정부부문의 성과관리는 기관의 임무와 비전, 중·장기 목표, 연도별 목표 및 성과지표를 미리 제시하고, 집행과정 및 결과를 경제성·능률성·효과성 등의 관점에서 관리하는 일련의 활동을 의미"한다.[6] 따라서 본 연구에서는 성과관리를 개인과 조직의 성과를 향상하기 위한 일련의 관리제도로 이해하며, 구체적으로 「정부업무평가기본법」에 따른 중앙행정기관 및 지방자치단체에 대한 자체평가, 「공무원 성과평가 등에 관한 규정」에 따른 근무성적평정과 성과연봉 및 성과상여금 차등지급 등을 포괄하는 제도로 본다. 자체평가 지표들이 개인성과 혹은 부서성과 지표로 하달되며, 개인이 목표달성을 위해 노력하는 것이 궁극적으로 조직성과 향상에도 기여하기 때문에 본 연구에서는 개인의 성과관리와 조직의 성과관리를 구분하는 것보다 하나의 큰 틀로 접근한다. 또한 성과관리가 개인의 업무 집중을 통해 개인의 성과, 나아가 조직성과에 기여한다는 과정으로 이해한다.

1. 목표설정과 조직성과

공공부문에서의 조직성과(Organizational Performance)에 대해서는 합의된 정의가 존재한다기보다, 연구목적에 따라 다양하게 측정되는 불확정 개념이다.[7] 이에 연구자들은 성과를 구성하는 몇 가지 하위 차원의 개념들을 포괄하거나, 연구 주제 및 특성에 따라 선택하는 전략을 취해왔다. Brewer & Selden(2000)은 성과의 하위 차원으로 조직의 목표달성도로 정의되는 효과성, 투입 대비 산출로 정의되는 효율성, 혜택의 균등성으로 정의되는 형평성을 제시하였으며, Van Dooren 외(2010)는 효율성, 효과성과 함께 얼마나 필요한 문제에 대응하고 있는가를 성과로 포함하고 있다. Boyne(2003)은 대응성, 투명성, 윤리성 등 다양한 공적가치 개념을 공공부문 성과 개념에 포함시키기도 하였다. 반면, 성과를 효과성과 동일한 개념으로 파악하기도 하는데, Dunn(2012: 196)은 행정 행위의 결과가 담보해야 하는 가치이자 정책 및 서비스의 질과 결과를 나타내는 지표로써 효과성을 조직성과로 보았다.

본 연구에서는 성과관리를 조직의 목표설정과 그 달성 정도를 평가하는 과정으로 보고자 한다. 성과목표란 조직이 궁극적으로 이루고자 하는 조직의 성과와 밀접하게 관련되어 있으며, 성과평가는 목표를 얼마나 달성했는지에 대한 수준을 명확히 하고 성과정보를 활용하는 것으로 이후의 목표를 설정하고 성과를 향상시키는 데 있어 중요한 과정이기 때문이다. Locke는 성과에 관련한 가장 중요한 선행요건으로 목표설정을 제시한다. 여기서 목표는 인간 활동의 지표이자 목적으로 동기의 기초를 제공한다.[8] 목표설정이론(Goal Setting Theory)은 목표가 행위자에게 다음과 같은 과정을 통해 성과향상에 중요 영향을 미치고 있음을 강조한다. 첫째, 목표의 설정은 업무에 대한 관심을 유도하고, 둘째, 업무에 대한 노력을 동기화하며, 셋째, 목표달성을 위한 전략을 개발하고, 넷째, 업무에의 집중을 조장하고, 다섯째, 업무 숙련의 수준을 높인다.[9] 즉, 목표설정이 업무성취에 대한 동기를 유발함으로써 목표달성을 위한 개인 활동을 직접 조절하는 효과를 갖는다는 것이다.[10]

목표설정은 구체적이고 도전적이며 측정 가능할 때, 성과가 높아진다.[11] 목표설정이론이 제시된 이후, 약 110개의 연구 중, 99개의 연구결과가 목표가 모호하거나 주어지지 않을 때보다 목표가 구체적이고 어려울 때 성과가 높게 나타난다고 보고하였다.[12] 즉, 조직성과 향상을 위해서는 보다 명확한 목표를 제시함으로써 직무처리의 방식과 행동을 구체적으로 설정할 필요가 있음을 의미한다. 실제 Jung과 Lee(2013)는 직무-목표몰입, 직무-목표 구체화 그리고 미션의 구체화로 측정한 목표 모호성이 공공조직의 성과와 부정적 상관관계를 보이고 있음을 밝히고 있다.[13] 목표설정이론은 목표를 설정하는 것이 조직성과에 긍정적 영향을 준다고 가정하지만, 추상적 가치와 미션을 달성해야 하는 중앙정부의 경우 목표가 명확하게 설정되기 어렵다는 특성으로 성과달성에 한계가 나타날 수 있다. 그런데 지방정부의 경우, 중앙정부 사업을 지역단위에서 구체화하고 단체장(시장, 도지사, 구청장 등)의 공약사항을 이행하기 때문에 조직의 목표가 중앙정부보다 상대적으로 명확할 수 있다. 따라서 성과관리에서 목표설정이 조직목표에 긍정적 영향을 미칠 것(가설 1-1)이라는 전제하에, 공약사업 등 보다 구체적 사업으로 목표를 설정하는 지방정부의 경우 업무 범위 및 내용이 명확하게 제시됨으로써 목표설정이 조직성과에 미치는 영향이 중앙정부보다 크게 나타날 것이다(가설 1-2).

2. 성과평가와 조직성과

목표설정이 이루어지면 조직원이 목표한 바를 잘 이룰 수 있도록 관리하고 지원하는 시스템이 필요하다. 즉, 성과평가(performance evaluation)는 조직의 목표 달성을 관리하기 위한 기제로 성과에 대한 정의와 성과수준을 측정하고 그 결과를 활용하는 일련의 과정을 의미한다.[14] 성과평가는 측정되고 있는 업무에 보다 집중할 수 있는 동기부여 기제가 되는데, 특히 성과 수준에 따른 보상이 개인의 직무 동기를 유발함으로써 개인의 성과를 향상시키고 이것이 조직의 성과 제고에 기여할 것이라는 믿음에 기반한다.[15] 정부에서의 성과평가는 자체평가, 근무성적평정 등 다양한 평가 방법을 활용하여 성과를 일정한 요건에 의해 평가하는 것으로[16] 그 결과는 주로 성과급 지급 및 승진 등 보상의 잣대로 활용되는데, 이 역시 공무원들에게 열심히 일할 수 있는 동기를 부여한다.[17]

그러나 성과평가제도의 운영이 실질적으로 성과를 높이는가에 대해서는 상반된 입장이 존재한다. 성과평가를 기반으로 한 보상이 효과가 있다는 입장은 성과평가의 결과가 인센티브의 공정한 분배에 기여하므로 구성원들의 사기를 제고할 수 있다고 주장한다. 그러나 공무원 조직의 문화적·환경적 특수성이 존재하므로 성과평가를 통한 관리가 부작용을 낳을 수 있다는 상반된 주장도 존재한다. Perry 외(2009)와 이희태(2010)는 공공부문의 성과측정과 적용 등이 운영과정에서 문제가 나타날 수 있음을 지적하였고, Lozeau 외(2002)의 연구 결과는 공공조직에 적합하지 않은 관리기법을 무분별하게 도입할 경우 오히려 조직의 성과제고에 부정적인 영향을 미칠 수 있음을 보여준다. 즉, 조직의 특성이 제대로 반영되지 못한 성과평가는 구성원의 노력을 잘못된 방향으로 유도할 수 있기에, 민간부문의 관리기법이 공공부문에 적용되기 위해서는 신중한 조정과 접근이 필요하다.[18]

실제 지방정부 성과관리제도의 효과에 대해 부정적 견해를 제시하는 연구들은 공통적으로 성과평가에서의 운영개선이 필요함을 지적하고 있다. 박영강 외(2009)는 부산시의 BSC 도입이 조직성과에 큰 영향을 미치지 못하는 이유로 성과에 대한 낮은 이해도와 평가방식의 문제를 제기하였다. 남승하 외(2008)는 경기도 BSC를 진단한 결과, 성과관리제도에 대한 교육훈련, 비전 및 전략 설정에 이해관계자 참여, 성과관리 전담조직 및 인력, 평가 결과의 활용에 대한 인식이 상대적으로 낮게 나타났다. 지방정부의 성과관리제도와 보상 간의 디커플링(decoupling) 현상에 주목한 연구도 있다. 디커플링은 제도 도입의 목적과 운영이 분리되는 현상[19]으로, 성과관리제도에서 나타나는 객관적 성과가 보상체계와 연계되지 못함을 의미한다.[20] 이러한 디커플링은 때로는 성과보상의 편차를 축소함으로써 나타나는데, 결국 지방정부의 성과급 제도가 성과와 보상을 연계하여 의도된 결과나 목표를 달성하지 못하고 있는 것으로 볼 수 있다.

이러한 결과는 지방정부의 경우 중앙정부 지침을 기반으로 성과관리제도가 도입되면서 각 지방정부에 적합한 성과수준의 개념화와 측정방법, 측정결과 반영이라는 일련의 과정이 제대로 작동하지 않음으로써 제도의 영향이 미미할 수 있음을 보여준다. 즉 큰 틀에서 성과평가는 조직성과에 긍정적 영향을 미칠 것이지만(가설 2-1), 성과평가가 조직성과에 미치는 영향은 중앙공무원보다 지방공무원에서 더 작게 나타날 것으로 예상할 수 있다(가설 2-2).

3. 조직성과에 대한 직무열의의 매개효과

직무열의(work engagement)는 "업무를 수행하는 데 있어 지속적이고 긍정적인 정서적·동기적 상태"[21]로, '온 힘을 다해 일에 전념하는 것'을 의미한다.[22] Kahn(1990)은 조직구성원이 직무성과에 주의를 기울이고 집중할 때 직무열의의 상태를 경험할 수 있다며 직무열의와 성과의 관련성을 제시하였다. Kahn(1992)과 Macey 등(2009)의 모델에서 직무열의는 열정적인 행동을 이끌어내고 그러한 행동이 성과와 직접적으로 연결되고 있음을 보여준다. Gruman과 Saks(2011)는 성과관리에 있어 성과를 향상시키기 위한 동인 중 하나가 종업원의 직무열의임을 주장하였다.

이러한 직무열의에 영향을 미치는 요인으로 직무요구와 자원(job demand-resource) 이론을 들 수 있다.[23] 직무요구-자원 모형은 직무수행 과정에서의 업무 부담과 그로 인한 심리적 상태 사이의 관계를 규명하는 이론이다. 직무요구가 개인의 육체적, 정신적 희생을 감내하도록 하는 등 부정적인 영향을 유발하는 직무특성인 반면 직무자원(job resource)은 목표달성을 돕고 개인적 성장, 학습, 발전을 촉진하는 직무상의 신체적, 심리적, 조직적 특성을 말한다. 동기유발을 일으키는 직무자원은 조직적 요인(급여, 경력 기회 등), 대인 관계 요인(상관 및 동료의 지지, 팀 분위기 등), 업무구조 요인(역할 명확성 및 결정과정에의 참여), 업무 그 자체 요인(기술다양성, 자율성, 성과 피드백 등)으로부터 발생한다.[24] 직무자원이 성과에 미치는 영향에 있어 직무열의의 매개효과가 있는지를 메타분석한 연구(Christian, et al., 2011)에 의하면 직무특성, 변혁적 리더십 등 직무자원이 직무열의에 긍정적 영향을 미치고 직무열의가 직무성과에 긍정적 영향을 미치는 매개효과가 있음을 발견하였다.

위에서 언급한 조직적 요인과 업무구조적 요인에서 성과관리제도는 직무자원의 한 요소가 될 수 있다. Gruman과 Saks(2011)는 목표설정, 성과계약, 직무설계, 교육훈련, 성과면담, 성과평가 등 일련의 성과관리가 종업원의 직무열의를 높이고 직무열의가 성과를 향상시키는 직무열의 모델(Engagement Model)을 고안하였다. 최근 Zhong(2016)은 중국 소재 130개 기업 605명의 종사자를 대상으로 고성과 인사제도(high performance HR practices)가 직무열의 및 성과에 미치는 긍정적인 효과를 실증적으로 증명하였다. 이 외에도 몇몇 연구에서 직무열의가 조직 및 개인성과에 미치는 긍정적인 효과를 제시하고 있다.[25] 이러한 선행연구들을 종합하여 보았을 때 성과관리는 직무열의를 높이고 직무열의는 조직성과를 향상시킬 수 있다. 즉 직무열의가 성과관리 과정 및 단계에서 성과도출에 매개역할을 할 것이라는 가설이 성립될 수 있다(가설 3-1).[26] 또한 목표설정과 성과평가의 효과가 중앙과 지방공무원에서 각각 상반되게 나타날 것이라는 가정에 따르면 이 두 변수가 직무열의를 높이는 정도도 소속에 따라 달라질 수 있다(가설 3-2 & 3-3).

이를 위한 연구의 분석모형은 <그림 8-1>과 같다.

그림 8-1_ 연구의 분석모형

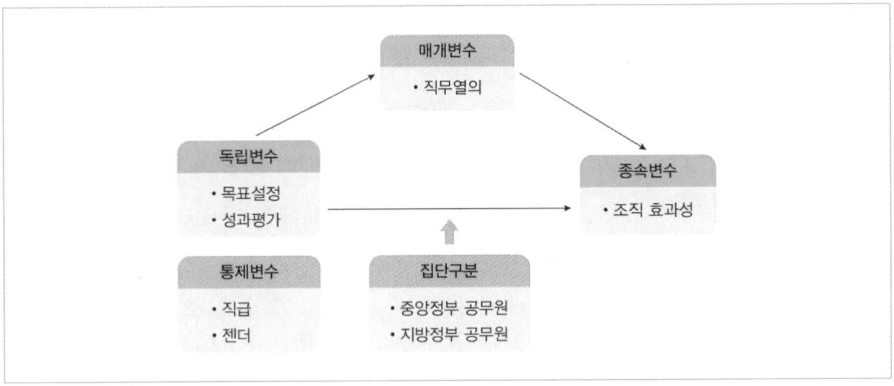

II. 연구설계

1. 데이터의 수집 및 분석방법

본 연구는 조직성과에 영향을 미치는 성과 변수들의 영향력과 경로가 중앙공무원과 지방공무원에게 어떻게 나타나는지를 분석하고자 한다. 이를 위해 서울대학교 행정대학원 공공성과관리연구센터가 실시한 '2016년도 중앙 및 지방공무원 인식조사' 결과를 활용하였다.[27]

연구모형 및 가설 검정은 다음과 같은 분석 방법을 활용하였다. 첫째, 수집된 자료의 속성과 변수들의 관계를 살펴보기 위해 빈도분석, T-test, 상관관계분석을 실시하였다. 둘째, 연구모형에서 각 잠재 변수들의 신뢰도와 타당도를 검정하기 위해 Chronbach's alpha 계수를 측정하고, 확인적 요인분석(Confirmatory Factor Analysis)을 실시하였다. 셋째, 연구모형에서 잠재 변수들과의 인과관계에 따른 가설은 구조방정식모형과 다중집단 구조방정식에 의한 경로계수를 비교하였다.[28]

2. 변수설정과 측정지표

본 연구에 활용된 설문 문항은 다음과 같이 구성되었다(<표 8-1> 참조). 조직성과(효과성)를 측정하기 위해 조직의 전년 대비 업무수행 능력 향상, 업무의 질적 향상, 국민 기대 수준에 부합하는 산출물 생산 및 국민들이 낸 세금만큼 성과 거두었는지에 대한 문항을 활용하였다. 매개변수인 직무열의는 Rich 등(2010)을 참고하여 물리적, 정서적, 인지적 열의를 측정하는 문항으로 구성하였다. 독립변수는 성과관리의 중요한 두 과정으로서 목표설정과 성과평가이다. 목표설정은 목표가 구체적이고 명확하게 설정됨으로써 조직원의 업무수행에 지침이 되는가를 의미하는 것으로, 성과목표 설정의 명확성, 측정 가능성, 우선순위 명확성, 업무에 대한 지침 제공 정도로 측정하였다. 성과평가는 평가의 공정성과 결과의 활용(보상)에 대한 것으로, 조직의 목표를 반영하는가, 평가가 합리적이고 공정한가, 고성과자에 성과급이 지급되는가, 승진이 업무실적에 달려 있는가에 대한 문항을 통해 측정하였다. 기존의 연구들에서 여성과 6급 이하 직급의 성과에 관한 인식이 낮게 나타난다는 점을 고려하여 통계변수로 성별과 직급을 고려하였다. 성별은 더미변수로, 직급은 연속변수로 측정하였다. 모든 문항은 Likert 5점 척도로 측정하였다.

표 8-1_ 변수의 구성과 측정방식

분류	변수		설문문항	측정
종속 변수	조직성과 (효과성)		전년대비, 업무수행 능력은 향상되었다.	1~5
			전년대비, 업무에 있어서 질적인 향상이 이루어졌다.	1~5
			국민의 기대수준에 부합하는 산출물을 생산하였다.	1~5
			나의 조직은 국민들이 낸 세금만큼 성과를 거두었다.	1~5
매개 변수	업무태도 (직무열의)		일 할 땐 시간 가는 줄 모른다.	1~5
			우리 부서의 과업에 흥미를 느끼고 있다.	1~5
			일을 할 때 난관에 처해도 최선을 다한다.	1~5
독립 변수	성과 관리	목표 설정	성과목표는 분명하게 정의되어 있다.	1~5
			성과목표는 객관적으로 측정 가능하다.	1~5
			성과목표들 간 우선순위가 분명하다.	1~5
			우리 조직의 성과목표는 내가 수행하는 일에 명확한 지침을 제공해 준다.	1~5
		성과 평가	성과평가는 조직의 목표를 반영하고 있다.	1~5
			성과평가는 합리적이고 공정하다.	1~5
			성과가 높은 사람에게 더 많은 성과급이 지급된다.	1~5
			나의 승진은 업무 실적에 달려 있다.	1~5
통제 변수	젠더		귀하의 성별은 어떻게 되십니까? (0=남성, 1=여성)	더미
	직급		귀하의 직급은 어떻게 되십니까? (1=고위공무원단, 2=4급, 3=5급, 4=6급, 5=7급, 6=8급, 7=9급)	연속

III. 분석결과

1. 기초통계

주요 변수의 평균과 표준편차를 전체 공무원, 중앙정부 공무원, 지방정부 공무원으로 구분하여 살펴보면 <표 8-2>와 같다. 전체 공무원의 경우, 조직성과에 대한 인식은 평균 3.5점 이상으로 보통 수준보다 조금 높은 것으로 나타나고 있다. 특히 전년 대비 조직의 업무수행 능력이 향상되었다는 응답의 평균이 3.7로 다소 높다. 전반적으로 지방정부 공무원의 조직성과 인식이 높았으며, T-test 결과 소속 집단 간 평균 차이는 유의한 것으로 나타났다. 특히 전년대비 조직의 업무능력과 질적 향상을 측정하는 문항에서 중앙과 지방공무원의 응답 차이가 큰 것으로 분석되었다. 직무열의에 있어서도 전체 공무원의 인식이 높게(3.58~3.96) 나타나는 가운데, 중앙과 지방 공무원 모두 난관에 처해도 최선을 다한다는 문항(3.96)이 가장 높은 것으로 조사 되었고, 지방공무원(4.02)이 중앙공무원(3.92)보다 유의미하게 높게 나타났다. 목표설정에 대한 인식은 조직성과와 직무열의 대비 상대적으로 낮은 점수를 보이는 가운데, 목표가 분명하게 정의되어 있는지에 대한 문항만 유일하게 집단 간 차이가 유의미한 것으로 나타났으며, 경향은 동일하게 지방(3.83)이 중앙(3.72)보다 높게 나타났다.

한편 성과평가 항목은 중앙과 지방 모두 잠재변수들 중 가장 낮은 평균값을 보여주었다. 특히, 평가결과의 활용으로 볼 수 있는 성과급(3.18) 및 승진(2.99) 두 문항은 중앙에 비해 지방공무원 인식이 낮은 것으로 조사되었다. 성과평가 관련 문항 중 조직목표 반영이 가장 높게 나타났으며 승진은 업무실적에 따른다는 문항이 가장 낮은 점수를 보여주었다. 그러나 집단 간 유의한 차이가 나타난 것은 조직목표 반영과 성과급 두 문항만 해당되었다.

표 8-2_ 집단별 주요변수의 평균비교

분류 (평균)	항목	전체		중앙정부		지방정부		t-test	P
		Mean	SD	Mean	SD	Mean	SD		
조직성과 (3.65)	업무수행 능력이 향상됨	3.70	0.81	3.58	0.83	3.9	0.73	−8.02	0.000
	업무의 질적 향상이 이루어짐	3.65	.835	3.51	0.86	3.86	0.75	−8.33	0.000
	국민 기대 수준 산출물 생산함	3.57	.795	3.48	0.83	3.71	0.71	−5.72	0.000
	국민 세금만큼 성과를 거둠	3.68	.798	3.62	0.83	3.78	0.74	−4.14	0.000
직무열의 (3.80)	일할 땐 시간 가는 줄 모름	3.87	.736	3.8	0.75	3.96	0.75	−4.40	0.000
	우리 부서 과업에 흥미를 느낌	3.58	.786	3.54	0.8	3.64	0.76	−2.48	0.013
	난관에도 최선을 다함	3.96	.639	3.92	0.63	4.02	0.63	−3.39	0.001
목표설정 (3.51)	목표는 분명하게 정의됨	3.76	.786	3.72	0.77	3.83	0.8	−2.695	0.007
	목표는 객관적으로 측정 가능	3.38	.934	3.37	0.92	3.39	0.96	−0.598	0.550
	목표 간 우선순위가 분명함	3.45	.854	3.43	0.83	3.47	0.86	−0.86	0.390
	조직 목표는 내일에 지침 제공	3.46	.863	3.42	0.86	3.51	0.86	−2.14	0.330
성과평가 (3.19)	성과 평가는 조직 목표를 반영함	3.25	.824	3.54	0.82	3.64	0.83	−2.43	0.015
	성과 평가는 합리적이고 공정함	3.25	.918	3.22	0.91	3.3	0.93	−1.79	0.074
	고성과자가 성과급을 더 받음	3.22	1.01	3.25	0.98	3.18	1.04	1.51	0.013
	나의 승진은 업무 실적에 따름	3.05	9.62	3.08	0.95	2.99	0.97	1.76	0.078

2. 전체공무원 구조방정식 분석 결과

본 연구는 목표설정과 성과평가가 조직성과에 미치는 영향의 경로를 파악하고, 그것이 중앙공무원과 지방공무원에 차이가 있는가를 분석한다. 먼저 구조방정식 모형을 통해 전체 공무원을 대상으로 인과모형을 추정하였다. 측정방법은 최대우도법 (maximum likelihood)을 통해 매개변수 값을 추정하였고, 모델 적합성(model fit)을 판단하기 위해 x 2(CMIN)(p)와 x 2/df값, GFI, CFI, NFI, IFI, RMSEA, RMR의 기준을 고려하였다. 조직성과에 성별과 직급이라는 개인 특성 변수의 포함 여부에 따라 결과가 달라지는가를 파악하기 위해 통제변수를 포함한 모형과 미포함한 모형으로 구분하여 분석하였다(<표 8-3> 참조). 그 결과 각 변수 간 영향력의 크기와 방향성에 있어 큰 차이가 발견되지 않아 <그림 8-2>와 같은 경로를 구성하여 분석을 수행하였다.

우선 '성과관리제도의 핵심요소인 목표설정과 성과평가가 직무열의를 자극하고 이것이 개인 및 조직의 성과로 나타난다'는 모형이 전체 공무원에게 적용되는가를 살펴보았다. 분석결과, 목표설정($\beta = .272$)과 성과평가($\beta = .245$) 모두 조직성과에 긍정적 영향을 미치는 변수인 것으로 나타났다(가설 1-1, 가설 2-1 채택). 또한 성과관리의 두 요소가 직무열의에 긍정적 영향을 미치는가에 대해 살펴본 결과, 목표설정은 직무열의에 긍정적 영향을 미치는 것으로 나타났으나($\beta = .561$), 성과평가는 직무열의에 통계적으로 유의한 영향을 미치지 못하였다(가설 3-1 부분채택). 그러나 직무열의의 조직성과에 대한 영향은 긍정적으로 나타났다($\beta = .270$). 직무열의의 매개효과 분석 결과는 <표 8-4>와 같으며, 목표 명확성이 조직성과로 가는데 있어 직무열의의 유의한 매개효과가 나타나고 있다.

표 8-3_ 전체 공무원 구조방정식모형 경로계수 분석결과

		통제변수 포함			통제변수 미포함		
		표준화계수	C.R	P	표준화계수	C.R	P
목표설정 → 직무열의		0.561	7.489	***	0.561	0.057	***
성과평가 → 직무열의		−0.038	−0.514	0.607	−0.038	0.061	0.6059
직무열의 → 조직성과		0.270	9.186	***	0.266	0.038	***
목표설정 → 조직성과		0.272	4.381	***	0.262	0.061	***
성과평가 → 조직성과		0.245	4.143	***	0.262	0.063	***
직 급		−0.055	−2.774	0.006	−	−	−
젠 더		−0.083	−4.143	***	−	−	−
모델 적합도	CMIN(p)	1255.646(.000)			1095.687(.000)		
	CMIN/DF	11.112			13.044		
	GFI	.914			.916		
	CFI	.930			.938		
	NFI	.924			.933		
	IFI	.930			.933		
	RMSEA	.074			.085		
	RMR	.032			.033		

그림 8-2_ 전체공무원 연구모형의 결과

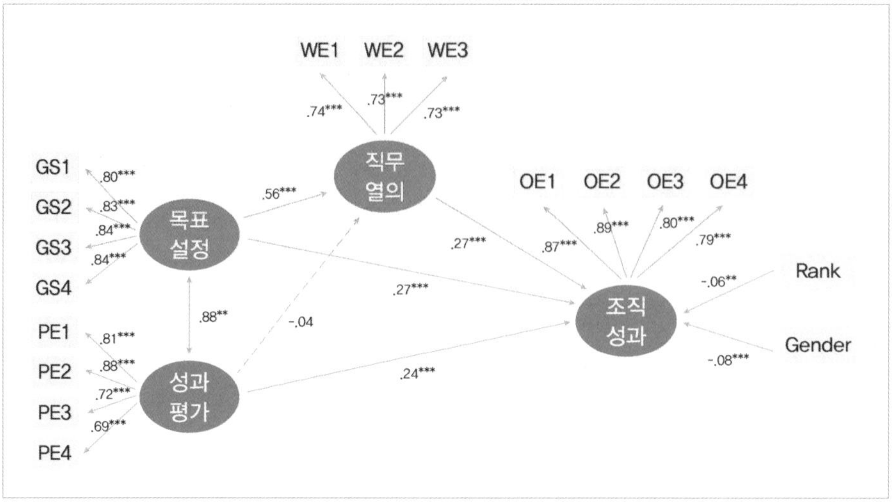

표 8-4_ 직무열의의 매개효과 직·간접효과 추정치

경로방향	직접효과	간접효과	총효과	간접효과 유의성 검증
목표설정 → 조직성과	0.272***	0.151*	0.423	0.016
성과평가 → 조직성과	0.245***	−0.010	0.234	0.89

이러한 결과는 분명한 목표설정이 개인에게 직무에 대한 우선순위와 지침을 제공함으로써 직무에 대한 열의를 강화시켜 조직성과를 높일 것이라는 기존의 연구[29]를 지지한다. 반면 성과평가가 직무열의에 유의한 영향을 미치지 않은 결과는, 우리나라 성과관리제도의 특성이 반영된 것으로 볼 수 있다. 조직의 성과관리에 있어 근무성적평정과 조직평가제도의 연계가 강한 경향으로 인해,[30] 직무열의가 조직의 성과를 향상시키는 데에는 긍정적으로 작용하지만 그것이 개인의 성과보상에 대한 기대를 충족시키지 못함으로써 직무열의 효과가 나타나지 않은 것으로 해석할 수 있다. 이는 2017년 중앙부처 공무원을 대상으로 한 박순애 외(2018)의 연구결과와도 유사하다.

3. 중앙·지방 다중집단분석 결과

목표설정과 성과평가가 조직성과에 미치는 영향과 경로가 중앙공무원과 지방공무원에게 다르게 작동되는지를 검증하기 위해 다중집단분석(multiple group analysis)

을 시행하였다.[31] 목표설정이 조직성과에 미치는 영향은 중앙공무원(β = .179)과 지방공무원(β = .477)에게 모두 유의한 정의 값을 보여주었고, 그 영향력의 크기는 지방공무원이 더 높게 나타났다(가설1-2 채택). 목표설정의 영향력이 지방정부에서 높게 나타난 것은, 앞서 언급하였듯이 지방정부는 중앙정부에서 기획한 정책을 구체화하여 집행하는 기능을 담당하기 때문에 목표가 보다 명확하게 파악될 수 있다. 또한 자치단체장이 직접 공약사항을 챙김으로써 조직 목표에 대한 우선순위 관리가 용이하고 이러한 조직 환경이 상대적으로 성과 제고에 유리하게 작용할 수 있다.

한편, 성과평가가 조직성과에 미치는 영향은 중앙공무원과 지방공무원이 다르게 나타났다. 중앙공무원의 성과평가는 조직성과에 긍정적인 영향을 주고 있으나(β = .377), 지방공무원의 경우 성과평가가 조직성과에 미치는 영향은 유의하지 않았다(가설 2-2 채택). 이러한 결과는 지방정부 성과관리의 디커플링 현상을 지적한 장혜윤 외(2017)의 연구 결과와도 맥을 같이한다. 중앙정부는 지방정부보다 성과관리 시스템의 도입이 선제적이었던 만큼 제도의 정착도 빠를 수 있다. 반면 지방정부의 경우 강한 연공서열 문화[32]로 인해 획일적으로 도입된 성과관리 제도가 즉시 조직문화로 수용되고 정착되기에는 한계가 있다. 특히 성과측정과 그 결과를 반영한 보상이 개인의 기대 수준을 충족시키지 못한다면 조직성과 제고에는 유의한 영향을 미치지 못할 것으로 해석할 수 있다.

표 8-5_ 다중집단 구조방정식모형 경로계수 분석결과

경로방향	중앙공무원			지방공무원			C.R. (집단간 차이 유의성)
	표준화 계수	C.R	P	표준화 계수	C.R	P	
목표설정 → 직무열의	0.658	7.034	***	0.357	2.899	0.004	−2.045
성과평가 → 직무열의	−0.156	−1.707	0.088	0.194	1.574	0.116	2.294
직무열의 → 조직성과	0.244	6.441	***	0.291	6.129	***	0.156
목표설정 → 조직성과	0.179	2.318	0.020	0.477	4.520	***	1.897
성과평가 → 조직성과	0.377	5.185	***	0.013	0.124	0.901	−3.314
직 급	−0.003	−0.134	0.894	0.000	−0.001	1.000	0.081
젠 더	−0.069	−2.707	0.007	−0.087	−2.702	0.007	−0.078

주1: 중앙공무원 모델적합도 χ^2=825.712; p<.001; χ^2=/df=7.307; GFI=.909; CFI=.929; NFI=.919; IFI=.930; RMSEA=.079; RMR=.032

주2: 지방공무원 모델적합도 χ^2==589.726; p<.001; χ^2=/df=5.218; GFI=.899; CFI=.923; NFI=.907; IFI=.924; RMSEA=.080; RMR=.035

그림 8-3_ 중앙공무원(위)과 지방공무원(아래)의 다중집단분석모형 결과

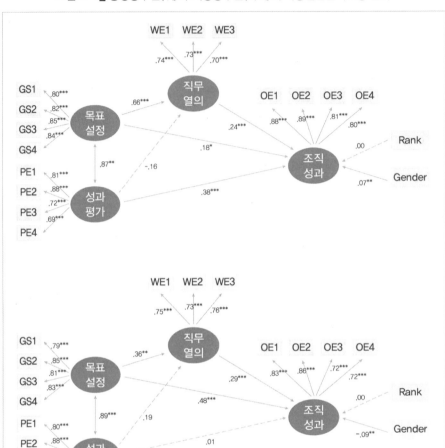

중앙과 지방공무원을 분리하여 직무열의의 매개효과를 분석한 결과, 중앙공무원과 지방공무원 모두에서 조직성과에 긍정적인 영향을 미치고 있으나, 중앙공무원의 경우 직무열의의 매개효과가 상대적으로 높게 나타났다(가설 3-2 채택). 한편 지방정부에서는 직무열의의 매개효과보다 목표설정의 직접 효과가 더 크게 나타나고 있는 것으로, 이는 지방정부의 목표가 비교적 명확하고 달성하기 쉬운 수준으로 설정됨으로써 목표달성의 효과가 더 크게 나타났다고 볼 수 있다. 또한 지방정부의 경우 중앙정부에 의한 위탁사무 비중이 높을 경우, 목표설정이 하향식(Top-down) 또는 수동

적으로 이루어질 수 있고 그것이 개인에게 있어 직무 열의를 동기화하는 데 한계로 작용[33]할 수 있다.

표 8-6_ 중앙공무원과 지방공무원의 직무몰입 매개효과 직·간접효과 추정치

경로방향	중앙공무원			지방공무원		
	직접효과	간접효과	총효과	직접효과	간접효과	총효과
목표설정 → 조직성과	0.179**	0.1606**	0.3395	0.4766***	0.1039*	0.5805
성과평가 → 조직성과	0.377***	−0.038	0.339	0.0128	0.0564	0.0693

중앙공무원과 지방공무원의 경로계수 차이가 통계적으로 유의미한가를 검증한 결과, 목표설정에서 직무열의의 경로, 성과평가에서 직무열의의 경로, 성과평가에서 조직성과 경로에 대한 C.R.값이 통계적으로 유의(+ −1.965 이상)한 것으로 나타났다 (<표 8-5> 참조).

IV. 연구의 의의 및 한계

공공부문의 성과관리는 IMF 경제위기를 극복하는 과정에서 본격적으로 시작되어 일 잘하는 공무원은 더욱 업무 성취동기를 고양하고, 능력이 떨어지는 공무원의 경우 자극을 통해 직무 태도를 변화시키는 것이 정부의 중요 과제로 대두되었다.[34] 현재 17개 광역자치단체와 220여개 기초자치단체에서 성과관리가 시행되고 있어, 이제 지방정부에서도 어느 정도 성과관리가 정착하고 있다는 평가도 받는다.[35] 그러나 지방분권 특히 재정분권 강화 방안에 대한 논의가 확대되고 있는 상황에서, 지방정부의 성과관리가 다시금 주목받고 있다. 이에 본 연구는 중앙정부의 지침과 필요에 의해 시작된 성과관리가 지방정부에서도 애초의 의도대로 작동되고 있는지, 중앙정부와 지방정부 공무원을 대상으로 성과관리의 효과성과 경로를 실증적으로 비교·분석하였다.

분석결과 지방공무원의 조직성과 및 직무열의에 대한 인식이 중앙공무원보다 높게 나타났으며, 전체모형에서는 목표설정과 성과평가 모두 조직성과 향상에 긍정적으로 영향을 미치고 있었다. 그러나 직무열의의 매개효과에 있어 목표설정은 개인의 업

무에 대한 애착과 충성을 향상시키고 있으나, 성과평가는 직무열의에 영향을 미치지 못하는 것으로 나타났다. 이는 평가 결과의 후속 조치(예: 승진 등 보상)가 개인의 기대심리를 충족시키지 못함으로써 직무에 대한 애착과 열의를 동기화하지 못한다는 점에서, 여전히 공정한 성과 수준 측정방법과 보상체계 개발이 필요함을 보여준다.

한편, 성과관리의 효과성 및 경로에 대한 중앙·지방 공무원 비교 분석에서는 일부 경로에서 차이가 있는 것으로 나타났다. 목표설정이 조직성과에 기여하는 효과는 지방공무원에게 높게 나타났고, 목표설정이 직무열의에 기여하는 효과는 중앙공무원에게 높게 나타났다. 지방정부의 경우 응답자의 다수가 5급 이하 공무원으로 개인목표 설정이 실질적으로 작동되지 않기 때문에 직무열의의 동기화 효과가 낮게 나타난 것으로 볼 수 있다. 따라서 향후 조직단위 평가와 개인단위 평가의 효과와 적용가능성에 대한 심도있는 연구를 통해 지방정부에 적합한 성과관리제도 개발과 직무에 적합한 목표설정 노력이 필요하다. 주목해야 할 점은 지방정부의 경우 성과평가가 조직성에 미치는 영향이 유의하지 않은 것으로 나타나고 있으며, 성과평가에 있어 직무열의 매개효과 또한 중앙·지방 모두에서 유의하지 않았다. 특히 지방정부의 경우, 성과평가와 결과의 활용이 조직성과에 유의한 영향을 미치지 못하는 것으로 나타남에 따라, 성과평가의 설계 및 운영에 대한 심층적 재검토가 필요한 것으로 보인다.

참고문헌

강상원·최병대. (2012). 서울특별시 BSC 도입효과에 대한 영향요인 분석. 한국행정논집, 24(4): 831-856.

강윤호. (2017). 지방정부 성과관리제도의 운영에 대한 시차적 평가. 한국거버넌스학회보, 24(1): 217-233.

공동성. (2013). 성과관리: 한국제도편. 대영문화사: 서울.

김서용·김선희. (2015). 공공조직에서 모호성이 조직효과성에 미치는 영향분석: 모호성의 유형별 효과와 공공봉사동기의 조절기능을 중심으로. 한국행정연구, 24(1): 139-171.

남승하·이현철. (2008). 지방정부 성과관리시스템의 운영 실태에 대한 진단 및 평가 연구 경기도 공무원 인식을 중심으로. 한국행정학회 동계학술발표논문집, 2008(0): 1-30.

박순애. (2006). 공무원의 직무동기와 조직행태: 직무몰입과 탈진에 미치는 영향요인을 중심으로. 한국행정연구, 203-236.

박순애·이영미·이혜연. (2018). 공공부문 성과보상의 효과성에 관한 연구: 성과보상이 직무몰입에 미치는 영향과 업무특성의 조절효과를 중심으로. 한국행정학보, 52(3): 123-149.

박영강·강성권. (2009). 부산광역시의 BSC 성과와 영향요인 분석. 한국지방정부학회 학술대회자료집, 219-232.

신민철. (2010). 성과측정 왜곡에 대한 인식 정향성 분석. 한국행정연구, 19(4): 133-155.

양기용. (2004). 성과와 경쟁중심의 지방정부개혁의 한계와 과제. 지방정부연구, 8(2): 243-263.

이희태. (2010). 공무원의 성과상여금만족도가 보수만족, 직무만족 및 조직몰입에 미치는 영향. 한국거버넌스학회보, 17(2): 117-140.

_____. (2015). 지방정부의 성과중심적 인사관리의 공정성이 공무원의 직무만족, 조직몰입, 직무성과에 미치는 영향: 부산을 중심으로. 지방정부연구, 19(3): 53-75.

장혜윤·최정우·박해육. (2017). 성과관리제도 운영과 보상 간의 디커플링에 관한 연구: 지방자치단체를 중심으로. 지방정부연구, 21(3): 453-473.

전영한. (2004). 목표 모호성이 관료주의문화에 미치는 영향. 행정논총, 42(4). 1-21.

조경호. (2011). 한국 공무원 성과평가의 공정성 제고 방안에 관한 연구. 한국인사행정학회보, 10(3): 171-192.

최정우·박해육. (2015). 지방자치단체의 Balanced Scorecard 운영 효과분석. 한국행정논집, 27(3): 789-816.

황성수·이용균. (2017). 지방자치단체의 BSC 성과관리 시스템 운영형태 비교분석에 관한 연구-기초자치단체 사례를 중심으로. 한국자치행정학보, 31(1): 69-85.

Bakker, A. B., Hakanen, J. J., Demerouti, E., & Xanthopoulou, D. (2007). Job resources boost work engagement, particularly when job demands are high. *Journal of Applied Psychology*, 99(2): 274 −284.

Bakker, A. B., & Xanthopoulou, D. (2009). The crossover of daily work engagement: Test of an actor-partner interdependence model. *Journal of Applied Psychology*, 94(6): 1562-1571.

Balabonienė I., & Večerskienė, G. (2014). The Peculiarities of Performance Measurement in Universities *Procedia-Social and Behavioral Sciences*, 156(26): 605-611

Boyne, G. A. (2003). Sources of public service improvement: A critical review and research agenda. *Journal of public administration research and theory*, 13(3): 367-394.

Brewer, G. A., & Selden, S. C. (2000). Why Elephants Gallop: Assessing and Predicting Organizational Performance in Federal Agencies. *Journal of Public Administration Research and Theory*, 10(4): 685-711.

Carter, W. R., Nesbit, P. L., Badham, R. J., Parker, S. K., & Sung, L. (2018). The effects of employee engagement and self-efficacy on job performance: a longitudinal field study. *The International Journal of Human Resource Management*, 29(17): 2483-2502.

Castilla, E. J. (2008). Gender. race. and meritocracy in organizational careers. *American Journal of Sociology*, 113(6): 1479-1526.

Christian, M. S., Garza, A. S., & Slaughter, J. E. (2011). Work engagement: a quantitative review and test of its relations with task and contextual performance. *Personnel Psychology*, 64(1): 89-136.

Chun, Young Han., & Rainey, Hal G. (2005). Goal Ambiguity and Organizational Performance in U.S. Federal Agencies. *Journal of Public Administration Research and Theory*. 15(4): 529-557.

David. O. (1999). Performance management: a framework for management control systems research. *Management Accounting Research*, 10(4): 363 -382

Dunn, W. N. (2012). *Public Policy Analysis: an introduction*, Boston: Pearson.

Gao Jie. (2015). Performance measurement and Management in the Public Sector: Some Lessons from research evidence. *Public Administration and Development*, 35(4): 86-96.

Gruman, J. A., & Saks, A. M. (2011). Performance management and employee engagement. *Human Resource Management Review*, 21(2): 123-136.

Hallberg, U. E., & Schaufeli, W. B. (2006). "Same Same" But Different? Can Work Engagement Be Discriminated from Job Involvement and Organizational Commitment? *European Psychologist*, 11(2): 119-127.

Jung CS., & Lee G. (2013). Goals, strategic planning, and performance in government agencies. *Public Management Review*, 15(6): 787-815.

Kahn, W. A. (1990). Psychological conditions of personal engagement and disengagement at work. *Academy of Management Journal*, 33(4): 692-724.

_____. (1992). To be full there: Psychological presence at work. *Human Relations*, 45(4): 321-349.

Kettl, D., & Kelman. S. (2007). *Reflection on 21st Century government management*. Washington DC: IBM Center for the Business of Government.

Kim, T., & Holzer, M. (2016). Public employees and performance appraisal: A study of antecedents to employees' perception of the process. *Review of Public Personnel Administration*, 36(1): 31-56.

Locke, E. A.(1968). Toward a theory of task motivation and incentives. *Organizational Behavior and Human Performance*, 157-189.

Locke, E. A., & Latham, G. P. (1990). *A theory of goal setting & task performance*. Prentice-Hall. Inc.

_____. (2013). *New Developments in Goal Setting and Task Performance*. Routledge.

Locke, E. A., Shaw, N., Saari, M., & Latham. G. P. (1981). Goal Setting and Task Performance: 1969-1980. *Psychological Bulletin*, 90(1):125-152

Lozeau, D., Langley, A., & Denis, J. L. (2002). The corruption of managerial techniques by organizations. *Human relations*, 55(5): 537-564.

Macey, W. H., Schneider, B., Barbera, K. M., & Young, S. A. (2009). *Employee engagement: Tools for analysis, practice, and competitive advantage.* Malden, WA: Wiley-Blackwell.

Maslach, C., Schaufeli, W. B., & Leiter, M. P. (2001). Job burnout. *Annual Review of Psychology*, 52(1): 397-422.

Mavor, A. S., Broderick, R. F., & National Research Council. (1991). *Pay for performance: Evaluating performance appraisal and merit pay.* National Academies Press.

Meyer, J. W., & Rowan, B. (1977). Institutionalized organizations: Formal structure as myth and ceremony. *American journal of sociology*, 83(2): 340-363.

Nakamura. A., & Warburton. P. (1998). Performance Measurement in the Public Sector, *Canadian Business Economics*, 6(2): 37-48

Perry, J. L., Engbers, T. A., & Jun. S. Y. (2009). Back to the Future? Performance-Related Pay. Empirical Research. and the Perils of Persistence. *Public Administration Review*, 69(1): 39-51.

Perry, J. L., Petrakis, B. A., & Miller, T. K. (1989). Federal merit pay, round II: An analysis of the performance management and recognition system. *Public Administration Review*, 29-37.

Pollitt C., & Bouckaert G. (2000). *Public Management Reform: An International Comparison.* Oxford: Oxford University Press.

Radosevich, D. J., Allyn, M. R., & Yun. S. (2007). Goal orientation and goal setting: Predicting performance by integrating four-factor goal orientation theory with goal setting processes. *Seoul Journal of Business*, 13(1): 21-47

Rainey, H. G., & Jung, C. S. (2015). A Conceptual Framework for Analysis of Goal Ambiguity in Public Organizations. *Journal of public administration research and theory*, 25(1): 71-99.

Rich, B. L., Lepine, J. A., & Crawford, E. R. (2010). Job engagement: Antecedents and effects on job performance. *Academy of Management Journal*, 53(3):

617-635.

Van Dooren, W., Bouckaert, G., & Halligan, J. (2010). *Performance Management in the Public Sector.* Routledge

Yalabik, Z. Y., Patchara, P., Chowne, J. A., & Rayton, B. A. (2013). Work engagement as a mediator between employee attitudes and outcomes. *International Journal of Human Resource Management*, 24(13): 2799-2823.

Zhong, L., Wayne, S. J., & Liden, R. C. (2016). Job engagement, perceived organizational support, high-performance human resource practices, and cultural value orientations: A cross-level investigation. *Journal of Organizational Behavior*, 37(6): 823-844.

미주

★ 2019년도 한국지방자치학회보 제31권 제2호에 실린 "중앙정부와 지방정부의 성과관리 효과성에 관한 연구: 중앙·지방 공무원 인식 차이를 중심으로"를 수정·보완한 글이다.

1 Kettle & Kelman, 2007; Pollitt & Bouckaert, 2000.

2 중앙정부에서는 직무성과계약제, BSC 등 성과평가 제도 및 성과중심의 인사제도를 도입하였고, 지방정부에서는 BSC가 약 10년 전쯤부터 도입되기 시작하여 현재는 대부분의 지방정부에서 성과관리제도가 시행되고 있다.

3 강윤호, 2017; 황성수 외, 2017; 양기용, 2004; 신민철, 2010; 공동성 외, 2013

4 강성원 외, 2012; 최정우 외, 2015

5 David, 1999 ; 공동성 외, 2013: 76

6 성과관리는 제도시행 자체가 조직성과에 직접적으로 기여한다기보다, 성과향상을 위한 일련의 과정으로서 조직문화, 구성원의 역량강화, 교육, 보상, 처벌 등 다양한 요소들이 영향을 미치는 것으로 이에 대한 관리를 포함한다(Gao, 2015:89).

7 Balabonienė & Večerskienė, 2014: 606

8 Locke, 1968

9 Radosevich et al., 2007: 23-24

10 Bell(2003)은 개인적 동기이론으로서의 목표설정 이론이 조직적 실천과 동일하지 않음을 지적하였으나, O'Leary-Kelly 외(1994)는 그룹 단위의 목표설정 결과분석에서 긍정적 효과가 유의한 것으로 나타났다. (Locke & Latham, 1990; Locke et al., 2012: 6 재인용)

11 Locke et al., 2013

12 Locke et al., 1981: 131

13 Chun & Rainey(2005)는 정부조직의 특징으로 목표모호성(goal ambiguity)을 제시하는데, 목표모호성은 목표 자체가 명확하게 구체적이지 않고 난이도 또한 정확하지 않은 경우를 의미한다(Chun & Rainey, 2005; Rainey & Jung, 2015). 조직 목표가 추상적일 경우, 관련자들은 목표를 이해하고 공유된 목표를 위한 소통을 진행하는 사명이해 모호성(mission comprehension ambiguity)이 발생하고, 이러한 모호성은 목표달성을 위한 수단과 방식에도 혼란을 발생시킴으로써 조직성과를 감소시킨다(전영한, 2004).

14 Broderick & Mavor, 1991: 45

15 Perry, Petrakis, & Miller, 1989; Castilla, 2008; Kim & Holzer, 2016: 32 재인용.

16 행안부 내부자료에 따르면(2017년 기준), 17개 광역시의 평가방식은 자체평가와 BSC를 지자체에 따라 선별적으로 도입하고 있었으며, 평가단위 또한 부서평가, 개인평가, 부서·개인 모두를 평가하는 등 시·도 유형별로 상이하게 적용하고 있었다. 따라서 본 연구에서 관찰하는 성과평가는 특정 평가방식 및 평가단위에 해당하는 구체적 제도가 아닌, 응답대상자가 속한 조직에서 행해지는 다양한 성과평가를 포괄적으로 이해한다.

17 박순애 외, 2018: 125

18 Nakamura & Warburton, 1998: 47

19 Meyer & Rowan, 1977

20 장혜윤 외, 2017: 458

21 Maslach, et al., 2001: 417

22 Hallberg & Schaufeli, 2006

23 Gruman & Saks, 2011

24 Bakker & Demerouti, 2007

25 Bakker & Xanthopoulou, 2009 Carter, et al., 2018; Rich, et al.; 2010, Yalabik et al., 2013

26 다양한 선행변수들(가치 일치, 인지된 조직 내 지지 등)이 성과에 미치는 영향에 있어 직무열의와 함께 직무몰입, 직무만족, 내재적 동기의 매개효과를 살펴본 본 연구결과, 직무열의의 매개효과가 가장 크게 나타났다(Rich, et al., 2010).

27 데이터의 수집 방법 및 응답자 특성에 관한 정보는 부록을 참고한다.

28 본 연구의 자료분석 과정에서 빈도분석, 기술통계량분석, 신뢰도 검정 등은 SPSS Statistic 20.0을 이용하였으며, 확인적 요인분석 및 연구모형에 따른 측정모형과 구조모형의 검정을 위한 구조방정식 모형은 Amos 20.0을 이용하였다.

29 Bakker & Demerouti, 2007; Gruman & Saks, 2011; 김서용 외, 2015

30 조경호, 2011: 180

31 중앙공무원과 지방공무원의 분석결과 모델적합도는 <표 8-5>와 같으며, 두 모델 모두 적합도 기준을 충족하여 모델이 적합한 것으로 볼 수 있다.

32 이희태, 2015: 69

33 박순애, 2006: 226

34 조경호, 2011: 172

35 황성수 외, 2017

공직 채용제도와
조직 효과성

09 공직 채용제도와 조직 효과성 *

　공무원이 되려면 어떻게 해야 할까? 가장 쉽게 생각할 수 있는 방법이 채용시험에 응시하는 것이다. 실제로 취준생 10명 중 3명이 공시족이라는 통계[1]에서 말해주듯 많은 청춘이 입신양명의 꿈을 안고 공무원이 되기 위한 시험 준비에 청춘을 바치고 있다. 대부분의 사람들이 "공무원＝고시합격자"라는 생각을 갖고 있을 것이다. 하지만 고시만이 공무원이 되는 길이 아니다. 특정 전문가, 기술자, 경력 및 자격 보유자를 뽑는 경력채용이 있으며, 임기제가 대부분인 경력채용에 신분보장을 가미하여 유능한 인재가 공직에 진출하게끔 하는 민간경력자일괄채용(민경채) 제도가 실시된 지 어느새 10여년에 이르고 있다.

　우리나라의 중앙공무원 채용제도는 전통적으로 계급에 따라 인력의 풀(pool)을 구성하는 계급제 방식을 취해왔다. 그러나 이러한 계급제 방식은 공직사회의 폐쇄성과 비효율성을 야기한다는 비판을 받아왔다. 더구나 고시와 같은 경직적인 채용제도로는 점점 복잡해지는 행정업무를 효과적으로 수행할 전문 인력을 임용하는 데 어려움이 있었다. 따라서 정부는 전통적인 계급제 채용방식에 직위분류제적 요소를 강화하는 방향으로 공무원 채용제도의 변화를 추구하여 왔다. 1998년 계약직 공무원 제도를 도입하여 조직의 유연성을 꾀하는 동시에 전문성을 갖춘 인재를 채용하도록 하였고, 이러한 변화는 2000년 개방형직위제의 도입으로 더욱 가속화되었다.[2]

　선발 규모를 고려할 때, 우리나라의 대표적인 직위분류제 채용제도는 경력경쟁채용(경채) 제도라 할 수 있다. 본래 경채는 과거 특별채용(특채)이라는 명칭으로 공무원 선발을 위해 시행되어 왔다. 특채는 공석인 직위에 대해 채용공고를 내고 직무에 대한 지식과 전문성을 평가하여 인재를 충원하는 제도로, 고시 중심의 폐쇄적인 채용제도를 보완하는 역할을 맡아왔다. 공무원 조직의 전문성과 개방성을 높인다는 정부의 방침에 따라 경채의 규모는 현재 확대되는 추세에 있다.[3]

그러나 계급제를 근간으로 하는 한국의 공직 채용제도 하에서는 고시(공개경쟁채용) 출신보다 비고시(경력경쟁채용) 출신의 능력이 부족하고 성과가 낮을 것이라는 편견이 있으며, 그에 따른 차별이 발생하기도 하였다. 2017년 인사혁신처에서 실시한 '공무원 내부인식 설문조사'의 주관식 응답 1만 1602건을 분석한 결과, '차별'이라는 언급 빈도가 1,349건으로 두 번째로 가장 높았으며, 그 중 하나가 행시출신 차별이었다.[4] 지방공무원들을 대상으로 한 인터뷰에서는 "고시 출신이냐 비고시 출신이냐에 따라 보상이 달라지기도 한다"는 답변도 있었다.[5] 이와 같은 내부 불만에도 불구하고 관련된 실증연구가 많지 않은 것은 아마도 경채 제도의 도입이 오래지 않았고, 공직이라는 폐쇄된 조직문화로 인해 입직 별 성과를 객관적으로 분석할 수 있는 자료의 획득이 어려웠기 때문일 것으로 추측한다. 따라서 본 연구에서는 이러한 문제의식 하에 경채 출신 공무원이 공채 출신과 비교하여 성과가 다르게 나타나는지 살펴보고자 한다. 구체적으로 입직 출신별 조직몰입, 직무열의, 그리고 성과에 이르는 직접효과를 분석하고, 출신별 성과를 도출하는 과정에서 매개변수의 영향이 존재하는지, 입직 시 직급을 기준으로 5급과 7급 경채의 효과성을 비교해보고자 한다. 이를 통해 경채의 확대가 공무원 조직에 갖는 시사점을 제시하고자 한다.

I. 경력경쟁채용과 성과

위에서 언급한 바와 같이 현 경채의 전신은 과거 특채이다. 특채는 공개경쟁채용과 대비되는 제도로서 학력, 자격증 등 일정 자격에 의해 제한된 경쟁 하에서 정부 조직이 필요로 하는 전문인력을 채용해왔던 제도이다.[6] 특채는 정부수립 초기부터 존재해왔으며, 일부 직위를 개방하여 공채 출신 공무원이 수행하기 힘든 업무를 수행할 전문적 지식을 갖춘 인력을 선발하였다. 계급을 구분하여 먼저 인력의 풀을 선발하고, 사후에 직위를 배분하는 공채와 대비되는 특채는 직위분류제적인 특징을 갖는 제도였다.

경채제도의 도입은 2010년 이명박 정부 시절 외교부 등 특채 관련 사회적 논란도 일조하였다. 2011년 시행된 5급 민간경력자일괄채용(민경채) 제도는 기존 부처별로 시행되던 일부 특채를 행전안전부(2014년부터 인사혁신처)에서 일괄 시행함으로써 공정성 시비를 차단하고자 하였고, 기존에 공채로 선발하던 인원까지 전환하여 문호를 확대하였다. 그러나 '특채'라는 명칭으로 인해 채용이 불공정하게 이루어진다는 잘못된 인상을 준다는 지적에 따라, 민경채 도입과 함께 명칭이 경채로 변경되었다. 민경채 도입 이후에도 일부 특수 직렬의 경우 각 부처별로 경채가 진행되지만, 예전 5급 특채의 상당 부분은 5급 민경채로 대체되었다. 그리고 2015년부터는 민경채가 7급으로 확대되었다.[7] 전통적으로 특채의 채용규모는 공채에 비해 매우 작아, 특채가 공직사회에 미치는 영향력은 제한적이었다고 볼 수 있다. 예를 들어 2002년 국가공무원 일반직 신규채용 인원 중 특채 인원은 전체의 5%에 불과하였다.[8] 이후 특채의 비중은 크게 확대되어, 2016년에는 5급 이하 경채 인원의 비율이 5급 이하 전체 채용인원의 44%에 도달하고 있다.[9]

1. 경력경쟁채용의 효과성

1) 긍정적인 효과에 관한 논의

경채는 공채와는 차별화된 채용방식을 통해 각 부처에 필요한 인재를 공무원 사회에 유입시킨다. 따라서 경채 출신 공무원은 공채 출신과 비교하여 태도와 성향 등이 다를 수밖에 없다. 이러한 차이가 경채와 공채 출신 공무원 사이의 성과 차이를 만들고 조직성과에 대한 기여를 다르게 만들 수 있다. 경채가 조직성과에 긍정적인 효과를 가져 올 수 있다는 주장은 이 제도가 전문성, 개인-직무적합성, 개방성을 확대하는 데 주목한다.

우선, 경채 출신 공무원과 공채 출신 공무원은 전문성 측면에서 차이를 보일 것으로 기대한다. 공채의 특징인 폐쇄적 임용이 일반행정가(generalist)를 양성하기 위한 방식이라면 경채의 개방적 채용은 해당 직무에 적합한 전문가(specialist)를 임용하여 공직의 전문성을 제고시키는 데 그 목적이 있다. 이러한 목적에 걸맞게 경채는 학력과 경력에 있어서 최소한의 자격을 규정하고 있고, 채용과정에서도 관련 직무에 대한 지식과 경험을 중점적으로 평가하고 있다. 전문성이란 일반적으로 특정 직무를 수행하기 위한 고도의 지식과 기술을 가진 것으로 정의한다. 이러한 전문성과 성과 간의 관계에 대한 실증연구는 드물지만, 전문성이 조직효과성(조직몰입과 직무만족)과 긍정적인 관계가 있음을 제시한 몇몇 일련의 국내외 연구들이 존재한다.[10] Berman(1999)의 연구는 공공부문에서 전문가적 성향이 높은 관리자가 조직 개선을 위해 더 많은 활동을 한다는 결과를 도출하였지만, 공공봉사동기와 전문성의 관계를 살펴본 연구에서는 그 둘의 상관관계가 모호하거나 부(-)인 것으로 나타나고 있다.[11]

둘째, 경채와 공채 사이에서 발생할 수 있는 또 다른 차이로 개인-직무적합성을 들 수 있다. 경채는 모집 직위의 직무가 요구하는 자격과 요건을 갖춘 인력을 선별하여 충원하는 제도이다. 따라서 경채로 인한 공무원 전문성 향상은 개인-직무 적합성(person-job fit) 질의 개선 측면으로도 이해될 수 있다. 개인-직무 적합성이란 개인의 특성과 직장에서 수행되는 직무 혹은 업무와의 관계로 정의되며,[12] Edwards(1991)는 개인-직무 적합성을 두 가지로 분류하였다. 첫 번째 유형은 수요-능력 적합성(demands-abilities fit)으로 직무를 수행하기 위해 필요한 요건들과 개인의 지식, 기술, 능력이 일치하는지에 관한 것이다. 두 번째 유형인 욕구-공급 적합성(needs-supplies fit)은 개인의 욕구, 열망 혹은 선호가 수행하는 업무에 의해 충족되는지에 관한 것이다. 경채로 인해 개인-직무 적합성의 질이 개선될 수 있다는 것은 주로 첫 번째 유형의 적합성에 해당한다고 볼 수 있다. 개인-직무 적합성과 관련한 메타분석 연구 결과[13] 개인-직무 적합성은 직무만족(+), 조직몰입(+), 이직의도(-)와의 상관관계가 높은 것으로 나타났다. 직무성과에 있어서는 긍정적 영향[14]과 부정적 영향[15]이 혼재되어 있지만, 긍정적인 연구결과가 다수인 것으로 보고되고 있다.[16]

공공부문에서의 개인-직무 적합성 연구는 공공봉사동기와 관련하여 이루어진 것이 많다. 공공부문으로 입직을 선택함에 있어 개인-직무 적합성이 미치는 영향에 대한 연구[17]와 공공봉사동기가 직무만족, 성과 등에 미치는 영향에 있어 개인-직무 적합성의 조절효과에 대한 연구,[18] 개인-직무 적합성과 직무만족에서 공공봉사동기의 매개효과를 분석한 연구[19] 등이 있다. 공공봉사동기에 초점을 둔 연구지만 성과 제고에 개인-직무 적합성의 기여를 지지하는 연구들이라 할 수 있다. 따라서 전문성과 개인-직무 적합성의 논의를 종합해 볼 때, 경채 출신 공무원은 다른 조건이 같다면, 공채 출신 공무원에 비해 더 높은 조직몰입, 직무만족, 직무성과를 보일 수 있다.

셋째, 경채의 목적 중 하나는 개방성의 확대이다. 여기서 개방성이란 폐쇄적인 조직의 진입장벽을 걷어내고 민간영역의 인재를 적극적으로 수용하는 것을 의미한다. 이에 더하여, 안희정·김태룡(2013)은 개방성을 적극적이고 포용적인 성향의 인재를 임용한다는 의미까지 확대하며, 개방형 채용제도가 외부인력의 수용을 의미하는 조직 개방성 확대와 개인 성향 차원의 개방성 확대를 모두 추구한다고 주장하였다. 또한 실증분석에서 개인의 개방적 성향이 조직몰입, 직무만족, 조직시민행동과 정(+)의 관계임을 제시하였다. 평균적으로 공채 출신은 공직이 유일한 경력일 가능성이 높고, 경채 출신 공무원은 민간조직 경험 등 과거의 경력을 바탕으로 채용되기 때문에 경채 출신 공무원의 개방성이 높을 것으로 추론할 수 있다.

2) 부정적인 효과에 대한 논의

반면 경채가 제도의 취지 및 의도와 다르게 성과에 부정적인 효과가 나타날 수 있다는 주장도 존재한다. 이러한 주장은 주로 제도 자체의 문제보다 실제 운영과정에서 발생하는 한계를 지적한다. 첫째, 폐쇄적인 계급체계가 근간인 우리나라 공무원 조직문화로 인한 한계이다. 폐쇄적인 조직문화로 인해 기존 공직 구성원과의 의사소통, 소신 있는 의사결정 및 업무처리, 리더십 발휘 등에 있어서 애로사항이 발생할 가능성이 존재하며[20] 이러한 어려움으로 인해 경채가 의도하는 긍정적 효과가 나타나지 않을 수 있다. 중앙부처 공무원을 대상으로 한 박천오·한승주(2017: 27) 연구에서는 "개방형 직위 임용자가 동급 공채출신 공무원에 비해 우수하다, 민간인 임용자의 조직목표에 대한 이해도가 높다"는 항목 등에 대해 내부임용자와 외부임용자의 응답은 유의한 차이를 보였으며, 내부임용자의 동의율이 낮게 나타났다. 저자들은 두 가지 해석 가능성을 제시하였는데, 하나는 실제로 개방형 임용자의 역량이 여타 공무원들의 기대에 못 미치는 수준일 수 있다는 점. 다른 하나는 개방형 임용자의 실제 역량이 우수함에도 대다수 공채출신 공무원들이 부정적 시각을 지닐 수 있다는 점이다. 전자의 경우에는 개방형 직위제도의 선발 과정에서 우수한 인재를 선발하지 못한 문제점으로 볼 수 있으며, 후자의 경우는 폐쇄적인 조직문화의 문제점으로 볼 수 있을 것이다.

한편, 전문가적 정체성에 관한 연구 결과를 살펴보면[21] 일반채용 공무원과 경력채용 공무원 집단 모두에서 전문가적 정체성이 강하게 나타나지 않았다. 이는 경채 공무원이 전문성이 더 높을 것이라는 사회적 기대에 반하는 결과로서 공무원들이 생각하는 전문성, 전문가적 책임이라는 것이 사회의 기대나 요구와는 상당히 다를 수 있음을 보여준다. 일반행정가 양성을 위한 폐쇄적 계급체계 하의 신분 안정성을 큰 매력으로 느끼고 있는 공무원들에게 전문성을 기대하고 이에 입각한 활동을 요구하기에는 난관이 있을 수 있다는 것이다. 경채와 공채의 전문성 인식에 있어 차이가 없다는 점은 경채 효과를 반감시키는 결과를 초래할 수 있다.

마지막으로 공직은 민간에 비해 우수 인재에 대한 보수 수준이 낮은 것이 사실인데,[22] 민간의 우수 인재가 월등한 금전적 대우를 포기하고 공직에 입직하는 것은 흔치 않을 것으로 생각된다. 이러한 경향은 최근 더욱 심각해지고 있는 상황인데, 실제 경채에 지원하는 사람들의 능력이 경채 제도를 통해 얻고자 하는 기대치보다는 낮을 수 있다는 추론이 가능하다.

2. 경력경쟁채용이 성과에 미치는 영향

경채의 효과성 여부와 관련하여 이렇게 상반된 의견이 존재하지만 본 연구에서는 경채제도의 본래 취지를 고려하여 긍정적인 효과에 주목한 가설을 중심으로 분석하고자 한다.

경채와 공채 출신 공무원은 다양한 측면에서 차이가 있을 것으로 추론할 수 있다. 전문성, 개인-직무 적합성 및 개방성 외에도 경채 출신과 공채 출신 공무원은 관찰이 어려운 개인적 성향이나 능력 측면에서도 상이할 수 있다. 이들은 직업에 대해 서로 다른 선택을 했고, 다른 경로를 걸어왔음을 고려할 때, 두 그룹은 체계적으로 상이할 가능성이 높다. 공무원 시험을 선택하고 준비했던 그룹과 민간영역을 선택하고 경험을 쌓았던 그룹이 서로 비슷하다고 기대하기는 어려우며, 더군다나 채용과정에서 선별된 방식도 다르다. 따라서 일일이 규명하기 어려운 두 그룹 간의 많은 차이점들이 공무원으로서 성과의 차이로 이어질 수 있다. 입직 경로의 차이에 따라 다양한 가설이 만들어질 수 있지만 본 연구는 경채 출신 공무원과 공채 출신 공무원 두 그룹 간의 성과가 어떻게 다른지 설명하는 데에 중점을 둔다. 즉 경채 출신 공무원들이 공채 출신 공무원에 비해 성과가 높을 것이라는 가정 하에 첫 번째 가설을 검증하고자 한다 (가설 1-1).

1) 조직몰입과 직무열의의 매개효과

입직경로가 성과에 미치는 영향을 매개하는 요인으로 조직몰입 (organizational commitment)이 고려될 수 있다. 일반적으로 조직몰입은 개인의 조직에 대해 심리적 애착과 헌신하고자 하는 정도로 이해된다.[23] 이러한 '정서적 몰입'에서 더 나아가, 조직몰입을 '근속적 몰입'과 '규범적 몰입'을 포함하는 포괄적 개념으로도 이해할 수 있다.[24] Meyer와 Allen(1997)은 정서적 몰입은 직무만족도를 높이고 이직률을 낮추며 생산성을 높이지만, 타산적인 근속적 몰입은 성과에 부정적인 영향을 미친다고 간주한다. 규범적 몰입은 조직의 궁극적 성과와 긍정적인 관련이 있지만, 그 관련성이 정서적 몰입보다는 낮은 수준이라고 한다.[25] 본 연구에서 주목하고자 하는 조직몰입 유형은 정서적 몰입이며, 이러한 조직몰입이 높은 개인은 조직의 목표를 달성하기 위해 더욱 열심히 업무에 집중하기 때문에 조직 및 개인의 성과와 당위적으로 연결된다. 상당수의 국내 실증연구에서도 조직몰입은 조직 및 개인의 성과에 긍정적인 효과를 갖는 것으로 나타나고 있다.[26] 관련연구를 종합해 메타분석을 시행한 연구에서도 조직몰입과 개인 및 조직성과 간에는 정(+)의 관계가 있음을 보여주고 있다.[27]

또 다른 매개요인으로 직무열의(work engagement)를 고려해 볼 수 있다. 직무열의는 직무에 대한 긍정적이고 성취적인 마음상태로 '활력(vigor)'을 가지고 직무에 '헌신(dedication)'하고 '몰두(absorption)'하는 정도를 의미한다.[28] 조직몰입이 조직에 대한 태도라면, 직무열의는 직무에 대한 태도라고 볼 수 있다. 직무에 대한 태도를 나타내는 다른 개념으로 직무만족과 직무몰입 등도 존재하지만, 직무열의가 직무에 대한 개인의 투입을 더 직접적으로 설명하고 있다. 최근 많은 연구에서 직무열의가 조직 및 성과에 긍정적인 효과가 있음을 제시하고 있다.[29] 또한, 직무열의가 조직몰입에 긍정적인 효과를 갖는다는 연구도 상당수 존재한다.[30]

이와 같은 논의를 바탕으로 직무열의와 조직몰입은 입직경로가 성과에 미치는 영향을 매개한다는 가설(가설 1-2, 가설 1-3)을 설정할 수 있다. 나아가 경력채용으로 입직한 공무원이 공채 공무원에 비해 직무열의 및 조직몰입이 높을 것(가설 2-1, 가설 2-2)이라 예상할 수 있다. 매개변수인 직무열의와 조직몰입의 관계를 고려할 때 직무열의는 조직몰입에 긍정적인 영향을 미치며(가설 2-3), 직무열의는 다시 경력채용 입직자의 조직몰입을 매개할 것이라는 가설을 설정할 수 있다(가설 2-4).

2) 5급 경채와 7급 경채의 효과성 비교

경채의 성과가 높을 것이라 추정하는 이유로 위에서 전문성, 직무-적합성, 개방성에 대한 언급을 하였다. 5급 경채에 요구되는 최소한의 지원 자격요건을 살펴보면 전문성이나 직무적합성 관련 사항이 7급에 비해 높은 것을 알 수 있다. 2022년 5급 경채 법무행정분야 공고를 살펴보면 경력, 학위, 자격증으로 다음과 같이 요건을 제

시하고 있다: "관련 분야에서 10년 이상 근무 또는 연구한 경력, 또는 관련 분야에서 관리자로 3년 이상 근무 또는 연구한 경력, 관련 전공 박사학위 소지자 또는 관련 전공 석사학위 소지 후 관련 분야에서 4년 이상 근무, 변호사 자격증 소지 후 관련 분야에서 2년 이상 근무 또는 연구한 경력이 있는 자"로 상당히 높은 전문성과 직무적합성을 제시하고 있다. 반면 7급 경채의 경우 "관련 분야에서 3년 이상 근무 또는 연구한 경력, 관련 석사학위 이상 소지자, 변호사 자격증 소지자"로 해당 사항 별 요구조건이나 기간이 짧다.[31] 개방성 측면에서도 7급보다 5급 경채의 경우 보다 오랜 민간 경력을 요구하기 때문에, 이러한 경험이 개방적 성향에 긍정적인 영향을 미칠 것으로 추정할 수 있다. 이러한 점을 종합적으로 고려해볼 때 동일한 경채라도 5급 경채의 조직몰입 및 성과 등 조직효과성이 7급보다 높게 나타날 것으로 추론할 수 있다(가설3).

II. 연구설계

1. 연구모형

경채가 성과에 미치는 효과를 분석하기 위한 연구모형은 <그림 9-1>에 제시되어 있다. 그림에서 독립변수는 공무원의 경채 출신 여부, 매개변수는 조직몰입과 직무열의, 종속변수는 성과이다.

그림 9-1_ 연구 모형

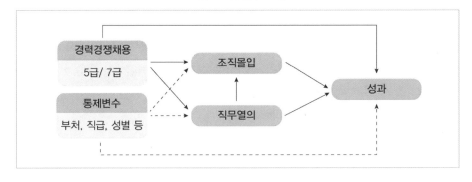

2. 자료수집 및 분석방법

본 연구에서는 실증분석을 위해 서울대 행정대학원에서 시행한 '2016년 공공부문 성과에 대한 공무원 인식조사' 자료를 활용하였다.[32] 본 연구는 공채 출신 공무원과 경채 출신 공무원 간의 성과를 비교하기 위해 5·7급 공채와 경채 출신 공무원으로 한정하였다.[33] 9급 출신 공무원의 경우 진입경로를 파악하기 어려워 이들은 설문자료에서 제외하였다. 따라서 본 연구의 표본은 5·7급 공채 또는 경채로 입직한 중앙 부처 29개 기관 소속의 일반직 공무원 637명이다.

경력채용이 성과에 미치는 직접 효과, 조직몰입과 직무열의를 통해 성과에 미치는 매개효과, 매개변수가 종속변수에 미치는 효과를 분석하기 위해 <그림 9-1>의 연구모형을 설정하고 회귀분석을 실시하였다.

3. 변수의 측정

본 연구에서 독립변수인 경채는 경채 출신 공무원이면 1, 그렇지 않으면 0으로 코딩 되었다. 종속변수는 성과이며, 설문에서 개인의 생산성 수준에 대한 응답(1~100점 척도)을 성과 측정지표로 사용하였다. 조직몰입은 정서적 몰입에 대한 4문항으로 측정되었으며, 직무열의는 Kahn(1990)의 세 가지 차원을 바탕으로 설계된 Rich 등(2010)의 연구를 참조하여 물리적(physical), 정서적(emotional), 인지적(cognitive) 열의에 대해 각 1문항씩 총 3문항으로 측정하였다. 조직몰입과 직무열의 문항은 모두 1~5점 리커트 척도로 측정되었다.

모든 분석에는 공무원의 직급, 연령, 성별 등의 인구사회학적 변수, 그리고 부처 고정효과(부처 더미)를 통제하였다. 인구사회학적 특성에 따라 조직몰입, 직무만족 등 효과성 변수에 차이가 발생한다는 선행연구들의 결과를 반영한 것이다.[34] 학력은 대졸 미만이면 0, 학사학위 소지자이면 1, 석사학위 소지자는 2, 박사학위 소지자는 3으로 코딩되었다. 5급 입직은 공채 또는 경채를 통해 5급으로 입직한 공무원 더미변수이다. 변수에 대한 구체적인 설명은 <표 9-1>에 제시하였다.

표 9-1_ 변수의 측정

변수			문항	요인	Cronbach's alpha
종속 변수	성과 (측정:1~100)		본인의 생산성 수준을 어떻게 평가하십니까?	–	–
매개 변수	조직 몰입 (측정: 1~5)	정서적 몰입	나는 우리 조직에서 일하는 것에 자부심을 느낀다.	0.642	0.899
			우리 조직의 가치는 내가 추구하는 가치와 비슷하다.	0.573	
			우리 조직을 나의 평생직장으로 삼고 싶다.	0.779	
			나는 공무원을 직업으로 선택한 것에 대해 후회하지 않는다.	0.721	
	직무 열의 (측정: 1~5)	물리적 열의	일을 할 때 난관에 처해도 최선을 다한다.	0.549	0.780
		정서적 열의	우리 부서의 과업에 흥미를 느끼고 있다.	0.462	
		인지적 열의	일할 땐 시간이 가는 줄 모른다.	0.673	
독립 변수	경채		귀하는 어떠한 경로로 공무원이 되셨습니까? (5·7급 경채=1, 5·7급 공채=0)		
통제 변수	기술직		귀하가 소속된 직군은 무엇입니까? (기술직군=1, 행정직군 및 기타=0)		
	직급		귀하의 직급은 어떻게 되십니까? (고위공무원단=3, 4급=4, 5급=5, 6급=6, 7급=7)		
	재직연수		귀하가 공무원으로 근무한 재직연수는 총 얼마입니까?		
	학력		귀하의 최종학력은 어떻게 되십니까? (대졸미만=0, 학사(4년대졸)=1, 석사=2, 박사=3)		
	나이		귀하의 연령은 만으로 어떻게 되십니까?		
	여성		귀하의 성별은 어떻게 되십니까?(여성=1, 남성=0)		
	혼인		귀하의 혼인여부는 어떻게 되십니까?(기혼=1, 미혼 및 기타=0)		
	5급 입직		귀하는 어떠한 경로로 공무원이 되셨습니까? (5급 공채 및 경채=1, 7급 공채 및 경채=0)		

III. 분석 결과

1. 표본 특성 및 기초통계 분석

본 연구에서 사용한 표본의 특성은 <표 9-2>와 같다. 직군의 경우 기술직 (22%)이 전체 표본의 약 1/5을 차지하고 있다. 직급은 5급 이상 40%, 6급 이하 60% 로 본부 소속 중앙공무원의 직급 비율을 적절히 대표하고 있다.[35] 입직경로는 공채 출신이 81.2%, 경채 출신이 18.8%로 공채 출신이 다수를 차지하고 있는 것으로 나타 났다. 입직 시 직급 기준으로는 7급 입직이 63.6%를 차지하고 있고, 재직연수는 10 년 미만이 51%, 10~20년 미만이 30.1%, 20년 이상 18.4%로 10년 미만이 다수를 차 지하고 있는 것으로 나타났다.[36] 학력은 4년제 대졸 이하가 72.8%, 대학원 석사 이상 이 27.2%의 비율을 차지하고 있다. 여성(32.2%)보다 남성(67.8%)이, 미혼자(27.0%) 보다 기혼자(73.0%)가 더 많은 비율을 차지하고 있다.

표 9-2_ 표본특성

	사례수(명)	비율(%)		사례수(명)	비율(%)
직군	637		재직연수	637	
기술직	140	21.98	10년 미만	325	51.02
행정직	497	78.02	10년 이상~20년 미만	195	30.61
직급	637		20년 이상	117	18.37
5급 이상	252	39.56	성별	637	
6급 이하	385	60.44	남성	432	67.82
입직경로	637		여성	205	32.18
공채	517	81.16	학력	637	
경채	120	18.84	4년제 대졸 이하	464	72.84
입직 시 직급	637		석사 이상	173	27.16
7급	405	63.58	혼인여부	637	
5급	232	36.42	기혼	465	73.00
			미혼	172	27.00

연구에서 사용된 종속변수와 매개변수의 통계량은 <표 9-3>에 제시하였다. 성과는 100점 만점에 평균 80.1점으로 나타났고, 조직몰입과 직무열의는 5점 만점에 3점대 중반으로 나타났다. 조직몰입보다는 직무열의의 평균이 약 0.3점 높게 나타났으며, 표준편차는 조직몰입이 약 0.2 크게 나타났다.

표 9-3_ 변수의 통계량

변수	평균	표준편차	최소값	최대값
성과	80.064	15.308	6	100
조직몰입	3.444	0.834	1	5
직무열의	3.720	0.622	1.667	5

<표 9-4>는 입직경로, 입직 시 직급, 현재 직급, 직군, 재직연수, 학력에 따라 성과, 조직몰입, 직무열의에 대한 평균 차이가 통계적으로 유의한지 검증한 결과이다.

표 9-4_ 주요 변수의 평균 및 집단간 비교

		입직경로		입직 시 직급		현재 직급		직군		재직연수		학력	
		공채	경채	7급	5급	6급 이하	5급 이상	행정직	기술직	10년 미만	10년 이상	대졸 이하	석사 이상
성과	M	79.15	84.02	80.09	80.01	77.98	81.43	79.83	80.90	77.69	82.54	79.07	82.72
	SD	15.53	13.70	15.47	15.05	16.96	13.97	15.11	16.04	16.14	13.99	15.99	13.00
	t	3.161		0.059		2.795		0.731		4.050		2.689	
	p	0.0016		0.9532		0.0053		0.465		0.0001		0.0074	
조직 몰입	M	3.42	3.54	3.41	3.50	3.33	3.52	3.43	3.50	3.31	3.59	3.40	3.56
	SD	0.82	0.89	0.81	0.88	0.87	0.80	0.83	0.83	0.87	0.76	0.84	0.82
	t	1.391		1.203		2.855		0.838		4.277		2.131	
	p	0.165		0.2293		0.0044		0.402		0.0000		0.0334	
직무 열의	M	3.67	3.92	3.69	3.77	3.65	3.76	3.69	3.81	3.63	3.82	3.67	3.86
	SD	0.62	0.61	0.59	0.68	0.64	0.61	0.62	0.61	0.68	0.54	0.63	0.56
	t	3.895		1.688		2.218		1.890		3.842		3.591	
	p	0.0001		0.0919		0.0269		0.0592		0.0001		0.0004	

경채 출신 공무원이 공채 출신 공무원보다 성과, 조직몰입, 직무열의를 모두 높게 인식하고 있으며, 조직몰입을 제외한 평균차이는 통계적으로 유의하였다. 입직 시 직

급이 7급보다 5급인 경우에 직무열의의 평균이 높게 나타났으며, 현재 직급 기준으로 6급 이하보다 5급 이상에서 성과, 조직몰입, 직무열의 수준이 모두 높게 나타났다. 행정직군보다 기술직군의 직무열의 평균이 높게 나타났으며, 대졸이하보다 석사이상의 학력을 가진 경우 성과, 조직몰입, 직무열의의 평균이 모두 높게 나타났다. 입직경로의 경우 공채와 경채를 구분 짓는 가장 큰 특성이 직무 중심의 채용이고, 따라서 조직몰입보다 직무열의에서 평균 차이가 분명하게 나타난 것은 예상된 결과일 수 있다. 직군과 입직 시 직급은 직무자체를 결정하는 기준이기 때문에 다른 효과성 변수보다 직무열의에 있어 평균의 차이가 유의하게 나타난 것으로 보인다.

<표 9-5>는 변수 간 상관관계를 분석한 결과이다. 우선, 성과, 조직몰입, 직무열의 간에 서로 높은 상관관계를 보이고 있다. 성과는 조직몰입과 0.365의 상관관계가 있고 직무열의와는 0.429의 상관관계가 있는 것으로 나타났다. 직무열의와 조직몰입 간에는 0.556의 상관관계를 보이고 있다. 성과, 조직몰입, 직무열의는 직급과 부(-)의 상관관계를 보였고, 재직연수, 학력, 혼인과는 정(+)의 상관관계를 가지고 있는 것으로 추정되었다.

표 9-5_ 변수 간 상관관계

	성과	조직몰입	직무열의	경채	기술직	직급	재직년수	학력	여성	혼인
조직몰입	.365***									
직무열의	.429***	.556***								
경채	.124***	.055	.153***							
기술직	.029	.033	.075**	.171***						
직급	-.130***	-.164***	-.129***	.163***	.099**					
재직년수	.186***	.180***	.158***	-.060	-.033	-.404***				
학력	.127***	.076*	.143***	.227***	.134***	-.337***	.122***			
여성	-.009	-.136***	.004	.132***	-.163***	.153***	-.115***	-.091**		
혼인	.195***	.145***	.088**	.040	-.027	-.312***	.494***	.155***	-.285***	
5급입직	-.002	.048	.067	.002	-.087**	-.569***	-.255***	.211***	.044	-.054

주: ***$p<0.01$, **$p<0.05$, *$p<0.1$

연구의 독립변수인 경력채용은 성과 및 직무열의와 정(+)의 상관관계를 갖는 것으로 나타났으나, 조직몰입과는 유의한 상관관계가 관찰되지 않았다. 그 외 기술직, 직급, 여성 등 일부 통제변수들과 유의한 상관관계를 보이고 있으나 상관관계가 그리 높은 수준은 아닌 것으로 나타났다. 가장 높은 상관관계는 학력과의 관계로 0.227로 추정되었다.

2. 회귀분석 결과

1) 직무열의, 조직몰입, 성과의 영향요인

경채가 직무열의, 조직몰입, 성과에 미치는 효과에 대한 가설검증 회귀분석 결과는 <표 9-6>에 제시되었다. 표의 각 열은 별개의 회귀분석 결과이며 부처더미를 포함한 통제변수는 모든 회귀분석에 공통적으로 포함되었다.

우선 (1)열과 (2)열에서 경채는 직무열의와 조직몰입에 긍정적인 영향을 미치는 것으로 나타나 가설 2-1과 2-2는 지지된 것으로 볼 수 있다. (3)열은 경채가 조직몰입에 미치는 영향이 직무열의에 의해 매개되는지를 검증하기 위해, (2)열의 회귀식에 직무열의를 추가한 모형이다. 그 결과, (3)열에서 경채의 계수가 0.052로 감소하였고 통계적으로 유의하지 않게 되었다. 이는 경채가 조직몰입에 미치는 영향이 직무열의에 의해 완전 매개되었기 때문으로 볼 수 있다. 직무열의가 조직몰입에 미치는 영향 계수는 0.720으로 추정되었고 통계적으로 유의하였다. 따라서 가설 2-3과 2-4는 지지된 것으로 볼 수 있다.

(4)열, (5)열, (6)열은 성과에 미치는 영향에 대한 회귀분석 결과이다. 추정결과, (4)열에서 경채는 성과에 긍정적인 영향을 미치는 것으로 나타났다. 이로서 가설 1-1은 지지되었다. 직무열의와 조직몰입이 경채에 미치는 효과를 살펴보기 위해, (5)열에는 직무열의를 (6)열에는 직무열의와 조직몰입을 추가한 결과 각각의 계수를 살펴보면, 모두 0보다 크고 통계적으로 유의한 것으로 나타났다. 직무열의의 계수는 조직몰입을 모형에 추가한 후 감소하였으나 여전히 통계적으로 유의한 것으로 추정되었다. 이는 직무열의가 성과에 미치는 영향을 조직몰입이 부분적으로 매개한 것으로 볼 수 있다. (4)열과 (5)열을 비교했을 때 회귀식에 직무열의를 추가한 후 경채의 계수가 5.276에서 3.166로 감소하였고 통계적 유의성이 낮아졌다. 이는 직무열의가

경채와 성과 간의 관계를 일부 매개하였기 때문이다. (5)열과 (6)열을 비교했을 때, 조직몰입을 회귀식에 추가한 후 경채의 계수가 3.166에서 3.023로 줄어들었으나 감소폭은 미미했다. 이는 경채가 조직몰입에 미치는 영향이 직무열의에 의해 완전히 매개되는 상황에서 당연한 결과이다. 즉, (5)열과 (6)열의 결과를 종합해보면, 직무열의는 입직경로(경채)가 성과에 미치는 영향을 매개한다는 가설 1-2가 수용되었다고 볼 수 있다. 그러나 직무열의가 통제된 상황에서 경채와 성과 간 조직몰입의 매개효과는 미미한 것으로 나타났다. 따라서 조직몰입의 매개효과에 대한 가설 1-3은 완전히 지지된 것으로 보기 어렵다. 이는 경채 출신이 공채 출신 공무원에 비해 조직몰입, 직무열의, 성과가 모두 높게 나타났지만, 경채출신 공무원의 성과 도출에 조직몰입은 상대적으로 큰 역할을 하지 못했다는 것을 의미한다.

표 9-6_ 경채의 효과에 대한 회귀분석 결과

(n=637)	직무열의(1)	조직몰입(2)	조직몰입(3)	성과(4)	성과(5)	성과(6)
경채	0.237*** (3.43)	0.222* (2.40)	0.0517 (0.65)	5.276** (3.15)	3.166* (2.01)	3.023+ (1.94)
직무열의			0.720*** (15.52)		8.909*** (9.66)	6.918*** (6.40)
조직몰입						2.765*** (3.44)
R^2	0.137	0.131	0.380	0.161	0.274	0.288
adj. R^2	0.086	0.079	0.342	0.111	0.230	0.243
F	2.655	2.519	9.941	3.203	6.121	6.378

주: 괄호 안은 t통계값임. $+p<0.1$, $*p<0.05$, $**p<0.01$, $***p<0.001$

경채는 대체로 직무열의를 통해서 조직몰입에 영향을 미치며, 직무열의가 성과에 미치는 영향력이 조직몰입이 성과에 미치는 영향력에 비해 크기 때문에 이러한 결과가 나온 것으로 보인다. 앞서 이론적 논의에서 언급하였듯이 경채의 경우 조직-환경 적합성 이론 중 개인-조직 적합성보다는 개인-직무 적합성에 초점을 둔 채용 방식으로서 조직몰입보다는 직무열의에 더 큰 영향을 미칠 수 있을 것이란 추론이 지지된 것으로 볼 수 있다.

2) 입직 시 직급에 따른 차이 분석

입직 시 직급을 5급과 7급으로 분류하여 각각 회귀분석을 실시한 결과는 <표 9-7>, <표 9-8>과 같다. 7급의 경우 경채가 직무열의, 조직몰입, 성과에 미치는 직접효과가 나타났으며, 성과에 미치는 영향은 유의수준 0.1에서 통계적으로 유의하였다. 조직몰입에 미치는 영향에 있어도 직무열의의 완전 매개효과 및 성과에 있어 직무열의 및 조직몰입의 매개효과가 나타났다. 그러나 성과에 미치는 영향에 있어서는 유의 수준이 낮기 때문에 7급의 경우 경채 공무원이 공채에 비해 성과가 높다는 가설이 완벽하게 지지되었다고 보기는 어렵다.

5급에 있어서는 경채가 직무열의 및 성과에 미치는 긍정적인 직접 효과가 통계적으로 유의하게 도출되었으나, 경채가 조직몰입에 미치는 효과는 유의하게 나타나지 않았다. 전체 집단 분석 결과와 마찬가지로 경채가 성과에 미치는 영향에 있어 직무열의의 부분 매개효과가 관찰되었으나 조직몰입의 매개효과는 관찰되지 않았다. 궁극적인 효과성을 성과라고 볼 때, 경채가 성과에 미치는 영향은 7급 입직 공무원보다 5급 입직 공무원에서 크게 나타났기 때문에 가설 3이 지지되었다고 볼 수 있다.

표 9-7_ 경채의 효과에 대한 회귀분석 결과_7급

(n=405)	직무열의(1)	조직몰입(2)	조직몰입(3)	성과(4)	성과(5)	성과(6)
경채	0.186*	0.281*	0.141	3.926+	2.037	1.540
	(2.25)	(2.49)	(1.49)	(1.84)	(1.03)	(0.79)
직무열의			0.754***		10.160***	7.495***
			(12.73)		(8.21)	(5.11)
조직몰입						3.531**
						(3.28)
R^2	0.162	0.175	0.428	0.197	0.321	0.340
adj. R^2	0.083	0.097	0.372	0.120	0.254	0.274
F	2.040	2.242	7.635	2.580	4.831	5.116

주: 괄호 안은 t통계값임. $+p<0.1$, $*p<0.05$, $**p<0.01$, $***p<0.001$.

표 9-8_ 경채의 효과에 대한 회귀분석 결과_5급

(n=232)	직무열의(1)	조직몰입(2)	조직몰입(3)	성과(4)	성과(5)	성과(6)
경채	0.397**	0.276	0.007	9.849**	7.173*	7.161*
	(2.90)	(1.49)	(0.04)	(3.26)	(2.43)	(2.43)
직무열의			0.679***		6.749***	5.566**
			(8.12)		(4.47)	(3.19)
조직몰입						1.742
						(1.35)
R^2	0.261	0.198	0.400	0.265	0.333	0.339
adj. R^2	0.129	0.054	0.290	0.134	0.210	0.213
F	1.980	1.380	3.617	2.018	2.706	2.693

주: 괄호 안은 t통계값임. $+p<0.1$, $*p<0.05$, $**p<0.01$, $***p<0.001$.

5급과 7급 경채의 효과성에 차이가 나타난 원인 중 하나로 경채가 직무 중심의 채용 방식이라 할 때 그 효과가 보다 잘 나타날 수 있는 직위가 7급보다는 5급 직위라는 점을 들 수 있다. 실제 지원과정에서 요구되는 경력 요건들이 개인-직무 적합성을 더욱 높일 것이며 궁극적인 효과성에 있어 차이가 나타난 것이라 해석할 수 있다.

IV. 연구의 의의 및 시사점

공무원 조직의 전문성과 개방성 제고를 위해 민간경력자 채용이 확대되고 있는 추세에 따라 본 연구는 공채출신 대비 경채출신 공무원의 성과가 어떠한지 분석해 보고자 하였다. 전반적으로 공채에 비해 경채 공무원이 직무열의, 조직몰입, 성과 수준이 높게 나타났으며, 조직몰입보다는 직무열의가 성과에 유의한 변수로 작용하는 것을 파악하였다. 구체적으로 7급보다는 5급 경채 공무원의 직무열의와 성과수준이 높게 나타났으며, 7급의 경우 조직몰입의 영향이 일부 발견되었으나 5급의 경우는 조직몰입은 유의한 영향을 미치지 못하는 것으로 나타났다. 본 연구 결과가 경력의 효과성을 실증적으로 증명하기는 하였지만, 입직경로에 대한 탐색적 연구로서 정책적 시사점 도출에는 한계가 있다, 앞서 언급하였듯이 연구의 목적이 입직 경로가 다른 공무원 간 성과의 차이가 왜 발생하였는지에 중점을 두기보다는 두 그룹 간의 성과가

어떻게 다른지 설명하는 데에 초점이 있기 때문에 향후 공직채용에서 '누구를 어떤 방식으로 선발하여야 하는가' 라는 인사행정에 중요한 화두를 던진 것으로 본 연구의 의의를 찾고자 한다. 특히 폐쇄적 공직문화에서 경채출신의 기대치와 조직의 평가가 상이할 때 이는 결국 성과 저해요소나 이직의도로 연계될 수 있으며, 특히 공직의 가장 중요한 요소라고 볼 수 있는 조직몰입 변수의 무효성 등은 이러한 경향을 가속화시킬 수 있다는 점에서 주목할 필요가 있다.

참고문헌

고명철·정재한. (2016). 공기업 종사자들의 업무성과에 대한 조직효과성 변인 간 상호작용
효과 연구. 한국인사행정학회보, 15(3): 1-24.

고재권. (2014). 가족친화적 정책과 조직성과: 직무태도의 매개효과를 중심으로. 한국인사
행정학회보, 13(2): 161-181.

김명식. (2014) 민간경력자의 공직채용 확대과제와 방향. 한국치안행정논집, 11(3): 45-66.

김태룡. (2013). 인적자원관리의 적실성에 관한 연구: 5급 경력경쟁채용제도를 중심으로.
한국지방자치연구, 14(4): 123-144.

박순애. (2006). 공무원의 직무동기와 조직행태: 직무몰입과 탈진에 미치는 영향요인을 중
심으로. 한국행정연구, 15(1): 203-236.

박천오·김영우. (2005). 공직의 폐쇄성 극복을 위한 특별채용 활성화 방안에 관한 연구. 정
부학연구, 11(2): 152-179.

박천오·한승주. (2017). 개방형 직위제도의 성과에 관한 실증연구: 관련 공무원들의 인식
비교. 한국인사행정학회보, 16(3): 1-30.

배귀희·박시남·이윤재. (2014). 사회적기업가 정신이 조직성과에 미치는 영향: 직무만족
및 조직몰입의 매개변수를 중심으로. 한국인사행정학회보, 13(3): 251-276.

서화정·김병주. (2016). 취업준비프로그램과 대학교육만족도가 직무일치를 매개로 직무만
족도에 미치는 영향. 교육행정학연구, 34(3): 51-75.

안희정·김태룡. (2013). 경력경쟁채용제도의 효과성에 관한 연구. 한국비교정부학회,
17(3): 145-174.

어윤경. (2010). 전공-직무 일치와 직업 가치관에 따른 직무 만족도 변화 추이. 상담학연구,
11(2): 721-738.

이수영. (2017). 우리나라 공무원 채용제도에 대한 진단과 개편방안 제언. 한국인사행정학
회보, 16(1): 25-49.

이희태. (2015). 지방정부의 성과중심적 인사관리의 공정성이 공무원의 직무만족, 조직몰
입, 직무성과에 미치는 영향: 부산을 중심으로. 지방정부연구, 19(3): 53-75. 인사
혁신처. (2016).

장신재·김희수. (2006). 사회복지전담공무원의 전문적 능력, 임파워먼트, 직무성과 영향구
조. 한국사회복지행정학, 8(3): 31-57.

장현주·윤경준. (2008). 개방형 임용에 대한 지방 관료사회의 수용성. 한국정책과학학회보, 12(4): 179-202.

차성현·주휘정. (2010). 교육 및 기술 불일치가 임금, 직무 만족, 이직 의도에 미치는 영향 분석. 교육재정경제연구, 19(3): 177-215.

최보인. (2011). 개인-조직 적합성과 개인-직무 적합성의 효과성 연구. 조직과 인사관리연구, 35(1): 199-232.

최순영·조임곤. (2013), 개방형 임용제도의 성과인식 및 만족도의 영향요인. 한국사회와 행정연구, 24(1): 1-27.

최윤정·박종구. (2014). 조직규모별 근로자의 직무태도가 재무성과에 미치는 영향. 한국조직학회보, 11(2): 27-56.

한승주. (2017). 공무원의 전문가적 정체성과 책임: 일반채용과 경력채용 공무원의 인식 탐색. 한국조직학회보, 13(4): 1-32.

Allen, N. J., & Meyer, J. P. (1990). The measurement and antecedents of affective, continuance and normative commitment to the organization. *Journal of Occupational Psychology*, 63(1): 1-18.

Andersen, L. B., & Pedersen, L. H. (2012). Public service motivation and professionalism. *International Journal of Public Administration*, 35(1): 46-57.

Bakker, A. B., & Bal, M. P. (2010). Weekly work engagement and performance: A study among starting teachers. *Journal of Occupational and Organizational Psychology*, 83(1): 189-206.

Berman, E. M. (1999). Professionalism among Public and Nonprofit Managers: A Comparison. *The American Review of Public Administration*, 29(2): 149-166

Brown, S. P., & Peterson, R. A. (1993). Antecedents and Consequences of Salesperson Job Satisfaction: Meta-Analysis and Assessment of Causal Effects. *Journal of Marketing Research*, 30(1): 63-77.

Cable, D. M., & DeRue, D. S. (2002). The convergent and discriminant validity of subjective fit perceptions, *Journal of Applied Psychology*, 87(5): 875-884.

Choi, Y. (2017). Work Values, Job Characteristics, and Career Choice Decisions: Evidence From Longitudinal Data. *The American Review of Public Administration*, 47(7): 779-796.

Christensen, R. K., & Wright, B. E. (2011). The Effects of Public Service Motivation on Job Choice Decisions: Disentangling the Contributions of Person-Organization Fit and Person-Job Fit. *Journal of Public Administration Research and Theory*, 21(4): 723-743.

Edwards, J. R. (1991). Person-job fit: A conceptual integration, literature review, and methodological critique. In C. L. Cooper & I. T. Robertson (Eds.), International review of industrial and organizational psychology. *International review of industrial and organizational psychology*, 6: 283-357. Oxford, England: John Wiley & Sons.

Hakanen, J. J., Bakker, A. B., & Schaufeli, W. B. (2006). Burnout and work engagement among teachers. *Journal of School Psychology*, 43(6): 495-513.

Harrison, D. A., Newman, D. A., & Roth, P. L. (2006). How important are job attitudes? Meta-analytic comparisons of integrative behavioral outcomes and time sequences. *Academy of Management Journal*, 49(2): 305-325.

Harter, J. K., Schmidt, F. L., & Hayes, T. L.(2002). Business-unit-level relationship between employee satisfaction, employee engagement, and business outcomes: A meta-analysis. *Journal of Applied Psychology*, 87(2): 268-279.

Jackson, K. (2013). Match quality, worker productivity, and worker mobility: direct evidence from teachers. *Review of Economics and Statistics*, 95(4): 1096-1116.

Jaramillo, F. Mulki, J. P., & Marshall, G. W. (2005). A meta-analysis of the relationship between organizational commitment and salesperson job performance: 25 years of research. *Journal of Business Research*, 58(6): 705-714.

Kahn, W. A. (1990). Psychological conditions of personal engagement and disengagement at work. *Academy of Management Journal*, 33(4): 692-724.

Kristof-Brown, A. L., Zimmerman, R. D., & Johnson, E. C. (2005). Consequences of Individuals' Fit at Work: A Meta-analysis of Person-job, Person-organization, Person-group, and Person-supervisor FIT, *Personnel Psychology*, 58(2): 281-342.

Lauver, K. J., & Kristof-Brown, A. (2001). Distinguishing between Employees' Perceptions of Person-Job and Person-Organization Fit. Journal of Vocational Behavior, 59(3): 454-470.

Liu, B., Tang, T. L., & Yang, K. (2013). When does Public Service Motivation Fuel the Job Satisfaction Fire? the Joint Moderation of Person- Organization Fit and NeedsᵇSupplies Fit. *Public Management Review*, 22: 1-25.

Mathieu, J. E., & Zajic, D. M. (1990). A review and meta-analysis of the antecedents, correlates, and consequences of organizational commitment, *Psychological Bulletin*, 108(2): 171-194.

Meyer, J. P., & Allen, N. J. (1997). *Commitment in the workplace: Theory, research, and application*. Sage publications.

Michaels, P. (1994). An expanded conceptual framework on organizational commitment and jog satisfaction for salesforce management. *Journal of Business and Society*, 7(1): 42-67.

Morris, J., & Sherman, J. (1981). Generalizability of an organizational commitment model. *Academy of Management Journal*, 24(3): 512-526.

Mowday, R. T., Steers, R. M., & Porter, L. W. (1979). The measurement of organizational commitment. *Journal of Vocational Behavior*, 14(2): 224-247.

Quratulain, S., & Khan, A. K. (2015). How Does Employees' Public Service Motivation Get Affected? A Conditional Process Analysis of the Effects of Person-Job Fit and Work Pressure. *Public Personnel Management*, 44(2): 266-289.

Rich, B. L., Lepine, J. A., & Crawford, E. R. (2010). Job engagement: Antecedents and effects on job performance. *Academy of Management Journal*, 53(3): 617-635.

Riketta, M. (2002). Attitudinal organizational commitment and job performance: a meta-analysis. *Journal of Organizational Behavior*, 23(3): 257-266.

Robst, J. (2007). Education and job match: The relatedness of college major and work. *Economics of Education Review*, 26(4): 397-407.

Salanova, M., Agut, S., & Peiro, J. M. (2005). Linking organizational resources and work engagement to employee performance and customer loyalty: The mediation of service climate. *Journal of Applied Psychology*, 90(6): 1217-1227.

Schaufeli, W. B., & Bakker, A. B. (2004). Job demands, job resources, and their relationship with burnout and engagement: a multi-sample study. Journal of *Organizational Behavior*, 25(3): 293-315.

Schaufeli, W. B., Salanova, M., Gonzalez-Roma, V., & Bakker, A. B. (2002). The measurement of engagement and burnout: A two sample confirmatory factor analytic approach. *Journal of Happiness Studies*, 3(1): 71-92.

Schaufeli, W. B., Taris, T. W., & Rhenen, W. (2008). Workaholism, burnout, and work engagement: three of a kind or three different kinds of employee well-being. *Applied Psychology*, 57(2): 173-203.

Scroggins, W. (2008). The Relationship Between Employee Fit Perceptions, Job Performance, and Retention: Implications of Perceived Fit. *Employee Responsibilities and Rights Journal*, 20(1): 57-71.

Steers, R. M. (1977). Antecedents and outcomes of organizational commitment. *Administrative Science Quarterly*, 22(1): 46-56.

Xanthopoulou, D., Bakker, A. B., Demerouti, E., & Schaufeli, W. B. (2009). Work engagement and financial returns: A diary study on the role of job and personal resources. *Journal of Occupational and Organizational Psychology*, 82(1): 183-200.

Yalabik, Z. Y., Patchara, P., Chowne, J. A., & Rayton, B. A. (2013). Work engagement as a mediator between employee attitudes and outcomes. *International Journal of Human Resource Management*, 24(13): 2799-2823.

미 주

✷ 2018년도 한국인사행정학회보 제17권 제4호에 실린 "공직 채용유형이 성과에 미치는 영향: 경력경쟁 채용을 중심으로"를 수정·보완한 글이다.

1 https://www.hankyung.com/opinion/article/2021072053141

2 개방형직위제는 과장급 이상의 중상위 직위 중, 전문성이 요구되는 직위를 개방하여 공개모집을 거쳐 인원을 충원하는 제도를 가리킨다. 개방형직위 공무원은 계약직 또는 경력직으로 임용된다.

3 2011년 5·7급 민간경력자일괄채용(민경채) 제도의 도입은 이러한 노력의 일환으로 볼 수 있다.

4 1위는 1425건의 '평가'가 차지함. https://go.seoul.co.kr/news/newsView.php?id=20180508011017

5 https://www.donga.com/news/Economy/article/all/20200428/100832042/1

6 관행적으로 특채가 계약직 공무원을 포함하는 의미로 사용되는 경우가 있다. 그러나 본 논문에서 특채란 국가공무원법에서 규정한 신분이 보장되는 경력직 공무원을 충원하는 제도를 가리킨다.

7 민경채는 기존 특채의 서류·면접 전형 앞에 필기시험(PSAT) 전형이 추가되었고 블라인드 면접 방식이 도입되었다. 2차 서류전형에서는 필기시험 합격자들에 대한 선별이 이루어지는데, 최소한의 지원 자격을 우선 만족해야 한다. 지원 자격은 모집 직렬·직류에 따라 다를 수 있지만 일반적으로 5급은 관련 민간경력 10년 이상(관리자는 3년) 또는 박사학위 소지자, 7급은 민간경력 3년 이상 또는 석사학위 소지자이다.

8 박천오·김영우, 2005: 161

9 경채인원의 비율은 인사혁신처의 '행정부 국가공무원 인사통계' 자료를 활용해 계산하였다. 포함되는 공무원은 일반직 5~9급으로 한정된다.

10 안희정·김태룡, 2013; 장신재·김희수, 2006

11 Andersen & Pedersen, 2012

12 Kristof-Brown, et al, 2005

13 Kristof-Brown, et al, 2005

14 Jackson, 2013; Robst, 2007; Scroggins, 2008

15 Cable & DeRue, 2002; Lauver & Kristof-Brown, 2001

16 기존 국내 연구에서도 개인-직무 적합성이 직무만족, 조직몰입, 직무성과 등과 정(+)의 관계에 있는 것(서화정·김병주, 2016; 2014; 어윤경, 2010; 차성현·주휘정, 2010, 최보인, 2011)으로 나타났다.

17 Choi, 2017; Christensen & Wright, 2011

18 Liu, et al., 2013

19 Quratulain & Khan, 2015

20 이수영, 2017; 장현주·윤경준, 2008; 최순영·조임곤, 2013

21 한승주, 2017

22 김명식, 2014; 김태룡, 2013; 이수영, 2017

23 Mowday et al., 1979; Potter et al., 1974

24 근속적 몰입은 비용과 편익에 대한 고려 하에서 조직에 계속 남고자 하는 정도를 가리킨다. 규범적

몰입은 개인의 조직의 목표를 달성하고자 하는 책임감의 정도를 가리킨다(Allen & Meyer, 1990).

25 박순애, 2006: 208 재인용

26 고명철·정재한, 2016; 고재권, 2014; 박순애, 2006; 배귀희 외, 2014 ;이희태, 2015; 최윤정·박종구, 2014

27 Harrison et al., 2006; Jaramillo, et al., 2005; Riketta, 2002

28 '활력'은 직무와 관련해 높은 수준 에너지와 회복력, 노력하려는 의지, 어려운 순간의 인내를 의미하고, '헌신'은 일에 대한 의미부여, 열정, 고무, 자부심, 도전을 의미하며, '몰두'는 일에 완전히 집중하여 시간이 흘러가고 일에서 자신을 떼어놓기 어려운 상태를 의미한다(Schaufeli et al., 2002).

29 Bakker & Bal, 2010; Harter et al., 2002; Salanova et al., 2005; Xanthopoulou, et al., 2009; Yalabik et al., 2013

30 Hakanen et al., 2006; Schaufeli & Bakker, 2004; Schaufeli et al., 2008

31 5급과 7급 모두 각종 사회이슈에 대한 조사 및 분석기법 정책기획, 집행, 평가 등을 위한 정책학·행정학에 관한 지식, 행정법, 행정절차법 등 기초법률 지식을 요구하지만, 5급 직위에 있어서는 임용예정기관에서 추진하는 업무와 관련된 전문지식 등을 추가적으로 요구하고 있다. 2018년도 민간경력자 일괄채용시험 공고를 보면 식약처에서 동일 수의 공무원을 뽑더라도 7급 경채의 경우 필수요건이 "수의사 자격증"뿐이지만 5급 경채의 경우는 "수의사 자격증"에 추가로 7년 이상 근무 또는 연구한 경력을 요구한다. 일반행정 직위에 있어서도 경력 요건에 차이가 있을 뿐만 아니라 필요지식에서 7급보다 더 많은 전문지식을 요구한다(https://www.gosi.kr/ 인사혁신처 공고 제2018-282호 및 283호).

32 조사 개요 및 응답자 특성은 부록을 참고한다.

33 여기서 경채는 민경채, 민경채 외 경채, 과거에 시행되었던 특채를 모두 포함한다.

34 Brown & Peterson, 1993; Mathieu & Zajac, 1990; Michaels, 1994; Morris & Sherman, 1981; Steers, 1977 등

35 2016년도 12년 말 기준 본부 소속 중앙공무원 일반직 공무원 총 22,905명 중 5급 이상은 11,404명, 6급이하는 11,186명이다(고공단연구직 및 지도직 315명). 5급 이상과 6급 이하가 약 50:50 비율로 이루어져 있는데, 본 표본에서의 비율은 40:60으로 실제 구성 비율과 다소 차이가 나는 원인 중 하나로 5, 7급 공채 및 경채 출신 공무원만을 대상으로 삼은 점을 들 수 있을 것이다.

36 중앙공무원의 경우 5급으로 입직하는 경우가 많으며 전체 직급 중 5급이 차지하는 비율이 가장 높은 것이 이러한 결과를 도출한 것으로 판단된다.

젠더와
리더십 유형 선호도

젠더와 리더십 유형 선호도*

10

조직의 성과 창출에 있어 리더십의 중요성은 몇 번을 강조해도 지나치지 않을 것이다.[1] 그러나 어떤 상황에서 어떤 리더십 유형이 더 중요한지에 대해서는 학자들 사이에서 이견이 분분하다.[2] 행정학계에서는 공공부문 조직 운영 방식을 개선하는 데 변혁적 리더십이 탁월하다는 주장[3]과 조직의 계층제적 특성으로 인해 변혁적 리더십은 거래적 리더십만큼 효과적이지 않을 수 있다는 연구 결과가 공존한다.[4] 또한 실험 및 준실험 연구에서도 리더십 유형과 조직성과의 관계에 대해 상반된 연구 결과를 보이고 있다.[5]

이러한 문제의식 하에 본 연구에서는 공공부문 조직에서의 성(性) 역할에 주목하여 리더십 유형에 대한 인식을 검토하였다. 이미 개인 수준에서는 리더십 유형을 인식하는 데 성별이 어떤 영향을 미치는지에 대한 광범위한 논의가 존재하며[6] 최신 행정학 연구들 역시 공공부문의 리더십 연구에 있어 성별 효과에 따른 역학관계를 점차 강조하고 있다. 기존 연구에 따르면 공무원들은 동성(同性)의 관리자와 더 긍정적인 관계를 형성하고[7] 이성(異性)의 관리자와 근무할 때 만족도가 낮고 이직 가능성이 높은 경향을 보인다고 한다.[8] 다만 이와 같이 중요한 주제임에도 조직 차원에서의 성별 구성이 리더십 인식에 어떤 영향을 미치는지를 다룬 연구는 거의 없는 실정이다.

공공부문 조직에서 리더십에 대한 인식을 형성하는 요인을 파악하기 위해 본 연구는 공무원 개인의 성별과 조직의 성별 대표성(조직 내 성별 구성)을 함께 고려하였다. 거래적 및 변혁적 리더십이라는 서로 다른 두 리더십 모형에 대한 논의를 바탕으로[9] 다음과 같은 연구 질문을 설정하였다. 첫째, 공무원의 성별이 어떻게 거래적 및 변혁적 리더십에 대한 중요성 인식을 형성하는 데 영향을 미치는가? 둘째, 조직 내 성별 구성이 공무원의 이러한 인식을 어떻게 변화시키는가?

본 연구에서는 800명 이상의 한국 중앙 공무원을 대상으로 한 열거식 실험(list experiment)을 통해 이러한 질문의 단초를 구하고자 하였다. 또한 차이 분석을 이용하여, 조직이 성별 특성을 반영하는 정도(조직 내 여성 비율)가 주요 리더십 행동을 인식하는 데 유의한 영향을 미치는지 검증하였다. 특히 공공 부문에서의 성별 대표성에 초점을 맞춤으로서 조직 차원에서의 유용한 정책적 시사점을 도출하고자 하였다.

I. 공공 부문 조직에서의 거래적 및 변혁적 리더십

가설을 제시하기 앞서, 거래적 리더십과 변혁적 리더십에 대한 본 연구에서의 개념을 분명히 하기 위해 두 리더십 스타일이 어떻게 연계되어 있는지 리더십 관련 문헌을 검토해보고자 한다. 거래적 및 변혁적 리더십은 리더십 모델의 능동적(active) 요소를 반영하고 있다.[10] 두 리더십 유형은 구별되지만[11] 동시에 다뤄질 수 있는 관계형 개념이다.[12] 행정학계에서는 공공성을 강조하면서 리더십 이론과 모델을 기반으로 공공부문 조직에서의 리더십 행동을 '공공 리더십'으로 개념화하였다.

리더십 실증 연구는 대체로 특정 조직 역량과 관련된 리더십 유형의 개념과 핵심 요소를 명확히 제시하고자 한다.[13] 변혁적 리더십의 핵심은 리더가 설정한 비전을 조직의 핵심 가치와 연결함으로써 부하직원에게 동기를 부여하는 능력이다.[14] 이는 특히 조직의 변화를 촉진하는 데 필요하다. 이러한 이유로 비전(vision) 리더십으로도 언급되어 왔다.[15] 따라서 기존의 실증 연구들은 공통적으로 변혁적 리더십의 핵심 요소로서 호소력 있는 비전을 명확히 표현하여 영감을 부여하고 동기를 유발하는 지도자의 역량을 재차 확인해왔다.[16]

한편 거래적 리더십에서는 관리 및 도구적 측면을 중점적으로 다룬다.[17] 조직의 변화를 촉진하는 데 적합한 변혁적 리더십의 개념과는 대조적으로 거래적 리더십은 부하의 현존하는 요구를 충족시키는 데 중점을 둔다. 이런 의미에서 부하의 성과를 모니터링하고 절차를 준수하도록 보상하거나 처벌하는 것은 거래적 리더십의 두 가지 주요 요소이다.[18] 변혁적 리더가 조직의 미래에 대한 비전을 전달하고 직원의 행동이 이러한 비전을 향해 나아가게끔 유도하는 반면 거래적 리더는 직원 성과를 모니터링하고 동기부여의 기제로 보상과 처벌을 활용하여 조직을 관리한다.

1. 공무원 성별과 리더십 유형에 대한 인식

이상에서 논의된 리더십에 대한 기존 연구는 주로 리더 중심적인 접근법을 취하며, 일반적으로 추종자(follower)의 인식은 리더십에 따른 결과요인으로 간주하고 이를 간과하는 경향이 있었다.[19] 그러나 최근 연구는 리더십 과정에서 팔로워십(followership)의 역할에도 주목하게 되었다.[20] 추종자 인식에 대한 한 가지 접근법은 부하의 특성이 리더십 평가에 미치는 영향을 연구하는 것인데, 일련의 연구들은 추종자의 개인 특성(personalities)이 변혁적 리더십 인식에 영향을 미친다는 단서를 발견하였다. 이는 크게 세 가지 연구를 통해 다루어졌는데 첫째, '전형적 리더' 즉 추종자의 성격을 대표하는 지도자의 리더십이 더 효과적이라고 여겨진다는 연구, 둘째, 유사한 성격을 가진 팔로워와 리더는 서로 상호작용할 가능성이 더 높다는 연구,[21] 그리고 마지막으로, 변혁적 리더들과 특성을 공유하는 팔로워들은 본인의 리더를 평가함에 있어 변혁적 리더십을 더 높게 인식하고 있다는 연구이다.[22]

한편 팔로워의 특성 중 하나인 성별 역시 리더십 유형에 대한 인식과 밀접한 관련이 있을 것으로 예상된다. 성별과 리더십을 다룬 관련 선행연구에 따르면, 남성 리더와 여성 리더는 서로 다른 리더십 유형을 띠고 있으며, 추종자들은 리더를 자신과 동일시함으로써 리더가 지닌 특성을 공유한다.[23] 다양한 조직 환경에서 진행된 연구 결과에 따르면 여성 관리자는 남성 관리자보다 더 민주적이고 변혁 지향적이지만, 독재적이고 지시적인 성향은 약한 것으로 나타났다.[24] 보통 여성과 남성 관리자 모두 거래적 리더십에 의존하기 때문에 변혁적 리더십에서보다 거래적 리더십에서 성별 차이가 적은 것으로 나타났다.[25]

행정 부문에의 추종자 성별과 리더십에 대한 연구 역시 성별의 효과와 역학을 인지하고 있지만, 추종자 단독이 아닌 리더 혹은 감독-부하 관계의 성별 영향을 강조하는 경우가 많았다.[26] 이러한 연구는 관리자와 직원들 사이의 유사한 인구학적 특성이 리더십 유형에 대한 직원들의 인식에 긍정적인 영향을 미친다는 것을 의미한다.[27] 직원들이 리더의 특성을 공유하는 만큼 성별에 따른 관리자의 리더십 유형에 대한 여직원과 남직원의 인식은 다를 것으로 예상할 수 있다. 또한 기존 연구를 통해 여성 관리자는 남성 관리자보다 더 변혁적이라고 밝혀졌지만, 거래적 리더십 특징은 여성 관리자와 남성 관리자가 어느 정도 공유하고 있는 것으로 나타났다. 따라서 여직원들이 남직원들에 비해 혁신적 리더십에 대해서는 더욱 긍정적인 인식을 지닐 가능성이 높으나, 거래적 리더십에 대한 팔로워 인식에 있어서는 성별 차이가 덜 두드러질 것이라고 예상해볼 수 있다. 상기 논의를 통해 다음 두 가지 가설을 제시하고자 한다. 첫째, 여성 공무원들은 남성 공무원들보다 변혁적 리더십에 대해 더 긍정적으로 인식할 것이다(가설 1-1). 둘째, 거래적 리더십에 대한 여성 공무원과 남성 공무원의 인식은 크게 다르지 않을 것이다(가설 1-2).

2. 성별 대표성과 리더십 유형에 대한 인식

공공부문에서 성별 대표성 연구는 특히 중요하다. 공공 기관의 성별 대표성은 공공기관이 고객의 성별에 따라 서비스를 지원하는 정도에 영향을 미치기 때문이다.[28] 최근 행정학 연구에서 볼 수 있듯이 일반적으로 조직의 내부 환경은 공공관리와 성과 사이의 관계에 영향을 미칠 수 있다.[29] 첫째, 조직 내부 환경은 관리자가 조직 목표를 달성하기 위한 노력의 일환으로 주어진 자원을 사용하는 데 제약을 가한다. 둘째, 내부 환경은 목표 달성에 있어서 무엇이 필요하고 중요할지에 대한 관리적 행동에도 영향을 미친다.[30] 따라서 조직 관리에서 리더십 유형의 중요성은 내부 조직 환경에 따라 달라질 수 있으며, 리더십 유형에 대한 팔로워 인식 또한 그러한 맥락에서 바뀔 가능성이 있다.

젠더와 리더십 연구는 직장이 남녀에 대한 변증법적 시각을 강화해왔다고 보고 있으며, 이는 리더십 역학의 불가피한 특징으로 볼 수 있다.[31] 리더십은 조직의 사회 구조(규칙적이고 예측 가능한 행동 패턴)와 문화(공유된 신념, 가치, 상징 및 목표)의 핵심 부분을 정립한다.[32] 따라서 이상적인 지도자에 대한 조직 구성원의 생각은 집단의 성별 분포에 따라 바뀔 수 있다. 예를 들어 성별과 리더십 유형에 대한 연구는 여성 지도자들의 성과가 남성 중심의 환경에서 덜 효과적이라는 것을 보여준다.[33] 조직 내 여성 비율의 변화가 남성 리더에 대한 직원들의 선호도에 영향을 미친다는 것을 보여준 연구 결과도 있다. 이러한 연구는 직장 내 성별 대표성이 리더십 유형에 대한 부하 인식을 재정비함으로써 조직 관리와 성과에 상당한 영향을 미칠 수 있다는 것을 보여준다.

역동적인 과정으로서의 리더십에 대한 관점은 사회적 정체성(social identity) 이론과 자기 범주화(self-categorization) 이론에 의해 구성되었다. 이러한 이론에 따르면, 조직 구성원(organizational membership)은 직원이 '집단내 특성'으로 인식하고, 조직전체를 대표하는 속성, 규범, 행태 등 집단 정체성으로 발전해가는 과정에 영향을 미칠 수 있다.[34]

따라서 본 연구는 조직 내 성별 대표성에 대한 편견이 조직 환경 측면에서 성별의 현저성(salience)[35]을 높일 수 있기 때문에 성별 역할에 초점을 맞춰 집단 정체성 개발(development)에 대한 논의를 확장하고자 한다.[36] 성별 구성 측면에서 현저성은 이후 '집단 원형'이 더 남성적이거나 더 여성적이 되는 데 영향을 미칠 수 있다. 실질적으로 여성 위주 또는 남성 위주로 구성된 집단은 그들의 지도자가 어떠해야 하는지에 대해 서로 다른 생각을 가질 수 있다.[37] 직원 개인의 성별을 중요하게 여기는 데서 한발 나아가 조직 환경에서 성별의 현저성도 고려하면, 남성 위주로 구성된 집단의 원형이 더 남성적이고 여성 위주 집단의 원형이 더 여성적이라고 주장하는 것이 타당하다. 부하 직원의 인식에서 분명한 성별 차이가 나타나는 리더십 유형의 경우, 개인의 성별과 조직의 성별 대표성이 상호 작용하여 리더십 스타일에 대한 부하 직원의 인식을 형성할 것이다.

우선, 본 연구는 변혁적 리더십에 대한 팔로워 인식에 있어 뚜렷한 성별 차이가 있을 것으로 예측한다. 또한 조직 내 성별 대표성이 이러한 인식 차이를 강화할 것이라고 본다. 남직원보다 변혁적 리더십에 대해 더욱 긍정적으로 인식하는 여직원들은 직장 내 여성 대표성이 증가하면 변혁적 리더십에 대한 긍정적인 인식이 강화될 수 있다. 상대적으로 변혁적인 리더십에 대한 긍정적 인식이 낮은 남직원들은 조직 내 여직원의 수가 증가하면 변혁적 리더십에 대한 부정적 인식이 더욱 강화될 개연성이 있다. 반면에 남성 중심의 환경에서는 여직원 및 남직원 모두 변혁적 리더십에 대한 긍정적 인식이 상대적으로 낮을 것이다.

게다가 관료제 및 사회 전반에서 여성 대표성이 증가하는 추세가 리더십 유형에 대한 공무원 인식을 형성하는 데 영향을 미칠 수 있다.[38] 예를 들어, 한국의 경우 여성 공무원 비중은 오랜 시간에 걸쳐 모든 분야(직종, 직급)에서 증가해왔다.[39] 점점 더 많은 여성들이 관리직에 진출하는 것을 본 여성 공무원들은 자신의 커리어에서 더 높은 자리까지 오르고자 하는 동기를 부여받는다. 여성 공무원들이 여성으로서의 동질감을 느낀다면 고무적인 비전을 제시하는 지도자를 더욱 존경하게 될 것이다. 관료사회에서 여성 대표성이 향상되면 남성 공무원보다 여성 공무원들에게 더 크게 긍정적인 영향을 미칠 수 있기 때문에, 여성 대표성이 특히 높은 조직에서 변혁적 리더십에 대한 공무원 인식에 성별 격차가 더 큰 것은 놀라운 일이 아니다.[40]

반면 거래적 리더십에 대한 팔로워 인식에 있어 성별 차이를 구별하기는 상대적으로 어려울 수 있다. 직원 성별이 '원형성의 두드러진 지표'로 작용할 가능성이 높다는 점을 감안할 때[41] 직장 내 성별 대표성은 성별에 따른 거래적 리더십에 대한 팔로워 인식에 거의 영향을 미치지 않을 것으로 예상된다. 남성 지배적인 환경에서 남성과 여성 직원들은 지시적 특성을 가진 리더십을 더 적절한 것으로 여길 수 있다.[42] 여성스럽고 민주적인 리더십이 더 유리한 것으로 입증된 여성 중심의 환경에서도[43] 거래적 리더십의 특성은 성별에 관계없이 여전히 관리자들에게 요구될 수 있다.

이러한 논의를 바탕으로 다음과 같은 가설들을 설정할 수 있다. 첫째, 여성이 다수인 조직에서는 변혁적 리더십에 대한 성별 인식 차이가 남성 우위의 조직보다 더 클 것이다(가설 2-1). 둘째, 여성이 다수인 조직에서는, 여성 공무원이 남성 공무원보다 변혁적 리더십에 대해 더 긍정적으로 인식할 것이다(가설 2-2). 셋째, 여성 및 남성 공무원의 거래적 리더십에 대한 인식은 조직 내 여성 대표성이 변해도 크게 달라지지 않을 것이다(가설 3).

II. 연구 설계: 열거식 실험

성별과 관련된 공무원의 개인적, 조직적 특성에 따라 변혁적 리더십과 거래적 리더십에 대한 인식이 다른지 알아보기 위해 한국 공무원들을 대상으로 설문조사를 실시하였다. 공공부문 조직 운영에서 공무원들이 이러한 리더십 유형을 중요하게 생각하는지 여부를 밝히기 위해 열거식 실험을 사용하여 가설을 검증하였다.

이와 같은 방식으로 설문조사를 설계한 데는 세 가지 중요한 이유가 있다. 응답자는 자신의 상관이나 정치인에 대해 진실된 의견을 드러내는 것을 꺼릴 수 있다. 따라서 열거식 실험은 제시된 항목 중 몇 개가 응답자와 관련이 있는지 물어보는 간접 질문 형식을 띤다. 이 방법은 조사대상 공무원이 기관장을 옹호하는 편향된 응답의 동기를 가지고 있을 때 특히 유용하다.[44] 또한 근무지에서 설문에 응답할 경우 그들의 지도자를 평가하는 직접적인 질문에 있어서는 응답을 회피할 수 있으며, 이는 결과의 타당성을 떨어뜨릴 수 있다. 따라서 본 연구의 열거식 실험은 방법론적 문제를 해결

하고, 민감할 수 있는 설문 문항에 대해 진실된 응답을 얻는 데 유리한 방식으로 설계되었다.[45]

열거식 실험 설계를 위해서는 응답자를 통제 및 실험 집단으로 무작위 배치해야 한다. 여기서 통제 항목은 통제 집단에 제시되고, 동일한 통제 항목과 하나의 처치 즉 민감한 관심 항목이 실험 그룹에 제시된다. 무작위 할당은 응답자들이 동일한 확률로 통제 또는 실험 집단에 배치될 수 있게끔 한다. 두 집단 중 하나에 배치되면, 응답자는 제시된 항목들 중 자신에게 적용되는 항목의 수를 제시하도록 요청받는다. 이 설계를 통해 응답자는 제시된 항목들 중 어느 하나 또는 전부를 선택하지 않는 한 민감한 항목이 포함된 답변을 안전하게 밝힐 수 있다. 두 가지 가정(①처치 항목은 통제 항목에 대한 응답자의 답변에 영향을 미치지 않음, ②처치 항목에 대해 응답자는 진실된 답변을 제시함)을 바탕으로 연구자들은 실험집단과 통제집단 간의 평균 응답 차이를 추정하여 실험 항목을 선택할 가능성이 높은 응답자의 비율을 추정할 수 있다.[46] 본 연구에서는 통제집단을 대상으로 다음과 같은 질문을 제시하였다.

다음에 나열된 몇 가지 요소들 중, 귀하의 조직 운영에 반드시 필요하다고 생각되는 요소들은 몇 가지입니까? 어떤 요소가 중요한지는 선택하지 않으셔도 됩니다. 다만, 몇 가지가 중요한지 말씀해 주십시오.
 (1) 조직 내부 관리에 있어 기관장에게 부여되는 자율성 수준
 (2) 인사관리 시 소속 기관장에게 부여된 재량 수준
 (3) 재무 자원 할당 시 기관장에게 주어진 융통성 수준
 [항목은 무작위 순서로 나열됨]

리더십 유형 자체도 중요하지만 리더십 행동의 발현은 환경에 따라 달라질 수 있다. 이런 점에서 공공 리더십은 특히 공공부문 조직의 배경 및 역량과 밀접하게 관련된다. 리더십의 질(quality)은 리더 특성뿐만 아니라 조직의 성과와도 관련이 있다.[47] 따라서 본 연구의 통제 항목을 선택함에 있어서도 '조직 능력과 관리 시스템을 구축하고 개선하는 행동'[48]을 통해 공공 리더십이 발휘된다고 주장하는 통합적 접근 방식을 채택하였다. 공공부문에서 리더는 중요한 조직 역량을 함양하고 특정 수준의 성과를 달성하기 위해 이러한 요소를 활용해야 하기 때문이다.[49]

통제 항목 중 첫 번째, 조직 내부 관리 자율성은 조직의 내부 관리 능력과 관련이 있고, 두 번째 인사관리의 재량권은 조직의 인적 자본과 관련이 있다. 마지막으로 재무자원 할당의 유연성은 조직의 재무관리 기술(skill)과 관련이 있다. 공공부문 리더는 일반적으로 외부에서 초래된 변화에 직면하게 되는데, 이는 리더십 권한을 어느 정도 제약할 수 있다.[50] 하지만 공공부문 리더들은 어떤 식으로든 이러한 상황을 우호적인 환경으로 만들어야 한다. 만약 리더들이 이러한 상황을 다루는 데 있어서 더 많은 권한을 부여받고, 광범위한 조직적 힘으로 역량을 결집할 수 있다면, 리더십 능력에 대한 인식은 더욱 긍정적으로 변할 것이다.

선행연구 결과와 설문 예비조사를 바탕으로, 선택된 항목 간 긍정적인 상관관계가 있을 것으로 예상하였다. 이 조건들을 통합하고 서로 결합시키는 능력은 종종 정부가 달성한 성과 수준에 따라 달라질 수 있다. 통합 능력이 높은 고(高)성과 정부에 비해 저(低)성과 정부에서는 일반적으로 통합 능력이 부족하다.[51] 가장 뚜렷한 차이점 중 하나는 리더십 존재 여부와 자질이다.[52] 가장 대표적인 리더십 유형인 변혁적 리더십과 거래적 리더십을 통해 이를 조직 맥락에서 검토하고자 하였다.

1. 실험 조건

서로 다른 리더십 유형에 대한 공무원들의 인식을 파악하고 비교하기 위해, 공무원 표본을 두 개의 실험집단으로 나누었다. 첫 번째 실험집단에서는 공공 부문 조직 관리에서의 변혁적 리더십에 대한 인식을, 두 번째 실험집단에서는 거래적 리더십에 대한 인식을 검증하였다.

다양한 리더십 모델에 대한 논의를 바탕으로 리더십 유형을 개념화했다. 첫 번째 실험 조건으로 지도자의 변혁적 행동에 대한 인식을 검토했다. 조직 맥락에서 변혁적 행동의 중심 요소는 조직의 미래에 대한 비전을 공유하고 지향하는 리더의 능력이다. 첫 번째 실험집단에서는 리더의 변혁적 행동과 관련된 실험 항목이 추가되는 것을 제외하고는 통제집단과 동일한 항목을 제시했다.

다음에 나열된 몇 가지 요소들 중, 귀하의 조직 운영에 반드시 필요하다고 생각되는 요소들은 몇 가지입니까? 어떤 요소가 중요한지는 선택하지 않으셔도 됩니다. 다만, 몇 가지가 중요한지 말씀해 주십시오.

(1) 조직 구성에 있어서의 자율성

(2) 리더의 변화 창출 및 비전 제시 능력

(3) 인사 결정 과정의 재량권

(4) 예산 분배 차원의 유연성

[항목은 무작위 순서로 나열됨]

두 번째 실험 조건에서는 리더의 거래적 행동에 대한 인식을 검토했다. 조직 환경에서 거래적 행동의 주요 요소는 직원의 성과를 모니터링하고 절차를 준수하기 위해 보상이나 처벌을 사용하는 리더의 능력이다. 두 번째 실험집단의 경우, 조직관리 능력이라는 리더의 거래적 행동과 관련된 실험 항목이 추가된다는 점을 제외하고 나머지 질문은 통제 집단과 동일하게 구성했다.

다음에 나열된 몇 가지 요소들 중, 귀하의 조직 운영에 반드시 필요하다고 생각되는 요소들은 몇 가지입니까? 어떤 요소가 중요한지는 선택하지 않으셔도 됩니다. 다만, 몇 가지가 중요한지 말씀해 주십시오.

(1) 조직 구성에 있어서의 자율성

(2) 리더의 조직관리 능력

(3) 인사 결정 과정의 재량권

(4) 예산 분배 차원의 유연성

[항목은 무작위 순서로 나열됨]

2. 표본추출 및 균형표본

본 연구의 열거식 실험은 2015년 「공공부문 성과에 대한 공무원 인식조사」의 일환으로 수행되었다.[53] 총 1,350명의 응답자를 무작위로 450명씩 세 그룹으로 나누었다. 배포된 설문 중 816건의 설문 실험(60.4%)이 완료되었다. 응답자 구성을 살펴보면 199명(24.4%)은 7~9급, 513명(62.9%)은 5~6급, 104명(12.7%)은 4급이다. 집단별 응답분포를 살펴보면 <표 10-2>에 나타난 바와 같이 통제집단 267명(32.7%), 제1 실험집단 267명(32.7%), 제2 실험집단 282명(34.6%)으로 통제집단과 각 실험집단의 응답률이 유사한 것으로 나타났다.

<표 10-1>은 응답자의 집단별 특성으로 성별, 교육수준, 직급, 직군, 채용경로, 조직의 여직원 비율(조직 특성) 및 기관장의 성별에 대한 분석 결과이다. F-검정결과, 통제집단 및 실험집단의 응답자 특성은 유사하게 나타났다.

표 10-1_ 집단별 응답자 특성

변수(코딩)	통제집단	실험집단		F검정
		변혁적 리더십	거래적 리더십	
연령(세)	42.5	42.1	41.6	0.99 (0.37)
교육수준(1=고졸이하~5=박사)	3.31	3.28	3.21	1.93 (0.15)
직급(9급=1~4급=6)	4.42	4.32	4.33	0.53 (0.59)
직군(행정직=1)	0.79	0.82	0.85	2.18 (0.11)
채용유형(공채고시=1)	0.85	0.87	0.90	1.87 (0.15)
민간경력(년)	0.58	0.64	0.61	0.05 (0.95)
조직특성(기관내 여성 비율)	36.4	36.3	37.2	0.51 (0.60)
여성기관장	0.07	0.07	0.09	0.20 (0.82)
N	267	267	282	

III. 분석결과

1. 리더십 유형에 대한 전반적인 인식

<표 10-2>에서는 통제집단 및 두 실험집단에서 관찰된 집단별 응답자 특성을 제시하였다. <그림 10-1>의 왼쪽은 각 집단에 대한 평균 응답(통제집단 2.37, 변혁적 행동 실험집단 2.75 및 거래적 행동 실험집단 2.82)으로 간단한 집단 차이 검정을 통해 두 실험집단과 통제집단 간의 평균 반응에서 각각 통계적으로 유의한 양(+)의 차이가 있음을 알 수 있었다. 이는 공무원들이 조직 관리에서 변혁적 리더십과 거래적 리더십에 대해 모두 긍정적인 인식을 갖고 있음을 의미한다.

표 10-2_ 열거식 실험에서 관찰된 데이터

응답값	통제집단		실험집단			
			변혁적 리더십		거래적 리더십	
	빈도	비율	빈도	비율	빈도	비율
0	10	3.75%	1	0.37%	3	1.06%
1	28	10.49%	11	4.12%	9	3.19%
2	83	31.09%	91	34.08%	84	29.79%
3	146	54.68%	115	43.07%	126	44.68%
4			49	18.35%	60	21.28%
Total	267		267		282	

주: 통제집단 및 두 개의 실험 집단에서의 개별 응답값에 대한 응답자 수와 비율을 나타냄.

　　이러한 평균 응답을 바탕으로 <그림 10-1>의 오른쪽에는 열거식 실험에서 실험 조건에 긍정적으로 응답한 응답자의 추정 비율을 추가로 나타냈다. 실험집단과 통제집단 응답 간 평균 차이에 기초한 단순 추정에 따르면, 열거식 실험에서 응답자의 38.2%가 기관장이 변혁적 역량을 지니고 있다고 여겼으며. 45.2%의 응답자는 기관장의 거래적 능력이 조직성과 유지에 중요하다고 하였다. 이는 평균적으로 변혁적

그림 10-1_ 통제 및 실험 문항에 대한 평균 응답(왼쪽) 및 실험 문항에 대한 동의 응답의 추정비율
　　　　　　(오른쪽)

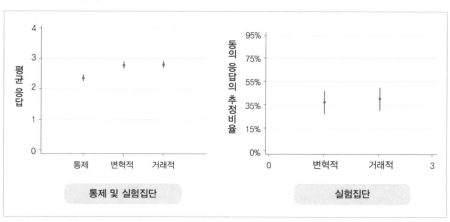

주: 95% 신뢰구간 표시

및 거래적 행동에 대한 공무원들의 인식이 동질적이라는 것을 보여준다. 최소한 38% 이상의 응답자가 일상적 조직 운영에서 어떤 유형의 리더십이든 조직적 환경과의 통합을 중요하게 생각했다는 점이다. 두 리더십 유형이 조직관리에서 중요한 역할을 한다는 점을 감안하면, 변혁적 및 거래적 행동에 대한 인식에서 드러난 유사성은 그리 놀라운 사실은 아닐 것이다.

2. 성별에 따른 리더십 인식 차이

리더십 유형에 대한 공무원 인식이 성별에 의해 결정되는지를 알아보기 위해 Blair와 Imai(2012)가 채택한 최대우도 추정치(maximum likelihood estimator)를 사용하였다. 종속 변수가 있는 이항 로지스틱 회귀 모델(fitted binomial logistic re-gression model)에서 추정된 계수와 그 표준 오차를 <표 10-3>에 나타냈다. 종속 변수는 조직 관리 상 변혁적 리더십을 응답자가 중요하게 여기는지 여부(모델 1)와 거래적 리더십을 중요하게 여기는지 여부(모델 2)이다. 두 실험집단과 하나의 통제집단이 동시에 분석하였고, 처치 효과는 최대우도 추정치에서 생성된 계수를 기반으로 실험집단과 통제집단 간의 평균 반응 차이를 통해 추정했다.

표 10-3_ 리더십 인식에 미치는 성별 효과의 최대우도 추정치

	모델1		모델2		모델3	
	실험집단1: 변혁적		실험집단2: 거래적		통제집단	
	계수	표준편차	계수	표준편차	계수	표준편차
여성	10.753	8.068	0.852	0.636	−0.422	0.144
조직특성(조직 내 여성 비율)	−24.397	8.684	−0.163	2.133	0.565	0.562
여성 기관장	−0.920	1.474	−1.200	0.932	0.443	0.245
연령	−0.110	0.074	−0.027	0.035	0.015	0.009
교육수준	2.949	2.071	0.105	0.456	0.025	0.115
직급	0.027	0.321	0.888	0.279	−0.143	0.055
직군	−0.137	0.848	−1.401	0.693	−0.006	0.153
채용유형	0.084	1.219	0.432	0.844	0.008	0.182
민간경력	−0.150	0.256	0.174	0.157	0.030	0.037
절편	1.719	3.900	−2.809	2.506	1.094	0.596

주: 최대우도 추정치에 기반한 추정 계수임. 종속변수는 조직관리에서 응답자가 변혁적 리더십을 중요시하는지 여부(모델1) 및 거래적 리더십을 중요시하는지 여부임(모델2).

두 가지 독립 변수는 이항 변수로 측정된 성별과 비율로 측정된 조직의 여성 대표성이다.[54] 또한 연령, 교육수준, 직급, 직군, 채용유형, 민간경력 등 응답자의 특성 및 여성 기관장 여부 등 조직의 특성을 통제했다.

<그림 10-2>는 실험 조건에 긍정적으로 응답한 여성과 남성 응답자의 추정 비율 차이를 나타낸다. 이 수치는 각 실험 조건 별로 여성 공무원의 예상 응답 비율에서 남성 공무원의 예상 응답 비율을 뺀 것이다. 이 때, 양(+)의 추정치는 여성 공무원들이 처치에 대해 더 긍정적인 인식을 가지고 있다는 것을 나타내며, 음(-)의 추정치는 남성 공무원들이 처치에 대해 더 긍정적인 인식을 가지고 있다는 것을 나타낸다. 두 가지 처치를 살펴보면, 변혁적 리더십 처치 추정 비율에서 양(+)의 차이를 볼 수 있는데, 이것은 여성 공무원들이 남성 공무원들보다 변혁적 리더십에 대해 더 긍정적인 인식을 가지고 있다는 것을 의미하며, 가설 1-1을 뒷받침한다. 그러나 거래적 리더십 처치에 대한 추정 비율의 차이는 통계적으로 유의하지 않으며, 이는 거래적 리더십에 대한 여성 및 남성 공무원의 인식이 구별되지 않음을 의미한다. 이는 가설 1-2와 일치한다.

그림 10-2_ 실험문항에 동의한다고 응답한 남성 공무원과 여성 공무원의 추정비율 차이.

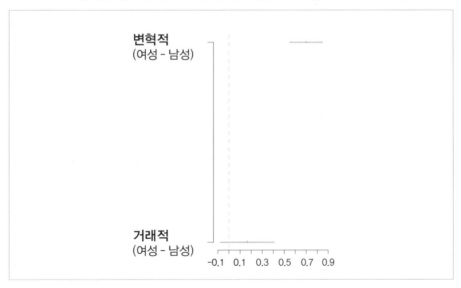

주: 95% 신뢰구간이 표시됨.

3. 조직 환경의 조절효과: 공공 부문에서의 성별 대표성

응답자가 속한 조직의 성별 대표성이 응답자 본인 성별과의 상호작용을 통해 리더십 유형에 대한 인식에 영향을 미치는지 추가로 검증하였다. <표 10-4>에는 <표 10-3>의 모든 변수에 공무원 개인의 성별과 공공 부문 조직 내 여성 대표성 사이의 상호작용 변수를 추가한 적합 이항 로지스틱 회귀 모델의 추정 계수와 표준 오차이다. 즉 <표 10-4>는 응답자의 개인 및 조직 특성을 통제한 후 리더십 인식이 공무원 개인의 성별과 조직 내 여성 대표성 사이의 상호작용에 의한 것인지를 분석한 결과이다. 역시 두 실험집단과 하나의 통제집단을 동시에 분석하였으며, 처치 효과는 최대우도 추정치를 기반으로 실험집단과 통제집단 사이의 평균 차이를 통해 추정하였다.

표 10-4_ 리더십 인식에 미치는 직원성별 및 조직 내 여성 대표성 간 상호작용 효과의 최대우도 추정치

	모델1		모델2		모델3	
	실험집단1: 변혁적		실험집단2: 거래적		통제집단	
	계수	표준편차	계수	표준편차	계수	표준편차
여성	−7.852	3.522	1.823	1.741	−0.322	0.502
조직특성(조직 내 여성 비율)	−26.538	9.606	0.605	2.460	0.441	0.700
여성*조직여성비율	29.304	10.584	−3.972	4.423	0.451	1.283
여성 기관장	−1.162	1.214	−1.145	0.912	0.513	0.253
연령	−0.040	0.063	−0.019	0.035	0.012	0.010
교육수준	2.628	1.344	0.121	0.441	0.018	0.110
직급	−0.027	0.299	0.860	0.274	−0.145	0.061
직군	0.246	0.874	−1.581	0.698	0.030	0.159
채용유형	−1.476	1.224	0.299	0.851	0.149	0.198
민간경력	−0.241	0.209	0.181	0.152	0.044	0.041
절편	2.013	3.584	−3.071	2.526	1.106	0.622

주: 최대우도 추정치에 기반한 추정 계수임. 종속변수는 조직관리에서 응답자가 혁신적 리더십을 중요시하는지 여부(모델1) 및 거래적 리더십을 중요시하는지 여부임(모델2).

응답자의 성별과 조직 내 여성 대표성 간의 상호작용 효과를 구체적으로 파악하기 위해 여성 직원 비율이 다양하게 나타난 26개 표본 기관을 세분해서 여성 응답자

와 남성 응답자의 평균 응답을 비교하였다. 한국 공무원의 여성 대표성은 시간이 지나면서 증가하여 2017년 현재 전체 공무원의 절반(50.2%)에 이르렀지만,[55] 상위직(5급 이상)에서는 여성 직원 비율이 20%에 불과했다.[56] 여성 대표성도 기관마다 큰 차이가 있었다. 조사에 참여하는 26개 기관의 여성 대표성은 18.6%~56.9% 사이의 수치를 보였으며 여성이 다수인 기관은 4곳뿐이었다. 이를 감안하여 표본 기관을 조직 내 성별 대표성에 따라 세 집단[57]으로 나누었다. 서로 다른 조직 환경에서 실험 조건에 긍정적으로 응답한 여성과 남성 응답자의 추정 비율 차이를 <그림 10-3>에 나타냈다. 추정치는 여성 응답자의 추정 비율에서 남성 응답자의 추정 비율을 뺀 값이다. 양(+)의 추정치는 여성 응답자가 처치에 대해 더 긍정적인 인식을 가지고 있다는 것을 나타내고, 음(-)의 추정치는 남성 응답자가 처치에 대해 더 긍정적인 인식을 가지고 있다는 것을 나타낸다.

그림 10-3_ 조직 특성(조직 내 여성 비율)에 따른 실험 문항에 대한 여성 공무원과 남성 공무원의 동의 응답 추정비율의 차이

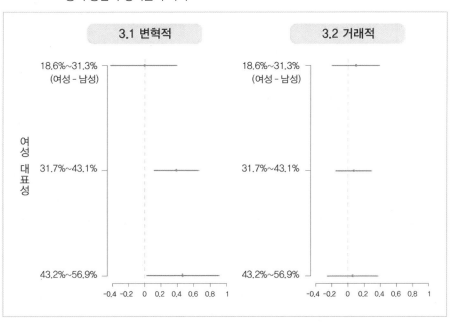

주: 조직 내 성별 대표성에 따라 3개의 집단으로 구분됨. 1)하위 33분위(여성대표성 18.6%~31.3%, 2)중간 범위(여성대표성 31.7%~43.1%), 3)상위 33분위(여성대표성 43.2%~56.9%). 95% 신뢰구간 표시됨

조직 환경 전반에 걸친 실험 결과를 살펴보면, <그림 10-3>에서 여성 대표성이 충분히 높은 조직에서만 변혁적 리더십 처치에 대한 추정 비율에서 통계적으로 유의한 양의(+) 차이가 나타났다. 여성 공무원의 비율이 약 32% 이상인 조직에서는 여성 공무원이 남성 공무원보다 변혁적 리더십 행동을 더 긍정적으로 인식하였다. 그러나 여성 대표성이 약 31% 이하인 남성 중심 조직에서는 그 차이가 통계적으로 유의하지 않았다. 그 결과는 대체로 가설 2-1과 2-2와 일치하였다.

또한 <표 10-4>에서 통제변수에 대한 결과 중 일부는 살펴볼 가치가 있다. 교육 수준이 높은 직원들이 상대적으로 교육수준이 낮은 직원들보다 변혁적 리더십에 더 긍정적인 인식을 가지고 있으며, 고위직 공무원들은 하위직 공무원들보다 거래적 리더십 행동에 더 긍정적인 인식을 가지고 있다는 점을 알 수 있다.

IV. 연구의 의의 및 시사점

본 연구는 공공 부문 조직에서의 성별 역할에 초점을 맞춤으로써 공공 리더십에 대한 이해를 넓히고자 하였다. 공공조직 내에서 성별이 변혁적 및 거래적 리더십에 대한 팔로워, 즉 부하 직원의 인식에 영향을 미치는지, 그리고 조직 환경이 이러한 인식을 어떻게 재편하는지 검토하였다. 특정 리더십 유형에 대한 인식에 분명한 성별 차이가 나타났으며, 이러한 차이는 조직 내 여성 대표성에 의해 완화되는 결과를 보였다. 또한 여성 공무원들은 남성 공무원들보다 변혁적 리더십 행동을 더욱 긍정적으로 인식하는 것으로 밝혀졌지만, 거래적 리더십 행동에 대한 여성 및 남성 공무원들의 인식은 크게 다르지 않다는 것을 알 수 있었다. 한편 조직의 특성과 상호작용할 때, 리더십 유형에 대한 팔로워 인식의 성별 격차는 더욱 뚜렷해졌다. 공공부문 조직 내 여성 대표성이 증가할수록 남성 공무원들보다 여성 공무원들의 변혁적 리더십 행동에 대한 긍정적인 인식이 더 두드러졌다. 그러나 공공조직 내 성별 대표성의 차이에도 거래적 행동에 대한 여성 공무원과 남성 공무원의 인식이 유사하게 나타난 것으로 보아 성별 대표성의 차이는 거래적 리더십 행동과 관련된 인식에는 영향을 미치지 않는다는 것을 알 수 있었다.

이러한 연구결과는 실제 공공부문 관리에도 중요한 시사점을 제공한다. 리더와 직원이 동성일 때 보다 긍정적인 관계가 형성된다는 기존 연구에 추가적인 증거를 제시했으며, 조직 내 성별 조건이 리더와 직원 간의 관계에도 영향을 미칠 수 있음을 보여주었다. 본 연구 결과는 여성 비율이 높은 조직에서 변혁적 리더십이 더 강력하게 발휘될 수 있음을 보여준다.

남성 중심의 조직은 리더십 스타일에 대한 인식에서 성별 차이가 크지 않지만, 남성성이 높은 업무 환경에서는 거래적 리더십이 더 도움이 될 수 있다. 한국 사회에서 공공 부문과 민간 부문 모두에서 여성 대표성이 증가하는 추세를 감안할 때 조직관리와 성과 향상을 위해서는 커리어에 대한 야망이 있는 여직원들과 정체성을 공유하는 관리자의 존재가 중요할 것이다. 본 연구 결과는 공공 조직에서 여성 공무원들이 남성 공무원들에 비해 고무적인 비전을 보여줄 수 있는 지도자의 능력을 더 중요하게 인식하고 있으며, 그러한 인식이 비슷한 사고를 지닌 동성의 동료들에 둘러싸여 있는 환경에서 더욱 강화되고 있다는 것을 입증하였다.

다만 성별에 따라 리더십 유형 관련 추종자 인식에 격차가 발생하였다는 점에 대한 해석을 달리할 수 있다는 사실을 간과할 수는 없다. 첫째, 성별 격차는 팔로워들이 기관장과 맺는 관계 유형 때문일 수 있다. 기존 공공관리 연구에 따르면 상급자와 성별이 동일한 것 외에도 상급자와 더 오랜 기간 함께 근무하면 긍정적인 관계를 형성하는 경향이 있다.[58] 리더-구성원 관계가 맺어지는 과정에서 팔로워의 성별 및 재직기간 사이에 체계적인 연관성이 있는 경우라면 이것이 리더십에 대한 직원의 인식에 영향을 미칠 수 있을 것이다. 둘째로, 직원들이 특정 리더십 유형을 더 중요하게 여기는 것은 그들의 리더가 그러한 유형에 속한 것을 긍정적으로 생각하기 때문일 수도 있지만, 리더들에게 실제로 조직에 필요하다고 인식되는 리더십 유형이 부족하기 때문일 수도 있다. 현직 기관장의 리더십을 평가하는 추가 분석은 인과관계를 보다 명확히 하는 데 도움이 될 것이다.

추종자 인식이 그들이 속한 조직의 특성에 따라 달라질 수 있다는 발견은 향후 연구에 중요한 시사점을 제공한다. 공공부문 조직의 성별 대표성과 관련된 조직의 다른 특성을 연구함으로써 리더십 유형에 대한 팔로워 인식의 성별 차이에 대한 연구 범위를 확장해나갈 수 있을 것이다. 남성 중심의 조직에서 권위구조는 더 계층적이며 상향식 의사소통이 어려울 수 있다. 이와는 대조적으로 여성 중심 조직에서의 권위구조는 좀 더 수평적이며 상향식 의사소통이 더 수월할 수 있다. 공공 부문 조직은 더 공식화될수록, 권위구조가 더 계층적일수록 낮은 수준의 변혁적 리더십 행동을 보이는 것으로 나타났다.[59] 그러나 조직 공식화 정도와 권위구조의 계층화 정도는 여러 국가들 간에도, 한 국가 내 여러 기관들 간에도 큰 차이가 있다. 예를 들어 한국의 엄격한 공무원 문화는 암묵적으로 전통적인 아시아의 가치나 유교문화 내에 속하는 것으로 받아들여지고 있다.[60] 그러나 공공부문에서 여성 대표성이 증가하는 추세를 볼 때 이러한 문화는 약화될 수도 있다. 여성의 비율이 더 높은 기관과 남성 주도적인 기관의 조직 문화가 어떻게 바뀌었는지 살펴보는 것은 흥미로울 것이다. 평등주의가 높이 평가되는 서구 사회에서 공무원 문화는 한국과 다를 수 있다. 만약 국가의 문화 특성이 공무원의 인식을 형성하는 데 역할을 한다면, 서구 조직에서는 리더십 행동에 대한 추종자 인식에 있어 성별 차이가 작게 나타날 것이다. 마지막으로 통제 변수 관련 분석에서 알 수 있듯, 공공 리더십의 특정 유형은 성별 외에도 다양한 팔로워의 인구학적 특성과 공무원 직급 및 직군, 그리고 소수 집단의 대표성과 같은 조직적 맥락과 연관될 수 있으며, 관련된 후속 연구가 필요한 영역이다.

참고문헌

Andrews, R., & G. A. Boyne. (2010). Capacity, Leadership, and Organizational Performance: Testing the Black Box Model of Public Management. *Public Administration Review*, 70: 443-454.

Bass, B. M. (1985). *Leadership and Performance beyond Expectations*. New York: Free Press.

Bass, B. M., B. J. Avolio, D. I. Jung, & Y. Berson. (2003). Predicting Unit Performance by Assessing Transformational and Transactional Leadership. *Journal of Applied Psychology*, 88: 207-218.

Bass, B. M., B. J. Avolio, & L. Atwater. (1996). The Transformational and Transactional Leadership of Men and Women. *Applied Psychology*, 45: 5-34.

Bass, B. M., & R. E. Riggio. (2006). *Transformational Leadership*. Mahwah, NJ: Lawrence Erlbaum.

Bellé, N. (2014). Leading to Make A Difference: A Field Experiment on the Performance Effects of Transformational Leadership, Perceived Social Impact, and Public Service Motivation. *Journal of Public Administration Research and Theory*, 24: 109-136.

Blair, G., & K. Imai. (2012). Statistical Analysis of List Experiments. *Political Analysis*, 20: 47-77.

Bligh, M. C. (2011). "Followership and Follower-centered Approaches." In *The Sage Handbook of Leadership*, edited by A. Bryman, D. Collinson, K. Grint, M. Uhl-Bien, and B. Jackson, 425-436. London: SAGE.

Burns, J. M. (1978). *Leadership*. New York: Harper & Row.

Bycio, P., R. D. Hackett, & J. S. Allen. (1995). Further Assessments of Bass's (1985) Conceptualization of Transactional and Transformational Leadership. *Journal of Applied Psychology*, 80: 468-478.

Carli, L. L., & A. H. Eagly. (2011). "Gender and Leadership." In *The Sage Handbook of Leadership*, edited by A. Bryman, D. Collinson, K. Grint, M. Uhl-Bien, and B. Jackson, 103-117. London: SAGE.

Collins, B. J., C. J. Burrus, & R. D. Meyer. (2014). Gender Differences in the Impact of Leadership Styles on Subordinate Embeddedness and Job Satisfaction. *The Leadership Quarterly*, 25: 660-671.

Collinson, D. L. (2005). Dialectics of Leadership. *Human Relations*, 58: 1419-1442.

Corstange, D. (2009). Sensitive Questions, Truthful Answers? Modeling the List Experiment with LISTIT. *Political Analysis*, 17: 45-63.

Dvir, T., D. Eden, B. J. Avolio., & B. Shamir. (2002). Impact of Transformational Leadership on Follower Development and Performance: A Field Experiment. *Academy of Management Journal*, 45: 735-744.

Eagly, A. H., & L. L. Carli. (2007). *Through the Labyrinth: The Truth about How Women Become Leaders*. Cambridge, MA: Harvard Business School Press.

Eagly, A. H., M. C. Johannesen-Schmidt, & M. L. van Engen. (2003). Transformational, Transactional, and Laissez-faire Leadership Styles: A Meta-analysis Comparing Women and Men. *Psychological Bulletin*, 129: 569-591.

Eagly, A. H., & M. E. Heilman. (2016). Gender and Leadership: Introduction to the Special Issue. *The Leadership Quarterly*, 3: 349-353.

Eagly, A. H., S. J. Karau., & M. G. Makhijani. (1995). Gender and the Effectiveness of Leaders: A Meta-analysis. *Psychological Bulletin*, 117: 125-145.

Fernandez, S. (2005). Developing and Testing an Integrative Model of Public Sector Leadership: Evidence from Public Education Arena. *Journal of Public Administration Research and Theory*, 15: 197-217.

George, B. S., Van de Walle, & G. Hammerschmid. (2019). Institutions or Contingencies? A Cross-Country Analysis of Management Tool Use by Public Sector Executives. *Public Administration Review*, 79: 330-342.

Gill, J., & K. J. Meier. (2001). Ralph's Pretty-good Grocery versus Ralph's Super Market: Separating Excellent Agencies from the Good Ones. *Public Administration Review*, 61: 9-17.

Goldberg, C. B., C. Riordan, & B. S. Schaffer. (2010). Does Social Identity Theory Underlie Relational Demography? A Test of the Moderating Effects of Self-continuity and Status-enhancement on Similarity Effects. *Human Relations*, 63: 903-926.

Goldberg, C. B., C. Riordan, & L. Zhang. (2008). Relational Demography and Leadership Perceptions: Is Similar Always Better?" *Group and Organization Management*, 33: 330-355.

Grant, A. M. (2012). Leading with Meaning: Beneficiary Contact, Prosocial Impact, and the Performance Effects of Transformational Leadership. *Academy of Management Journal*, 55: 458-476.

Grissom, J. A., J. Nicholson-Crotty, & L. Keiser. (2012). Does My Boss's Gender Matter? Explaining Job Satisfaction and Employee Turnover in the Public Sector. *Journal of Public Administration Research and Theory*, 22: 649-673.

Hassan, S., & D. M. Hatmaker. (2015). Leadership and Performance of Public Employees: Effects of the Quality and Characteristics of Manager-employee Relationships. *Journal of Public Administration Research and Theory*, 25: 1127-1155.

Hunter, S. T., K. E. Bedell-Avers, & M. D. Mumford. (2007). The Typical Leadership Study: Assumptions, Implications, and Potential Remedies. *The Leadership Quarterly*, 18: 435-446.

Imai, K. (2011). Multivariate Regression Analysis for the Item Count Technique. *Journal of the American Statistical Association*, 106: 407-416.

Ingraham, P. W. (2001). *Linking Leadership to Performance in Public Organizations*. Paris: Organization for Economic Co-Operation and Development.

Ingraham, P. W., J. E. Sowa, & D. P. Moynihan. (2004). "Linking Dimensions of Public Sector Leadership to Performance." In *The Art of Governance: Analyzing Management and Administration*, edited by P. W. Ingraham and L. E. Lynn Jr., 152-170. Washington, DC: Georgetown University Press.

Jacobsen, C. B., & L. B. Andersen. (2017). Leading Public Service Organizations: How to Obtain High Employee Self-efficacy and Organizational Performance. *Public Management Review*, 19: 253-273.

Jensen, U. T., L. B. Andersen, L. L. Bro, A. Bøllingtoft, T. L. M. Eriksen, A.-L. Holten, C., & Bøtcher Jacobsen, et al. (2019). Conceptualizing and Measuring Transformational and Transactional Leadership. *Administration & Society*, 51: 3-33.

Keiser, L., V. M. Wilkins, K. J. Meier., & C. A. Holland. (2002). Lipstick and Logarithms: Gender, Institutional Context, and Representative Bureaucracy. *American Political Science Review*, 96: 553-564.

Kim, M. Y., & S. M. Park. (2017). Antecedents and Outcomes of Acceptance of Performance Appraisal System in Korean Non-profit Organizations. *Public Management Review*, 19: 479-500.

Lee, D. S. (2018). Portfolio Allocation as the President's Calculations: Loyalty, Copartisanship, and Political Context in South Korea. *Journal of East Asian Studies*, 18: 345-365.

Lee, D. S. (2020). Executive Control of Bureaucracy and Presidential Cabinet Appointments in East Asian Democracies. *Regulation & Governance*, 14: 82-101.

Lee, D. S., & P. Schuler. (2019). "Testing the "China Model" of Meritocratic Promotions: Do Democracies Reward Less Competent Ministers than Auto-cracies?" *Comparative Political Studies*.

Lee, D. S., & S. Park. (2020). Ministerial Leadership and Endorsement of Bureaucrats: Evidence from a Survey Experiment in Presidential Gover-nments. *Public Administration Review*, 80(3): 426-441.

Lemoine, G. J., I. Aggarwal., & L. B. Steed. (2016). When Women Emerge as Leaders: Effects of Extraversion and Gender Composition in Groups. *The Leadership Quarterly*, 27: 470-486.

Lowe, K. B., K. Galen Kroeck., & N. Sivasubramaniam. (1996). Effectiveness Correlates of Transformational and Transactional Leadership: A Meta-analytic Review of the MLQ Literature. *Leadership Quarterly*, 7: 385-425.

Luu, T. T. (2019). Service-oriented High-performance Work Systems and Service-oriented Behaviours in Public Organizations: The Mediating Role of Work Engagement. *Public Management Review*, 21: 789-816.

Lyness, K. S., & D. E. Thompson. (2000). Climbing the Corporate Ladder: Do Female and Male Executives Follow the Same Route? *Journal of Applied Psychology*, 85: 86-101.

Mary, N. L. (2005). Transformational Leadership in Human Service Organizations. *Administration in Social Work*, 29: 105-118.

Meier, K. J., & J. Nicholson-Crotty. (2006). Gender, Representative Bureaucracy, and Law Enforcement: The Case of Sexual Assault. *Public Administration Review*, 66: 850-860.

Meier, K. J., & L. J. O'Toole Jr. (2002). Public Management and Organizational Performance: The Effect of Managerial Quality. *Journal of Policy Analysis and Management*, 21: 629-643.

Meindl, J. R. (1993). "Reinventing Leadership: A Radical, Social Psychological Approach." In *Social Psychology in Organizations: Advances in Theory and Research*, edited by J. K. Murnighan, 89-118. Englewood Cliffs, NJ: Prentice Hall.

Meng, T., J. Pan, & P. Yang. (2017). Conditional Receptivity to Citizen Participation: Evidence from a Survey Experiment in China. *Comparative Political Studies*, 50: 399-433.

Moynihan, D. P., & P. W. Ingraham. (2003). Look for the Silver Lining: Managing for Results in State Government. *Journal of Public Administration Research and Theory*, 13: 469-490.

Moynihan, D. P., & P. W. Ingraham. (2004). Integrative Leadership in the Public Sector: A Model of Performance-information Use. *Administration & Society*, 36: 427-453.

Moynihan, D. P., S. K. Pandey., & B. E. Wright. (2012). Setting the Table: How Transformational Leadership Fosters Performance Information Use. *Journal of Public Administration Research and Theory*, 22: 143-164.

O'Toole, L. J. Jr., & K. J. Meier. (2015). Public Management, Context, and Performance: In Quest of a More General Theory. *Journal of Public Administration Research and Theory*, 25: 237-256.

Paarlberg, L. E., & B. Lavigna. (2010). Transformational Leadership and Public Service Motivation: Driving Individual and Organizational Performance. *Public Administration Review*, 70: 710-718.

Park, S., & J. Liang. (2019). "A Comparative Study of Gender Representation and Social Outcomes: The Effect of Political and Bureaucratic Representation."

Park, S. M., & H. G. Rainey. (2008). Leadership and Public Service Motivation in U.S. Federal Agencies. *International Public Management Journal*, 11: 109-142.

Rainey, H. G. (2009). *Understanding and Managing Public Organizations*. San Francisco, CA: John Wiley & Sons.

Randel, A. (2002). Identity Salience: a Moderator of the Relationship between Group Gender Composition and Work Group Conflict. *Journal of Organizational Behavior*, 23: 749-766.

Rowold, J., & A. Rohmann. (2009). Transformational and Transactional Leadership Styles, Followers' Positive and Negative Emotions, and Performance in German Nonprofit Orchestras. *Nonprofit Management & Leadership*, 20: 41-59.

Schneider, B. (1998). "There IS Some There There." In *Leadership: The Multiple-level approaches-Part B: Contemporary and Alternative*, edited by F. Dansereau and F. J. Yammarino, 311-319. Stamford, CT: JAI Press.

Shamir, B., E. Zakay, E. Breinin, & M. Popper. (1998). Correlates of Charismatic Leader Behavior in Military Units: Subordinates' Attitudes, Unit Characteristics, and Superiors' Appraisals of Leader Performance. *Academy of Management Journal*, 41: 387-409.

Sosik, J. J., B. J. Avolio, & S. S. Kahai. (1997). Effects of Leadership Style and Anonymity on Group Potency and Effectiveness in a Group Decision Support System Environment. *Journal of Applied Psychology*, 82: 89-103.

Trottier, T. M., Van Wart, & X. Wang. (2008). Examining the Nature and Significance of Leadership in Government Organizations. *Public Administration Review*, 68: 319-333.

Ulrich, D., J. Zenger, & N. Smallwood. (1999). *Results-based Leadership: How Leaders Build the Business and Improve the Bottom Line*. Boston, MA: Harvard Business School Press.

Van Engen, M. L., & T. M. Willemsen. (2004). Sex and Leadership Styles: A Meta-analysis of Research Published in the 1990s. *Psychological Reports*, 94: 3-18.

Van Wart, M. (2003). Public Sector Leadership Theory: An Assessment. *Public Administration Review*, 63: 214-228.

Van Wart, M. (2013). Administrative Leadership Theory: A Reassessment after 10 Years. *Public Administration*, 91: 521-543.

Waldman, D. A., G. G. Ramirez, R. J. House, & P. Puranam. (2001). Does Leadership Matter? CEO Leadership Attributes and Profitability under Conditions of Perceived Environmental Uncertainty. *Academy of Manage- ment Journal*, 44: 134-160.

Watson, D., B. Hubbard, & D. Wiese. (2000). Self-other Agreement in Personality and Affectivity: The Role of Acquaintanceship, Trait Visibility, and Assumed Similarity. *Journal of Personality and Social Psychology*, 78: 546-558.

Wilkins, V. M., & L. R. Keiser. (2006). Linking Passive and Active Representation by Gender: The Case of Child Support Agencies. *Journal of Public Admini- stration Research and Theory*, 16: 87-102.

Wright, B. E., & S. K. Pandey. (2010). Transformational Leadership in the Public Sector: Does Structure Matter?. *Journal of Public Administration Research and Theory*, 20: 75-89.

미주

✱ 2021년도 Public Management Review 23권 8호에 실린 "Civil servants' perceptions of agency heads' leadership styles: the role of gender in public sector organizations" 원고를 기초로 작성된 글이다.

1 Andrews and Boyne, 2010; Meier and O'Toole, 2002; Van Wart, 2003

2 Fernandez, 2005; Rainey, 2009; Trottier et al., 2008; Van Wart, 2013

3 Mary, 2005; Paarlberg and Lavigna, 2010; Park and Rainey, 2008; Rowold and Rohmann, 2009; Trottier et al., 2008

4 Wright and Pandey, 2010

5 Bellé, 2014; Dvir et al., 2002; Grant, 2012

6 e.g. Bass et al., 1996; Carli and Eagly. 2011; Collins et al., 2014; Collinson, 2005; Eagly and Carli, 2007; Eagly and Heilman, 2016

7 Hassan and Hatmaker, 2015

8 Grissom et al., 2012

9 Bass, 1985; Burns, 1978; Jensen et al., 2019; Trottier et al., 2008

10 Bass, 1985

11 Burns, 1978; Lowe et al., 1996

12 Bass, 1985; Bass et al., 2003; Bass and Riggio, 2006

13 Bycio et al., 1995; Sosik et al., 1997; Waldman et al., 2001

14 Shamir et al., 1998

15 Dvir et al., 2002

16 e.g. Trottier et al., 2008, 321; Bellé, 2014; Dvir et al., 2002; Moynihan et al., 2012

17 Bass, 1985

18 Bass, 1985; Burns, 1978; Trottier et al., 2008

19 Hunter et al., 2007

20 Bligh, 2011: 427

21 e.g. Meindl, 1993; Schneider, 1998

22 e.g. Watson et al., 2000

23 Aimo-Metcalfe, 1995; Bass et al., 1996; Carli and Eagly, 2011; Collinson, 2005; Eagly and Carli, 2007

24 Bass et al., 1996; Eagly et al., 2003; Van Engen and Willemsen, 2004

25 Carli and Eagly, 2011

26 Grissom et al., 2012; Hassan and Hatmaker, 2015

27 e.g. Goldberg et al., 2010; Goldberg et al., 2008

28 Keiser et al., 2002; Meier and Nicholson-Crotty, 2006; Wilkins and Keiser, 2006

29 George et al., 2019; Jacobsen and Andersen, 2017; Kim and Park, 2017; Lee, 2018, 2020; Luu, 2019; O'Toole and Meier, 2015

30 O'Tool and Meier, 2015: 249

31 Collinson, 2005

32 Eagly and Carli, 2007: 137

33 Carli and Eagly, 2011; Eagly and Carli, 2007; Lyness and Thompson, 2000

34 Lemoine, Aggarwal, and Steed Citation 2016, 472; Hogg Citation 2001; Hogg and Terry 2000

35 한 성별의 역할 내지 특성이 두드러지게 나타난다.

36 Randel, 2002

37 Lemoine et al., 2016: 473

38 Park and Liang, 2019

39 http://www.mpm.go.kr/mpm/lawStat/infoStatistics/hrStatistics/hrStatistics03/(accessed 2019년 11월 20일).

40 여성 대표성이 향상됨에 따라, 고위 임원의 직원 인식에도 이러한 성별 격차가 존재한다. 일화적인 증거에 따르면 여성 차관은 보다 균형 잡힌 성별 대표성을 '자격 있는 여성 직원의 가용성'으로 보는 반면, 남성 차관은 점점 더 많은 여성 직원들로 인해 '여성 부하직원들을 지휘하는 것이 쉽지 않고 때로는 번거롭다'고 인정한다. 2016년 4월, 여성가족부 전직 차관과의 인터뷰

41 Lemoine et al., 2016: 473

42 Carli and Eagly, 2011; Eagly et al, 1995
이러한 특성이 거래적 리더십을 정확하게 나타내는 것은 아니지만, 변혁적 리더십보다는 거래적 리더십과 더 밀접한 관련이 있다.

43 Eagly et al., 1995

44 Lee and Park, 2020; Meng et al., 2017

45 Blair and Imai, 2012; Corstange, 2009; Imai, 2011

46 Blair and Imai, 2012: 51–52

47 Ulrich et al., 1999

48 Moynihan and Ingraham, 2004: 428

49 Ingraham et al., 2004

50 Ingraham et al., 2004

51 Gill and Meier, 2001; Moynihan and Ingraham, 2003

52 Ingraham, 2001

53 조사 개요 및 응답자 특성은 부록에 별도 제시하였다.

54 각 기관 내 공무원 직급별 여성 공무원 비율에 대한 정보는 데이터 제한으로 인해 공개되지 않고 있다.

55 http://www.mpm.go.kr/mpm/lawStat/infoStatistics/hrStatistics/hrStatistics03/(accessed 2019년 11월 20일).

56 https://www.yna.co.kr/view/AKR20180628083300001 (2019년 11월 20일 기준).

57 i) 하위 33번째 백분위수(18.6% ~ 31.3% 사이의 여성 대표성), ii) 중간 범위(31.7% ~ 43.1% 사이의 여성 대표성), iii)상위 33번째 백분위수(43.2% ~ 56.9% 사이의 여성 대표성)

58 Hassan and Hatmaker, 2015

59 Wright and Pandey, 2010

60 Lee and Schuler, 2019

11

공공관리자의 의사결정:
위험선택과 조직성과

11

공공관리자의 의사결정: 위험선택과 조직성과*

공공관리자의 의사결정은 행정학에서 중요하게 연구되어 온 분야 중 하나이다. POSDCORB[1] 라 일컬어지는 전통적 행정기능은 관리적 의사결정이 행해지는 핵심적인 영역이라 할 수 있으며,[2] 공공부문 관리자의 의사결정이 조직의 성과에 미치는 영향은 다수의 선행연구에서 언급된 바 있다.[3] 국내 문헌들에서도 공공관리자의 관리역량은 조직성과를 설명하는 중요한 변수로 여겨져 왔으며,[4] 이러한 결과에 기반하여 관리자들이 어떤 결정을 해야 하는가에 대해 여러 가지 처방을 제시해왔다. 그러나 관리자들이 왜 그러한 결정에 도달하게 되었는지에 대해서는 깊이 논의되지 않은 것이 사실이다.[5] 특히 고령화와 저출산의 사회적 추세와 4차 산업혁명이라는 행정환경의 변화는 필연적으로 정책수요와 공공서비스 공급의 변화를 요청하고 있는 만큼 공공관리자의 정책결정요인을 파악하는 것은 행정학분야에서 무엇보다 중요한 연구과제로 볼 수 있다.

따라서 본 연구는 "왜 공공관리자는 그러한 결정을 내리는가?"라는 질문에서 시작한다. 선행연구들은 그동안 관리적 의사결정과 성과 간의 관계를 선형적이고 일방향적인 관계로 가정하였기 때문에, 반대로 조직성과가 의사결정에 미치는 영향에 대해서는 거의 논의가 이루어지지 않았다. 하지만 만약 성과수준이 관리적 의사결정에 영향을 미침에도 이를 고려하지 않는다면, 성과가 낮은 조직의 경우 관리적 행동이 오히려 조직성과를 낮춘다는 결론을 도출하거나, 성과가 높은 조직에서 의사결정의 중요성을 과대평가했을 가능성이 존재하게 된다.[6] 이 경우, 성과가 낮은 조직에 성과보상을 줄이고 예산도 삭감하는 이중 처벌적 성과관리체계가 지속된다면 전체 조직 간 성과 격차는 더 벌어질 수 있을 것이다. 특히 이 경우 위기에 처한 조직이 취할 수 있는 대안은 상당히 제약을 받게 된다. 최근 연구들은 기존 연구 경향의 한계를 지적하면서, 역으로 조직성과가 의사결정에 미치는 영향에 대해 논의를 시작하고 있다.[7]

그러나 민간기업을 대상으로 한 연구들에 비해 공공부문을 대상으로 한 연구가 부족하고, 특히 한국적 맥락에서의 연구는 거의 없는 실정이므로, 이 분야에 대한 경험적 연구가 행정학에 시사하는 바는 클 것이다.

본 연구는 공공관리자의 의사결정에 영향을 미치는 핵심 요인을 조직성과로 보고, 공공부문의 조직성과와 의사결정 간의 관계를 경험적으로 검증하는 것을 목적으로 한다. 특히 관리자가 조직에서 내릴 수 있는 다양한 의사결정 중 위험선택 의사결정에 초점을 맞추었으며, 성과에 따라 관리자의 위험선택 의사결정이 어떻게 달라지는지 살펴보기 위해 상대적 위험선택 모형(a relative risk choice model)을 적용하였다. 이 모형은 의사결정에 있어 관리자의 인지적 한계를 반영하고 있으며, 위험(risk) 상황에서 성과와 의사결정 간의 관계를 이해하는 데 적합하기 때문이다.[8] 분석을 위해 본 연구는 2014년, 2015년도에 수집된 한국 중앙공무원 인식조사 데이터를 활용하였다.

I. 조직성과와 의사결정 간의 관계

앞서 언급했듯이 경영학 분야에서는 성과가 관리자의 의사결정에 어떤 영향을 미치는지 지속적으로 관심을 가져왔다. 기업을 대상으로 진행된 일련의 연구들은 의사결정이 조직성과에 미치는 영향을 고려할 때 그 선행요인으로 조직성과와 의사결정의 관계를 연구하는 것이 매우 중요함을 인식하면서, 조직성과가 의사결정에 미치는 영향에 대한 이론적·경험적 논의를 발전시켜왔다.[9] 본 절에서는 먼저 조직성과와 위험선택 의사결정 간의 관계를 설명하는 이론들을 살펴본 뒤, 공공관리자의 위험선택 의사결정에 대해 논의하고자 한다.

본 연구에서 논의되는 이론들은 기본적으로 의사결정자의 인지적 한계, 제한된 합리성을 전제로 하는 접근방법을 취한다. 관리자의 의사결정에 대한 논의는 초기에는 합리적 의사결정(rational decision-making)이 중심이 되었으나, March와 Simon(1958)이 제한된 합리성(bounded rationality)과 만족(satisficing)이라는 개념을 이론적으로 제시한 이후에는, 점증적 의사결정(incremental decision-making)에 보다 초점을 두었다. 점증적 의사결정은 과거의 상태를 기반으로 약간의 증감을 가하여 진행되는 의사결정 방식으로 정의되는데, 여기서 과거의 상태란 과거의 성과를 의미할 수 있다.[10] 이러한 접근에 따르면 의사결정자는 제한된 정보, 주의, 능력을 가지므로, 경제학에서 가정하는 성과 극대화(maximizing)는 불가능하며, 그 대신 만족을 추구한다.

1. 기업행동이론

Cyert와 March(1963)의 기업행동이론(a behavioral theory of the firm)에 따르면, 의사결정자는 최소한의 성과 만족 수준과 실제 성과 간의 차이를 비교하여 성과를 평가하는데, 이는 전략적 행동, 위험선택, 변화 추구 등 조직의 다양한 의사결정에 영향을 미친다. 이 때 의사결정자가 성과평가의 기준으로 삼는 것을 열망수준(aspiration level)[11]이라고 하는데, 이는 의사결정자가 만족스럽게 여기는 "최소의 성과(the smallest outcome)"를 의미한다.[12] 관리자는 제한된 합리성으로 인해 미래 성과결과에 대해 자신의 주관적인 평가나 믿음에 근거하여 조직성과를 인식한다. 따라서 이때 열망수준은 그 조직의 과거 성과(historical aspiration) 및 그 조직과 유사한 조직들의 성과(social aspiration)와의 비교를 통해 결정된다.[13]

Cyert와 March(1963)는 위 논의를 기업성과(성공 또는 실패)와 혁신적 의사결정에 적용하였다. 조직이 실패 또는 기대보다 낮은 성과를 보이면 이러한 상황을 타개하기 위해 혁신적 해결책을 도입하게 되고, 성공 또는 기대보다 높은 성과를 보이면 높은 성과로부터 얻은 자원을 활용하여 혁신이 일어난다고 주장했으며, 전자를 문제지향적 혁신(problem-oriented innovations), 후자를 느슨한 혁신(slack innovations)으로 지칭했다. March와 Shapira(1992)의 연구 또한 경험적 선행연구들을 기반으로 기업 의사결정자의 다양한 위험선호행동에 관한 모형을 제시하였다. 이에 따르면, 기업의 생존에 대한 위협이 커질수록 위험을 감수하는 의사결정 확률이 높아지고, 열망수준보다 여유자원이 많을수록 규제완화와 실패에 대한 두려움이 감소하기 때문에 상당히 높은 수준의 위험을 감수하는 행동을 보인다. 그러나 여유자원의 양이 열망수준을 약간 초과하거나 미달하는 경우, 현재 기업이 가지고 있는 수단을 이용하여 성과의 향상을 꾀하게 되므로 위험선호는 낮게 나타난다. 또한 기업 관리자의 열망수준에 비해 성과가 높으면 위험 회피적 행동을, 낮으면 위험 선호적 행동을 보이는 경향이 나타난다. 즉, 성과가 자신의 열망수준보다 높으면 위험회피 성향을, 낮으면 위험선호행동을 보인다는 것이다.

Greve(1998)는 미국의 라디오 방송국을 대상으로 한 연구에서, 의사결정자는 조직의 성과를 그 조직의 과거 성과 및 비교대상 조직의 성과와 비교하여 판단함을 발견하였으며, 성과가 증가할수록 위험선호적 조직변화는 감소하고, 성과가 열망수준을 넘어선 영역에서 위험선호적 선택에 대한 감소의 기울기는 그렇지 않은 영역에서보다 더 급격해지는 결과를 얻었다. Singh(1986)은 March와 Simon(1958)이 제시한 만족 수준 개념을 도입하여, 조직 성과와 위험을 감수하는 의사결정 간에 부(-)의 관계가 있다고 주장하였다. 즉, 만족 수준 이하의 성과는 위험 선호를 높이고, 만족 수준 이상의 성과는 위험 선호가 낮은 결정을 유도한다는 것이다. 그는 173개의 미국 및 캐나다 기업들을 대상으로 조사한 데이터를 활용하여 이를 입증하였다. Gaba 등(2012)은 미국의 IT기업을 대상으로 열망수준이 기업의 혁신행동이자 위험행동일 수 있는 기업내 벤처 투자(corporate venture capital: CVC) 부서 신설 및 폐지에 미치는 영향에 대해 분석하였다. 그 결과, 혁신 성과가 사회적 열망수준에 가까워질수록 CVC 부서 신설을 확대하는 것으로 나타났으며, 역사적 열망수준이 CVC부서의 신설 및 폐지에 미치는 영향은 통계적으로 유의하지 않게 나타났다.[14] Schimmer 등(2012)은 기업의 성과와 열망수준이 해당 기업 전략 그룹과의 합병과 분할(divergence and convergence)에 어떤 영향을 미치는지를 살펴보았다. 미국의 보험회사 1,191개를 대상으로 10년간(1999-2008)의 데이터를 통한 시계열 분석 결과, 열망수준 이하의 기업들은 열망수준을 초과한 기업에 비해 현재의 전략 그룹으로부터 독립하고자 하는 경향이 크게 나타났다. 한편, Tyler 등(2016)은 미국 제약회사의 패널데이터를 활용하여 열망수준 이하의 신제품 출시가 기술 제휴(R&D alliance) 건수에 미치는 영향에 관해 분석한 결과, 기업의 신제품 출시(new product introduction: NPI) 성과가 과거 목표수준이나 열망수준 이하일수록 R&D 제휴 수를 증가시키는 것으로 나타났다. 한편, 국내 연구로 이승혜·김양민(2018)은 기업 성과와 열망수준 간 차이가 연구개발 투자에 미치는 영향에 대해 분석하여 기업성과가 열망수준보다 낮은 경우 성과-열망 수준 간 차이와 연구개발 투자 사이에 역 U자 관계를 발견하였다. 이는 성과와 열망수준 간 차이가 적은 경우에는 어느 정도의 위험을 감수하는 전략을 취하지만, 차이가 일정수준 이상으로 벌어지면 연구개발 투자를 줄이는 전략을 취하게 됨을 보여준다.

2. 베이지안 의사결정 이론

Meier 등(2015)은 불확실한 상황에서의 의사결정을 설명하는 이론인 베이지안 의사결정 이론(Bayesian Decision Theory)을 공공부문에 적용하여, 성과와 의사결정 간 관계를 보여주는 이론을 제시하였다. 관리자는 기본적으로 조직성과를 중요시하며 조직성과 또는 낮은 성과는 공공관리자의 의사결정 배후에 존재하는 중요한 동기라고 가정하고, 조직의 성공과 실패가 향후 의사결정에 어떻게 영향을 미치는지 설명한다. Meier 등(2015)의 연구에 따르면, 모든 의사결정은 성과차이(performance gap: 현재의 성과와 성과 기준과의 차이)를 인지하는 것으로부터 시작하는데, 이 때 성과기준은 미래 성과결과에 대한 관리자의 주관적인 평가나 믿음을 의미한다. 성과차이는 실제 성과가 성과기준에 미치지 못한 양(+)의 성과차이와, 성과 기준을 달성한 음(-)의 성과차이로 구분된다. 이 중, 실제 성과가 성과기준에 미치지 못한 양(+)의 성과차이의 발생은 관리자로 하여금 보다 혁신적인 행동이나 협업에 의한 기회 창출 등을 추구하게 하는데, 이 때 성과차이의 정도와 의사결정 간에는 비선형적(nonlinear) 관계가 나타난다. 즉, 관리자가 인지하는 성과차이의 정도가 클수록, 관리자는 조직 변화를 위해 위험을 감수하며, 성과차이가 미미한 경우 즉, 성과기준에 미치지 못한 정도가 적을 때는 조직을 변화시키기 위한 행동보다는 교육훈련 등 소극적인 행태에 치중하는 경향을 보인다. Meier 등(2015)은 음(-)의 성과차이가 발생한 경우에도 성과와 의사결정 간에 이러한 비선형 관계가 나타난다고 설명한다. 즉, 성과기준을 약간 초과한 경우에는 위험회피적 행동을 보임을 가정한다. 그러나 기대보다 높은 성과를 달성한 경우에 대해서는 충분히 설명하고 있지 않으며, 다만 음의 성과차이가 상당히 크게 나타날 경우, 조직 자율성과 자원의 증가를 가져온다는 설명에 그치고 있다.[15] 또한 Meier 등(2015)의 연구는 공공관리자가 인식하는 성과의 정도가 의사결정에 어떻게 영향을 미치는지에 대한 논리를 제시했다는 점에서 중요한 함의를 가지나, 이러한 관계를 경험적으로 검증하지는 않았다.

3. 상대적 위험선택 및 회피 이론

위험선택과 회피에 관한 선행연구들을 살펴보면, 공공부문 관리자들은 민간조직에 비해 본질적으로 위험 회피적 성향을 지닌다거나, 계서제, 레드테이프 등의 공공

조직 특성이 관리자들로 하여금 위험회피적 행동을 하도록 만든다는 결과를 주로 발견할 수 있다.[16] Nicholson-Crotty 등(2017)은 이러한 선행연구들이 효용(utility)과 위험(risk)의 함수가 각 개인별로 고정되어 있다고 가정하는 절대적 위험회피 접근법(absolute risk aversion approach)을 취하고 있다는 점을 지적하고 있다. 절대적 위험회피 접근법에서는 개인별로 위험선호적이거나 위험회피적인 성향을 보이게 되므로, 성과가 위험선택을 하는 성향에 영향을 미치기 어렵다. 그러나 상대적 위험회피 접근방법(relative risk aversion approach)에서는 이러한 위험 선호나 회피가 의사결정자가 인식하는 조직의 목표나 성과에 따라 달라진다고 본다. 즉, 이익이냐 손실이냐를 결정하는 준거기준(reference point)은 개인마다 다르며, 동일한 사람이라도 이러한 준거점과 성과의 차이에 따라 위험선호성향을 보일 수도 있고, 또는 위험회피성향을 보일 수도 있다는 것이다.

민간부문에서 논의되는 위험회피성향에 대한 논의들은 절대적 위험선택 관점이 아닌 상대적 위험선택 관점에서 발전되어 왔다.[17] 이렇듯 상황에 따라 개인의 위험선택 의사결정이 달라진다는 접근법 중 대표적인 것이 전망이론(prospect theory)이다.[18] 전망이론은 개인의 위험선택 의사결정은 기대효용이 아닌 주관적 준거점에 기반하여 이루어지며, 기준보다 높은 성과결과는 위험 회피적 의사결정을, 기준보다 낮은 성과결과는 위험 선호적 의사결정을 야기한다고 주장한다.[19] 또한 의사결정자는 선택의 결과를 확실히 알 수는 없지만 그 선택이 가져올 비용 또는 이득을 추정할 수 있는데, 실제로 가장 큰 기대효용을 얻을 수 있는 의사결정을 하는 것이 아니라 이익과 손실을 비대칭적으로 간주하여, 이득에 비해 손실을 과대평가하는 경향이 있다는 것이다. 성과가 준거기준에 비해 높을 때보다 낮은 경우에 문제 해결을 위한 조직변화를 더욱 강조하게 되는 비대칭적 행동이 나타나게 되는데, 이를 부정적 편견(negativity bias)이라 한다.[20]

이러한 논의에 기반하여 Nicholson-Crotty 등(2017)은 미국 연방정부 공무원을 대상으로 공공부문에서 성과가 위험선택 의사결정에 미치는 영향에 대한 경험적 연구를 수행하였다. 분석 결과, 조직성과가 목표를 달성하지 못하거나 크게 초과했을 때 조직구성원에 대한 재량 및 권한 위임, 혁신에 대한 보상, 격려 등 위험 선호적 행동이 더 많이 나타나는 것을 발견했으며, 인지된 성과와 위험선택 의사결정 간의 관계는 이론에서 제시된 바와 같이 비선형적(nonlinear)으로 나타나고 있음을 확인하였다. 국내연구를 살펴보면, 전망이론을 바탕으로 기업수익성과 경영자의 경영위험 선택간의 관계를 살펴본 김동철(2007)의 연구결과는 기업수익성(평균 자기자본이익률)이 동종 산업 평균에 미달하는 기업들의 경우, 기업수익성과 기업위험(자기자본이익률의 표준편차로 측정)이 음의 관계를 나타내는 반면, 평균 이상의 기업들은 양의 관계를 보여주고 있다. 즉, 기업경영자가 자신이 경영하는 기업의 수익성이 기대수준인 산업평균에 미달하는 경우 위험추구경향을 나타내는 반면, 산업평균을 상회하는 경우에는 위험회피경향을 보이고 있음을 알 수 있다. 한편, 한국의 중앙공무원 대상 인식조사 자료를 활용한 Jung 등(2016)의 연구에서는 공무원들이 현재의 조직 분위기가 권위적이라고 느낄수록 더욱 높은 수준의 조직혁신에 대한 열망을 나타낸다는 것을 밝혔다. 현재 조직 분위기가 권위적이라고 느낀다는 것은 혁신적인 분위기 또는 혁신성과에 대한 열망수준에 미치지 못한다는 것을 의미하며, 조직 내 혁신 분위기나 혁신성과가 기대에 미치지 못할 때 혁신 및 위험 선택에 대한 의지가 증가한다는 것을 밝혀낸 것이라 할 수 있다.

II. 공공관리자의 위험선택 의사결정

조직성과와 관리자의 위험선택 의사결정 관계에 대한 이론적 논리를 공공부문에 적용하기 위해서는 과연 공공관리자의 의사결정이 위험선택(risky choice)과 관련이 있는가에 대해 생각해 볼 필요가 있다. Bullock 등(2018)은 공공관리 맥락에서의 위험을 재난관리 등 다른 영역에서 논의되는 위험과 구별하여 설명한다. 이 때 위험은 사건발생이나 결과의 추정된 확률에 의해 결정되며, 조직에 손실 뿐 아니라 이득을 가져올 수도 있다. 특히 Bullock 등(2018)의 논의는 관리자 개인 수준에서의 위험관리(다양한 추정결과의 선택 옵션들 중에서 관리자의 선택)를 강조한다. 이러한 논의는 앞서 설명한 전망이론 등 행동경제학(behavioral economics)에 기반을 두고 있으며, 흔히 이야기되는 대규모 재난을 의미하는 위험(disaster)과는 구별된다. 이러한 맥락에서 위험선택의 의미를 살펴보면, 위험선택이란 "결과가 불확실할 때 잠재적 비용을 투입하거나 투자를 요구하는 행동"으로 정의할 수 있으며,[21] 이득이 불확실한 상황에서 비용을 증가시키는 행동은 모두 위험선택행동에 해당된다고 볼 수 있다. 새로운 방식을 도입하는 공공관리자의 행동은 결과의 불확실성을 내재하며, 이는 본질적으로 위험선택(risky choice)행동이라는 것이다. 따라서 공공관리자가 내리는 모든 의사결정이 위험선택행동이라 말하기는 어려울 지라도, 많은 경우 관련이 있다고 볼 수 있다.[22] 그렇다면 어떤 의사결정을 위험선택행동으로 고려할 수 있을 것인가?

지난 20여 년간 신공공관리론(New Public Management)의 흐름에서 도입된 여러 처방들은 효율적인 정부 운영을 위한 기업가 정신과 혁신을 강조해왔다.[23] 결과가 불확실한 상황에서 업무에 새로운 방식을 도입하는 혁신은 많은 선행연구들에서 위험을 감수하는 행동으로 설명되었다.[24] 조직이 위험을 감수할 때 혁신이 일어나기 때문에, 조직혁신은 위험감수의 성공적 결과로 간주될 수 있다.[25] 또한 조직구성원에 대한 재량권 강화도 정보비대칭에 의한 역선택과 도덕적 해이를 가져올 수 있다는 점에서, 위험선택 의사결정으로 볼 수 있다.[26] 그리고 난제(wicked problem) 해결 등을 위해 다른 조직과 네트워크를 형성하고 협업하는 행동도 위험선택 의사결정에 해당한다고 볼 수 있을 것이다. 협업과 네트워크 참여는 많은 자원을 필요로 하며 공공관리자로 하여금 자신이 속한 조직의 관리 및 네트워크 참여자로서 이중(dual) 역할을 수행하게 하는 등 새로운 과제를 부여한다. 그럼에도 이해관계자들과의 갈등이 발생하는 등, 협업을 통해 조직이 원하는 결과를 얻을 수 있을지의 여부는 불확실한 경우가 많기 때문이다.[27] 이처럼 위험선택행동으로 간주할 수 있는 공공관리자의 의사결정들 중에서, 본 연구는 혁신과 협업에 초점을 맞추어 살펴보고자 한다.

이상의 논의를 종합하면 공공관리자는 열망수준으로 표현되는 자신의 준거점을 기준으로 성과를 인식하며, 이는 관리자의 위험선택 의사결정에 영향을 미친다. 따라서 성과와 위험선택 간의 이론적 관계는 Nicholson-Crotty 등(2017)이 제시한 <그림 11-1>과 같이 나타낼 수 있으며, 본 연구에서는 이를 바탕으로 다음과 같은 가설을 도출하였다. 공공관리자는 성과와 열망수준의 차이가 클수록 더욱 혁신적 행동을 할 것이며(가설1), 공공관리자는 성과와 열망수준의 차이가 클수록 다른 조직과의 협업과 네트워크 형성에 더욱 노력할 것이다(가설2).

그림 11-1_ 성과–위험선택 의사결정 간의 관계

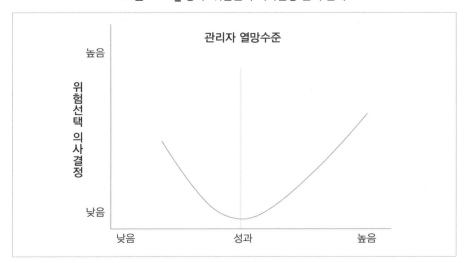

관리자 열망수준

위험선택 의사결정

높음

낮음

낮음   성과   높음

* Source: Nicholson-Crotty et al.(2017)

III. 연구방법

1. 분석자료와 분석모형

가설 검증을 위해, 본 연구는 서울대 행정대학원 정책지식센터에서 2014년에 수집한 「공무원 인식조사 데이터」와 공공성과관리연구센터에서 2015년도에 수집한 「공공부문 성과에 대한 공무원 인식조사 데이터」를 활용하였다. 먼저 2014년 공무원 인식조사는 중앙부처 공무원에게 정부조직의 운영, 시행중인 정책, 제반 사회문제에 대한 의견이나 태도 등을 묻는 문항들로 구성되어 있으며, 성과에 대한 관리자의 인식 문항도 포함되어 있다. 이 데이터는 35개 중앙부처(16부 2처 13청 4위원회)에서 근무하는 3–9급 일반 행정직 공무원 1,223명을 대상으로 수집되었으며, 부처별 비례할당 및 직급별 유의할당 방식으로 표본을 추출하였다. 공공부문 성과에 대한 공무원 인식조사는 2014년 공무원 인식조사 문항을 기반으로 정부부문 성과 및 성과관리에 대한 중앙부처 소속 공무원의 인식을 묻는 문항을 포함하고 있으며, 40개 중앙부처(16부 5처 13청 5위원회 1실)에서 근무하는 1,350명을 대상으로 수집되었다. 동일하게 각 부처별 비례할당 및 직급별 할당 방식의 표본추출 방식을 사용하였다.

본 연구는 모형의 내생성(endogeneity) 문제와 동일방법편의(common method bias)를 완화하기 위해, 시간차(time order)를 두어 관리자의 성과에 대한 인식(2014년도 자료)이 조직구성원이 인식하는 의사결정(2015년도 자료)에 어떤 영향을 미치는지 분석하였다. 또한 관리자의 의사결정이 영향을 미치는 범위를 고려하기 위해, 분석대상 조직들의 구조와 인원수를 감안하여 '국' 또는 '관'을 하위 단위(sub-unit)로 재코딩하였다. 그 결과 244개의 국 또는 관이 파악되었으며(예: 국토교통부 내의 국토정책관, 공정거래위원회 내의 기업집단국 등), 이렇게 재분류된 하위 단위를 기준으로 관리자와 직원들을 매칭하였다.[28] 2014년도 데이터에서는 5급 이상의 관리자들을 샘플로 추출하였고, 2015년도 데이터에서는 6급 이하의 직원들을 샘플로 추출하였다. 분석을 위해 OLS(Ordinary Least Square)모형[29]을 사용하였으며, 부처(department)의 개별적인 특성을 통제하기 위해 부처에 대한 고정효과(fixed effects)를 이용하였고, 모형의 이분산성과 자기상관의 문제를 해결하기 위해 sub-unit에 대한 clustered standard error로 조정하였다. 분석모형은 다음과 같다.

Risky Choice＝F(Performance, Performance2, 업무태도, 성별, 연령, 재직기간)

2. 변수 측정

1) 종속변수: 위험선택 의사결정(혁신, 협업)

본 연구의 종속변수인 관리자의 위험선택 의사결정은 조직구성원이 인식하는 위험선택 의사결정으로 측정되었다. 2015년도에 수집된 데이터를 활용하여 혁신과 협업 두 유형의 위험선택 의사결정을 분석에 이용하였으며, 조직구성원들이 인식하는 조직 또는 그들의 관리자들에 의해 조성된 혁신 문화와 협업 문화의 정도를 측정하여, 각 문항에 대한 직원들의 응답을 sub-unit별로 평균하여 분석에 활용하였다.

첫 번째 개념인 혁신문화 측정을 위해, 혁신적 업무성과에 대한 보상 정도, 지속적 혁신 활동, 새로운 접근방법의 적용 정도에 관한 세 문항을 활용하였다. 5점 리커트 척도로 측정된 각 설문 문항은 다음과 같다. ① 창의적이고 혁신적인 업무성과에 대해 보상받는다. ② 조직 내 개선 활동과 혁신 활동은 지속적으로 행해지고 있다. ③ 새로운 일을 할 때 새로운 사고와 접근방법의 적용이 가능하다. 두 번째 모형의 종속

변수는 다른 조직과의 협업이며, 협업유지노력과 협업수행정도의 두 가지 측면을 다음과 같이 측정하였다. ① 업무 수행을 위해 이해관계자나 유관기관과 긴밀한 네트워크를 유지하기 위해 노력한다. ② 이해관계자나 유관기관과 협업이 잘 이루어진다.

2) 독립변수

본 연구의 독립변수인 성과와 준거점의 차이는 2014년 인식조사에서 추출한 조직성과에 대한 관리자의 인식으로 측정되었다. 이는 제한된 합리성을 고려하여, 실제 성과보다 개인이 인식한 성과가 의사결정에 영향을 미친다고 주장하는 상대적 위험선택 접근방법의 논리를 적용한 것이다. 관리자의 열망수준과 그 조직의 과거 성과 또는 유사한 조직들의 성과를 직접 측정하지 않더라도, 인지된 조직성과에 대한 관리자의 평가는 이미 성과와 주관적 준거점(열망수준)[30]의 차이를 반영하고 있다고 볼 수 있기 때문이다.[31]

조직성과에 대한 관리자의 인식을 측정하기 위해, 본 연구는 5점 척도로 측정된 다음 네 문항을 이용하였다. ① 우리 조직은 비용을 절감하기 위해 노력한다. ② 지난 2년간 우리 부서의 생산성이 개선되었다. ③ 전반적으로 우리 부서의 업무성과는 질적으로 우수하다. ④ 우리 조직의 고객만족도는 높은 편이다. 이 문항들에 대한 관리자 응답을 하위그룹별로 평균값을 도출하여 그 값을 독립변수로 사용하였다. 상대적 위험선택 모형에 의하면, 성과와 위험선택 간에는 비선형적 관계가 존재하므로, 이를 확인하기 위해 인지된 조직성과 평균의 제곱 값을 독립변수로 포함하였다. 오목한 비선형적 관계(concave quadratic relationship)가 나타난다면 성과평균은 종속변수와 음의 관계, 성과평균의 제곱은 양의 관계를 가져야 한다.

3) 통제변수

선행연구에 기반하여 통제변수로서 개인의 업무태도, 성별, 나이, 재직기간을 포함하였다. 업무태도는 다음 두 문항으로 측정하였다: "일을 하는 것이 즐겁다," "나는 일을 통해 인정받고 있다." 다문항으로 측정된 변수들(성과, 업무태도)에 대해 측정문항의 신뢰도(reliability)와 타당도(validity)를 검증하였다. Chronbach's α 계수를 확인한 결과, 모두 0.7이상으로 나와 높은 신뢰도를 보여주었고, 요인분석 결과, 변수별 요인 적재치가 0.4이상으로 측정 타당성이 확보된 것을 확인하였다.

IV. 분석결과

본 연구는 2014과 2015년도에 수집된 중앙공무원 인식조사자료를 활용하여, 관리자의 조직성과에 대한 주관적 인식이 조직구성원들이 인식하는 위험선택 의사결정, 구체적으로는 혁신행동(innovative behavior)과 협업행동(collaborative behavior)에 미치는 영향을 분석하였다. 분석에 활용된 변수들의 기술 통계는 <표 11-1>과 같다.

표 11-1_ 기술 통계

변수		응답수	평균	표준편차	최솟값	최댓값
성과		217	3.84	.43	2.63	4.75
혁신문화	혁신적 업무성과에 대한 보상	217	3.30	.86	1	5
	지속적 혁신활동	217	3.40	.77	1	5
	새로운 접근방법 적용	217	3.30	.77	1	5
협업문화	협업 유지 노력도	217	3.60	.76	2	5
	협업 수행 정도	217	3.43	.79	1	5
직무태도		217	3.37	.78	1	5
근속기간(년)		209	11.88	7.15	1	35
나이		215	39.04	6.4	24	57
성별		217	0.35	.48	0	1

1. 분석모형 I

먼저 가설 1 "공공관리자는 성과와 준거점의 차이가 클수록 혁신적 행동을 강화할 것이다"를 검증하기 위한 모형은 조직구성원이 인식하는 혁신문화 정도에 대한 분석이다. 구체적으로 관리자가 인지하는 조직성과가, 조직구성원이 인지하는 혁신적 업무성과에 대한 보상, 지속적 혁신활동, 새로운 접근방법 적용에 대한 인식에 어떤 영향을 미치는지 분석하였다. 먼저 혁신적 업무성과에 대한 보상 모형을 살펴보면, 핵심 변수인 성과에 대한 관리자의 평가와 그 제곱항은 통계적으로 유의한 결과를 보였다. 또한 성과변수는 음의 관계를, 성과변수의 제곱은 양의 관계를 나타내어, 상대적 위험선택 모형에서 제시한 바대로 관리자가 인식한 성과와 의사결정 사이에는 비선형적 관계가 존재함을 확인하였다. 즉, 관리자가 인식하는 조직성과수준이 열망수준을 충족했을 경우, 혁신적 업무성과에 대한 보상이 덜 이루어지는 경향이 있으며, 성과가 열망수준에 미달하거나 초과하는 정도가 클수록 혁신적 업무성과에 대한 보상행동이 더 나타난다는 것이다. 관리자가 인식하는 성과와 조직구성원이 인식하는 혁신성과에 대한 보상의 비선형적 관계를 그래프로 나타내보면, <그림 11-2>와 같이 오목한 비선형적 관계가 나타남을 알 수 있다. 그러나 관리자가 인식한 성과는 조직의 지속적 혁신활동이나 새로운 접근방법 적용에는 영향을 미치지 않는 것으로 나타나, 가설 1은 부분적으로 지지되었다.

표 11-2_ 혁신문화에 대한 회귀분석 결과

변수	혁신적 업무성과에 대한 보상	지속적인 혁신활동	새로운 접근방법 적용
성과	−3.908** (.1.243)	−.04 (1.34)	.1.25 (1.56)
성과^2	.495** (.163)	.03 (.18)	−.15 (.19)
성별	−.184 (.139)	−.047 (.106)	−.029 (.112)
연령	−.003 (.014)	−.001 (.012)	.006 (.013)
재직기간	−.006 (.014)	−.003 (.012)	−.011 (.011)
업무태도	.353*** (.094)	.418*** (.061)	.36*** (.081)
N	209	209	209
R^2	.40	.46	.35

*p<.05, **p<.01, ***p<.001
주. clustered standard error를 적용함.

또한 통제변수 중 업무태도는 혁신문화의 모든 지표에 긍정적이고 유의미한 영향을 미치는 것으로 나타났다. 즉, 업무토대가 좋은 직원들일수록 혁신적 업무성과는 보상받을 것이라고 생각하며, 혁신활동이 지속적으로 일어나고, 새로운 일을 할 때 새로운 접근방법 적용이 가능하다고 생각하는 경향이 강하였다. 성별, 재직 기간, 연령 등 개인 변수는 혁신에 대한 세 가지 모형 모두에서 통계적으로 유의하지 않았다.

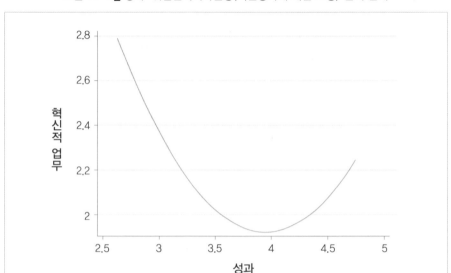

그림 11-2_ 성과-위험선택의사결정(혁신성과에 대한 보상) 간의 관계

2. 분석모형 II

다음으로 가설 2를 검증한 모형 II는 관리자가 인식하는 성과가 조직구성원이 인식하는 협업의 정도에 어떻게 영향을 미치는지를 설명한다. 먼저 핵심 변수인 성과와 성과의 제곱항을 살펴보면 통계적으로 유의한 결과를 보이며, 방향 역시 상대적 위험선택 모형이 제시한 대로 비선형적인 것으로 나타나, 가설 2는 지지되었다. 분석결과를 살펴보면, 먼저 성과가 낮은 경우 더 많은 협업유지노력과 협업수행정도를 보인다. 또한 관리자가 인식하는 성과가 기대수준을 크게 초과하거나 크게 미달하는 경우에 비해 성과가 기대수준을 겨우 충족하는 경우, 관리자는 위험회피 성향을 보이며, 이는 협업행동을 감소시키는 결과를 초래한다.

또한 혁신문화에 대한 영향을 분석한 모형 I에서 나타난 바와 같이, 조직구성원의 업무 태도는 협업에 긍정적이고 유의미한 영향을 미치는 것으로 확인되었고, 연령, 재직 기간 등 다른 통제변수들은 유의한 영향을 미치지 않는 것으로 나타났다. <그림 11-3>은 성과와 협업간의 관계를 그래프로 나타낸 것이며, 모형 I과 마찬가지로 오목한 비선형적 관계를 보여준다.

표 11-3_ 협업에 대한 회귀분석 결과

변수	협업 유지 노력	협업 수행 정도
성과	-4.53** (1.60)	-4.86** (1.42)
성과^2	.58** (.21)	.645** (.18)
성별	-.20 (.15)	-.25 (.14)
연령	-.021 (.01)	-.027 (.017)
재직기간	.002 (.011)	.004 (.015)
업무태도	.27*** (.10)	.315*** (.066)
N	209	209
R^2	.31	.35

*p<.05, **p<.01, ***p<.001
주. clustered standard error를 적용함.

그림 11-3_ 성과-위험선택의사결정(협업)간의 관계

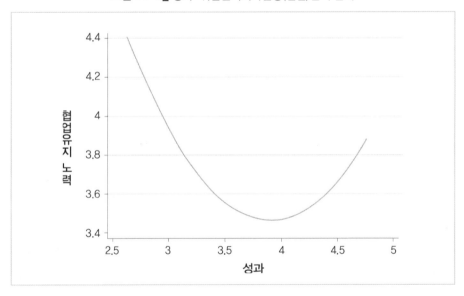

V. 결론 및 함의

공공조직에서 관리자가 선택하는 의사결정은 위험을 내포하는 경우가 많다. 특히 성과평가가 상시화되어 있는 현 상황에서 공공관리자는 조직의 성과를 고려할 수밖

에 없고, 이는 관리자에게 성과창출을 위해서라면 기꺼이 위험을 수용하도록 의사결정에 영향을 미칠 수 있다는 점이다. 즉 관리자의 의사결정 자체가 일종의 위험선택 행위일 수 있다. 본 연구는 공공관리자가 어떤 상황과 시점에서 위험 선택적 의사결정을 내리는지 파악하기 위해 2014년과 2015년에 수행된 중앙공무원 인식조사 자료를 분석하였다. 분석 결과에 따르면, 일종의 위험선택 행위로 볼 수 있는 혁신이나 조직간 협업의 강도는 관리자가 인식하는 조직성과 수준에 따라 달라질 수 있음을 발견하였다. 조직 혁신과 협업을 강조하는 공공조직의 노력은 성과와 열망수준의 차이가 미미한 경우보다 그 차이가 큰 경우에 보다 효과적일 수 있다는 것이다. 공공관리자는 조직의 성과가 주관적 성과기준에 현저히 미치지 못하거나 그 기준보다 월등히 높을 경우, 혁신이나 협업 등 위험선택 의사결정을 할 확률이 높기 때문이다.

공공부문의 의사결정은 여러 복잡한 요소들에 의해 영향을 받아왔다. 최근 연구들은 공공관리자들의 의사결정은 환경의 복잡성뿐 아니라, 개인의 인지적 한계에 영향을 받는다는 점에 주목하기 시작하였다.[32] 그러나 공공관리자의 인지적 편견(cognitive bias)이 의사결정과정에서 어떻게 나타나는지 검증한 실증연구는 많지 않다. 최근 OECD 보고서(2017)와 UN 경제사회부의 사고방식(mindsets) 변화(2021) 등 행정학 분야에서도 행동 및 인지과학 적용의 중요성을 강조하면서 제한된 합리성, 인지적 편견 개념을 활용한 연구에 주목하고 있다.[33] 따라서 혁신, 협업뿐 아니라 권한 위임 등 다른 유형의 위험선택 의사결정을 포함하여 상황별로 더 많은 연구결과가 축적되어야 할 것이다. 특히, 공공부문의 목표 다양성과 모호성을 고려하면[34] 여러 가지 유형의 성과목표를 모형에 포함함으로써 공공관리자의 열망수준이 어떻게 변화하는지, 또는 다수의 목표 중 관리자의 목표 선호에 따라 열망수준이 어떻게 달라지는지 등에 대해서도 탐색해 볼 수 있을 것이다.

참고문헌

김다경 · 엄태호. (2014). 기관장의 관리역량이 조직성과에 미치는 영향에 관한 연구. 한국 행정학보, 48(3): 295-321.

김동철. (2007). 기업수익성과 경영자의 경영위험 선택. 관리회계연구, 7(2): 69-88.

남승하. (2008). 조직의 관리적 혁신의지와 조직성과 간의 관계에 관한 연구. 한국행정학보, 42(1): 171-196.

안경섭 · 윤미정. (2009). 공공기관의 혁신활동의 방향성과 조직성과와의 관계. 한국정책과 학학회보, 13(1): 51-74.

이승혜 · 김양민. (2018). 기업 성과와 열망 수준 간 차이가 연구개발 투자에 미치는 영향. 연 세경영연구, 55(2): 93-123.

왕태규 · 조성한 · 주영종. (2018). 공무원의 역량, 동기, 기회가 조직성과에 미치는 영향: 공 공봉사동기의 조절효과를 중심으로. 한국행정연구, 27(2): 83-113.

Agranoff, Robert. (2012). *Collaborating to Manage.* Georgetown University Press.

Battaglio Jr, R. Paul, Paolo Belardinelli, Bellé, Nicola, & Cantarelli, Paola. (2018). Behavioral Public Administration ad fontes: A Synthesis of Research on Bounded Rationality, Cognitive Biases, and Nudging in Public Organizations. *Public Administration Review*, 79(3), 304-320.

Bozeman, Barry, & Kingsley, Gordon. (1998). Risk Culture in Public and Private Organizations. *Public Administration Review*, 58(2): 109-18.

Bullock, J., Greer, R., & Larry, O'Toole. (2018). Managing risks in public organ-izations: A conceptual foundation and research agenda. *Perspectives on Public Management and Governance*, 1-13.

Chun, Younghan, & Rainey, Hal. G. (2005). Goal ambiguity and organizational performance in US federal agencies. *Journal of Public Administration Research and Theory*, 15(4): 529-57.

Cyert, Richard M., & March, James G. (1963). *A Behavioral Theory of the Firm.* Englewood Cliffs, NJ: Wiley.

Eckerd, A. (2014). Risk management and risk avoidance in agency decision making. *Public Administration Review*, 74(5): 616-629.

Feiock, R. C., Lee, I. W., & Park, H. J. (2012). Administrators' and elected officials' collaboration networks: Selecting partners to reduce risk in economic development. *Public Administration Review*, 72(s1): S58–S68.

Frewer, Lynn. (1999). Risk Perception, Social Trust, and Public Participation in Strategic Decision Making: Implications for Emerging Technologies. *Ambio*, 28(6): 569–74.

Gaba, Vibha, & Bhattacharya, Shantanu (2012). Aspirations, Innovation, and Corporate Venture Capital: A Behavioral Perspective. *Strategic Entrepreneurship Journal*, 6(2): 178–99.

Greve, Henrich, R. (1998). Performance, Aspirations, and Risky Organizational Change. *Administrative Science Quarterly*, 43(1): 58–86.

_____. (2003). A Behavioral Theory of R&D Expenditures and Innovations: Evidence from Shipbuilding. *Academy of Management Journal*, 46(6): 685–702.

Jung, Chan Su, & Lee, Geun. (2016). Organizational Climate, Leadership, Organization Size, and Aspiration for Innovation in Government Agencies. *Public Performance & Management Review*, 39(4): 757–82.

Kahneman, Daniel, & Tversky, Amos. (1979). Prospect Theory: An Analysis of Decision under Risk. *Econometrica: Journal of the Econometric Society*, 47(2): 263–91.

Kameda, Tatsuya & Davis, James H. (1990). The function of the reference point in individual and group risk decision making. *Organizational Behavior and Human Decision Processes*, 46: 55–76.

Lindblom, Charles E. (1959). The Science of "Muddling Through". *Public Administration Review*, 19(2): 79–88.

March, James G., & Shapira, Zur. (1992). Variable Risk Preferences and the Focus of Attention. *Psychological Review*, 99(1): 172–183.

March, James G., & Simon, Herbert. (1958). *Organizations*. NY: John Wiley.

Meier, Kenneth M., Favero, Nathan, & Zhu, Ling. (2015). Performance Gaps and Managerial Decisions: A Bayesian Decision Theory of Managerial Action. *Journal of Public Administration Research and Theory*, 25(4): 1221–46.

Meier, Kenneth M., & O'Toole, Laurence. (2002). Public Management and Organizational Performance: The Effect of Managerial Quality. *Journal of Policy Analysis and Management*, 21(4): 629–43.

Milward, H Brinton, & Provan, Keith, G. (2006). *A Manager's Guide to Choosing and Using Collaborative Networks*. Washington, DC: IBM Center for the Business of Government.

Nicholson-Crotty, Sean, Nicholson-Crotty, Jill, & Fernzndez. Sergio. (2017). Performance and management in the public sector: testeing a model relative risk aversion. *Public Administration Review*, 77(4): 603–612.

Nielsen, Paul A. (2014). Learning from Performance Feedback: Performance Information, Aspiration Levels, and Managerial Priorities. *Public Administration*, 92(1): 142–60.

Organization for Economic Co-optation and Development (OECD). (2017). *Behavioral Insights and Public Policy: Lessons from Around the World*. Paris: OECD.

Osborne, David, & Gaebler, Ted. (1993). *Reinventing government*. Plume.

Rainey, Hall. (2014). *Understanding and Managing Public Organizations*. Jossey-Bass.

Schimmer, Markus, & Brauer, Matthias. (2012). Firm Performance and Aspiration Levels as Determinants of a Firm's Strategic Repositioning within Strategic Group Structures. *Strategic Organization*, 10(4): 406–35.

Schneider, Sandra L. (1992). Framing and conflict: aspiration level contingency, the status quo, and current theories of risky choice. *Journal of Experimental Psychology: Learning, Memory, and Cognition*, 18: 1040–1057.

Shinkle, Goerge A. (2012). Organizational aspirations, reference points, and goals: Building on the past and aiming for the future. *Journal of Management*, 38(1): 415–455.

Singh, Jitendra V. (1986). Performance, slack, and risk taking in organizational decision making. *Academy of Management Journal*, 29: 562–585.

Townsend, William. (2013). Innovation and the Perception of Risk in the Public Sector. *International Journal of Organizational Innovation*, 5(3): 21–34.

Turaga, Rama Mohan R., & Bozeman, Barry. (2005). Red Tape and Public Managers'

Decision Making. *American Review of Public Administration*, 35(4): 363–379.

Tyler, Beverly B., & Carner, Turanay. (2016). New Product Introductions below Aspirations, Slack and R&D Alliances: A Behavioral Perspective. *Strategic Management Journal*, 37(5): 896–910.

UN, Department of Economic and Social Affairs, Division for Public Institutions and Digital Government. (2021). *Changing Mindsets to Realize the 2030 Agenda for Sustainable Development*.

Walker, Richard, Dampanpur, Fariborz, & Devece, Carlos. (2010). Management Innovation and Organizational Performance: The Mediating Effect of Performance Management. *Journal of Public Administration Research and Theory*, 21: 367–386.

Vargas–Hernandez, Jose G., Noruzi, Mohammad Reza, & Sariolghalam, Narges. (2010). Risk or Innovation: Which One Is Far More Preferable in Innovation Projects? *International Journal of Marketing Studies*, 2(1): 233–44.

미 주

* 2019년도 한국행정학보 제53권 제3호에 실린 "공공관리자의 조직성과에 대한 인식과 위험선택 의사 결정"을 수정·보완한 글이다.

1 planning, organizing, staffing, directing, coordinating, reporting and budgeting

2 Meier et al., 2015

3 Meier & O'Toole, 2002; Meier, Favero, & Zhu, 2015; Rainey, 2014; Walker, Dampanpur, & Devece, 2010

4 남승하, 2008; 김다경, 엄태호, 2014;안경섭, 윤미정, 2009; 왕태규 외, 2018

5 Meier, Favero, & Zhu, 2015

6 Nicholson-Crotty et al. 2017

7 e.g., Meier et al., 2015; Nielsen, 2014

8 Nicholson-Crotty et al., 2017

9 Shinkle, 2012; 이승혜, 김양민, 2018

10 Lindblom, 1959

11 열망수준은 "심리적으로 중립적인 준거기준"(Kameda & David, 1990, p.56)라고 정의되기도 하며, 이는 인지된 성공과 실패의 경계선이라고 이해할 수 있다 (Greve, 1998).

12 Schneider, 1992, p.1053

13 Cyert and March, 1963

14 Gaba et al.(2012)은 열망수준을 기업의 과거 성과수준과 비교하는 역사적(historical) 열망수준과 다른 기업의 성과 수준과 비교하는 사회적(social) 열망수준으로 구분하였다,

15 이를 Cyert and March (1963)의 논의와 연계하여 보면, 조직은 추가적 자원을 활용하여 혁신적 행동을 할 가능성이 있는 것으로 해석해 볼 수 있다.

16 Turaga & Bozeman, 2005; Bozeman & Kingsley,1998

17 Nicholson-Crotty et al., 2017

18 Kahneman & Tversky, 1979; Tversky & Kahneman, 1986; 1992

19 Khaneman & Tversky, 1979;1991

20 Khaneman & Tversky, 1991

21 Nicholson-Crotty et al., 2017, p.606

22 Nicholson-Crotty et al., 2017

23 Osborne & Gaebler, 1993

24 Vargas-Hernandez, Noruzi, & Sariolghalam, 2010; Townsend, 2013

25 Singh, 1986

26 Nicholas-Crotty et al., 2017

27 Milward & Provan, 2006; Agranoff, 2012; Feiock, Lee, & Park, 2012; Eckerd, 2014; Frewer,

1999

28 보다 의미 있는 관리자-직원간의 관계를 파악하고자, 부처(department)가 아닌 sub-unit인 국 또는 과를 기준으로 설정하였다.

29 분석모형 선택에 따라 결과가 달라지는지 여부를 확인하기 위해 순서형 프로빗 모형(ordered probit model)으로도 분석한 결과, 주요 변수에 대해 일관성 있는 결과를 얻었다.

30 앞서 살펴보았듯이, 열망수준은 "의사결정자가 만족스럽게 여기는 최소의 성과"또는 "심리적으로 중립적인 준거기준"으로 정의된다. 이에 따르면 본 설문 응답자의 열망수준은 5점 척도 중, "보통이다"와 "그렇다"사이에 있는 것으로 가정할 수 있다(Nicholson-Croty et al, 2017).

31 Nicholson-Crotty et al., 2017

32 Battaglio, Belardinelli, Belle, & Cantarelli, 2018

33 Battaglio et al., 2018

34 Chun & Rainey, 2005

12

대통령제 정부의
장관 리더십과 관료의 평가

대통령제 정부의 장관 리더십과 관료의 평가* 12

대의민주제에서 국민에 의해 선출된 정치인은 정부를 구성하고, 공무원은 정치인을 대리하여 정책을 집행한다. 취임 후 장관은 정강과 부처 기능을 일치시키고, 원활한 정책집행을 위해 정무직을 포함한 폭넓은 인사권을 부여받는다. 대통령제 하의 조직구조는 장관부터 담당 공무원에 이르기까지 위임절차가 복잡하기 때문에, 장관은 공무원들이 정책을 제대로 이해하고 수행할 수 있도록 독려한다. 의원내각제 하에서 공무원은 부처 장관에게만 책임을 지지만, 대통령제 하의 관료에게는 상충되는 요구와 책임을 물을 수 있는 다수의 주인(principals)이 존재한다. 따라서 대통령은 핵심권한을 활용하여 장관을 충원함으로서 정책이 제대로 집행될 수 있도록 노력한다.[1]

문제는 장관이 대통령에 대하여 전적으로 책임을 질 것인가이다. 종종 민주 정부에서 책임문제는 주인(선출된 정치인)이 관리·감독 등 다양한 수단을 통해 대리인(공무원)을 통제하고자 함에 따라 공식화된다. 규제의 집행은 대리인의 성과가 관찰되는 대표적 예다.[2] 그럼에도 대리인보다는 주인의 역할이 가시성이 높으며 이해하기 용이하다. 예를 들어 대통령이 장관에게 정부 성과에 대해 책임을 지게 할 가능성은 개별 장관의 리더십[3]과 정책성과에 대한 법적 책임의 속성에 영향을 미치는 상황적 요인들[4]에 의해 좌우된다. 반면 대리인인 공무원이 책임성에 어떠한 영향을 미치는지에 대해서는 알려진 바가 없다.

본 연구는 대통령제 행정부에서 장관 리더십에 대한 공무원의 지지에 관한 연구로서 주인-대리인 관계의 대리인 측면에 주목하여 고찰하고자 한다. 대의민주제에서 정부기관을 구성하고 장관을 임명하는 방식은 매우 다양하다.[5] 만약 기관장의 유형별로 관료의 지지를 얻는 방식에 체계적 차이가 있다면, 이는 대통령의 정책이 대변하는 유권자들에 대한 책임성 수준에 영향을 미칠 수 있다. 또한 이는 대통령제 내각에서의 대표성과 대통령 체계의 통치능력에 미치는 영향에 관한 논란을 촉발할 수 있다.[6] 요컨대 주인의 정책 아젠다를 발전시키는 대리인의 역할에 관한 탐구는 이론적 · 실천적 측면에서 중요한 함의가 있다. 본 연구의 기본 틀은 주인-대리인 이론과 관료주의 전문성 이론에 기초하는데, 이 두 가지 이론 모두 관료의 인식에 대한 통찰력을 제공하기 때문이다.[7] 주인-대리인 이론 관점의 연구에 따르면 관료제의 대리인은 정치권의 주인이 부여하는 인센티브에 대응하여 행동할 것으로 기대되지만, 상향적 관점에 기초한 최근 연구는 관료주의 가치와 선호가 공무원의 의사결정에도 중요한 역할을 해야 한다고 주장한다.[8]

본 연구는 장관 리더십과 대통령의 임명 관련 문헌검토를 통해 장관의 경력과 정책 부문에 따라 국가 공무원들의 기관장 수용도(approval)가 어떻게 달라지는지에 관한 몇 가지 가설을 수립하였다. 정책을 변경하거나 정책 결과에 영향을 미치고 관료의 성과를 개선하는 데 있어 기관장의 결정적 역할을 고려할 때, 기관장의 유형과 관리대상 정책 영역은 공공관리의 세 가지 중심적인 차원(내부 관리, 부문간 조정, 정책 수립 및 이행)에서 공무원이 리더십을 평가하는 조건으로 예상된다.

효과적인 장관 리더십에 대한 관료의 평가를 이해하는 것은 정책적, 정치적으로 중요한 함의를 갖는다. 장관이 각자의 특성에 따라 정책 우선순위를 달리하는 경향이 있다는 점에서[9] 공무원의 지지 패턴에 따라 다른 정책 결과를 야기할 것으로 보인다. 뿐만 아니라 장관 유형별, 정책분야별로 공무원의 성과를 더 잘 예측할 수 있다. 공무원은 상관의 리더십 특성이 자신과 일치할 때 상관과 보다 긍정적 관계를 형성할 수 있으며, 이러한 관계는 결국 공무원의 성과와 공직 재직기간에 영향을 미칠 것이다.[10] 또한 본 연구 결과는 대통령의 관점에서 기관 리스크를 보다 효과적으로 방지할 수 있는 장관 임명 전략을 파악하는 데에 도움이 될 것으로 보인다.

더욱이 공무원의 인식을 분석하는 것은 공무원의 인식이 정책집행에 영향을 미친다는 점에서 실질적인 의미가 있다. 공무원은 보통 현실 자체보다도 현실에 대한 인식에 근거하여 의사결정을 하는 경우가 많으며,[11] 따라서 공무원의 인식은 그들의 행태에 영향을 미친다.[12] 또한 공무원은 해당 정책이 사회적으로도 가치가 있다고 인식할 때 정책을 집행하려는 동기를 부여받으며[13] 정책 내용에 대한 영향력으로 인해 집행에 재량이 많다고 인식할 때 더욱 노력할 가능성이 크다.[14] 한마디로 공무원의 인식과 정책집행 행태 간에는 밀접한 관계가 있다. 따라서 장관 리더십에 대한 관료의 긍정적 평가는 결과적으로 보다 나은 기관 성과로 이어질 가능성이 높다.

I. 대통령제 정부에서 장관 리더십

주인-대리인 관계에서 대리인 행태를 통제하는 네 가지 메커니즘은 (1) 계약 체결, (2) 선별 및 선발 메커니즘, (3) 모니터링 및 보고, (4) 기관 차원의 조사로 정리할 수 있는데, 이 중, 처음 두 가지 방법은 통상적으로 임명을 통해 행사되는 사전적 수단이다.[15] 장관을 임명하고 부처를 통솔할 권한을 부여하기 전에 대통령은 직책에 가장 적격인 후보자를 파악하고(선별 및 선발 메커니즘), 상호 공통 관심사(계약 체결)를 확립하려고 한다. 대통령의 장관 임명은 정부의 두 가지 본질적 목적이라고 할 수 있는 행정 역량과 정치적 영향력 사이의 절충으로 이어질 수 있다. 행정부의 수반으로서 대통령은 충성스럽고도 유능하게 대통령의 공약을 이행할 수 있는 장관을 선발하고자 할 것이다.[16] 다른 한편으로 대통령은 의회와 같은 다른 제도 행위자와의 관계에서 정치적 영향력을 행사할 수 있는 장관을 임명하고자 하기도 한다.[17]

그렇지만 기존의 논의들은 대부분 주인(대통령)의 관점을 중심으로 이루어졌고, 실제 장관을 임명할 경우 대통령이 기대한 결과로 이어질지 여부는 사실상 확실하지 않다. 그러므로 본 연구는 대리인(공무원)의 관점에서 기대되는 장관의 성과를 탐색하고 관료 경력과 정책 분야에 따라 장관 리더십을 평가하는 틀을 제시하고자 한다. 대리인인 공무원은 주인의 통제와 인센티브에 대응할 수도 있겠지만, 공무원의 전문 직업관과 직업적 정체성 또한 그들이 어떻게 행동할 것인지를 결정하는 데 역할을 할 것이다.[18] 최근의 행정학 연구에서 공무원의 의사결정은 정치적 통제보다도 관료의 선호에서 비롯된다는 견해가 있다.[19]

장관 리더십의 중요성은 대통령 입장에서 장관은 정무직 대리인이면서 공무원의 관점에서는 관리자라는 사실에 있다. 행정학 연구에 따르면 중앙정부 부처 기관장의 역할은 기관의 정책을 변경하고 정책 결과에 영향을 줄 뿐만 아니라,[20] 기관의 성과를 개선시킨다는 점에서[21] 그 역할의 중요성이 입증되고 있다. 기관장은 국회가 통과시킨 모호하고 때로는 상충적인 법률을 해석해서 정책으로 전환한다. 또한, 국회에 대한 예산요청, 규칙제정, 인사, 기관 내 자원 배분 등에 대한 장관의 결정은 정책에 상당한 영향을 미칠 수 있고, 장관은 관료의 활동을 감시할 수도 있다. 또한 장관은 기관의 장기적 이익을 증진시키고 기관의 관리자와 직원 사이의 협력을 조성하기 위한 조치를 취함으로 관료제의 성과를 개선할 수도 있다.[22]

장관 리더십에 대한 공무원들의 평가에 있어서, 본 연구는 (1) 내부관리 능력, (2) (의회와 같은) 제도 행위자와의 조정 능력, (3) 정책 형성·집행에 관한 전문지식 등에 대한 장관의 세 가지 핵심 역할을 중점적으로 분석하고자 한다.[23] <그림 12-1>과 같이 주인-대리인 개념틀은 대통령(주인)에서부터 정책 집행자이자 궁극적 대리인인 공무원에 이르기까지 정책과정에 대한 통찰력을 제공한다.

그림 12-1_ 권한위임, 장관의 역할, 공무원의 리더십 평가

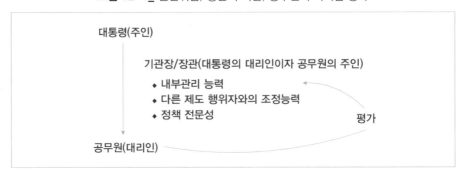

그렇다면 관료들은 과연 장관 리더십에 대해 어떻게 평가할 것인가? 이 연구에서는 대통령뿐만 아니라 의회에 대해서도 관료들의 책임성이 요구되는 대통령제 정부구조에서[24] 장관의 경력에 대한 배경과 공공관리 부문의 평가 차원에 따라 관료들의 리더십 평가가 다를 것이라고 가정한다. 권력이나 핵심 재원을 관리하는 가시성이 높은 부처는, 조직의 특성을 잘 이해하고 전문 인력을 관리하는 능력을 갖춘 리더가 도움이 될 수 있다. 이와는 대조적으로, 조직적으로 구성된 이익 집단으로부터 지속적으로 도전받고 정치적·사회적 중요성이 큰 사업을 운영하는 부처의 경우에는, 정치적으로 영향력 있는 연합 세력을 구성할 수 있는 리더가 더 적합할 것이다. 본 연구는 특히 아시아적 맥락에서 가장 전형적이면서도 서로 대조가 되는 관료형 장관과 정치가형 장관의 리더십에 초점을 맞춰 가설을 전개하고자 한다.[25]

관료형 장관, 즉 고위 공무원을 기관장으로 임명하는 것이 공무원들에게 긍정적인 영향을 미치는 데에는 두 가지 중요한 이유가 있다. 우선 관료 출신은 다른 어떤 유형의 기관장보다도 관료조직 내의 부하관리 능력에서 뛰어나다고 할 수 있다.[26] 실적주의 관료제에서 대부분의 채용은 국가고시를 통해 이루어지며, 승진은 내부 규칙에 따라 체계적으로 이루어지기 때문에, 공무원의 경력은 예측 가능하다.[27] 이러한

관료제 조직 내에서의 경험과 오랜 경력을 감안해 보면, 고위 공무원은 하위 공무원을 관리하기에 유리한 위치에 있다.[28] 더욱이 실적주의 체제에서는 조직의 장기적인 목표와 연계하여 개인의 동기를 형성할 수 있다는 강점이 있기에, 관료들은 상관에게 보다 순응하고 이는 더 나은 성과로 이어지기에 효과적이라 할 수 있다. 특히 유사한 능력을 공유함으로써 공직에 동료로 합류했다고 생각하는 관료들은 공유된 규범과 목표를 내면화할 가능성이 더 크다.[29] 공무원 평가를 활용한 리더십 연구에 따르면 공직 경력이 있는 장관이 공무원의 단기목표와 장기목표의 균형을 잘 맞출 수 있다고 한다.[30]

둘째로, 정책형성 및 집행과 관련하여, 관료형 장관은 부처의 정책 선호를 반영하여 전문성과 리더십을 발휘할 것으로 기대된다. 공무원은 자신들의 정책 입장을 잘 대변할 수 있는 장관을 지지할 가능성이 크다. 그리고 장관 임명 전에 부처 내에서 더 오래 근무할수록, 부처의 정책 방향을 잘 대표할 것으로 평가받을 가능성이 더 높다.[31] 또한, 실적주의 관료제의 공무원은 전문직업인으로서 경력의 사다리를 오르기 때문에, 고위 공무원이 되면 자질과 능력을 갖춘 정책 전문가가 될 가능성도 기대된다. 한 마디로, 고위 공무원은 소속 부처 이익을 대변할 줄 아는 전문가로 인식되는 것이다.

그러나 대통령제 정부에서는 의회에 대한 행정기관의 책임이 있기 때문에, 공무원들은 의회와 조율할 수 있는 정치적 역량을 갖춘 리더의 필요성을 인식하고 있다. 관료제에 대한 통제를 위해 의회는 행정부의 장관 임명 과정부터 정책집행에 이르기까지 관료적 정치의 모든 측면에 영향을 미친다. 장관 후보자의 자질과 정책 입장을 검증하는 인사청문회에서 의회가 선호하는 입장을 이해하고 수용할 수 있다고 인식되는 인사들은 보다 용이하게 인준을 받을 가능성이 있다.[32] 정책 아젠다의 의회 통과와 집행을 가능하게 함에 있어서 장관의 정치적 배경과 경험은 다른 자격보다 중요하게 고려되는 경우가 많다. 이러한 정책 과정에서 국회 상임위원회와 여당과의 의견을 조율하는 장관의 역할이 필수적이기 때문이다. 더욱이 장관은 정기국회의 회기에 국회의원들의 대정부 질의에 답하고 정책성과를 입증하기 위해 상임위원회에 소환되는 경우가 많다. 그러므로 공공관리의 특수성을 고려하여 관료들은 정부의 통치력에 긍정적인 영향을 미치는 정치인 출신 장관의 리더십에 대해 긍정적으로 평가할 수도 있다.

따라서 이러한 논의에 따라 다음과 같은 세 가지 가설을 도출할 수 있다. 첫째, 부처 내부 관리와 관련하여, 관료 출신 장관에 대한 공무원들의 전반적인 지지도는 정치인 출신 장관에 대한 공무원들의 전반적인 지지도보다 높을 것이다(가설 1). 둘째, 정책 전문성과 관련하여 관료 출신 장관에 대한 공무원들의 전반적인 지지도는 정치인 출신 장관에 대한 공무원들의 전반적인 지지도보다 높을 것이다(가설 2). 셋째, (의회와 같은) 다른 제도 행위자와의 조정 능력과 관련하여 정치인 출신 장관에 대한 공무원들의 전반적인 지지도는 관료 출신 장관에 대한 공무원들의 지지도보다 높을 것이다(가설 3).

II. 장관 리더십과 정책 분야

장관직 임명에 있어서 장관의 경력뿐만 아니라 담당 부처의 목표를 달성하기에 적합한 사람인지를 고려하게 된다. 장관직 할당에 관한 연구에 의하면 장관 직위는 다양한 정책 목적에 따라 분류될 수 있다.[33] 금융이나 경제 등 핵심 정책 분야에서 기관 성과가 정부의 전반적인 평판에 직접적으로 영향을 미치지만, 조직적 이익집단으로 대표되는 일부 정책 분야의 장관 리더십은 정부의 통치력을 개선하거나 훼손할 수 있다. 장관석이 상대적으로 부족하고 장관의 능력과 대통령의 목표를 달성하려는 의지가 달라질 수 있는 위임문제 때문에,[34] 대통령은 정책 목적에 따라 다양한 유형의 장관을 임명하고자 한다. 각자의 능력과 기술을 통해 대통령의 목표를 달성할 수 있는 리더에게 적절한 유형의 장관직을 배분함으로써 대통령은 관련 정책 영역에서 관리 능력과 정치적 영향력 모두를 획득할 수 있다.

그렇다면 장관의 성과에 대한 공무원의 평가는 정책 분야에 따라 어떻게 달라질까? 모든 정부에는 대통령이 재임 중에 수행해야 하는 가장 가시적이고도 중요한 의무로서 "상위"를 차지하는 정책 영역이 있다.[35] 소위 "상위 정책(high policy)" 분야는 통상적으로 외교, 국방, 경제 및 재정, 법무 등이 포함된다. 두 가지 주요 이유에서 관료들은 고위 공무원을 상위 정책 기관을 이끌어가기에 적합한 사람으로 평가할 것이다. 이들 부처의 공무원은 관료조직에서 가장 전문적인 인력에 속하고 고위 공무원 출신은 이러한 전문 인력을 누구보다도 잘 관리할 것으로 기대된다. 실적주의 제도에서 공무원들은 외부 출신보다 내부 출신에게 순응하는 경향이 있는데, 이들이 고위 공무원과 유사한 관심과 역량을 공유한다고 생각하기 때문이며, 전문성이 높은 집단일수록 이러한 경향이 더 강할 것이다.[36]

　게다가 고위 공무원은 오랜 경력과 풍부한 경험을 바탕으로 가시적이고도 중요도가 높은 사안들을 다루는 데에 전문화되어 있다. 신규채용부터 행정부 내부에서 최고지위로 승진하기까지 관료들은 경쟁시험을 통과하고 관련 분야에서 수년간 훈련을 받은 뒤 정기적으로 평가를 받아야 한다. 일단 고위 공직자 계급에 오르게 되면 공무원은 전문성과 성과뿐만 아니라 경력에 대해서도 재검증을 받는다.[37] 따라서 고위 공무원들은 중요한 정책 분야에서 부처를 이끌 수 있는 전문가가 된다.

　그러나 모든 민주 정부에는 조직적 이익집단으로 대표되는 정책 영역이 있다. 이러한 범주는 국가마다 조금씩 차이가 있을 수는 있지만, 통상적으로 노동, 통상, 환경, 보건, 복지 등과 같은 쟁점 영역을 다룬다. 이러한 정책 분야에서는 국회나 다른 정치적 네트워크와 연결된 정치적 배경이 리더십 발휘에 효과적일 수 있다. 이러한 정책 영역에서 장관 후보자들은 대통령 편에서 조직적인 이익집단에 대응할 수 있는 자이거나 그러한 이익을 대변하는 것으로 여겨지는 경향이 있다. 이러한 직책에 임명된 장관들은 국회 및 여타 다른 제도 행위자와의 조정이라는 주요 업무를 수행함으로 정부의 정치적 영향력(political leverage)을 강화할 것으로 기대된다. 이와 관련하여 공무원들은 정치인 출신 장관의 가치와 필요성을 인식한다.[38] 더구나 이러한 유형의 기관에서 장관의 전략적 정치화가 나타날 개연성이 더 크며,[39] 공무원들 사이에서 외부 장관 임명자에 대한 수용도가 높아질 수 있다.

　요컨대 다음의 세 가지 가설은 소위 말하는 상위 정책 및 정치적 영향력과 관련이 있다. 우선, 부처 내부관리와 관련하여 "상위 정책" 분야에서 관료 출신 장관에 대한 관료들의 지지도는 국회의원 출신 기관장에 대한 지지도보다 높을 것이다(가설4). 둘째, 정책 전문성과 관련하여 "상위 정책" 분야에서 관료 출신 장관에 대한 관료들의 지지도는 정치인 출신 장관에 대한 지지도보다 높을 것이다(가설5). 셋째, 다른 제도 행위자와의 조정 기술과 관련하여 "정치적 영향력" 분야에서 국회의원 출신 기관장에 대한 관료들의 지지도는 관료 출신 장관에 대한 지지도보다 높을 것이다(가설6).

　정치적 영향력 분야의 다른 차원은 어떤가, 부처 내부관리 능력이나 정책 전문성 차원에서도 정치인 출신 장관에 대한 지지가 관료 출신 장관에 대한 지지보다 여전히 높을까? 정치적 영향력 기관은 대통령의 비전을 국회에 전달하고 정책에 대한 기관

간 지지연합을 구축할 수 있는 정치력이 강한 장관이 유리하겠지만, 관료 출신 장관이 정치적 영향력 기관에서도 부처 내부 관리 능력과 정책 전문성에 있어서 더 높은 수준의 지지를 얻을 가능성이 크다. 한편, 권력이나 자원에 대한 접근성에 제약이 많고, 중요도가 낮은 정책 영역에 속하는 저인지도(low-profile) 기관도 다른 기관과 유사한 관료 지지 양상을 보일 것으로 예상된다. 예를 들어 인지도가 낮은 영역에서도 국회의원은 고위 공무원보다 정책 홍보나 서비스 제공을 통해 이해 당사자들을 더욱 잘 대변할 수 있다.[40]

따라서 다음과 같은 두 가지 가설을 세워볼 수 있다. 첫째, 정치적 영향력 분야에서 부처 내부관리 능력과 정책 전문성과 관련하여 관료 출신 장관에 대한 공무원들의 지지도는 정치인 출신 장관에 대한 지지도보다 높을 것이다(가설7). 둘째, 저인지도 분야에서 부처 간 협력 기술과 관련하여 정치인 출신 장관에 대한 공무원들의 지지도는 관료 출신 장관에 대한 지지도보다 높을 것이지만, 부처 내부 관리와 정책 전문가 역할과 관련하여 관료 출신 장관에 대한 공무원들의 지지도는 정치인 출신 장관에 대한 지지도보다 높을 것이다(가설8).

III. 연구설계

1. 지지 실험(endorsement experiment)

본 연구는 장관 리더십에 대한 공무원의 태도와 지지수준을 측정하기 위해 간접적인 지지 실험을 활용하는 새로운 조사 설계를 채택하였다. 대한민국과 같은 실적주의 제도에서는 상당수의 장관이 공무원 조직에서 선발되는 경향이 있다.[41] 대한민국의 위계적인 관료조직 구조와 엄격한 공직문화에서 장관의 업무성과를 평가해 달라는 직접적인 요청은 무응답률을 높일 수 있고, 결국 조사결과의 타당성이 떨어질 수 있다.[42] 더욱이 응답자들은 근무지에서 설문조사에 응하는 상황으로 인해 상관이었던 관료 출신 장관에게 편향된 우호적인 응답을 선택하고, 장관에 대한 직접적인 질문에 대해 그들의 진실된 견해를 숨길 우려가 있다.[43] 이런 상황에서는 공무원인 대리인의 수용률을 높이는 간접질문 형식이 적절하다.[44]

지지 실험의 기본적 설계는 간단하다. 공무원 응답자들을 통제집단과 실험집단으로 무작위 추출한다. 우선, 실험집단에 배정된 응답자들에게 장관의 성과를 직접적으로 질문하는 대신, 장관이 수행하는 공공관리 기술에 관한 의견을 제시할 것을 요청하였다. 이러한 설계를 통해 응답자들은 특정 행위자(장관)에 대해 직접적으로 응답하는 것이 아니라 공공관리 기술에 대해 응답하게 됨으로 진솔한 의견을 노출하는 것에 대한 우려를 해소할 수 있다. 이후 실험집단으로부터 얻어진 응답을 통제집단의 응답과 비교한다.

각각의 차원 내에서 본 연구는 실험집단과 통제집단 간의 공공관리 기술에 대한 동의 차이를 측정한다. 장관의 출신을 언급한 실험집단의 높은 수준의 동의는 출신에 대한 언급 없이 얻어진 동의 수준에 비해 (통계적으로 유의한 정(正)의 차이) 장관의 출신 배경에 대한 지지의 증거로 간주되지만, 반면에 출신 배경 언급을 통한 낮은 수준의 동의는 출신 배경 언급 없이 얻어진 동의 수준에 비해 (통계적으로 유의한 부(負)의 차이) 장관의 출신 배경에 대한 반대의 증거로 간주된다.[45] 실험집단과 통제집단 간의 차이가 클수록 장관 출신에 대한 찬성 또는 반대의 실질적 효과도 커진다. 각각의 응답자에게는 지지 실험에 대한 단 한 가지 조건만 할당되므로 "개별 응답자의 각기 다른 조건에 따른 지지 수준을 비교하는 것은 불가능하다."[46] 아래는 (1) 부처 내부 관리, (2) 다른 제도 행위자와의 조정, (3) 정책 형성·집행 등 세 가지 공공관리 차원에서 장관의 리더십 역할에 대한 공무원의 평가를 묻는 문항이다.

---

1. 부처 내부 관리
   통제 조건: 중앙 행정부처의 장으로서 장관이 부처 내부의 인사 조직에 대한 관리, 감독 면에서 보여주는 리더십에 대해서 어떻게 생각하십니까?
   실험조건 Ⅰ: 중앙 행정부처의 장으로서 정치인 출신 장관이 부처 내부의 인사 조직에 대한 관리, 감독 면에서 보여주는 리더십에 대해서 어떻게 생각하십니까?
   실험조건 Ⅱ: 중앙 행정부처의 장으로서 전문 관료 출신 장관이 부처 내부의 인사 조직에 대한 관리, 감독 면에서 보여주는 리더십에 대해서 어떻게 생각하십니까?

2. 다른 제도 행위자와의 조정
   통제 집단: 중앙 행정부처의 장으로서 장관이 부처 외부의 국회, 대통령, 여당, 언론과의 의견 조정 면에서 보여주는 리더십에 대해서 어떻게 생각하십니까?
   실험조건 Ⅰ: 중앙 행정부처의 장으로서 정치인 출신 장관이 부처 외부의 국회, 대통령, 여당, 언론과의 의견 조정 면에서 보여주는 리더십에 대해서 어떻게 생각하십니까?

실험조건 Ⅱ: 중앙 행정부처의 장으로서 전문 관료 출신 장관이 부처 외부의 국회, 대통령, 여당, 언론과의 의견 조정면에서 보여주는 리더쉽에 대해서 어떻게 생각하십니까?

3. 정책 형성 및 집행
통제 집단: 중앙 행정부처의 장으로서 장관이 정책 형성 및 집행 과정에서 보여주는 정책전문성 또는 행정전문성에 대해서 어떻게 생각하십니까?
실험조건 Ⅰ: 중앙 행정부처의 장으로서 정치인 출신 장관이 정책형성 및 집행 과정에서 보여주는 정책전문성 또는 행정전문성에 대해서 어떻게 생각하십니까?
실험조건 Ⅱ: 중앙 행정부처의 장으로서 전문 관료 출신 장관이 정책 형성 및 집행 과정에서 보여주는 정책전문성 또는 행정전문성에 대해서 어떻게 생각하십니까?

세 가지 장관 지지 문항에 대하여 공무원 응답자들은 "나는 이러한 역할에 매우 동의한다," "다소 동의한다," "무관심하다," "동의하지 않는다," "전혀 동의하지 않는다" 등 5점 척도로 지지수준을 평가하도록 요청받았다. 응답자들은 또한 "모른다"를 선택하거나 응답을 거부할 수도 있다.

각기 다른 정책 분야가 공무원의 평가에 미치는 영향을 추정하기 위해 모든 참여 기관을 상위 정책(high policy) 집단, 정치적 영향력(political leverage) 집단, 저인지도(low-profile) 집단의 세 가지 유형으로 분류하여 장관 임명에 관한 연구에서 설계된 설문양식[47]을 채택했다. 첫째, 상위 정책은 모든 정부에서 대통령이 효과적으로 관리할 필요가 있는 가장 중요한 정책 영역을 포함한다. 이러한 정책 영역에는 경제, 외교, 국방, 내무, 법무 등이 포함된다.[48] 한국의 맥락에서 국무총리실도 이 범주에 해당된다. 둘째, 정치적 영향력 정책은 조직적 이해관계가 존재하는 정책 영역을 포괄하며 노동, 교육, 환경, 통상, 보건·복지와 관련이 있다.[49] 셋째, 저인지도 정책은 국민들의 관심이 상대적으로 덜 한 정책영역을 포함한다.[50] 상위 정책이나 정치적 영향력에 해당되지 않는 모든 직책을 이 범주로 분류했다. 인지도가 낮은 범주의 직책에는 농림·수산, 중소기업청, 양성·가족 직책이 해당된다.[51] <표 12-1>은 정책 분야별 기관 분포를 보여준다.

표 12-1_ 정책 분야별 기관분표

정책분야	기관
상위 정책	국방부, 외교부, 기획재정부, 행정자치부, 법무부, 국무조정실
정치적 영향력	교육부, 문화체육관광부, 환경부, 고용노동부, 보건복지부, 산업통상자원부, 국토교통부, 통일부
저인지도	농림수산식품부, 해양수산부, 미래창조과학부, 중소기업청, 여성가족부, 법제처

주: 설문이 시행된 2016년도 정부조직도에 따름

<그림 12-2>는 세 가지 유형의 문항에 대한 전체 응답과 정책 그룹별 응답의 분포를 보여준다. 전체 및 그룹 내 응답 패턴을 살펴본 결과, 전반적으로 관료 출신 및 정치인 출신인지 여부에 따라 지지 정도는 크게 달라지는데 이는 문항에 강한 변별력이 있음을 의미한다. 전반적인 양상은 부처 내부 관리 기술과 정책 전문성은 관

그림 12-2_ 지지 실험에서의 전반적 및 집단 내 응답 분포

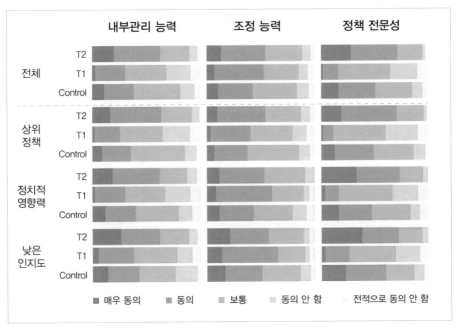

주: 전체 표본 및 세 가지 정책 분야 각각에 대해서 세 가지 집단(통제, 처치1, 처치2)의 세 가지 문항(가로)의 응답 분포를 나타냄. 처치1은 정치인 출신에 대한 지지, 처치2는 관료 출신에 대한 지지를 나타냄. 표본 크기는 고위 정책 집단 384명, 정치적 영향력 집단 357명, 낮은 인지도 집단 208명임.

료 출신 장관에 대한 높은 지지로 연결됨을 시사한다. 상위 정책 집단에서는 정치인 출신 장관보다 관료 출신 장관의 기술에 대한 지지가 월등히 높게 나타났다. 한편, 다른 제도 행위자와의 조정 기술의 경우 정치인 출신 장관의 지지가 더 높은 것으로 해석되는 사례는 그다지 많지 않았다.

2. 표본추출 및 균형표본

실험 설문은 2016년도 「공공부문 성과에 대한 공무원 인식조사」의 일환으로 실시되었다.[52] 한국은 장관직에 정치인 대신 관료 출신을 임명할 유인이 뚜렷하기 때문에 대통령제 민주주의 국가에서 장관 리더십을 점검하는 데 유용한 사례가 될 수 있다.[53] 한국은 민주 정권 교체 이후 조직화된 이익집단의 수가 증가하면서 대통령에게 그들의 이익을 수용하도록 압력을 가해왔다. 또한 공무원들은 전문화된 조직으로서 대통령 임기보다 더 오래 근무할 가능성이 커 이들의 요구도 거세지는 추세이다. 정책 추진 과정에 다수의 주인이 영향력을 행사하게 되면서 각기 다른 경력의 장관을 대하는 공무원의 태도를 통해 중요한 정책적 시사점을 얻을 수 있을 것이다.

표 12-2_ 집단별 응답자 특성

	통제집단	실험집단I (정치인)	실험집단II (관료)	F검정
개인수준				
연령	41.02	40.79	40.07	1.13(.32)
여성(비율)	0.33	0.309	0.312	0.25(.78)
교육수준	2.27	2.22	2.25	0.45(.64)
직급	3.34	3.36	3.33	0.04(.96)
민간경력	0.27	0.278	0.277	0.03(.97)
채용유형	0.849	0.80	0.797	1.78(.17)
직군	0.714	0.722	0.711	0.05(.95)
정치적 이념	3.61	3.52	3.55	0.83(.44)
부처수준				
관료 출신 장관	0.632	0.628	0.630	0.01(.99)
정치인 출신 장관	0.116	0.119	0.119	0.01(.99)
조직적 이익집단	4.37	4.38	4.36	0.01(.99)

주: 집단별 각 변수의 평균값과, p-value와 함께 표기한 F검정값을 나타냄.

조사에 참여한 1,014명 전원이 338명씩 3개 그룹에 무작위로 배정되어 비공개로 실험이 진행되었다. 실험조사를 완료한 총 949명(93.6%) 중, 통제집단은 318명(33.5%), 실험집단 I 은 320명(33.7%), 실험집단 II 는 311명(32.8%)으로 통제집단 응답률이 실험집단 응답률과 비슷했다.

<표 12-2>는 집단별 응답자 특성을 나타낸 것으로 교육수준 5점 척도, 직급은 고위공무원단을 포함하여 8점 척도, 민간경력 1년 이상, 공개경쟁채용, 행정직을 더미변수 1로 코딩하였다. 이념적 성향은 5점 척도로 매우 보수=1 ~ 매우 진보=5로 표기하였다. 현재 장관이 관료 또는 정치인 출신인지의 여부(1=예, 0=아니요)와 각 기관 내 조직적 이익집단 수의 로그값 등 응답자 그룹별 조직 특성을 제시하였다.[54] F-검정 결과는 통제집단과 실험집단 간에 유의하게 다른 특성이 없음을 보여준다.

IV. 분석결과

장관 리더십에 대한 공무원의 평가가 임명자의 경력 배경과 할당된 정책 영역에 따라 좌우되는지 여부를 조사하기 위해, Bullock 등(2011)이 채택한 방법론을 사용하여 세 세트의 응답을 통합하였다. Bullock 등이 개발한 모델은 문항반응이론에 기초하고 있는데, 특정 문항 예를 들어 공공관리 기술이 주어진 각 행위자에 대해 추정된 동의 수준을 제공함으로써 측정 수준에 대한 해석을 용이하게 한다. 이 방법론은 본 연구의 표본처럼 부처수준과 개인수준이 포함된 다층모형 분석에 적합하다. 이론적으로 관련된 공통 변수들을 포함하여 세 가지 종속변수에 대한 모델(부처 내부 관리, 다른 제도 행위자와의 조정, 정책 형성·집행)을 수립하였다. 개인 차원에는 연령, 성별, 교육, 공무원 직급, 채용유형 등 장관급 리더십 평가에 영향을 미칠 수 있는 응답자의 인적·공무원적 특성을 포함하였고,[55] 현직 장관의 배경, 기관이 속한 정책 분야 범주 등 부서 차원의 변수도 모델에 포함되었다.

종속변수가 5점 척도이기 때문에 순서형 프로빗 모형을 적용하였다. 다층모형분석을 통해 먼저 장관의 경력이 장관 리더십에 대한 관료의 지지 수준에 미치는 전반적인 영향을 검토한 다음, 장관의 소속 기관 유형이 장관 리더십에 대한 관료의 인식에 어떠한 영향을 미치는지 살펴보았다. 다층모형의 각 계수에 대한 평균과 표준 편차는 <표 12-3~6>에 정리되어 있다. 주요 분석 결과를 제시한 그래프는 95% 신뢰 구간의 다층모형에서 예측한 평균 지지수준을 나타낸 것이다.

표 12-3_ 경력배경에 따른 공변량의 추정 효과 (전체 집단)

변수	내부관리 Est.	내부관리 SE	조정능력 Est.	조정능력 SE	정책전문성 Est.	정책전문성 SE
정치인 출신 장관에 대한 지지						
개인수준						
연령	0.056	0.196	-0.188	0.173	-0.025	0.207
여성	-0.004	0.131	0.030	0.157	0.027	0.156
교육수준	0.290	0.244	-0.150	0.260	0.078	0.216
직급	0.008	0.221	0.187	0.180	-0.420	0.231
민간경력	-0.113	0.196	-0.059	0.173	-0.139	0.211
채용유형	0.458	0.243	0.145	0.288	0.052	0.295
직군	0.249	0.213	0.004	0.191	0.098	0.272
정치적 이념	-0.313	0.169	0.204	0.185	-0.335	0.193
부처수준						
정치인 출신 장관	0.759	0.281	0.485	0.249	0.602	0.290
관료출신 장관	0.116	0.312	0.001	0.179	-0.269	0.255
이익집단(로그)	0.212	0.345	0.111	0.210	0.136	0.328
관료출신 장관에 대한 지지						
개인수준						
연령	0.042	0.168	0.066	0.173	-0.025	0.207
여성	-0.028	0.142	-0.075	0.157	0.027	0.156
교육수준	-0.025	0.254	-0.086	0.260	0.078	0.216
직급	-0.154	0.221	-0.262	0.180	-0.420	0.231
민간경력	0.242	0.201	-0.081	0.173	-0.139	0.211
채용유형	0.274	0.229	-0.077	0.288	0.052	0.295
직군	0.300	0.166	-0.091	0.191	0.098	0.272
정치적 이념	0.136	0.112	0.040	0.185	-0.335	0.193
부처수준						
정치인출신 장관	0.496	0.484	0.460	0.249	0.602	0.290
관료출신 장관	-0.058	0.192	0.046	0.179	-0.269	0.255
이익집단(로그)	-0.128	0.234	0.011	0.210	0.136	0.328

표 12-4_ 경력배경에 따른 공변량의 추정 효과 (상위 정책 집단)

변수	내부관리 Est.	내부관리 SE	조정능력 Est.	조정능력 SE	정책전문성 Est.	정책전문성 SE
정치인 출신 장관에 대한 지지						
개인수준						
연령	-0.302	0.392	-0.399	0.282	0.151	0.297
여성	-0.177	0.198	-0.113	0.272	-0.083	0.299
교육수준	0.503	0.517	0.338	0.394	0.350	0.355
직급	0.064	0.417	0.079	0.315	-0.762	0.280
민간경력	-0.397	0.210	-0.358	0.320	-0.602	0.288
채용유형	0.278	0.378	0.061	0.395	0.140	0.429
직군	0.752	0.487	0.421	0.409	0.407	0.417
정치적 이념	-0.202	0.139	0.094	0.271	-0.133	0.218
부처수준						
정치인 출신 장관	0.043	0.473	0.172	0.243	-0.057	0.168
관료출신 장관	-0.737	0.440	-0.395	0.238	-0.989	0.170
이익집단(로그)	1.107	0.280	0.126	0.203	-0.348	0.178
관료출신 장관에 대한 지지						
개인수준						
연령	0.164	0.304	0.295	0.259	0.230	0.245
여성	-0.695	0.331	-0.880	0.424	-0.734	0.406
교육수준	0.228	0.252	0.216	0.320	-0.140	0.262
직급	-0.672	0.419	-0.720	0.375	-0.708	0.263
민간경력	-0.087	0.233	-0.410	0.296	-0.549	0.314
채용유형	0.254	0.259	-0.116	0.249	0.394	0.308
직군	0.470	0.276	-0.052	0.260	0.139	0.304
정치적 이념	0.255	0.211	0.009	0.186	0.326	0.258
부처수준						
정치인 출신 장관	0.143	0.246	0.398	0.265	-0.454	0.289
관료출신 장관	-0.159	0.302	0.263	0.299	-0.112	0.346
이익집단(로그)	0.755	0.243	0.348	0.236	-0.756	0.156

주: 각각의 역량·기술에 대한 지지 수준(종속변수)을 측정하기 위해 5점 척도를 사용하였다. "나는 이러한 역할에 매우 동의한다(5)," "나는 이러한 역할에 다소 동의한다(4)," "나는 이러한 역할에 무관심하다(3)," "나는 이러한 역할에 동의하지 않는다(2)," "나는 이러한 역할에 전혀 동의하지 않는다(1)."

표 12-5_ 경력배경에 따른 공변량의 추정 효과 (정치적 영향력 집단)

변수	내부관리		조정능력		정책전문성	
	Est.	SE	Est.	SE	Est.	SE
정치인 출신 장관에 대한 지지						
개인수준						
연령	0.424	0.279	−0.019	0.413	0.128	0.437
여성	0.203	0.227	0.352	0.273	0.171	0.294
교육수준	−0.195	0.344	−0.773	0.462	−0.185	0.392
직급	0.264	0.444	0.428	0.345	−0.066	0.493
민간경력	0.481	0.474	0.448	0.251	0.378	0.430
채용유형	0.406	0.452	0.220	0.607	0.103	0.593
직군	−0.139	0.226	−0.290	0.299	−0.367	0.433
정치적 이념	−0.138	0.271	0.275	0.240	0.001	0.364
부처수준						
정치인출신 장관	1.232	0.553	0.402	0.245	0.852	0.365
관료출신 장관	0.471	0.574	0.023	0.246	−0.073	0.348
이익집단 (로그)	0.063	0.505	−0.419	0.267	−0.059	0.411
관료출신 장관에 대한 지지						
개인수준						
연령	0.015	0.218	−0.097	0.391	0.101	0.381
여성	0.458	0.226	0.472	0.243	0.597	0.382
교육수준	−0.640	0.330	−0.841	0.253	−0.110	0.375
직급	0.311	0.294	0.264	0.278	0.281	0.374
민간경력	0.356	0.411	0.145	0.293	0.061	0.373
채용유형	0.246	0.598	−0.121	0.451	0.318	0.371
직군	0.523	0.237	−0.373	0.241	−0.265	0.382
정치적 이념	0.177	0.230	0.158	0.268	0.180	0.254
부처수준						
정치인 출신 장관	1.849	0.351	0.963	0.313	2.231	0.369
관료출신 장관	0.449	0.341	−0.040	0.255	0.106	0.206
이익집단 (로그)	−0.198	0.313	−0.198	0.247	0.184	0.373

표 12-6_ 경력배경에 따른 공변량의 추정 효과 (낮은 인지도 집단)

변수	내부관리		조정능력		정책전문성	
	Est.	SE	Est.	SE	Est.	SE
정치인 출신 장관에 대한 지지						
개인수준						
연령	0.466	0.466	−0.594	0.607	−0.881	0.538
여성	0.248	0.224	−0.492	0.185	−0.543	0.206
교육수준	1.270	0.210	0.201	0.395	0.317	0.440
직급	−0.952	0.192	−0.024	0.442	−0.494	0.272
민간경력	−0.130	0.215	0.324	0.262	0.119	0.425
채용유형	0.815	0.493	0.164	0.499	−0.410	0.318
직군	0.410	0.414	−0.122	0.277	0.392	0.454
정치적 이념	−0.802	0.588	0.826	0.498	−0.737	0.043
부처수준						
정치인 출신장관	0.213	0.333	0.655	0.331	1.157	0.416
관료출신 장관	0.137	0.229	0.415	0.303	0.411	0.555
이익집단 (로그)	—	—	—	—	—	—
관료출신 장관에 대한 지지						
개인수준						
연령	−0.141	0.484	0.560	0.487	−0.323	0.341
여성	0.444	0.119	0.262	0.207	−0.198	0.439
교육수준	0.978	0.598	0.431	0.602	0.519	0.575
직급	−0.444	0.454	−0.806	0.241	−0.221	0.227
민간경력	0.110	0.514	0.268	0.333	0.379	0.532
채용유형	0.039	0.568	−0.289	0.581	−0.357	0.631
직군	−0.361	0.302	0.096	0.282	−0.055	0.318
정치적 이념	0.117	0.307	0.159	0.259	−0.234	0.240
부처수준						
정치인 출신장관	−0.520	0.467	−0.166	0.341	−0.096	0.427
관료출신 장관	−0.599	0.302	−0.020	0.220	−0.383	0.299
이익집단 (로그)	—	—	—	—	—	—

주: 각각의 역량·기술에 대한 지지 수준(종속변수)을 측정하기 위해 5점 척도를 사용하였다. "나는 이러한 역할에 매우 동의한다(5)," "나는 이러한 역할에 다소 동의한다(4)," "나는 이러한 역할에 무관심하다 (3)," "나는 이러한 역할에 동의하지 않는다(2)," "나는 이러한 역할에 전혀 동의하지 않는다(1)."

1. 장관 경력의 효과

이하에서는 장관의 경력배경이 공공관리의 다양한 측면에서 어떻게 관료의 지지 수준을 형성하는지 살펴보고자 한다. 본 연구는 문헌검토를 통해 관료 출신 장관이 부처 내부 관리 능력(가설 1)과 정책 형성 및 집행 전문성(가설 2)에 대하여 더 많은 지지를 받을 것으로 예측했다. 장관의 공무원 경험은 관료들과 공통된 규범과 목표를 공유하며 관료들의 정책 선호도를 대표할 가능성이 높기 때문이다. 다른 한편으로는 정책 집행과정에서 국회의 권한이 필요하므로 정치인 출신 장관이 다른 제도 행위자와의 조정 능력(가설 3)에 대하여 더 많은 지지를 받을 것으로 예상했다.

<그림 12-3>은 <표 12-3>의 다층모형에서 예측한 평균 지지 수준을 추정한 그래프이다. 왼쪽 그래프는 공공관리의 세 가지 차원에 대한 정치인 출신 장관 지지 실험 효과 추정치를 나타내며, 오른쪽 그래프는 관료 출신 장관 지지 실험 효과를 동일한 차원으로 나타낸다. 앞에서 언급했듯이 양수 추정치는 실험집단에 대한 지지가 더 많음을, 음수 추정치는 실험집단에 대한 지지가 더 적음을 나타낸다.

그림 12-3_ 장관 경력 배경의 추정된 처치 효과(전체 집단)

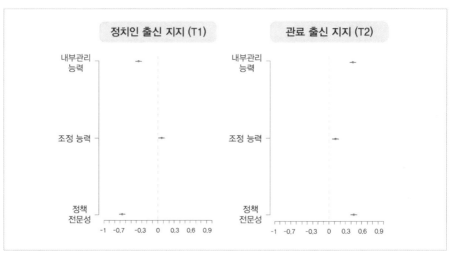

주: 다층모형에서 예측된 평균 지지 수준을 95% 신뢰수준에서 나타냈다. 왼쪽 그래프는 정치인 출신 장관에 대한 지지 효과를, 오른쪽 그래프는 관료 출신 장관에 대한 지지 효과를 나타낸다.

첫째, 내부관리 능력 측면에서 관료 출신 장관을 지지하는 효과는 0.441로 통계적으로 유의한 정의 값을 보인 반면, 정치인 출신 장관 지지는 -0.352로 유의한 부의 효과를 보여주었다. 둘째, 정책전문성 측면에서 관료 출신 장관에 대한 지지는 0.456으로 통계적으로 유의한 정의 효과로 나왔다. 이와 대조적으로, 정치인 출신 장관의 정책 전문성에 대한 지지는 -0.658로 강한 부의 값을 보여주고 있다. 이러한 연구결과는 가설1과 2를 강력하게 뒷받침한다.

셋째, 다른 제도 행위자와의 조정 능력 면에서 정치인 출신 장관에 대한 지지는 0.066으로 상당히 작지만 여전히 통계적으로 유의한 정의 값이다. 이에 비해 관료 출신 장관에 대한 지지는 0.113으로 실질적으로 더 크다고 볼 수 있지만, 두 실험 효과 간에 통계적 유의한 차이는 아니었다. 이 결과는 세 번째 가설을 뒷받침하지는 않지만, 주목할 만한 시사점을 제시하고 있다. 즉, 관료의 시각으로 보면, 국회의원을 행정부의 수장으로 임명하는 것은 공공관리의 세가지 부문에서 상충하는 면(trade-off)이 있을 수 있지만 고위 공무원을 장관으로 임명할 때는 반드시 그렇지만은 않다는 점이다.

2. 장관 경력과 정책 분야의 영향

다음은 기관 유형과 장관의 경력배경에 따라 관료들의 장관 리더십 평가가 어떻게 조절되는지 공공관리 측면에서 심도 있게 검토하고자 한다. 내부관리 능력과 정책전문성은 모든 부처에서 중요하지만, 특히 민주정부에서 주요 정책분야를 유지하는 데 이는 핵심적인 역량으로 볼 수 있다. 따라서 처음 두 가설을 확장해 보면 특히 "상위 정책" 부처의 경우 관료 출신 장관이 내부 관리 능력(가설 4)과 정책 수립 및 집행 전문성(가설 5)에 대해 더 많은 지지를 받을 수 있을 것으로 예측했다.

<그림 12-4>는 상위 정책 기관 유형에서 <표 12-4>의 다층모형에서 예측된 평균 지지 수준을 추정한 그래프이다. 앞서와 마찬가지로 왼쪽은 정치인 출신 장관 지지의 실험 효과 추정치를 공공관리 3가지 차원에서 보여주고 있으며, 오른쪽은 동일하게 관료 출신 장관의 실험 효과 추정치를 나타낸다. 마찬가지로, 양수 추정치는 실험집단에 대한 지지도가 더 높음을, 음수 추정치는 실험집단에 대한 지지율이 더 낮음을 의미한다.

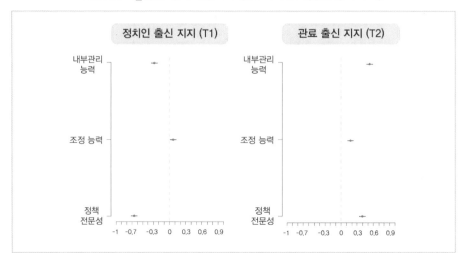

그림 12-4_ 장관 경력 배경의 추정된 처치 효과(상위 정책 부처)

주: 다층모형에서 예측된 평균 지지 수준을 95% 신뢰수준에서 나타냈다. 왼쪽 그래프는 정치인 출신 장관에 대한 지지 효과를, 오른쪽 그래프는 관료 출신 장관에 대한 지지 효과를 나타낸다.

<그림 12-4>에서 내부 관리 능력에 대한 관료 출신 장관 지지는 0.475로 통계적으로 유의한 정의 효과를 보였지만, 정치인 출신 장관 지지 효과는 -0.267로 유의한 부의 효과가 나타났다. 또한 정책 전문성에 대한 관료 출신 지지 효과는 0.394이지만, 정치인 출신 장관 지지는 -0.661로 두 값 모두 통계적으로 유의하지만, 방향성은 반대였다. 이 결과는 가설 4와 가설 5를 뒷받침하는 것으로 핵심 정책부처의 공무원은 외부에서 선발된 부처 장관들에 대해 부정적으로 인식하는 경향이 있음을 시사한다. 아마도 정치인 출신 장관의 경우 고도로 전문적인 집단을 관리하거나 집행부의 핵심 현안을 형성·집행하는 업무의 성격에 관해 잘 알지 못할 가능성이 크다고 인식하기 때문일 것이다. 마지막으로 다른 제도 행위자와의 조정 능력에 대한 정치인 출신 장관(0.093)과 관료 출신 장관(0.152)의 지지 효과는 둘 다 양수이지만 이들의 차이는 통계적으로 유의하지 않은 것으로 나타났다.

한편, 조직적인 이익집단과 강하게 연계된 부처는 입법부 등과의 조율이 중요한 변수로 작용할 것이다. 이에 본 연구에서는 정치인 출신 장관들이 소위 '정치적 영향력'(가설 6)을 행사할 수 있기 때문에 다른 제도 행위자와의 조정 능력에 대한 지지를 더 많이 받을 것으로 예상했다. 앞서와 마찬가지로 <그림 12-5>의 왼쪽 그래프는

정치인 출신 장관 지지의 추정 실험효과를 나타내며, 오른쪽 그래프는 관료 출신 장관 지지의 실험효과를 나타낸다. 분석결과, 다른 제도 행위자와의 조정 기술에 대한 정치인 출신 장관 지지의 순 효과는 0.449인 반면, 관료 출신 장관 지지 효과는 0.353으로 정치인 장관보다 낮게 나와 가설 6은 수용되었다. 한편, 내부 관리 능력, 정책 전문성 측면에서는 예상대로 관료 출신 장관이 정치적 영향력을 가진 부처에서도 관료들의 지지를 높게 받은 것으로 나타났다(가설 7). <그림 12-5>에 따르면 내부관리 능력(0.523)과 정책 전문성(0.531)에 대한 관료 출신 장관 지지 효과는 통계적으로 유의한 정의 값을 보였지만, 정치인 출신 장관은 내부관리 능력(-0.148)과 정책 전문성(-0.241) 모두 통계적으로 유의한 부의 효과를 가진 것으로 나타났다. 실제로 정치적 영향력 분야에서 응답자들은 정치인 출신 장관의 일반적인 지도력보다는 다른 제도 행위자와의 조정 능력에 대해 더 강하게 지지하였다.

그림 12-5_ 장관 경력 배경의 추정된 처치 효과(정치적 영향력 부처)

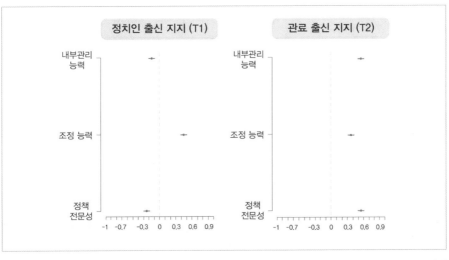

주: 다층모형에서 예측된 평균 지지 수준을 95% 신뢰수준에서 나타냈다. 왼쪽 그래프는 정치인 출신 장관에 대한 지지 효과를, 오른쪽 그래프는 관료 출신 장관에 대한 지지 효과를 나타낸다.

<표 12-6>과 <그림 12-6>에서는 저인지도 부처에서도 위의 두 기관 유형과 유사한 패턴이 나타나는지 검증하였다. 분석 결과는 예상한 바와 같이 관료 출신 장관은 내부관리 능력 및 정책 전문성에 대한 공무원들의 지지가 높았지만, 정치인

출신 장관은 다른 제도 행위자와의 조정 능력에 대한 지지가 더 높은 것으로 나타났다(가설 8). 그림 6에서 관료 출신 장관의 내부 관리능력 지지 효과(0.429)와 정책 전문성 지지 효과(0.400)는 통계적으로 유의한 정의 효과인 반면, 정치인 출신 장관의 내부 관리 능력지지(-0.158)와 정책 전문성 지지 효과(-0.687)는 통계적으로 유의한 부의 값으로 나타났다. 반면 다른 제도 행위자와의 조정 능력에 대한 정치인 출신 장관 지지 효과(0.249)는 통계적으로 유의한 정의 값을 보였지만, 이에 비해 관료 출신 장관 지지 효과(0.104)는 상당히 작은 것으로 나타났다.

그림 12-6_ 장관 경력 배경의 추정된 처치 효과(저인지도 부처)

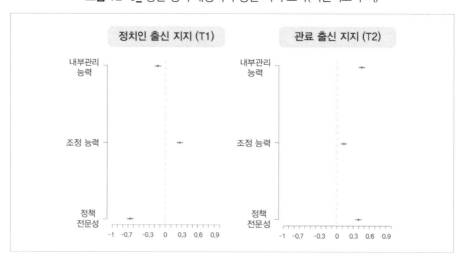

주: 다층모형에서 예측된 평균 지지 수준을 95% 신뢰수준에서 나타냈다. 왼쪽 그래프는 정치인 출신 장관에 대한 지지 효과를, 오른쪽 그래프는 관료 출신 장관에 대한 지지 효과를 나타낸다.

종합하면 <그림 12-3>과 같이 관료 출신 장관이 공공관리의 세 가지 측면 모두에 있어서 공무원들의 지지를 받는 것으로 나타났다. 그러나 부처 특성별 하위집단으로 구분하여 장관 리더십에 대한 공무원들의 인식을 살펴보면 부처의 특성이 공무원들의 시각에 상당한 영향을 미치는 것으로 볼 수 있다. 부처 내부의 리더십이 의제 설정 능력과 정(正)의 관계를 갖는다는 기존 연구[56]와 달리, 본 연구의 실험적 접근법은 부처 내부의 리더십과 의제 설정 능력 사이의 정(正)의 관계가 특정 정책 영역에 따라 좌우될 수 있다는 보다 구체적인 결과가 도출되었으며, 장관 리더십이 해당 부

처뿐만 아니라 장관의 자격과 어떻게 밀접하게 관련되어 있는지를 이해하는 데 도움이 될 수 있다.[57]

V. 연구의 의의 및 한계

본 연구는 대통령제 하에서 장관의 경력 배경과 정책 분야에 대한 공무원들의 평가를 중심으로 장관 리더십에 대한 이해의 폭을 넓히고자 하였다. 장관 리더십 역할을 부처 내부 관리, 다른 제도 행위자와의 조정, 정책 형성 및 집행이라는 세 가지 차원에서 나누어 검토하였다. 연구 결과를 요약하면 일련의 특정행위자 간접 지지 실험설계를 통해 장관 리더십에 대한 공무원들의 태도가 비대칭적인 것으로 나타났다. 관료 출신 장관은 공공관리의 세 가지 차원 모두에서 지지를 받은 반면, 정치인 출신 장관은 다른 제도 행위자와의 조정 능력에 대해서만 지지가 증가했고 나머지 두 가지 차원에서는 감소했다. 특히 장관의 출신배경에 따른 지지 강도가 기관유형에 따라 달라짐을 발견하였다. 각각의 공공관리 차원에서 장관의 경력 배경과 정책 영역의 역할에 관한 가설 대부분이 지지되었다.

다만 분석결과에 대한 본 연구의 해석과는 다른 설명도 가능하다는 점 역시 고려할 필요가 있다. 첫째, 공무원들이 정치인을 기관장으로 지지하는 이유는 관련 정책 분야에서 국회의원 및 보좌진과 형성하는 관계 때문일 수 있다. 공무원은 사후 감독을 통해 입법부에 대한 책임을 질 수 있기 때문에 소속 기관에 대한 정치적 영향력을 넓힐 것으로 기대한다면, 향후 기관의 장관 후보자가 될 관련 위원회 의원들과도 더 긴밀한 관계를 구축할 수 있다. 이러한 의원들과 형성된 관계의 유형은 특히 다른 제도 행위자와의 조정 기술에서 장관 리더십에 대한 공무원들의 인식에 영향을 미칠 것이다. 둘째, 관료들의 장관 리더십에 대한 인식은 소속 조직의 특성에 따라서도 달라질 수 있다. 서로 다른 정책 영역에서 기관에 미치는 정치적 영향의 변화 가능성에 관한 논의를 확장하면, 정치적 영향을 보다 크게 받는 조직들은 채용과 승진에 있어서 보다 개방적이고 수용적일 수 있지만, 정치적 영향을 적게 받는 조직구조는 보다 독립적일 수 있다. 이러한 관계가 실제로 존재한다면 공공관리의 세 가지 차원과 정책 영역 간 상이한 장관 리더십의 평가에도 영향을 미칠 것이다.

이러한 가능성을 고려할 때 본 연구에는 몇 가지 한계가 있다. 첫째, 정치인 및 관료 출신 장관은 상호 대조적이라 대통령이 선택할 때 상충관계에 있다는 이론적 개념58에 기초하지만, 교수, 변호사, 기업가와 같은 다른 직업 유형 출신의 장관도 존재한다.59 선행연구에 따르면 여타 직업 배경에 대한 지지 효과가 제한적일 수 있지만,60 향후에는 여타 직업군으로 실험설계를 확대하여 그 효과를 검증할 수 있을 것이다.

둘째, 본 연구에서는 리더십 역할을 전통적인 세가지 공공관리 차원에 한정하였지만, 혁신 프로그램 추진, 새로운 비전 제시, 이해관계자와의 소통 등 기관장의 책임이 될 수 있는 공공관리의 또 다른 영역이 존재한다. 이러한 역할들은 급변하는 환경에서 점점 더 중요해지고 있으며 한국적 맥락과도 연계될 수 있다.

마지막으로 연구 결과의 일반화를 위해 한국과 다른 상황과 맥락의 후속 사례연구가 이어져야 할 것이다. 대한민국 공무원 인사는 능력기반 채용 및 승진에 바탕을 두고 있으며 정치로부터 독립적인 경향이 있다. 그러나 공직 제도는 국가마다 다를 수 있다. 예를 들어, 미국의 공직은 채용과 승진에서 외부 지원자에게 더 개방적이며 이런 상황에서 공무원들은 정치적 배경이 있는 기관장들에게 더 힘을 실어줄 수도 있다.

본 연구는 관료의 대리인적 관점에서 중요한 정책적 함의를 제공하며 장관 리더십에 대한 이해의 폭을 넓히는데 기여하였다. 대통령제 하에서 공공관리의 책임과 역량 간의 균형이 정치적 주인에게 항상 관심사가 되는 것은 아니며, 이러한 균형의 범위는 장관의 경력 배경과 부처의 유형에 따라 달라진다는 경험적 증거를 제시하였다는 점에서 본 연구의 의의가 있다. 공무원 조직을 둘러싼 다양한 환경적 맥락과 관료들의 인식 및 동기에 관한 추가적인 분석은 향후 연구로 남겨두고자 한다.61 또한, 장관의 개인적 특성과 장관 리더십의 새로운 차원들을 포함한 후속 연구도 대리인으로서 관료의 태도와 인식을 이해하는 데 기여할 수 있을 것으로 생각한다.

참고문헌

Ajzen, Icek, & Martin Fishbein. (1980). *Understanding Attitudes and Predicting Social Behavior*. Englewood Cliffs, NJ: Prentice Hall.

Amorim Neto, Octavio. (2006). The Presidential Calculus: Executive Policy Making and Cabinet Formation in the Americas. *Comparative Political Studies*, 39(4): 415-40.

Andeweg, Rudy B. (2000). Ministers as Double Agents? The Delegation Process between Cabinet and Ministers. *European Journal of Political Research*, 37(3): 377-95.

Andrews, Rhys, & George A. Boyne. (2010). Capacity, Leadership, and Organizational Performance: Testing the Black Box Model of Public Management. *Public Administration Review*, 70(3): 443-54.

Atchison, Amy, & Ian Down. (2009). Women Cabinet Ministers and Female-Friendly Social Policy. *Poverty and Public Policy*, 1(2): 1-23.

Balla, Steven J., & William T. Gormley, Jr. (2017). *Bureaucracy and Democracy: Accountability and Performance*. Washington, DC: CQ Press.

Battaglio, R. Paul, Jr., Paolo Belardinelli, Nicola Bellé, & Paola Cantarelli. (2019). Behavioral Public Administration ad fontes: A Synthesis of Research on Bounded Rationality, Cognitive Biases, and Nudging in Public Organizations. *Public Administration Review*, 79(3): 304-20.

Belardinelli, Paolo, Nicola Bellé, Mariafrancesca Sicilia, & Ileana Steccolini. (2018). Framing Effects under Different Uses of Performance Information: An Experimental Study on Public Managers. *Public Administration Review*, 78(6): 841-51.

Boyne, George A. (2003). Sources of Public Service Improvement: A Critical Review and Research Agenda. *Journal of Public Administration Research and Theory*, 13(3): 367-94.

Boyne, George A., Oliver James, Peter John, & Nicolai Petrovsky. (2011). Top Management Turnover and Organizational Performance: A Test of a Contingency Model. *Public Administration Review*, 71(4): 572-81.

Brehm, John, & Scott Gates. (1997). *Working, Shirking, and Sabotage: Bureaucratic Response to a Democratic Public*. Ann Arbor: University of Michigan Press.

Bullock, Will, Kosuke Imai, & Jacob N. Shapiro. (2011). Statistical Analysis of Endorsement Experiments: Measuring Support for Militant Groups in Pakistan. *Political Analysis*, 19(4): 363–84.

Camerlo, Marcelo, & Aníbal Pérez-Liñán. (2015). The Politics of Minister Retention in Presidential Systems: Technocrats, Partisans, and Government Approval. *Comparative Politics*, 47(3): 315–33.

Connolly, Jennifer M. (2018). Can Managerial Turnover be a Good Thing? The Impact of City Manager Change on Local Fiscal Outcomes. *Public Administration Review*, 78(3): 338–49.

Evans, Peter, & James E. Rauch. (1999). Bureaucracy and Growth: A Cross-National Analysis of the Effects of "Weberian" State Structures on Economic Growth. *American Sociological Review*, 64(5): 748–65.

Grissom, Jason A., Jill Nicholson-Crotty, & Lael Keiser. (2012). Does My Boss's Gender Matter? Explaining Job Satisfaction and Employee Turnover in the Public Sector. *Journal of Public Administration Research and Theory*, 22(4): 649–73.

Hahm, Sung Deuk, Kwangho Jung, & Sam Youl Lee. (2013). Exploring the Determinants of the Entry and Exit of Ministers in Korea: 1980–2008. *Governance*, 26(4): 657–75.

Hassan, Shahidul, & Deneen M. Hatmaker. (2015). Leadership and Performance of Public Employees: Effects of the Quality and Characteristics of Manager-Employee Relationships. *Journal of Public Administration Research and Theory*, 25(4): 1127–55.

Hollibaugh, Gary E., Jr. (2014). Naïve Cronyism and Neutral Competence: Patronage, Performance, and Policy Agreement in Executive Appointments. *Journal of Public Administration Research and Theory*, 25(2): 341–72.

_____. (2015). Vacancies, Vetting, and Votes: A Unified Dynamic Model of the Appointments Process. *Journal of Theoretical Politics*, 27(2): 206–36.

Hollibaugh, Gary E., Jr., Matthew R. Miles, & Chad B. Newswander. (2020). Why Public Employees Rebel: Guerrilla Government in the Public Sector. *Public Administration Review*, 80(1): 64–74. https://doi.org/10.1111/puar.13118

Huber, John, & Cecilia Martínez-Gallardo. (2008). Replacing Cabinet Ministers: Patterns of Ministerial Stability in Parliamentary Democracies. *American Political Science Review*, 102(2): 169–80.

Huber, John D., & Charles R. Shipan. (2002). *Deliberate Discretion? The Institutional Foundations of Bureaucratic Autonomy*. Cambridge: Cambridge University Press.

Indridason, Indridi H., & Christopher Kam. (2008). Cabinet Reshuffles and Ministerial Drift. *British Journal of Political Science*, 38(4): 621–56.

Jung, Kwangho, M. Jae Moon, & Sung Deuk Hahm. (2008). Exploring the Linkage between Ministerial Leadership and Performance in Korea. *Administration & Society*, 40(7): 667–90.

Kiewiet, D. Roderick, & Mathew D. McCubbins. (1991). *The Logic of Delegation: Congressional Parties and the Appropriations Process*. Chicago: University of Chicago Press.

Kim, Pan Suk. (2010). The Civil Service Systems in the Republic of Korea. In *Public Administration in East Asia: Mainland China, Japan, South Korea, and Taiwan*, edited by Evan M. Berman, M. Jae Moon, and Heungsuk Choi, 451–72. New York: CRC Press.

Lee, Don S. (2018a). Executive Capacity to Control Legislatures and Presidential Choice of Cabinet Ministers in East Asian Democracies. *Governance*, 31(4): 777–95.

_____. (2018b). Portfolio Allocation as the President's Calculations: Loyalty, Copartisanship, and Political Context in South Korea. *Journal of East Asian Studies*, 18(3): 345–65.

_____. (2020). Executive Control of Bureaucracy and Presidential Cabinet Appointments in East Asian Democracies. *Regulation and Governance* 14(1): 82–101. https://doi.org/10.1111/rego.12190

Lee, Don S., & Soonae Park. (2018). Democratization and Women's Representation in Presidential Cabinets. *Asian Journal of Political Science*, 26(2): 161–80.

Lee, Don S., & Paul Schuler. (2020). Testing the "China Model" of Meritocratic Promotions: Do Democracies Reward Less Competent Ministers than Autocracies? *Comparative Political Studies*, 53(3–4): 531–66. https://doi.org/10.1177/0010414019858962

Lee, Sam Youl, M. Jae Moon, & Sung Deuk Hahm. (2010). Dual Faces of Ministerial Leadership in South Korea: Does Political Responsiveness or Administrative Responsibility Enhance Perceived Ministerial Performance? *Administration & Society*, 42(Supplement 1): 77S–101S.

Lewis, David E. (2008). *The Politics of Presidential Appointments: Political Control and Bureaucratic Performance*. Princeton, NJ: Princeton University Press.

_____. (2011). Presidential Appointments and Personnel. *Annual Review of Political Science*, 14: 47–66.

Linz, Juan J. (1990). The Perils of Presidentialism. *Journal of Democracy*, 1(1): 51–69.

Lyall, Jason, Graeme Blair, & Kosuke Imai. (2013). Explaining Support for Combatants during Wartime: A Survey Experiment in Afghanistan. *American Political Science Review*, 107(4): 679–705.

Martínez-Gallardo, Cecilia, & Petra Schleiter. (2015). Choosing Whom to Trust: Agency Risks and Cabinet Partisanship in Presidential Democracies. *Comparative Political Studies*, 48(2): 231–64.

McCubbins, Mathew D. (1985). The Legislative Design of Regulatory Structure. *American Journal of Political Science*, 29(4): 721–48.

Meier, Kenneth J., & Laurence J. O'Toole, Jr. (2006). *Bureaucracy in a Democratic State: A Governance Perspective*. Baltimore: Johns Hopkins University Press.

Miller, Gary J., & Andrew B. Whitford. (2016). *Above Politics: Bureaucratic Discretion and Credible Commitment*. Cambridge: Cambridge University Press.

Nathan, Richard P. (1983). *The Administrative Presidency*. New York: John Wiley & Sons.

O'Toole, Laurence J. Jr., & Kenneth J. Meier. (2015). Public Management, Context, and Performance: In Quest of a More General Theory. *Journal of Public Administration Research and Theory*, 25(1): 237–56.

Park, Chan Wook. (2006). Legislators, Bureaucrats, and Interest Groups in Korea: A Review Essay. *Journal of Korean Politics*, 15(1): 163–208.

Pekkanen, Robert, Benjamin Nyblade, & Ellis S. Krauss. (2006). Electoral Incentives in Mixed–Member Systems: Party, Posts, and Zombie Politicians in Japan. *American Political Science Review*, 100(2): 183–93.

Petrovsky, Nicolai, Oliver James, Alice Moseley, & George A. Boyne. (2017). What Explains Agency Heads' Length of Tenure? Testing Managerial Background, Performance, and Political Environment Effects. *Public Administration Review*, 77(4): 591–602.

Rauch, James E., & Peter B. Evans. (2000). Bureaucratic Structure and Bureaucratic Performance in Less Developed Countries. *Journal of Public Economics*, 75(1): 49–71.

Scholz, John T., & B. Dan Wood. (1998). Controlling the IRS: Principals, Principles, and Public Administration. *American Journal of Political Science*, 42(1): 141–62.

Shugart, Matthew S. (2006). Comparative Executive–Legislative Relations. In *The Oxford Handbook of Political Institutions*, edited by R.A.W. Rhodes, Sarah A. Binder, and Bert A. Rockman, 344–65. Oxford: Oxford University Press.

Teodoro, Manuel P. (2011). Bureaucratic Ambition: Careers, Motives, and the Innovative Administrator. Baltimore, MD: Johns Hopkins University Press.

Thomann, Eva, Nadine van Engen,, & Lars Tummers. (2018). The Necessity of Discretion: A Behavioral Evaluation of Bottom–Up Implementation Theory. *Journal of Public Administration Research and Theory*, 28(4): 583–601.

Thomas, William. (1928). *The Child in America: Behavior Problems and Programs*. New York: Alfred A. Knopf.

Tummers, Lars. (2011). Explaining the Willingness of Public Professionals to Implement New Policies: A Policy Alienation Framework. *International Review of Administrative Sciences*, 77(3): 555–81.

Tummers, Lars, & Victor Bekkers. (2014). Policy implementation, street-level bu-
reaucracy, and the importance of discretion. Public Management Review,
16(4): 527-547.

Tummers, Lars, Victor, Bekkers, & Bram, Steijn. (2009). Policy Alienation of Public
Professionals: Application in a New Public Management Context. *Public
Management Review*, 11(5): 685-706.

Waterman, Richard W. (1989). *Presidential Influence and the Administrative State*.
Knoxville, TN: University of Tennessee Press.

Weingast, Barry R. (2005). Caught in the Middle: The President, Congress, and the
Political-Bureaucratic System. In *The Executive Branch*, edited by Joel D.

Wolf, Patrick J. (1993). A Case Survey of Bureaucratic Effectiveness in US Cabinet
Agencies: Preliminary Results. *Journal of Public Administration Research
and Theory*, 3(2): 161-81.

Wood, B. Dan. (1990). Does Politics Make a Difference at the EEOC? *American
Journal of Political Science*, 34(2): 503-30.

Wood, B. Dan, & Richard W. Waterman. (1991). The Dynamics of Political Control
of the Bureaucracy. *American Political Science Review*, 85(3): 801-28.

_____. (1994). *Bureaucratic Dynamics: The Role
of Bureaucracy in a Democracy*. Boulder, CO: Westview Press.

미 주

✻ 이 글은 2020년 Public Administration Review 80권 3호에 실린 "Ministerial Leadership and Endorsement of Bureaucrats: Experimental Evidence from Presidential Governments"를 번역 및 수정·보완한 것이다.

1 Lewis, 2008, 2011; Waterman, 1989; Wilson, 1989

2 McCubbins, 1985

3 Huber & Martínez-Gallardo, 2008; Indridason & Kam, 2008

4 Camerlo & Pérez-Liñán 2015

5 Lee, 2018b; Pekkanen et al., 2006

6 e.g., Linz 1990

7 e.g., Brehm & Gates, 1997; Huber & Shipan, 2002; Meier & O'Toole, 2006

8 Battaglio et al., 2019; Hollibaugh et al., 2020; Miller & Whitford, 2016; Teodoro, 2011; Thomann et al., 2018; Tummers & Bekkers, 2014

9 Atchison & Down, 2009

10 Grissom et al., 2012; Hassan & Hatmaker, 2015

11 Thomas, 1928

12 Ajzen & Fishbein, 1980

13 Thomann et al., 2018; Tummers, 2011

14 Tummers et al., 2009

15 Kiewiet & McCubbins, 1991

16 Nathan, 1983; Weingast, 2005; Wilson, 1989

17 Amorim Neto, 2006; Martínez-Gallardo & Schleiter, 2015

18 Brehm & Gates, 1997; Huber & Shipan, 2002; Meier & O'Toole, 2006

19 Teodoro, 2011; Tummers & Bekkers, 2014; Miller & Whitford, 2016; Thomann et al., 2018

20 Connolly, 2018; Lewis, 2008; Scholz & Wood, 1998; Wood, 1990; Wood & Waterman, 1991, 1994

21 Andrews & Boyne, 2010; Balla & Gormley, 2017; Belardinelli et al., 2018; Boyne, 2003; Boyne et al., 2011; Wolf, 1993

22 Lewis, 2008: 7; Balla & Gormley, 2017: 282; Wolf, 1993

23 e.g., Andeweg, 2000; Lee et al., 2010

24 Shugart, 2006

25 Hahm et al., 2013; Lee 2020
   물론 학계, 재계, 법조계, 군인 등 다른 경력 출신의 장관들도 있다. 그러나 관료 출신과 정치인 출신이라는 두 가지 유형의 장관은 한국에서 장관 리더십 특성으로 가장 일반적인 행정적 책임성과 정치적 대응성을 각각 대표한다는 연구결과가 있다(Lee et al., 2010).

26 Lee, 2020; Lee et al., 2010

27 Rauch & Evans, 2000

28 Evans & Rauch, 1999; Jung et al., 2008

29 Evans & Rauch, 1999, 752

30 Lee, Moon, & Hahm, 2010

31 Andeweg, 2000; Lee et al., 2010

32 Hollibaugh, 2014
   임명이 지체되는 현상은 기관 성과에 부정적인 영향을 미치는데, 시간의 경과는 여러 잠재적 후보자에 비해 상대적으로 후보자가 무능함을 암시하기 때문이다(Hollibaugh 2015).

33 Lee & Schuler, 2020; Pekkanen et al., 2006

34 Huber & Martínez-Gallardo, 2008; Kiewiet & McCubbins, 1991

35 Pekkanen et al., 2006

36 2019년 8월 30일 오거돈 해양수산부 장관 인터뷰, 2013년 9월 16일 송민순 외교통상부 장관 인터뷰, 2013년 9월 13일 주병직 건설교통부 장관 인터뷰.

37 Kim, 2010

38 2019년 8월 19일 이희범 산업통상자원부 장관 인터뷰, 2013년 9월 12일 이인제 노동부 장관 및 국회의원 인터뷰.

39 Miller & Whitford, 2016

40 김영록 전 농림축산식품부장관과 김영춘 전 해양수산부장관은 국회의원 출신 장관으로 농부와 어부 등 핵심 이해당사자에게 도움을 주었다.

41 Lee, 2020

42 본 연구 실험 설문문항의 무응답률은 7% 미만이며, 이는 통상적인 직접 설문의 무응답률보다 더 낮은 수치다.

43 또한 본 연구의 직접 설문 데이터는 공무원 대다수가 정치에 대해 부정적으로 인식하고 있음을 보여준다.

44 Lyall et al., 2013

45 Bullock et al., 2011

46 Lyall et al., 2013; 682

47 Lee, 2018b; Lee & Park, 2018; Pekkanen et al., 2006

48 이러한 정책 영역에는 조직적 이해관계가 존재할 수도 있다. 이러한 문제를 해결하기 위해 각 기관 내에 존재하는 이익집단의 수를 세어보았다.

49 Park, 2006

50 Pekkanen et al., 2006

51 표본의 크기를 확대하고 다른 차관급 기관들도 포함하는 것을 향후 중요한 연구 분야로 고려하고자 한다.

52 해당 설문의 개요 및 응답자 특성은 부록을 참고한다.

53 Lee, 2018b

54 출처: 통계청(http://kosis.kr)

55 Jung et al., 2008

56 Lee et al., 2010

57 본 연구의 실험 결과는 대한민국 정부가 제공한 평가 지표로도 검증된다(http://www.evaluation.go.kr/ user/board/list/userBoardDetail.do?boardCode =psec_eva, 2019년 7월 2일 접속).

58 Amorim Neto, 2006; Lee, 2018a

59 Lee et al., 2010: 86S

60 Lee et al., 2010

61 O'Toole & Meier, 2015; see also Petrovsky et al., 2017

13

일선 관료의 행태와
개혁의 동인

13 일선 관료의 행태와 개혁의 동인*

사람들은 흔히 관료 조직은 규칙에 의해 운영될 것이라고 기대한다.[1] 기존의 많은 연구들도 규칙이 관료들을 어떻게 통제하는지에 초점을 두었지, 관료에 대한 통제가 실제 이루어지는지 여부 그 자체에 대해서는 상대적으로 관심이 적었다. 특히 관료제 안팎의 권한 위임, 관료에게 주어진 재량 및 책임성과 관련한 정치적 통제 문제를 다루면서도 주로 기관장의 역할에 초점을 두어 논의해왔다.[2] 이와 같이 정치적 통제를 둘러싼 주요 논의에서 '일선의 대리인' 문제는 상대적으로 배제되어 왔다고 할 수 있다.

일선관료는 그 업무의 특성상 본질적으로 정책 집행에 있어 재량권을 행사하는 위치에 있다. Lipsky(1980/2010)의 기념비적 저작은 일선관료(street-level bureau-crats)에게 부여되는 재량과 주인(principals)으로부터의 자율성이 일선 관료 스스로의 판단과 결정을 가능케 하며, 동시에 이러한 판단과 결정은 일선의 여러 요인에 의해서 영향을 받을 것임을 시사했다. 선출된 정치인들이 기관의 정책 변경(policy change)이나 정책 산출에 상당한 영향을 미치고 있지만,[3] 행정학 분야에서 정치적 영향력이 일선 관료의 행태, 특히 정책 집행 과정에서의 의사결정에 미치는 영향에 관한 연구는 제한적으로 이루어져왔다.[4]

그렇다면 과연 무엇이 일선관료의 의사결정에 영향을 미치고 있을까? 선행연구에 따르면 직무 관련 태도와 지식,[5] 집행조직의 특성,[6] 업무 강도나 외부 요인으로부터의 압박[7] 등이 일선 관료의 의사결정에 영향을 미치는 것으로 나타났다. 상대적으로 논의가 적기는 하지만 정치적 요인은 주어진 조직 환경과 맥락 내에서 일선 관료들이 선출된 기관장으로부터 받는 영향력과 그에 대응하여 나타나는 행태의 차이를 설명해낼 수 있는 중요한 변수라 할 수 있다. 최근 정책 변동 과정에서 관료 재량의 중요성을 확인한 연구들[8]이 이러한 사실을 뒷받침하고 있다.

본 연구는 이상의 논의에 기반하여 어떠한 조건에서 일선관료들이 선출된 기관장의 정책 변경에 보다 적극적으로 호응하는지, 혹은 기존 방식과 규칙을 여전히 고수하려 하는지 살펴보고자 한다. 나아가 일선관료 집행이론과 선출직 정치인–일선관료 간 관계를 바탕으로 지방자치단체장 및 공무원 간의 이념적 일치성과 일선관료가 인식하는 재량의 정도가 기관장의 새로운 정책 또는 정책 변경 추진에 어떠한 영향을 미치는지를 살펴보고자 한다.

한국은 1995년 이래로 4년마다 지방자치단체장을 직접 선출하고 있으며 이는 한국이 지방자치가 실질적으로 이루어질 수 있는 시스템을 갖추고 있음을 의미한다.[9] 특히 중앙정부와 지방정부의 장이 서로 다른 정치적 이념을 가질 수 있고 지방정부, 특히 일선에서 관료들의 재량권이 어느 정도 행사될 수 있음을 고려할 때 한국은 지방의 일선 관료들이 중앙정부에서 만든 기존의 정책을 따르고자 할 것인지 아니면 중앙정부와 반대되는 정치적 신념을 가진 선출 정치인에 의한 정책 변경에 부응할 것인지를 검증해볼 수 있는 좋은 실험의 장이라 할 수 있다.

본 연구는 행정학과 정책학 분야의 행태연구에서 일선 관료들의 동조를 이끌어내는 조건과 관료 개인의 정치 성향 및 재량 인식에 대한 실험적 증거를 통해 공공부문 행태연구에 대한 시사점을 제공하고자 한다. 그간 관료 개인을 대상으로 이루어진 많은 연구에도 불구하고, '정부가 기능하는 방식을 개선하기 위한 도구', 즉 공공부문 행태를 더 잘 이해하기 위한 도구로서의 규율(discipline)은 주목받지 못하였다.[10] 본 연구는 이러한 문헌상의 공백을 메우기 위해 일선 관료의 행동이 관료 자신의 정책 성향 및 정책집행 시 재량권과 같은 현장 요인에 의해 어떻게 형성되고 변화되는지를 보여주고자 한다.

I. 일선 관료와 정책 변경 이행

정치학 연구의 격렬한 논쟁 중 하나는 정치인들의 정책 통제에 관한 것이다. 주로 미국 정치와 공공정책의 맥락에서 전개된 이 논의는 정치인에 의해 정책 변경을 추진하도록 위임받은 대리인으로서의 관료를 어떤 정치기관이 통제하는 게 더 효과적인지를 밝히는 데 초점을 둔다. 다만 정치인의 시각에서 나온 이 논의와는 별개로 대리인으로서 관료가 실제로 정치인이 원하는 결과를 이끌어내는 방식으로 활동하는지는 확실치 않다. 이른바 '하향식' 방식에는 일선관료에 의해 정책 변경이 어떻게 구현

될지를 정확히 이해하는 데 있어 두 가지 단점이 존재한다. 첫째, 하향식 접근법은 정치적 도구가 관료주의를 통제하는 데 효과적이라고 가정한다. 이러한 하향식 접근법과 관련된 문헌은 주로 보상이나 처벌과 같은 정치적 통제 메커니즘에 대한 관료들의 대응성을 다룬다. 그러나 관료 중심의 접근법인 소위 '상향식' 관점은 전자의 접근법에 대해 의문을 제기하며 관료들이 항상 정치적 통제와 같은 영향력에 반응하는 것은 아니며 일선의 각종 요소들이 그들의 행동에 더 중요한 역할을 할 것이라고 주장한다.[11] 특히 최근 일선관료 관련 연구는 정책 결정의 모호성을 강조하며 정책 지시 준수 대 비준수라는 단순한 이분법을 넘어서는 경향을 보이고 있다.[12]

둘째, 정책 변경을 추진하는 과정에는 본질적으로 일정 수준의 관료적 재량[13]을 수반할 수밖에 없으나 하향식 관점은 관료적 재량에 대해 회의적이거나 부정적인 견해를 취한다.[14] 그들에게 있어 관료들의 재량은 정치인들의 이상적인 정책 선호를 벗어난 것, 준법 실행을 방해하는 것으로 종종 간주된다. 그러나 제한된 자원을 현장 상황에 맞추어 관리할 수 있도록 실무자들에게 여지를 마련해 주어야 하기에, 실질적으로 성공적인 정책집행을 위해 일선관료의 재량권은 불가피하다고 볼 수 있다.[15] 즉, 정책변경 과정에서 일선 요인에 대한 논의가 배제된다면 이는 개념적으로 정책집행에 대한 온전한 설명이라 할 수 없을 것이다.

한편 다양한 선행연구들은 일선관료에 대한 정치적, 관리적 통제가 실제 일선관료의 행동을 제어할 수 있는 영향력이 있는지 검토해왔으며,[16] 정치인과 관리자의 의도가 현장의 서비스 제공으로 전환되는 과정에서 수많은 분절적 요인이 영향을 미친다는 것을 발견해 왔다. May and Winter(2009)가 거듭 강조하였듯이 소위 '정책집행 방정식'과 '일선관료들의 행태 및 영향력이 발생하는 경로'에서 정치적 또는 관리적 요인이 얼마나 중요한지 이해해야 한다는 것이다. 최근 증가하고 있는 여러 일선 관료 행태 관련 연구들이 주장하듯[17] 정책집행 분야 역시 일선 관료의 행태에 대한 보다 심도 있는 연구가 요구된다.

따라서 본 연구는 일선관료가 기존 규칙을 준수하는 대신 선출직 정치인의 정책변경에 반응할 가능성이 높은 조건을 파악하여 행태주의적 통찰력을 제공하고자 한다. 구체적으로, 선출직 정치인의 정책변경을 추진할 수 있는 관료들의 정책 성향과 인식에 관하여 1)선출직 정치인의 정책적 입장을 관료들이 공유하는지 여부, 2)관료들이 정책집행에서 인식하는 재량권 수준에 관한 두 가지 요소를 검토하고자 한다.

가설을 설정함에 있어서, 본 연구는 공무원이 정책변경이나 새로운 정책을 이해하고 실행할 수 있는 지식과 기술을 어느 정도 가지고 있다고 보는 베버의 관료주의 모델을 가정한다.[18] 능력에 기반한 관료주의가 세계 어느 곳에서나 항상 표준이 되는 것은 아니지만, 이러한 단서는 미국의 관료주의나 본 연구의 대상인 한국의 사례 등 우리가 자주 관찰하는 현대화된 관료조직을 바탕으로 진화한 것이므로 본 연구의 논리를 훼손하는 것은 아니라고 본다.

1. 이념적 일치 그리고 정책변경의 이행

일선관료의 정치적 이념은 그들의 정책 성향과 개념적으로 동일하기 때문에 중요하다. 일선관료의 정치적 이념은 특히 다양하고 모호한 임무를 가진 조직에서 정보를 해석하는 방식에 영향을 미치기 때문에, 일선에서의 정책집행에 영향을 끼칠 수밖에 없다.[19] 또한 정책집행은 '정책 초안과 정책의 궁극적인 효과 사이에 있는 과정의 일부'[20]이며, 일선관료의 정책 성향과 일치하지 않는 정책 변경은 제대로 실행되지 않을 수도 있다.[21] 비록 선출직 정치인들이 그들의 이념이나 성격과는 관계없이 대리인인 관료의 지지를 받는 것을 선호할 수 있지만,[22] 일선관료의 정책적 입장은 일반적으로 선출직 정치인들의 정책 프로그램을 해석하고 적용하는 데 있어 영향을 미친다고 한다.[23]

행정학과 정치학 연구는 일반적으로 일선관료의 정치이념에 의해 그들의 행태가 어떻게 형성되는지에 대한 통찰력을 제공해왔다. Keiser(2010: 249-50)는 '자유-보수의 연속상에 있는 개인의 인식'으로 정의되는 관료들의 이념적 정체성이 다양한 정책 문제에 대한 태도와 밀접한 관련이 있는 것을 입증하였으며,[24] 따라서 이념이 관료의 정책집행에 영향을 미친다고 주장했다. Keiser(2010: 255)에 따르면 보수적인(conservative) 관료보다 진보적인(liberal) 관료들은 미국 납세자들에 대한 책임감이 적었고, 진보적인 관료들은 사회보장 장애 프로그램 자격 여부를 판단함에 있어 신속한 결정을 내릴 가능성이 더 낮았다고 한다. 또한 정치학 연구는 관료들이 공직 재직 기간 동안 특정한 정책적 선호나 정책변경의 방향으로 치우치는 경향이 있을 수 있음을 시사했다. 일선관료는 공무원 경력을 쌓기 위해 일정 수준의 공공봉사동기 및 정책 선호도를 갖춘 상태로 채용되었을 가능성이 크며, 재직 중에도 이러한 정책 선호도를 발전시킬 수 있다.[25]

정책집행에서 관료들의 이념적 또는 정책적 선호가 중요하다는 증거는 현대화된 관료제도 어디에서나 쉽게 찾아볼 수 있다. 미국에서 가장 보수적인 행정부 중 하나인 레이건 행정부 시절 진보주의 공무원들은 때때로 정치적 이념과 정책 신념에 따라 행동했다.[26] 한국에서도 공무원들의 정책성향이 선출직 정치인들의 정책변경을 이행하는 데 영향을 미친다는 증거가 있다. 1993년 문민정부를 탄생시킨 보수성향의 김영삼 대통령은 규제완화와 민영화를 아우르는 경제개혁을 단행하였다. 그러나 시장 경제계획은 현상 유지를 선호하는 친노동자 관료들의 반발을 샀다. 광범위한 경제정책과 공공부문의 적극적인 역할을 선호하는 관료들에게 있어 김영삼 대통령의 개혁안은 그들의 자유를 제한하려는 시도로 여겨졌다. 즉 정책변경은 직업적 정체성이 내재되어 있는 일선관료에 의해 실행되고, 그들의 선호나 정치적 지향과 상이한 정책변경에 대해서는 저항적일 수 있기 때문에 이러한 변화는 결국 정치인의 실패로 끝나게 된다. 이상의 논의를 통해 선출직 정치인과 관료들의 정치이념이 일치할 때, 일선관료들은 선출직 정치인의 정책 변경을 추진할 가능성이 더 높다(가설1)고 예상할 수 있다.

2. 관료의 재량에 대한 인식과 정책 변경의 이행

일선관료의 정책집행에 영향을 미치는 또 다른 중요한 요소는 정책 변경의 이행에 있어서 재량권에 대한 인식과 관련이 있다. 일선관료에 관한 기존 연구들은 정책 추진 과정에서 재량의 문제 및 중요성을 오랫동안 강조해왔다.[27] 정책집행에서 일선관료의 행태적 측면을 강조하는 최근 연구들은 관료의 재량 수준이 정책 권한부여(policy empowerment) 및 성공적 정책 변경 추진과 깊게 관련되어 있음을 시사한다.[28]

일선관료가 재량권을 행사하기로 결정할 때 재량권의 본질이 중요해진다.[29] 일선관료는 종종 스스로를 보호하기 위해서, 또는 고객을 대신하여 규정을 완화하거나 위반하는 노력과 위험을 감수할 가치가 없다고 여길 때 규칙을 엄격하게 적용한다.[30] 일선관료들이 그들에게 주어진 재량권을 행사함에 있어서는 현명하고 전략적인 모습을 보이나[31] 그 방식은 조금씩 다르게 나타날 수 있다. 더군다나 업무관련 지식의 차이,[32] 집행조직 내의 제약,[33] 또는 외부 환경[34]으로 인해 일선관료가 재량권을 행사할 수 있는 범위에는 차이가 존재한다.

이러한 이유로, 일선관료의 정책집행은 본질적인 재량권을 수반하지만, 모든 공무원이 실제 추진과정에서 동일한 수준의 재량권을 인식하지는 않을 것이다. 최근 연구들은 일선관료가 정책집행에서 더 많은 재량권을 가지고 있다고 인식하면, (정책 프로그램은 사회 또는 고객을 위한 특정 상황을 목표로 할 수 있기에) 정책 고객의 의미가 더 심화될 가능성이 크다고 주장한다.[35] 결국 정책의 의미를 인식하는 일선관료는 집행된 정책의 내용에 관한 자신의 영향력을 인식하고 새로운 정책의 내용에 자신의 관심사를 반영할 수 있으므로 정책집행에 더 많은 노력을 기울일 것이다.[36] 간단히 말해, 관료적 재량권의 인식 수준이 높아지면 정책 변경을 실행하려는 그들의 의지가 강화될 가능성이 높다.

　본 연구는 일선관료가 인식하는 재량권 수준과 선출직 기관장이 지시한 정책 변경을 실행하려는 의지 사이의 관계 설정에 이와 같은 추론을 적용한다. 이러한 경우 정책 변경의 의미는 특히 선출된 정치인들에게 가치가 있는 만큼 관료들에게 직접적으로 영향을 미친다. 소위 고객의 중요성이 정책 변경을 추진토록 관료를 자극하거나 권한을 부여하는 방식과 유사하게 '주인의 중요성(principal meaningfulness)'은 정책 변경을 추진하려는 관료의 의지를 고양하는 데 도움이 될 것이다. 따라서 새로운 정책 내용에 대해 자신의 영향력을 인지하고 있는 관료들은 집행에 더 큰 노력을 기울일 동기가 부여된다. 정책 영향력을 더 많이 경험한 공무원들이 정책 변경을 지원하거나 새로운 정책을 집행할 의사가 있다는 것은 놀라운 일이 아니다.[37] 종합하면 관료들 스스로 재량권이 많다고 인식할수록 선출직 정치인의 정책 변경을 실행하려는 관료들의 의지가 더 커질 것으로 예측한다. 즉, 일선관료들은 정책집행에 있어서 재량권이 적다고 인지할 때보다 재량권이 더 많다고 인지할 때 선출직 정치인들의 정책 변경을 추진할 가능성이 높다(가설2).

II. 연구 설계: 설문 실험

　일선관료가 선출직 정치인의 정책 변경을 어느 정도 이행할 가능성이 있는지를 살펴보기 위해 대한민국 지방공무원들을 대상으로 설문조사를 실시하였다. 설문조사 응답자에게 목록에 있는 항목이 자신과 얼마나 관련이 있는지 밝히도록 요청하는 간접질문 형식인 열거식 실험(list experiment)을 활용하여 가설을 검증하고자 한다. 이 조사 설계는 사회적 바람직성 편향(social desirability bias)과 응답에 대한 비(非)무작위적 거부에 대한 잠재적 우려를 해소하는 데에 특히 유용하다. 이러한 연구 설계를 선택한 데에는 몇 가지 이유가 있다.

첫째, 설문조사가 응답자의 근무현장에서 실시된다는 점에서 관료들은 선출직 정치인의 정책 변경에 대해 진실된 의견을 진술하기가 쉽지 않다. 현장에서 대면조사를 시행할 경우 응답자는 사회적 시선을 의식하여 부정적인 의견은 숨기고 현 기관장의 정책 변경에 우호적 응답만 하게 될 수도 있을 것이다. 더군다나 한국은 관료조직의 위계구조와 엄격한 공직문화로 인해 상부에 대한 정책평가를 직접 요청할 경우 높은 무응답률을 보이는 경우가 많아 연구결과의 타당성이 낮아질 수 있다. 따라서 직접질문보다는 간접질문 형식을 취하는 것이 대리인들, 즉 일선 관료의 선호에 더욱 부합하며 진실된 응답률을 높이게 될 것이다.

본 연구에서 활용한 열거식 실험의 기본설계는 다음과 같다. 먼저 응답자를 통제 및 실험 집단으로 무작위 배정한다. 대조군 질문 목록은 통제집단에 제시되며 이 목록에 하나의 처치 항목(관심 항목)을 추가한 질문 목록이 실험집단에 제시된다. 그런 다음 응답자들은 자신에게 해당되는 항목 수를 제시하도록 요청받는다. 이러한 간접적 방식을 통하여 답변을 제공하기 때문에, 응답자들은 편안한 상태에서 진실된 답변을 제공할 수 있다. 또한 무작위로 선택된 통제 및 실험 집단에 제시하는 항목을 변경함으로써 처치 항목을 선택할 가능성이 높은 응답자의 비율을 추정할 수 있다.[38]

본 연구에서는 통제집단에 대해 다음과 같은 질문을 했다.

귀하의 직무 수행 과정 중에는 여러 요소들이 의사 결정에 영향을 미치기 마련입니다. 아래 목록 가운데 몇 가지 요소들이 기존의 관행과는 다른 결정을 내리도록 실질적 변화를 줄 수 있다고 생각하십니까? 어떤 요소인지는 말씀하지 않으셔도 됩니다. 다만, 몇 가지가 해당되는지만 말씀해주십시오.

1) 여론에 따른 요구가 있을 때
2) 법률 개정이 있을 때
3) 소속기관 직속상관이 다른 의견을 내세울 때
[항목은 무작위 순서로 나열됨]

일선관료에 대한 기존 문헌에 따르면 관료와 고객, 즉 시민의 상호 작용 및 관료의 법적 관점은 모두 일선의 결정에 영향을 미칠 수 있다.[39] 관료와 시민 사이의 상호 작용은 이들의 정책 관련 결정에 상당한 영향을 미치는데, 관료는 시민 특성과 그들의 정체성을 주의 깊게 살펴 정책적 결정을 내리기 때문이다.[40] 또한 위계적 공무원 조직에서 직속상관의 의견은 부하로서 무시하기 어려운 부분이다.

1. 실험 조건

통제집단에 제시하였던 세 질문 항목에 더하여 이번에는 실험 집단에 제시될 항목, 즉 일선관료의 정책집행 결정을 형성하는 주요 조건 중 하나인 현직 정치인의 영향력, 즉 현직 정치인이 추진하는 정책 변화 요인을 검토한다. 실험집단에는 통제집단과 동일한 질문에 현직 지방자치단체장의 정책 의도와 관련된 처치 항목을 추가하였다.

귀하의 직무 수행 과정 중에는 여러 요소들이 의사 결정에 영향을 미치기 마련입니다. 아래 목록 가운데 몇 가지 요소들이 기존의 관행과는 다른 결정을 내리도록 실질적 변화를 줄 수 있다고 생각하십니까? 어떤 요소인지는 말씀하지 않으셔도 됩니다. 다만, 몇 가지가 해당되는지만 말씀해주십시오.

1) 여론에 따른 요구가 있을 때
2) 법률 개정이 있을 때
3) 소속기관 직속상관이 다른 의견을 내세울 때
4) 소속 자치단체장이 다른 지시사항을 내릴 때
[항목은 무작위 순서로 나열됨]

2. 표본추출 및 균형표본

본 설문실험은 2017년도 지방자치단체를 대상으로 한 「공공부문 성과에 대한 공무원 인식조사」의 일환으로 실시되었다.[41] 완료된 조사 중 918명(49.9%)이 통제 집단, 922명(50.1%)이 실험 집단에 속하며 두 집단 모두 비슷한 응답률을 보였다.

세 가지 독립변수는 다음과 같이 조작화하였다. 먼저 첫 번째 독립 변수인 선출된 정치인의 정치적 입장은 지방자치단체장이 진보 정당 출신이면 1, 보수 정당 출신이면 0에 해당한다. 둘째, 일선관료의 정치적 성향은 설문을 통해 진보라고 밝힐 경우 1, 보수라고 밝힐 경우 0으로 코딩하였다. 셋째, 관료적 재량 수준 변수는 일선관료가 정책 집행 과정에서 인지하는 재량 수준으로 5점 척도로 코딩하였다. 한편 지방자치단체장과 일선관료 응답자 모두에 대해 다음의 인구통계학적 특성과 직업적 배경을 통제하였다.

- 최종 학력: 0＝중등교육 이수(또는 그 이하), 1＝대학졸업(BA), 2＝대학원(MA), 3＝대학원(PhD)
- 직급: 1＝9급, 2＝8급, 3＝7급, 4＝6급
- 채용유형: 0＝경력경쟁채용, 1＝공개경쟁채용
- 직군: 0＝기술직, 1＝행정직

<표 13-1>은 통제집단 및 실험집단의 인구통계학적 특성과 직업 배경을 집단별로 살펴본 것이다. F-검정 결과는 신뢰수준 95%에서 통제집단과 실험집단 간 유의한 차이가 나는 통제변수가 존재하지 않음, 즉 무작위 배정이 효과적으로 이루어졌음을 보여준다.

표 13-1_ 집단별 응답자 특성

	통제집단	실험집단	F-검정
선출 정치인(지방자치단체장) 특성			
정치적 입장	0.40	0.39	0.02 (0.902)
여성(%)	3.27	3.25	0.00 (0.986)
연령(세)	61.85	61.60	0.69 (0.405)
교육수준	1.86	1.88	0.22 (0.637)
재직기간(년)	5.5	5.4	0.89 (0.346)
일선관료 특성			
정치적 입장	0.40	0.41	0.40 (0.525)
관료 재량	3.06	3.04	0.23 (0.630)
여성(%)	38.02	38.61	0.07 (0.793)
연령(세)	42.24	42.22	0.00 (0.971)
교육수준	1.02	1.03	0.79 (0.373)
직급	2.14	2.14	0.00 (0.959)
공개경쟁채용	0.92	0.91	0.10 (0.756)
민간경력(년)	1.19	1.32	1.31 (0.252)
직군	0.73	0.72	0.27 (0.604)
N	918	922	

주: 각 변수의 평균값과 F-검정값(괄호 안은 p-value)을 표시표시

III. 분석결과

1. 기초통계분석

먼저 열거식 실험에서 관찰된 데이터와 집단별 평균을 통해 통제 집단과 실험 집단 간의 응답 차이를 비교하였다. 다음으로 다변량 분석을 통한 가설 검증을 위해 최대우도 추정치(maximum likelihood estimators)를 사용하였다. 통제집단과 실험집단에서 관찰된 데이터를 요약 제시한 <표 13-2>를 살펴보면 응답빈도가 두 집단 모두 정규 분포에 근사하므로 바닥(floor) 또는 천장효과(ceiling effect)가 우려할 만한 수준이 아님을 알 수 있다. 관측된 데이터에 따르면 평균 응답은 통제집단의 경우 1.84개 항목이고 실험집단의 경우 2.32개 항목이다. 전체 표본을 분석한 결과 실험집단과 통제집단 사이의 평균 응답 개수에서 통계적으로 양(+)의 유의한 차이를 볼 수 있다. 이는 일선관료들이 선출직 자치단체장의 정책 변화 추진 의지에 영향을 받아 정책 변경을 위한 재량권을 행사할 가능성이 높다는 것을 시사한다.

표 13-2_ 열거식 실험의 관찰 데이터

응답값	통제집단		실험집단	
	빈도(명)	비율(%)	빈도(명)	비율(%)
0	37	4.03	33	3.58
1	294	32.03	143	15.51
2	364	39.65	406	44.03
3	223	24.29	178	19.31
4			162	17.57
Total	918		922	

주: 표는 통제집단과 실험집단에서의 응답값의 빈도 및 비율을 제시

열거식 실험의 평균 응답을 바탕으로 처치 항목에 긍정적으로 답변한 응답자의 추정 비율을 조사하였다. 실험집단과 통제집단 사이의 평균 응답 차이에 기초한 추정에 따르면, 일선관료 응답자의 약 47.6%가 정책 이행에 대한 기존 결정을 바꾸는 데 영향을 미치는 요인으로 '소속 자치단체장이 다른 지시사항을 내릴 때' 항목을 선택한 것으로 나타났다.

이하에서는 지방자치단체장과 공무원들 사이의 이념적 일치 및 일선관료들이 인식하는 재량권 수준에 따라 일선관료의 정책변경 이행 가능성이 달라질 수 있다는 가설을 검증하고자 한다(이념적 일치성에 대한 서술적 분석의 결과는 부록 표 A1 참조).

2. 다변량 분석: 이념적 일치, 재량에 대한 인식, 그리고 정책 변화의 이행

본 연구에서는 열거식 실험에 대한 통계 분석을 위해 Blair와 Imai(2012)가 고안한 최대우도 추정치를 활용하였다. 앞 절에서 제시한 간접질문은 그 장점에도 불구하고 정보의 손실을 초래하기 때문에 추가적으로 다변량 회귀 분석을 실행하여 통계적 효율성을 확보하는 것은 열거식 실험 설계에 있어 중요한 의의를 가진다. 일반적으로 1) 여타 변수를 통제한 이후, 응답자의 특성에 따라 관심 질문에 긍정적으로 대답할 가능성이 어떻게 변화하는지를 살펴보고 2) 그러한 응답자의 비중을 추정할 수 있다. 이 경우 최대우도 추정은 1) 설계 효과(design effect)가 없고 2) 거짓 응답이 없다는 가정 하에서 실험집단과 통제집단 사이의 평균 응답 차이를 계산하여 해당 항목에 대해 긍정적으로 응답한 응답자의 비율을 추정할 수 있기 때문에 매우 유용하다.[42]

부록 표 A2의 모형 1은 지방자치단체장의 정책변화가 일선 공무원이 정책집행에 대한 기존 결정을 변경하는 데 중요하게 고려되는지 여부를 종속변수로 한 적합 이항 로지스틱 회귀 분석 모형에서 추정된 계수와 표준 오차를 제시한다.[43] 모형 2의 종속 변수는 2단계 절차를 통해 계산하기 때문에 다소 복잡한 측면이 있다. 직관적으로 실험집단과 통제집단이 동시에 분석되고, 처치 효과는 적합 이항 로지스틱 회귀 분석 모형(즉, 최대 우도 추정치)에서 생성된 계수에 기반하여 실험집단과 통제집단 간의 평균 응답 차이를 추정한다.

앞서 소개한 세 가지 독립 변수(선출직 정치인인 지방자치단체장의 정치적 입장, 일선관료의 정치적 입장 및 관료가 인식하는 재량 수준) 외에 인구통계학적 특성(연령, 성별 및 교육)이나 직업 배경(경력, 직급, 채용 유형 및 직종)과 같은 특성을 통제 대상으로 포함한다. 이하에서는 그래프를 통해 주요 결과를 살펴보고자 한다.

우선 부록 표 A2에 제시된 계수에 기초하여 실험집단과 통제집단 간 평균 응답의 차이를 추정한다. 첫 번째 가설은 지방자치단체장을 보수와 진보로 구분한 후 각각의 관할 내에서 일선관료의 보수-진보 이념에 따른 평균 응답을 열거식 실험을 통해 비교함으로써 검증한다. <그림 13-1>은 이념 성향별 기관장 집단에서 일선관료 두 집단에 대한 처치 효과와 그 차이를 보여준다. 구체적으로 '소속 자치단체장이 다른 지시사항을 내릴 때'라는 처치 항목에 긍정적으로 답한 진보·보수 성향 일선관료의 추정 비율과 두 집단의 추정 비율 차이를 보여준다. <그림 13-1>의 왼쪽은 진보성향의 기관장이 속한 지자체의 결과, 오른쪽은 보수성향의 기관장이 속한 지자체의 결과이다. 두 그래프 모두에서 차이에 대한 양(+)의 추정은 보수 관료들이 선출직 정치인들의 정책 변화를 더 기꺼이 이행한다는 것을 의미하는 반면, 음(-)의 추정은 진보 관료들이 선출직 정치인들의 정책 변화를 더 기꺼이 이행한다는 것을 나타낸다.

그림 13-1_ 정치적 이념 일치 여부와 일선관료의 집행 의지

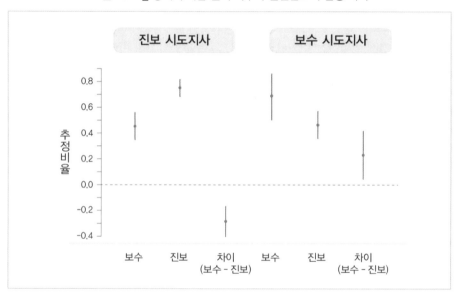

주: 추정 비율은 부록 표A2의 회귀 모형에 근거함.

두 그래프의 결과를 살펴보면, 진보 단체장들 하에서는 통계적으로 유의한 음(-)의 추정 비율 차이, 보수 단체장들에서는 통계적으로 유의한 양(+)의 추정 비율 차이가 나타남을 알 수 있다. 진보 단체장이 이끄는 지방정부의 경우, 보수성향 공무원 45. 7%, 진보성향 공무원 73.5%가 선출직 정치인들의 지시가 기존의 정책을 변경하는 의사결정에 영향을 미치는 것으로 추정되었다. 그러나 보수 단체장이 이끄는 지방정부에서는 보수성향 공무원 응답자 중 69.8%가 선출직 정치인의 정책 변화를 중요하게 고려하는 반면, 진보 성향 일선관료의 경우 응답자의 약 48%만이 정책집행에

대한 기존 결정을 바꾸는 데 영향을 미치는 것으로 나타났다.

이상의 분석결과는 정치적 입장의 일치 여부가 일선관료의 정책집행 행태에 강력한 영향을 미친다는 것으로, 본 연구의 첫 번째 가설은 수용되었다. 이는 일선관료의 정치 이념이 선출직 정치인의 정책을 해석하고, 실행하는 데 있어서 일정한 역할을 하고 있음을 보여준 선행연구와도 일치한다.[44] 또한 이러한 결과는 일선관료에 대해 제한된 정치적 영향력을 보여주는 문헌과도 일치하며, 일선관료의 정치성향이 정치인의 정책 변화가 의도한 대로 이행될지를 결정하는 데 있어서 보다 중요하다는 사실을 시사한다.[45]

본 연구는 이 가설에서 한발 더 나아가 일선관료가 인식하는 재량권의 정도가 지방자치단체의 정책변경 이행에 영향을 미칠 것으로 예측하였다. 이에 부록 <표 A2>에 제시된 계수를 기반으로 실험집단과 통제집단 간의 평균 응답 차이를 추정하고 인지된 재량권 수준의 차이를 비교함으로써 두 번째 가설을 검증하였다. 지방 공무원이 인식하는 재량 정도에 따라 변화하는 처치 효과가 <그림 13-2>에 제시되어 있다. <그림 13-2>는 '소속 자치단체장이 다른 지시사항을 내릴 때'라는 처치 항목에 긍정적으로 응답한 일선관료의 추정비율을 보여주는데, 일선관료가 인식하는 집행 재량 수준을 네 수준으로 나누어 그 차이를 살펴본 것이다.

그림 13-2_ 재량권 인식과 일선관료의 정책집행

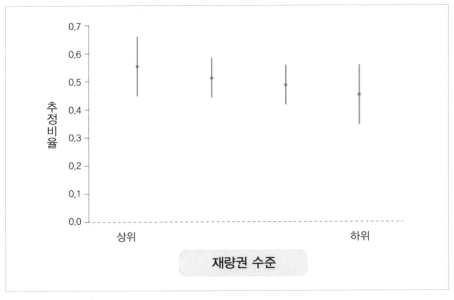

주: 추정 비율은 부록 표A2의 회귀 모형에 근거함.

<그림 13-2>의 결과는 지방공무원이 인식하는 재량 수준과 선출직 정치인의 지시를 이행할 가능성 간의 정(正)의 관계를 보여준다. 재량에 대한 인식 수준이 높아짐에 따라, 선출직 정치인의 지시가 일선관료의 기존 결정을 변경하는 데에 영향을 미치는 것으로 추정된 일선관료의 응답비율은 다른 변수들을 통제한 상태에서 11%p 증가했다. 이러한 분석결과는 관료들이 정책 집행에 재량권이 많다고 인식할수록, 선출직 정치인의 정책 변화를 이행하는 데 재량권을 행사할 가능성이 더 높아진다는 것을 시사한다. 전반적으로 이 결과는 두 번째 가설(H2)을 지지한다. 기존 연구[46]에 따르면, 재량권에 대한 인지 수준은 일선관료의 정책집행에 중요한 역할을 한다. 재량권의 인식과 함께 증가하는 일선관료의 정책 영향력이 정책 변화를 지원하고 이행함에 있어서 일선관료의 관심을 형성하므로 재량권의 인식 수준은 일선관료의 정책집행에서 확실히 중요한 역할을 담당한다는 것이다.[47]

종합하면, 지방정부에 대한 중앙정부의 영향력에도 불구하고 지방정부의 일선관료가 정책집행 과정에서 재량권을 행사할 여지가 충분하며, 지방자치단체장의 정책 공약 성패 여부가 정책담당자의 이념 성향과 재량권 인식과 같은 일선 요소에 의해 영향을 받는다는 점을 알 수 있다.

IV. 연구의 의의 및 한계

본 연구는 일선관료가 선출직 정치인의 정책 변화에 어떻게 대응하는지에 대한 이해의 폭을 넓히는데 기여할 것으로 생각한다. 특히 일선관료의 행동에 영향을 미치는 두 가지 요인, 즉 정치인-관료 관계에서 정치적 입장의 상응과 일선관료의 재량권 인식 정도에 초점을 두어 분석하였다. 구체적으로는 선출직 정치인의 정책변경과 관련하여 일선 관료들이 기존의 입장을 변경할 가능성이 어느 정도인지를 검토하였다. 이를 위해 열거식 실험을 활용한 조사 설계를 개발하고 설문실험의 관심계수를 추정하기 위한 통계 방법을 활용하였다. 그 결과 두 가지 요인이 일선관료의 정책집행 행태에 실질적으로 영향을 미친다는 사실을 발견하였는데, 첫째는 일선 관료와 선출직 정치인의 정치적 입장이 일치하는지 여부이다. 자치단체장의 출신 정당과 관료의 정치 성향이 일치할 때, 그렇지 못한 경우에 비해 단체장의 지시를 이행할 가능성이 높은 것으로 나타났다. 두 번째는 관료가 인식하는 재량 수준이다. 일선관료가 선출직 정치인의 정책 변경을 이행하려고 하는 정도인 처치효과는 일선관료가 인식하는 재량권 수준이 높을수록 더 큰 결과를 보였다.

본 연구에 활용된 실험을 최대한 강건하게 설계하려 노력했음에도 불구하고, 연구결과에 대한 몇 가지 대안적 설명 역시 가능하다. 재량과 관련하여 본 연구에서는 주로 일선관료가 인식하는 재량권의 수준에 초점을 맞추었으나, 사실 실질적 재량권 행사는 일선관료의 성향이나 상관 및 중간 관리자와의 관계와 같은 다른 요인에 따라 좌우될 수 있다.[48] 일선관료가 선출직 정치인과 긴밀한 관계를 맺을 수 있거나 변화에 개방적인 성향이라면 관료들이 정치인의 정책 변경을 수용하고자 하는 의지에 긍정적으로 작용할 것이다. 또한 한국의 사례는 일선관료의 정책적 입장이 선출직 정치인의 정책 수행에 어떠한 역할을 하는지에 대한 유용한 통찰력을 제공하지만, 한국 정부가 가지고 있는 정부간 관계의 고유한 계층적 특성으로 인해 본 연구결과를 미국과 같은 연방정부 체계에서 일반화하기에는 다소간 제약이 있을 수 있다.

본 연구는 실험적 증거를 통해 정책변경에서 일선관료의 행태과 관련된 중요한 시사점을 제공한다. 특히 본 연구 결과는 관료적 재량권에 대한 상향식 접근법의 관점을 뒷받침하고 있는바, 정책 변경의 이행 가능성을 포함하여 집행에 대한 일선관료의 의사결정을 이해하는 데 무엇보다 일선 요인이 중요하다는 점을 시사한다. 다만 이러한 발견이 정책집행 부문을 넘어 보다 일반화될 수 있도록 정책결정 과정이나 조직 문화 및 구조와 같은 다양한 상황에서의 후속 연구들이 폭넓게 이루어질 필요가 있을 것이다.

부록

A. 기술통계 분석: 이념적 일치

표 A1에는 선출 정치인(지방자치단체장)과 지방공무원의 이념적 일치에 따른 기술통계 분석 결과를 제시하였다.

표 A1_ 지방자치단체장과 지방공무원 사이의 이념적 일치에 대한 일원분석

진보 지방자치단체장		보수 지방자치단체장	
진보 일선관료	보수 일선관료	진보 일선관료	보수 일선관료
78.6***	49.8***	42.5***	67.2***
(8.9)	(12.9)	(9.5)	(13.5)

B. 다변량 회귀분석 결과

표 A2는 Bair and Imai(2012)에 의해 고안된 최대우도 모델을 사용한 최대우도 추정치와 표준오차를 나타낸다.

표 A2_ 이념적 일치와 재량권 인식이 지방공무원의 정책집행에 미치는 영향에 대한 최대우도 추정치

	모형 1		모형 2	
	실험집단		통제집단	
	추정	표준오차	추정	표준오차
지방자치단체장의 특성				
정치 이념 (진보)	1.262	0.583	0.013	0.073
여성	0.391	0.734	0.344	0.198
연령	−0.004	0.026	0.000	0.006
교육 수준	−0.069	0.182	−0.040	0.042
재직 경험	−0.016	0.053	−0.011	0.012
지방공무원 특성				
정치 이념 (진보)	−0.798	0.401	0.019	0.048
재량권 인식(5점 척도)	0.036	0.140	0.031	0.034

여성	0.157	0.343	0.055	0.079
연령	−0.048	0.034	−0.011	0.007
교육 수준	0.507	0.351	−0.003	0.081
직급	0.256	0.275	0.055	0.061
공개경쟁채용	0.653	0.501	0.195	0.121
민간경력	0.029	0.075	0.003	0.017
직군	0.072	0.373	0.236	0.084
조절변수				
선출 정치인(지방자치단체장) 정치 이념*지방공무원 정치 이념	0.689	0.421	0.076	0.099
절편	−0.758	1.913	0.348	0.484

주: 추정 계수는 종속변수가 이분 변수(지방자치단체장의 정책 변화가 지방공무원의 기존 결정을 바꿀지 아닐지)인 경우의 최대우도 추정치를 나타냄.(모형1)

- 일반적으로 상당 부분의 직무 수행은 기존의 관행을 따르기 마련입니다. 만약 기존과 다른 방식으로의 결정을 하는 상황을 고려해야 할 경우 귀하는 변화를 선택하시겠습니까?

- 일반적으로 상당 부분의 직무 수행은 기존의 관행을 따르기 마련입니다. 만약 소속 지방자치단체장의 새로운 의견에 따라 기존과 다른 방식으로의 결정을 하는 상황을 고려해야 할 경우 귀하는 변화를 선택하시겠습니까?

참고문헌

Blair, G., & Imai, K. (2012). Statistical analysis of list experiments, Political Analysis, 20(1): 47-77.

de Boer, N., Eshuis, J., & Klijn, E.H. (2018). Does disclosure of performance information influence street-level Bureaucrats' enforcement style?, *Public Administration Review*, 78(5): 694-704.

Bovens, M., & Zouridis, S. (2002). From street-level to system-level bureaucracies: How information and communication technology is transforming administrative discretion and constitutional control, *Public Administration Review*, 62(2): 174-84.

Brehm, J., & Gates, S. (1997). *Working, Shirking, and Sabotage*,Ann Arbor, MI: University of Michigan Press.

Brehm, J., & Hamilton, J.T. (1996). Noncompliance in environmental reporting:Are violators ignorant, or evasive, of the law?, *American Journal of Political Science*, 40(2): 444-77.

Brewer, G.A. (2005). In the eye of the storm: Frontline supervisors and federal agency performance, *Journal of Public Administration Research and Theory*, 15(4): 505-27.

Brodkin, E.Z. (2007). Bureaucracy redux: Management reformism and the welfare state, *Journal of Public Administration Research and Theory*, 17(1): 1-17.

Brodkin, E.Z. (2011). Policy work: Street-level organizations under new managerialism, *Journal of Public Administration Research and Theory*, 21(Suppl 2): i253-77.

Brodkin, E.Z. (2012). Reflections on street-level bureaucracy: Past, present, and future, *Public Administration Review*, 72(6): 940-49.

Chen, C.A., Berman, E.M., & Wang, C.Y. (2017). Middle managers' upward roles in the public sector, *Administration & Society*, 49(5): 700-29.

Crozier, M. (1964). *The Bureaucratic Phenomenon*, Chicago, IL: University of Chicago Press.

Epstein, D., & O'Halloran, S. (1999). *Delegating Powers: A Transaction Cost Politics*

Approach to Policy Making under Separate Powers, Cambridge: Cambridge University Press.

Ewalt, J.A.G., & Jennings Jr, E.T. (2004). Administration, governance, and policy tools in welfare policy implementation, *Public Administration Review*, 64(4): 449–62.

Feldman, M.S. (1989). *Order Without Design: Information Production and Policymaking*, Stanford, CA: Stanford University Press.

Gailmard, S., & Patty, J.W. (2012). *Learning While Governing: Expertise and Accountability in the Executive Branch*, Chicago, IL: University of Chicago Press.

Gofen, A. (2014). Mind the gap: Dimensions and influence of street-level divergence, *Journal of Public Administration Research and Theory*, 24(2): 473–93.

Golden, M.M. (2000). *What Motivates Bureaucrats? Politics and Administration During the Reagan Years*, New York: Columbia University Press.

Greenwood, R., Suddaby, R., & Hinings, C.R. (2002). Theorizing change:The role of professional associations in the transformation of institutionalized fields, *The Academy of Management Journal*, 45(1): 58–80.

Hill, C.J., & Lynn Jr, L.E. (2004). Governance and public management, an introduction, *Journal of Policy Analysis and Management*, 23(1): 3–11.

Huber, J.D., & Shipan, C.R. (2002). *Deliberate Discretion?:The Institutional Foundations of Bureaucratic Autonomy*, Cambridge: Cambridge University Press.

Hupe, P., & Hill, M. (2007). Street-level bureaucracy and public accountability, *Public Administration*, 85(2): 279–99.

Keiser, L.R. (1999). State bureaucratic discretion and the administration of social welfare programs:The case of social security disability, *Journal of Public Administration Research and Theory*, 9(1): 87–106.

_____. (2010). Understanding street-level bureaucrats' decision making: Determining eligibility in the social security disability program, *Public Ad- ministration Review*, 70(2): 247–57.

Keiser, L.R., & Soss, J. (1998). With good cause: Bureaucratic discretion and the politics of child support enforcement, *American Journal of Political Science*, 42(4): 1133–56.

Lee, D.S. (2020). Executive control of bureaucracy and presidential cabinet appoint-ments in East Asian democracies, *Regulation & Governance*, 14(1): 82-101.

Lee, D.S., & Park, S. (2020). Ministerial leadership and endorsement of bureaucrats: Experimental evidence from presidential governments, *Public Admini-stration Review*, 80(3): 426-41.

Lee, D.S., & Park, S. (2020). Civil servants' perceptions of agency heads' leadership styles: The role of gender in public sector organizations, *Public Management Review*, Available at: https://doi.org/10.1080/14719037.2020. 1730941

Lewis, D.E. (2008). *The Politics of Presidential Appointments: Political Control and Bureaucratic Performance*, Princeton, NJ: Princeton University Press.

Lipsky, M. (1980/2010). *Street-Level Bureaucracy: The Dilemmas of the Individual in Public Service*, New York: Russell Sage Foundation.

Lodge, M., & Wegrich, K. (2016). The rationality paradox of nudge: Rational tools of government in a world of bounded rationality, *Law & Policy*, 38(3): 250-67.

Lynn Jr, L.E., Heinrich, C.J., & Hill, C.J. (2001). *Improving Governance: A New Logic for Empirical Research*, Washington, DC: Georgetown University Press.

Manning, P. K., & Van Maanen, J. (eds) (1978). *Policing: A View from the Street*, Santa Monica, CA: Goodyear Publishing Company.

May, P.J., & Winter, S.C. (2009). Politicians, managers, and street-level bureaucrats: Influences on policy implementation, *Journal of Public Administration Research and Theory*, 19(3): 453-76.

Maynard-Moody, S.W., & Musheno, M.C. (2000). State agent or citizen agent: Two narratives of discretion, *Journal of Public Administration Research and Theory*, 10(2): 329-58.

Maynard-Moody, S.W., & Musheno, M.C. (2003). *Cops, Teachers, Counselors: Stories from the Front Lines of Public Service*, Ann Arbor, MI: University of Michigan Press.

Maynard-Moody, S.W., & Portillo, S. (2010). Street-level bureaucracy theory, in R.F. Durant (ed), *The Oxford Handbook of American Bureaucracy*, New York, NY: Oxford University Press, pp 252-77.

McCubbins, M.D., & Schwartz, T. (1984). Congressional oversight overlooked: Police patrols versus fire alarms, *American Journal of Political Science*,

28(1): 165-79.

Meier, K.J., & O'Toole Jr, L.J. (2006). *Bureaucracy in a Democratic State: A Governance Perspective*, Baltimore, MD: Johns Hopkins University Press.

Meyers, M.K., & Vorsanger, S. (2003). Street-level bureaucrats and the implementation of public policy, in B.G. Peters and J. Pierre (eds) *Handbook of Public Administration*, Thousand Oaks, CA: Sage, pp 245-55.

Miller, G.J., & Whitford, A.B. (2016). *Above Politics: Bureaucratic Discretion and Credible Commitment*, Cambridge: Cambridge University Press.

O'Toole Jr, L.J. (1986). Policy recommendations for multi-actor implementation: An assessment of the field, *Journal of Public Policy*, 6(2): 181-210.

Park, S., Lee, D.S., & Son, J. (forthcoming). Regulatory reform in the era of new technological development:The role of organizational factors in the public sector, *Regulation & Governance*, Available at: https://doi.org/10.1111/rego.12339

Polsky, A.J. (1993). *The Rise of theTherapeutic State*, Princeton, NJ: Princeton University Press.

Prottas, J.M. (1979). *People Processing: The Street-Level Bureaucrat in Public Service Bureaucracies*, Lexington, MA: Lexington Books.

Raaphorst, N., & Loyens, K. (2020). From poker games to kitchen tables: How social dynamics affect frontline decision making, *Administration & Society*, 52(1): 31-56.

Riccucci, N. (2005). *How Management Matters: Street-Level Bureaucrats andWelfare Reform*, Washington, DC: Georgetown University Press.

Riccucci, N.M., Meyers, M.K., Lurie, I., & Han, J.S. (2004). The implementation of welfare reform policy: The role of public managers in front-line practices, *Public Administration Review*, 64(4): 438-48.

Sabatier, P.A. (1986). Top-down and bottom-up approaches to implementation research: A critical analysis and suggested synthesis, *Journal of Public Policy*, 6(1): 21-48.

Sanders, M., Snijders, V., & Hallsworth, M. (2018). Behavioural science and policy: where are we now and where are we going?, *Behavioural Public Policy*, 2(2): 144-67.

Sandfort, J.R. (2000). Moving beyond discretion and outcomes: Examining public management from the front lines of the welfare system, *Journal of Public Administration Research and Theory*, 10(4): 729-56.

Scholz, J.T., & Wood, B.D. (1998). Controlling the IRS: principals, principles, and public administration, *American Journal of Political Science*, 42(1): 141-62.

Sears, D.O., & Citrin, J. (1982). *Tax Revolt: Something for Nothing in California*, Cambridge, MA: Harvard University Press.

Skolnick, J.H. (2011). *Justice Without Trial: Law Enforcement in Democratic Society*, New Orleans, LA: Quid Pro Books.

Skolnick, J.H. and Fyfe, J.J. (1993) *Above the Law: Police and the Excessive Use of Force*, New York: Free Press.

Smith, D.E. (1965). Front-line organization of the state mental hospital, *Administrative Science Quarterly*, 10(3): 381-99.

Thomann, E., Van Engen, N., & Tummers, L. (2018). The necessity of discretion: a behavioural evaluation of bottom-up implementation theory, *Journal of Public Administration Research and Theory*, 28(4): 583-601.

Tummers, L., & Bekkers,V. (2014). Policy implementation, street-level bureaucracy, and the importance of discretion, *Public Management Review*, 16(4): 527-47.

Tummers, L., Bekkers, V., & Steijn, B. (2009). Policy alienation of public professionals: Application in a new public management context, *Public Management Review*, 11(5): 685-706.

Van der Voet, J., Steijn, B., & Kuipers, B.S. (2017). What's in it for others? The relationship between prosocial motivation and commitment to change among youth care professionals, *Public Management Review*, 19(4): 443-62.

Weber, M. (1958). Politics as a vocation, in H. Gerth and C.W. Mills (eds) *From Max Weber: Essays in Sociology*, London: Routledge, pp. 77-128.

Weber, M. (1974). *The Theory of Social and Economic Organization*, New York: Oxford University Press.

Wilson, J.Q. (1989/2019). *Bureaucracy:What Government Agencies Do and Why They Do It*, New York, NY: Basic Books.

미주

＊ 2021년 Policy & Politics 49권 1호에 실린 "What Motivates Street-level Bureaucrats to Implement the Reforms of Elected Politicians?"를 번역 및 수정·보완한 글이다.

1 Crozier, 1964; Weber, 1974

2 예: McCubbins & Schwartz, 1984; Epstein and O'Halloran, 1999; Huber and Shipan, 2002; Lee, 2020

3 Scholz & Wood, 1998; Lewis, 2008; Lee & Park, 2020

4 Brehm & Gates, 1997; Riccucci et al, 2004; Riccucci, 2005

5 Sandfort, 2000; Meyers & Vorsanger, 2003

6 Lynn et al., 2001; Hill & Lynn, 2004; Brodkin, 2007; 2011

7 May & Winter, 2009

8 Tummers & Bekkers, 2014; Miller & Whitford, 2016; Thomann et al., 2018

9 다만 자치단체장에 의해 제정된 조례 등은 중앙정부에 의해 마련된 법의 테두리를 넘을 수 없으며 지방정부가 법적으로나 재정적으로나 중앙정부에 상당히 의존하고 있다는 사실은 재량의 행사에 있어서의 한계를 보여준다.

10 Sanders et al., 2018: 157-8; Lodge & Wegrich, 2016

11 Brehm & Gates, 1997; Riccucci et al., 2004; Riccucci, 2005; Meier & O'Toole, 2006

12 Brodkin, 2012; Gofen, 2014

13 Smith, 1965; Lipsky, 1980/2010; Brodkin, 2012

14 Polsky, 1993

15 Manning & Van Maanen, 1978; Maynard-Moody & Portillo, 2010; Skolnick, 2011; Tummers & Bekkers, 2014

16 Brehm & Gates, 1997; Keiser & Soss, 1998; Brewer, 2005; Riccucci, 2005; May & Winter, 2009

17 Gofen, 2014; de Boer et al., 2018

18 Weber, 1958; Maynard-Moody & Musheno, 2000/2003; Hupe & Hill, 2007

19 Wilson, 1989/2019; Keiser, 2010

20 O'Toule, 1986: 183

21 Lipsky, 1980/2010; O'Toole, 1986; Sabatier, 1986; Huber and Shipan, 2002

22 Park, et al., 2021

23 Keiser, 1999

24 Sears & Citrin, 1982

25 Gailmard & Patty, 2012

26 Feldman, 1989; Golden, 2000

27 Smith, 1965; Lipsky, 1980/2010; Maynard-Moody & Portillo, 2010; Brodkin, 2012

28 Ewalt & Jennings, 2004; Van Der Voet et al., 2017; Thomann et al., 2018

29 Skolnick & Fyfe, 1993

30 Maynard-Moody & Musheno, 2003; Maynard-Moody & Portillo, 2010

31 Maynard-Moody & Portillo, 2010: 267

32 Sandfort, 2000; Meyers & Vorsanger, 2003

33 Lynn et al., 2001; Hill & Lynn, 2004; Brodkin, 2007/2011

34 May & Winter, 2009

35 Tummers & Bekkers, 2014

36 Tummers et al., 2009

37 Greenwood et al., 2002; Tummers et al., 2009

38 Blair & Imai, 2012

39 Maynard-Moody & Musheno, 2000/2003; Bovens & Zouridis, 2002; Riccucci, 2005; Keiser, 2010; Raaphorst & Loyens, 2020

40 Maynard-Moody & Musheno, 2003

41 해당 설문의 개요 및 응답자 특성은 부록을 참고한다.

42 Blair & Imai, 2012: 51-2

43 "일반적으로 상당 부분의 직무 수행은 기존의 관행을 따르기 마련입니다. 만약 소속 지방자치단체장의 새로운 의견에 따라 기존과 다른 방식으로의 결정을 하는 상황을 고려해야 할 경우 귀하는 변화를 선택 하시겠습니까?"라는 질문에 대해 동의수준을 5점 척도로 측정함

44 Keiser, 1999/2010

45 Brehm & Gates, 1997; Riccucci et al., 2004; Riccucci, 2005

46 Tummers & Bekkers, 2014; Thomann et al., 2018

47 Tummers et al., 2009

48 Prottas, 1979; Brehm & Hamilton, 1996; Riccucci et al., 2004; Tummers & Bekkers, 2014; Chen et al., 2017

부록

공공부문 성과에 대한
공무원 인식조사 소개

부 록

공공부문 성과에 대한
공무원 인식조사 소개

I. 개요

서울대학교 행정대학원 공공성과관리연구센터에서는 공공부문에서의 성과관리, 공무원의 행태와 성과 등에 대한 공무원의 인식을 파악하여 객관적인 분석을 수행하기 위한 목적으로 「공공부문 성과에 대한 공무원 인식조사」를 수행하고 있다. 2015년도 파일럿 테스트를 시작으로 2016년도부터 매년 조사를 실시하고 있다. 본 설문조사는 공공부문에서의 성과관리제도, 성과수준, 리더십, 조직문화 및 조직행태 등에 대한 문항과 응답자의 인구통계학적 문항을 포함하고 있다.

II. 조사방법 및 표본설계

조사 대상 리스트를 작성한 후, 전화 면접조사를 이용하여 사전접촉을 한 뒤 온라인 조사를 실시하였다. 조사 협조율을 제고하기 위해 설문지를 모바일로 발송하기 전 표본으로 추출된 개인을 대상으로 연락하여 해당 조사의 목적과 취지를 설명하고 공문, 조사 소개서 등을 활용하였다. 조사에 참여할 의사가 있는 사람들을 대상으로 설문 링크를 발송하고, 조사 미진행자에 대한 독려를 꾸준히 진행하였다.

표본설계는 신뢰성 확보를 위해 부처별 모집단 규모를 반영하여 비례할당을 시행한 후 직급, 고용형태, 성별 등을 고려한 층화표본추출을 실시하였다. 중앙부처는 기관 규모에 따라 20~40명, 광역자치단체 역시 기관별 규모를 고려하여 30~50명, 기초자치단체는 기관별로 10명의 표본을 추출하였다.

III. 연도별 조사내용

조사내용은 크게 응답자의 인구사회학적 특성, 조직의 성과관리와 관련된 문항 (성과수준, 성과관리제도 운영 및 이에 대한 인식, 성과평가결과 등), 행정행태와 관련된 문항(리더십, 조직몰입, 업무동기, 이직의도, 조직문화 등)과 같이 매년 포함되는 공통문항과 해마다 새로이 이슈를 발굴하여 설계한 기획문항이 있다. 2015년도에는 전자정부 시스템, 세종시 이전과 관련된 이슈, 2016년도와 2017년도에는 부정청탁 및 금품 등 수수의 금지에 관한 법률, 2017년도에는 지방분권, 2015년과 2018년도에는 10년 뒤 우리나라와 주변의 정세, 2020년도에는 코로나19와 인공지능 기술에 대한 공무원의 인식을 측정하고자 하는 문항이 포함되었다.

표 1_ 연도별 문항 구성

	2020년	2019년	2018년	2017년	2016년	2015년
응답자 특성	○	○	○	○	○	○
성과관리						
조직의 생산성/효율성/효과성	○	○	○	○	○	○
생산성(성과) 수준	○	○	○	○	○	—
조직의 공정성/형평성/투명성	○	○	○	○	○	○
조직의 성과목표와 평가	○	○	○	○	○	○
조직의 성과측정 및 평가	○	○	○	—	○	○
성과왜곡	—	○	○	○	○	○
성과면담	○	○	○	—	—	—
조직의 성과관리	○	○	○	○	○	○
기관 자체성과평가	○	○	○	○	○	
성과급 및 근평결과	○	○	○	—	—	—
성과에 대한 인식	○	○	○	○	—	—
개인적 업무 성과 및 조직시민행동	○	○	○	—	○	—
업무경험, 절차 및 환경						
불필요한 행정규정 및 절차 수준	—	—	—	○	○	
업무처리 과정 및 절차	—	—	—	—	—	○
협업이 어려운 요인	○	—	—	○	—	
협업 업무 비중	○	—	—	—	—	
조직의 권한과 원칙	○	○	○	○	○	○

개인적 업무 경험	O	O	O	O	O	O
업무 특성	O	O	O	—	—	—
업무 상 장애요인	—	—	—	—	O	—
윤리적 업무환경	O	O	O	O	O	O
내부고발 사안 존재 여부	O	—	—	—	—	—
일과 삶의 균형 및 일가정 양립	O	O	O	—	—	—
리더십 및 문화						
부처 장관의 리더십	—	—	—	—	O	—
조직(상관)의 리더십	O	O	O	—	—	O
지방자치단체장의 리더십	—	—	—	O	O	—
조직의 문화	O	O	O	O	O	O
조직의 혁신		—	—	O	O	O
조직의 위기관리	—	—	—	O	O	O
조직에 대한 태도						
조직몰입	—	O	O	O	O	O
조직 및 직무 만족	—	O	O	O	O	—
이직 및 이직고려	—	O	O	O	O	—
업무 태도(직무몰입)	—	—	—	O	O	—
업무 동기	O	O	O	—	—	—
공공봉사동기	O	O	O	O	O	O
적극행정	O	—	—	—	—	—
입직 동기	—	O	O	O	O	
기타						
전반적인 삶의 만족도	O	O	O	O	O	—
공직자의 사기를 높이기 위한 요인	—	—	—	—	O	—
공무원의 역량 요소	—	—	—	—	—	O
정책 집행 시 발생가능 요인	—	—	—	O	—	—
연금 및 인사제도 개혁	—	—	O	O	O	O
정부의 역할(큰정부/작은정부)	—	—	—	—	—	O
의사결정 기준의 중요대상	O	O	O	O	—	—
정부의 규제개혁이 잘 이루어지지 않는 이유	O	—	—	O	O	
규제제도 개혁	—	—	—	O	O	—
유관기관과의 관계	—	—	—	—	—	O
시민참여	—	—	—	—	—	O

기획설문						
10년 뒤 우리나라와 주변 정세	–	–	○	–	–	○
전자정부시스템	–	–	–	–	–	○
세종시 이전에 따른 업무처리의 변화	–	–	–	–	–	○
부정 청탁 및 금품 등 수수의 금지에 관한 법률	–	–	–	○	○	–
지방분권	–	–	–	–	○	–
코로나 19	○	–	–	–	–	–
미래사회와 인공지능 기술	○	–	–	–	–	–
실험문항	○	○	○	○	○	○

IV. 연도별 설문조사 응답자 특성

1. 2015년도, 2016년도 설문조사

2015년도 설문조사는 40개 중앙부처에서 근무하는 일반직 공무원을 대상으로 2015년 12월 9일부터 2016년 1월 22일까지 조사가 실시되었으며, 최종 1,350명의 표본을 확보하였다. 설문 응답자의 약 57%가 5급 이상, 약 78%가 행정직에 속하며, 여성이 약 26%, 40대가 약 44%를 차지하고 있다. 고졸 이하는 약 1.4%에 불과하며 대부분이 대졸 이상의 학력을 지니고 있는 것으로 나타났다. 약 22%가 민간경력을 가지고 있으며, 공채의 비중이 80%에 육박하는 것으로 나타났다.

2016년도 설문조사는 30개 중앙부처 및 17개 광역자치단체에 근무하는 3급~9급 일반직 공무원을 대상으로, 2016년 11월부터 2017년 1월까지 시행하였다. 지방공무원 655명을 합한 총 1,669명의 공무원이 응답하였다. 전체 응답자의 구성을 살펴보면 5급 이상이 약 39.4%, 6급 이하가 약 60.6%로 나타났으며, 행정직이 약 77.5%, 기술직이 약 22.5%를 차지했다. 약 67%가 남성이고, 연령대로는 30대 이하와 40대가 약 40%를 차지하고 있다. 이들 응답자 특성을 중앙정부 공무원과 지방정부 공무원으로 구분하여 살펴보면, 30대 이하 응답자는 중앙정부(46.45%)가 지방정부(32.67%)보다 높고 50대 이상 응답자는 지방정부(25.34%)가 중앙정부(15.38%)보다 높게 나타났으며, 중앙정부에서는 응답자의 약 81.5%가 공개경쟁채용으로 입직한 반면 지방정부에서는 90%가 넘는 응답자가 공채를 통해 입직하였다.

표 2_ 2016 설문응답자 특성

구분		2015년도(중앙)		2016년도					
				중앙+지방		중앙		지방	
		사례 수 (명)	비율 (%)	사례 수 (명)	비율 (%)	사례 수 (명)	비율 (%)	사례 수 (명)	비율 (%)
전체		1,350	100	1,669	100	1,014	100	655	100
직급	5급 이상	772	57.2	657	39.4	524	51.7	133	20.3
	6, 7급	496	36.7	914	54.8	431	43.5	483	73.7
	8급 이하	82	6.1	98	5.9	59	5.8	39	6.0
직군	행정직	1,048	77.6	1,293	77.5	738	72.78	555	84.73
	기술직	302	22.4	376	22.5	276	27.22	100	15.27
성별	남성	1,002	74.2	1,120	67.11	688	67.85	432	65.95
	여성	348	25.8	549	32.89	326	32.15	223	34.05
연령	30대 이하	522	38.7	685	41.04	471	46.45	214	32.67
	40대	600	44.4	662	39.66	387	38.17	275	41.98
	50대 이상	228	16.9	322	19.29	156	15.38	166	25.34
재직 연수	10년 미만	477	35.3	573	34.3	425	41.91	148	22.60
	10~20년 미만	466	34.5	504	30.2	308	30.37	196	29.92
	20년 이상	400	29.6	592	35.5	281	27.71	311	47.48
학력	고졸 이하	19	1.4	50	3.00	18	1.78	32	4.89
	대졸	946	70.1	1,228	73.57	720	71.00	508	77.56
	대학원졸	382	28.3	391	23.42	276	27.22	115	17.55
민간 경력	있음	300	22.2	484	29.0	280	27.6	204	31.2
	없음	1,050	77.8	1,185	71.1	734	72.4	451	68.9
채용 경로	공채	1,077	79.8	1,428	85.6	826	81.5	602	91.9
	공채 외	273	20.2	241	14.4	188	18.5	53	8.1

2. 2017년도 설문조사

설문조사는 17개 광역자치단체 및 225개 기초자치단체에 근무하는 일반직 공무원을 대상으로, 2017년 11월 16일부터 2018년 2월 5일까지 시행하였다. 광역자치단체 소속 공무원 509명과 기초자치단체 소속 공무원 2,257명을 합한 총 2,766명의 공무원이 응답하였다.

6급과 7급이 전체 응답자의 약 60%를 차지하였으며, 5급 이상은 약 11%, 8, 9급은 약 30%를 차지하고 있다. 행정직과 기술직의 비율은 약 7:3이나 광역자치단체의 경우 행정직의 비율이 80%를 넘는 것으로 나타났다. 응답자의 약 61%가 남성인 것으로 나타났으며, 광역자치단체에 비해 기초자치단체의 여성 비율이 약간 높은 것으로 나타났다(39.4 > 35.6%).

표 3_ 2017 설문응답자 특성

구분		광역+기초		광역		기초	
		사례 수(명)	비율(%)	사례 수(명)	비율(%)	사례 수(명)	비율(%)
전체		2,766	100	509	100	2,257	100
직급	5급 이상	307	11.1	104	20.4	203	9.0
	6, 7급	1,657	59.9	364	71.5	1,293	57.3
	8급 이하	802	29.0	41	8.0	761	33.7
직군	행정직	2,021	73.1	423	83.1	1,598	70.8
	기술직	745	26.9	86	16.9	659	29.2
성별	남성	1,695	61.3	328	64.4	1,367	60.6
	여성	1,071	38.7	181	35.6	890	39.4
연령	30대 이하	1,184	41.5	140	27.5	1.008	44.7
	40대	876	31.7	225	44.2	651	28.8
	50대 이상	742	26.8	144	28.3	698	26.5
재직 연수	10년 미만	964	34.9	110	21.6	854	37.8
	10~20년 미만	667	24.1	149	29.3	518	23.0
	20년 이상	1,135	41.0	250	49.1	885	39.2
학력	고졸 이하	204	7.4	21	4.1	183	8.1
	대졸	2,302	83.2	398	78.2	1.904	84.4
	대학원졸	260	9.4	90	17.7	170	7.5
민간 경력	있음	1,037	37,5	168	33.0	869	38.5
	없음	1,729	62.5	341	67.0	1,388	61.5
채용 경로	공채	2,529	91.4	456	89.6	2,073	91.8
	공채 외	237	8.6	53	10.4	184	8.2

연령은 전체적으로 30대 이하의 비율이 약 42%로 가장 높게 나타났으나, 광역자치단체에서는 40대의 비율이 약 44%로 가장 높게 나타났다. 재직연수는의 경우 20년 이상 비율이 광역자치단체가 기초자치단체에 비해 약 10%p 높게 나타났다. 학력은 대부분이 대졸인 것으로 나타났으며(약 83.2%), 대학원 이상 학력 소지자의 비율은 광역자치단체가 기초자치단체에 비해 약 10%p 높게 나타났다. 전체 응답자의 약

37.5%가 공무원이 되기 전 민간경력이 있다고 했으며, 90% 이상이 공개경쟁채용을 통해 입직한 것으로 나타났다.

3. 2018년도, 2019년도 설문조사

2018년도 설문조사는 43개 중앙부처 소속 공무원을 대상으로 2018년도 12월부터 2019년도 2월까지 시행되었으며, 총 1,205명의 공무원이 응답하였다. 6급과 7급

표 4_ 2018, 2019 설문응답자 특성

구분		2018년도 (중앙)		2019년도(지방)					
				광역+기초		광역		기초	
		사례 수 (명)	비율 (%)	사례 수 (명)	비율 (%)	사례 수 (명)	비율 (%)	사례 수 (명)	비율 (%)
전체		1,205	100	3,350	100	788	100	2,562	100
직급	5급 이상	294	24.4	525	15.2	144	18.4	362	14.2
	6, 7급	798	66.2	1,909	56.3	556	71.0	1,353	53.1
	8급 이하	113	9.4	916	27.5	83	10.6	833	32.7
직군	행정직	779	64.7	2,488	74.4	677	85.9	1,811	70.7
	기술직	426	35.4	862	25.7	111	14.1	751	29.3
성별	남성	751	62.3	1,940	57.9	479	60.8	1,461	57.0
	여성	454	37.7	1,410	42.1	309	39.2	1,101	43.0
연령	30대 이하	631	52.4	1,531	45.7	322	40.9	1,209	47.2
	40대	452	37.5	925	27.6	271	34.4	654	25.5
	50대 이상	122	10.1	894	26.7	195	24.8	699	27.3
재직 연수	10년 미만	576	47.8	1,387	41.4	284	36.0	1,103	43.1
	10~20년 미만	397	33.0	922	27.5	250	31.7	672	26.2
	20년 이상	232	19.3	1,041	31.1	254	32.2	787	30.7
학력	고졸 이하	29	2.4	243	7.3	35	4.4	208	8.1
	대졸	910	73.9	2,793	83.4	644	81.7	2.294	83.9
	대학원졸	286	23.7	314	9.4	109	13.8	205	8.0
민간 경력	있음	367	30.5	918	72.6	178	22.6	740	28.9
	없음	838	69.5	2,432	27.4	610	77.4	1,822	71.1
채용 경로	공채	829	68.8	2,938	87.7	692	87.8	2,246	87.7
	공채 외	376	31.2	412	12.3	96	12.2	316	12.3

주: 2019년도 직급의 경우 기타에 표시한 19명을 제외한 3,331명을 대상으로 함

이 전체 응답자의 약 66%를 차지하였으며, 5급 이상은 약 24%, 8, 9급은 약 9%를 차지하고 있다. 행정직의 비율이 약 65%를 차지하고 있으며, 여성의 비중이 약 38%로 나타났다. 연령은 30대 이하(52%), 재직연수는 10년 미만(48%)이 약 절반을 차지하였다. 민간경력이 있는 경우는 약 31%, 공개경쟁채용을 통한 입직은 70%에 육박하는 것으로 나타났다.

2019년도 설문조사는 지방공무원을 대상으로 2019년도 12월부터 2020년도 3월까지 시행되었다. 17개 광역자치단체 소속 공무원 778명, 228개 기초자치단체 소속 공무원 2,562명으로 총 3,350명이 설문에 응답하였다. 광역, 기초자치단체 모두 6, 7급의 비중이 가장 크게 나타났으나, 8급 이하의 비중이 기초의 경우 약 33%인 반면 광역의 경우 약 10.6%에 불과하였다. 광역에 비해 기초자치단체에서 행정직 이외의 직군 비중이 상대적으로 높은 편으로 나타났다. 70% 이상이 공직 이전에 민간경력이 없는 것으로 나타났으며, 공채의 비중이 약 88%이다.

4. 2020년도 설문조사

2020년도 설문조사는 중앙정부 공무원과 지방정부 공무원을 대상으로 이루어졌다. 42개 중앙부처 소속 공무원 1,404명, 17개 광역자치단체 및 228개 지방자치단체 소속 공무원은 2,863명으로 총 4,267명이 설문에 응답했다.

응답자 특성을 살펴보면 중앙정부, 지방정부 모두 6, 7급의 비중이 가장 높게 나타났으나, 중앙정부는 5급 이상의 비중이 약 26%로 8급 이하(7%)에 비해 높게 나타났으며, 지방정부에서는 8급이하의 비중이 약 30%로 5급 이상(15%)에 비해 높게 나타났다. 여성의 비율은 중앙 40%, 지방 45%로 지방정부에서 약간 더 높게 나타났다.

중앙정부와 지방정부의 10년 미만 재직자의 비중은 비슷하게 나타났으나, 중앙정부에서는 10년 이상 20년 미만 재직자가 약 36%로 가장 많았고, 중앙정부에서는 20년 이상 재직자가 약 29%로 가장 많았다. 전체 응답자 중 대졸 학력자가 약 81%로 나타났으며, 중앙정부에서는 대학원졸 이상 학력도 약 25%인 것으로 나타났다. 중앙정부는 공채 이외의 채용경로를 통해 입직한 경우가 약 32.5%로 나타난 반면 지방정부의 경우는 약 12.9%에 그쳤다.

표 5_ 2020 설문응답자 특성

구분		중앙+지방		중앙		지방	
		사례 수(명)	비율(%)	사례 수(명)	비율(%)	사례 수(명)	비율(%)
전체		4,267	100	1,404	100	2,863	100
직급	5급 이상	782	18.5	354	25.7	428	15.0
	6, 7급	2,492	58.8	926	67.3	1,566	54.7
	8급 이하	965	22.8	96	7.0	869	30.4
직군	행정직	2,811	65.9	907	64.6	1,904	66.5
	기술직	1,456	34.1	497	35.4	959	33.5
성별	남성	2,422	56.8	846	60.3	1,576	55.1
	여성	1,845	43.2	558	39.7	1,287	45.0
연령	30대 이하	2,048	48.0	712	50.7	1,336	46.7
	40대	1,271	29.8	512	26.5	759	26.5
	50대 이상	948	22.2	180	22.8	768	26.8
재직 연수	10년 미만	1,978	46.4	661	47.1	1,317	46.0
	10~20년 미만	1,213	28.4	509	36.3	704	24.6
	20년 이상	1,076	25.2	234	16.7	842	29.4
학력	고졸 이하	202	4.7	40	2.9	162	5.7
	대졸	3,484	81.7	1,016	72.4	2,468	85.1
	대학원졸	581	13.6	348	24.8	233	8.1
민간 경력	있음	1,314	30.8	443	31.6	871	30.4
	없음	2,953	69.2	961	68.5	1,992	69.6
채용 경로	공채	3,443	80.7	948	67.5	2,495	87.2
	공채 외	824	19.3	456	32.5	368	12.9

주: 2020년도 직급의 경우 기타에 표시한 28명을 제외한 4,239명을 대상으로 함

저자 소개

박순애 서울대학교 행정대학원 교수
나혜영 한국문화예술위원회 책임연구원
손지은 지방공기업평가원 연구위원
이동성 성균관대학교 행정학과 조교수
이영미 서울대학교 공공성과관리연구센터 초빙연구원
이혜연 서울대학교 행정대학원 박사수료
최성주 경희대학교 행정학과 교수
최유진 이화여자대학교 행정학과 부교수
최진섭 한국지방세연구원 부연구위원

공무원 인식과 조직행태

초판발행	2023년 10월 20일
대표저자	박순애
펴낸이	안종만 · 안상준
편 집	양수정
기획/마케팅	손준호
표지디자인	이수빈
제 작	고철민 · 조영환
펴낸곳	(주)**박영사**
	서울특별시 금천구 가산디지털2로 53, 210호(가산동, 한라시그마밸리)
	등록 1959. 3. 11. 제300-1959-1호(倫)
전 화	02)733-6771
f a x	02)736-4818
e-mail	pys@pybook.co.kr
homepage	www.pybook.co.kr
ISBN	979-11-303-1858-5 93350

* 파본은 구입하신 곳에서 교환해 드립니다. 본서의 무단복제행위를 금합니다.

정 가   28,000원

이 저서는 2021년도 서울대학교 한국행정연구소 연구총서로 발간되었음.